纳税实务习题与实训

主　编　梁　萍

副主编　袁晓峰　蒋丽鸿　胡慧琼

北京理工大学出版社

BEIJING INSTITUTE OF TECHNOLOGY PRESS

CONTENTS 目录

项目一

税收基本知识

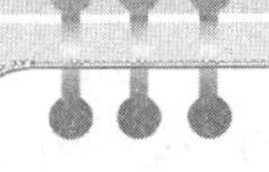

学习目标

- 掌握税法及税收的概念；
- 掌握税收的分类及特征；
- 了解税收的构成要素；
- 了解税收的作用；
- 掌握税收登记方法。

基本知识训练

一、单项选择题

1. 一般认为，税收是国家凭借（　　）强制、无偿地取得财政收入的一种形式。

A. 政治权利　　B. 经济权力　　C. 所有者权力　　D. 财产权利

2. 国家征税的目的是满足（　　）的需要。

A. 政治目的　　B. 经济目的　　C. 社会公共　　D. 财产行为

3.（　　）是指国家以社会管理者身份，用法律形式，对征、纳双方权利与义务的制约。

A. 灵活性　　B. 无偿性　　C. 固定性　　D. 强制性

4.（　　）是税收的关键特征。

A. 灵活性　　B. 无偿性　　C. 固定性　　D. 强制性

5.（　　）是区别一种税与另一种税的重要标志。

A. 纳税人　　B. 征税范围　　C. 征税对象　　D. 税率

6.（　　）指税法规定应税内容的具体区间，是征税对象的具体范围，体现了征税的广度。

A. 纳税人　　B. 征税范围　　C. 征税对象　　D. 税率

7.（　　）又称计税依据，是据以计算征税对象应纳税款的直接数量依据。

A. 税基　　B. 征税范围　　C. 征税对象　　D. 税率

8.（　　）是指征税对象的征收比例或征收额度。

A. 纳税人　　B. 征税范围　　C. 征税对象　　D. 税率

9.（　　）又称纳税主体，是税法规定的直接负有纳税义务的单位和个人。

A. 纳税义务人　　B. 征税范围　　C. 征税对象　　D. 税率

10. 从事生产、经营的纳税人所属的跨地区的非独立经济核算的分支机构，除由总机构申报办理税务登记外，应当自设立之日起（　　）日内，向所在地税务机关申报办理税务登记。

A. 10　　B. 30　　C. 15　　D. 20

二、多项选择题

1. 税收三性指的是（　　）。

A. 灵活性　　B. 无偿性　　C. 固定性　　D. 强制性

2. 税收调节经济结构的作用表现在以下几个方面（　　）。

A. 促进产业结构合理化　　B. 促进产品结构合理化

C. 促进消费结构合理化　　D. 促进收入分配合理化

3. 与征税对象最相关的两个基本概念为（　　）。

A. 税目　　B. 纳税义务人　　C. 税率　　D. 税基

4. 我国税率分为（　　）。

A. 比例税率　　B. 复杂税率　　C. 定额税率　　D. 累进税率

5. 税收按计税标准分类分为（　　）。

A. 从价税　　B. 复杂税　　C. 从量税　　D. 累进税

6. 税收按税负是否转嫁分类可分为（　　）。

A. 流转税　　B. 间接税　　C. 直接税　　D. 所得税

三、判断题

1. 税法是调整征收机关与纳税人之间征纳方面权利与义务的总称。（　）

2. 税收法律关系的保护对权利主体双方是对等的。（　）

3. 某市政府为了支持小规模纳税人的发展，规定小规模纳税人取得增值税专用发票，可以按规定抵扣进项税。（　）

4. 税收无偿性是保障，强制性是核心。（　）

5. 税收固定性的含义包括三个层次，即课税对象上的非惩罚性，课征时间上的连续性和课征比例上的限度性，是税收区别于罚没、摊派等财政收入形式的重要特征。（　）

项目二

增值税实务

- 了解增值税概念及增值额，了解增值税的类型和计税方法以及作用；
- 掌握征收范围和纳税人；
- 掌握销项税额、进项税额和应纳税额的计算，掌握出口货物退免税及进口货物征税，熟悉税收优惠政策；
- 能够填制纳税申报表。

基本知识训练

一、单项选择题

1. 下列哪些企业不能按小规模纳税人征税（　　）。

A. 从事粮食加工的生产企业　　B. 黏土实心砖瓦的企业

C. 销售额超过 80 万元的商业零售企业　　D. 年销售额未达到 80 万元的商业零售企业

2. 下列不属于混合销售行为的是（　　）。

A. 门窗销售企业销售门窗的同时提供安装服务

B. 电信部门销售手机并为客户提供有关的电信服务

C. 电信部门单独销售手机

D. 建筑公司在建筑现场制作水泥板用于房屋建设

3. 2018 年 5 月 1 号开始执行的建筑业的增值税税率是（　　）。

A. 6%　　B. 4%　　C. 10%　　D. 13%

4. 某企业为增值税一般纳税人，在 2017 年 3 月 15 日销售了一台 2009 年购入的固定资产，该项固定资产始终是按固定资产进行管理，该项销售活动的增值税适用征收率是（　　）。

A. 16%　　B. 4%

C. 3%　　D. 3%减按 2%征收

5. 2009 年我国增值税发生了转型，具体是（　　）。

A. 由生产型转为消费型　　B. 由消费型转为生产型

C. 由生产型转为收入型　　D. 由收入型转为消费型

6. 一般纳税人经营下列项目，增值税税率为 16%的是（　　）。

A. 咨询服务　　B. 建筑安装

C. 销售自己生产的水杯　　D. 销售不动产

7. 下列行为中，不可以扣除的进项税项目是（　　）。

A. 将外购的货物用于生产产品　　B. 将外购的货物发给职工作福利

C. 将外购的货物无偿赠送给外单位　　D. 外购的生产用的车辆

8. 某一般纳税人因管理不当，造成一批外购的材料毁损，账面成本为 10 000 元（取得 16%的增值税发票），其不能抵扣的进项税为（　　）元。

A. 1 779.05　　B. 1 600　　C. 1 732.55　　D. 1 778.59

9. 按增值税的有关规定，可以按销售差额作为销售额计算增值税的是（　　）。

A. 以旧换新方式销售电冰箱的销售净额

B. 以旧换新销售金银首饰的多支付的差额

C. 以物易物方式销售的销售净额

10. 根据增值税法律文件规定，下列不正确的增值税纳税义务发生时间是（　　）。

A. 销售应税劳务，为提供劳务同时取得销售款或索取销售款凭据的当天

B. 委托其他纳税人代销货物，为代销货物移送给委托方的当天

C. 采取托收承付或委托银行收款方式销售商品的，为发出货物并办好委托手续的当天

D. 采取直接收款方式销售货物，为收到销售款或取得索取货款凭据的当天

11. 下列属于委托加工业务的是（　　）。

A. 印刷企业接受出版单位委托，自行购买纸张印刷

B. 酒厂接受一商业企业的委托，用其提供的原料加工一批散装酒

C. A 企业和 B 企业联合加工一批产品

D. 某企业接受委托，代销一批商品

12. 重庆一鸣公司接受月月公司的委托，由月月公司提供主要材料加工一批物资，重庆一鸣公司应根据（　　）计算增值税销项税额。

A. 收取的加工费　　B. 货物的全部价值

C. 提供的辅料和收取的加工费之和　　D. 委托加工材料的成本加上成本利润率

13. 下列说法正确的是（　　）。

A. 委托加工业务中增值税的纳税义务人是受托人

B. 委托加工业务中的消费税纳税义务人是受托人

C. 委托加工业务中增值税的纳税义务人是委托人

D. 委托加工业务中消费税的计税依据是受托人收取的加工费

14. 小规模纳税人销售固定资产，增值税计税依据的计算公式是（　　）。

A. 含税销售额÷（1+4%）　　B. 含税销售额÷（1+2%）

C. 含税销售额÷（1+3%）　　D. 含税销售额÷（1+6%）

15. 纳税人有价格明显偏低而无正当理由的，不能根据（　　）确定销售额。

A. 按纳税人最近时期同类货物销售的平均价格确定

B. 按其他纳税人最近同类货物销售的平均价格确定

C. 按组成计税价格确定

D. 根据国际近期同类商品销售的平均价格确定

16. 甲文具厂（一般纳税人）生产钢笔一批，生产成本 15 元/支。本期出售了 1 000 支，专用发票注明价款 22 000 元，税额 3 520 元。另赠送了 50 支。则本期的销项税额为（　　）元。

A. 762.5　　B. 3 696　　C. 3 867.5　　D. 3 927

17. 丙公司一项已抵扣进项税额的专利（增值税税率 6%）因故提前终止使用期限。查账得知：原值为 50 万元，累计摊销额 30 万元。则丙公司应将（　　）万元作进项税额转出。

A. 1.13　　B. 1.2　　C. 1.8　　D. 3

18.（　　）登记在“应交税费——应交增值税（进项税额转出）”贷方。

A. 从销售方取得的增值税专用发票上注明的增值税额

B. 从海关取得的海关进口增值税专用缴款书上注明的增值税额

C. 按照农产品收购发票上注明的农产品买价和扣除率计算的增值税额

D. 非正常损失的购进货物的增值税额

19. 重庆一鸣公司为增值税一般纳税人。2018 年 9 月份向一小规模纳税人销售的一批商品，开具普通发票上注明金额 58 000 元；同时收取单独核算的包装物押金 1 170 元（尚未逾期），此业务重庆一鸣公司（非酒厂）应计算的销项税额为（　　）元。

A. 8 000　　B. 8 670　　C. 8 698.9　　D. 8 700

20. 重庆一鸣公司按月纳税，其增值税的申报纳税期限为期满之日起（　　）。

A. 10 日之内　　B. 7 日之内　　B. 15 日之内　　C. 30 日之内

二、多项选择题

1. 纳税人提供下列哪几项劳务应当缴纳增值税？（　　）

A. 受托加工面粉　　B. 房屋的维修　　C. 汽车修理　　D. 受托加工服装

2. 下列行为中属于视同销售行为，应计算增值税销项税额的是（　　）。

A. 某商店将外购水泥捐赠灾区用于救灾

B. 某工厂将委托加工的服装收回用于职工福利

C. 某工厂将外购的钢材用于投资

D. 某企业将外购的饮料用于福利发放

3. 下列货物用于增值税税率10%的有（　　）。

A. 饮料类豆奶

B. 农用汽车

C. 人工养殖和天然生长的各种养殖品的初级产品

D. 各类水产品的罐头

4. 下列纳税人不能被认定为一般纳税人的有（　　）。

A. 年应税销售额未超过小规模纳税人标准且会计核算不健全的企业

B. 个体经营者

C. 除个体经营者以外的其他人

D. 销售额20万元的事业单位

5. 下列行为应征增值税的是（　　）。

A. 企业转让无形资产　　B. 企业受托为另一个企业加工服装

C. 企业为另一个企业修理锅炉　　D. 摩托车修配厂为本厂修理摩托车

6. 将购买的货物用于（　　），不能借记“应交税费——应交增值税（进项税额）”科目。

A. 用于免税项目　　B. 用于机器设备的维修

C. 用于职工集体福利　　D. 用于产品的生产

7. 进项增值税纳税申报时，应提交（　　）等资料。

A. 纳税申报表　　B. IC卡　　C. 资产负债表　　D. 利润表

8. 下列进项税额不得从销项税额中抵扣的有（　　）。

A. 用于应税项目的应税劳务的进项税额

B. 用于免税项目的应税劳务的进项税额

C. 用于集体福利的购进货物的进项税额

D. 用于非正常损失的在产品的购进货物的进项税额

9. 关于增值税纳税义务发生时间的确定，以下属于正确的有（　　）。

A. 进口货物的纳税义务发生时间为报关进口的当天

B. 采取预收货款方式销售货物的，为货物发出的当天

C. 委托其他纳税人代销货物的，为收到代销单位销售的代销清单的当天

D. 采取赊销和分期收款方式销售货物的，为按合同约定的收款日期的当天

10. 下列业务属于增值税“居民日常服务”征税范围的有（　　）。

A. 家政服务　　B. 美容美发服务

C. 度假村住宿服务　　D. 餐饮服务

11. 根据增值税法律制度规定，下列各项中，可以作为增值税进项税额抵扣凭证的有（　　）。

A. 从销售方取得的注明增值税税额的增值税专用发票

B. 从海关取得的注明进口增值税税额的海关进口增值税专用缴款书

C. 购进农产品取得的注明买价的农产品收购发票

D. 销售货物过程中支付运输费用而取得的注明运输费金额的运输费用结算单据

12. 下列不能计入销售额计算增值税的有（　　）。

A. 受托加工应征消费税的消费品所代收代缴的消费税

B. 承运部门将运输费用发票开给购货方并将该发票转交给购货方的

C. 销售车辆时代收的车辆保险费、车辆购置费

D. 电力部门收取的农村电网建设基金

13. 按现行增值税制度规定，下列行为应作为“视同销售”征收增值税的有（　　）。

A. 将自产的货物赠送给老人福利院

B. 将外购货物用于销售

C. 将外购货物作为股利分配给股东

D. 将自产货物用于连续生产应税产品

14. 下列业务属于增值税“建筑服务”征税范围的有（　　）。

A. 设计建筑物的图纸　　B. 承包办公室装修工程

C. 承包一旧建筑加固工程　　D. 承包厂房建筑工程

15. 现行增值税的税率有（　　）。

A. 16%　　B. 10%　　C. 11%　　D. 6%

16. 根据增值税的有关规定，一般纳税人在哪种情况下，不可开增值税发票？（　　）

A. 零售企业出售给消费者的货物　　B. 零售企业销售给生产企业的货物

C. 销售给小规模纳税人货物　　D. 销售免税货物

17. 下列有关确定增值税计税依据的表述中正确的是（　　）。

A. 外汇买卖业务以卖出价为营业额

B. 直接收费金融服务，以收取的手续费、佣金、酬金等各类费用为销售额

C. 经纪代理服务，以取得的全部价款和价外费用为销售额

D. 贷款服务，以提供贷款服务取得的全部利息及利息性质的收入为销售额

18. 我国现行增值税征收范围是（　　）。

A. 在中国境内提供加工、修理修配业务　　B. 进口货物

C. 过境货物　　D. 在境外销售货物

19. 下列业务应按“旅游娱乐服务”缴纳增值税的有（　　）。

A. 旅行社提供旅游服务　　B. 文艺团体的演出

C. 电影放映　　D. 电子游戏厅提供的服务

20. 增值税的计税依据中，价外费用包括（　　）。

A. 优质费　　B. 分期收款未实现融资收益

C. 收取的包装费　　D. 包装物的租金

21. 下列说法正确的是（　　）。

A. 对于发出代销商品超过 180 天仍未收到代销清单及货款的，其纳税义务发生时间为发出代销商品满 180 天的当天

B. 委托代销商品，增值税纳税义务发生时间为收到代销清单的当天

C. 将货物对外投资，为货物移送的当天

D. 进口货物为报关的当天

三、判断题

1. 无论是一般纳税人还是小规模纳税人销售农机、农膜、化肥，都适用 10%的低税率。( )

2. 出版社发行报刊应按“生活服务”征收增值税。( )

3. 一般纳税人将货物用于集体福利或个人消费，其增值税专用发票开具的时限为货物移送的当天。( )

4. 实物折扣不能从货物销售额中减除，且该实物应按增值税条例“视同销售货物”中、“赠送他人”计算征收增值税。( )

5. 企业租赁或承包给他人经营的，以承租人或承包人为增值税的纳税义务人。( )

6. 销售商品向购买方收取的全部价外费用，一律不得并入销售额征税。( )

7. 增值税起征点的规定仅适用于个人。( )

8. 一般纳税人因销售货物退回或者折让而退还给购买方的增值税额，应从销售货物当期的销项税额中扣减。( )

9. M旅行社（小规模纳税人）组织 50 人去景点旅游，每人收取含税旅游费 800 元，旅游中由旅行社支付每人房费 140 元、餐费 160 元、交通费 130 元、门票等费用 70 元，各费用支付时均取得合法凭证。则 M 旅行社计算增值税的销售额为 15 000 元。( )

10. 因自然灾害造成企业购进货物的损失，应贷记“应交税费——应交增值税（进项税额转出）”科目。( )

11. 纳税人将自建的房屋销售，其自建行为应按建筑服务缴纳增值税，销售行为按销售不动产缴纳增值税。( )

12. 销项税额=销售额×税率，由销售方自己承担。( )

13. 小规模纳税人销售货物或提供劳务的值税税率为 3%。( )

14. 现行增值税制度规定，发生不同税率兼营行为的纳税人若不能将兼营行为分开核算，则从高适用税率。( )

15. 增值税一般纳税人一般不能转为小规模纳税人。( )

16. 总机构和分支机构在同一县（市）的，应当分别向各自的经营地税务机关缴纳税款。( )

17. 进口环节的货物在进口环节缴税，所以×大学从国外进口的专用先进科研设备需要在进口报关时缴纳增值税。( )

18. 所有企业购进农产品的抵扣税率是 10%。( )

19. 面粉加工厂适用的增值税税率是 13%。( )

20. 某一般纳税人销售白酒，零售销售价格 5 800 元，另收取包装收入 1 160 元，计税收入为 5 000 元。( )

四、思考题

1. 增值税的纳税义务发生时间是如何规定的？

2. 说明增值税发票认证抵扣时间规定。

五、计算题

1. 某书店为增值税小规模纳税人，2018 年 9 月发生如下业务：

（1）购入各类图书，合计款为 3 万元，增值税专用发票上注明的税金为 0.39 万元。

（2）销售各类图书，零售收入额为 5.15 万元。

（3）从社会收购古旧图书，支付价款 2 万元，当期销售旧图书，零售收入额为 3 万元。

要求：计算该书店当月应纳增值税额，并进行相应的会计处理。

2. 重庆一鸣公司为增值税一般纳税人，主要生产销售小食品，适用的税率为 16%，取得的合法抵扣凭证均已认证或比对相符，月初留抵税额 10 000 元，2018 年 9 月发生如下业务：

（1）销售产品给某大型商场，收取货款，开具增值税专用发票，取得不含税销售额 100 万元。

（2）销售乙产品，收取货款，开具普通发票，取得含税销售额 29 万元。

（3）将试制的一批应税新产品用于职工福利，成本价为 10 万元，成本利润率为 10%，该产品无同类产品市场销售价格。

（4）销售 2009 年 3 月份购进固定资产使用的小轿车 1 辆，开具普通发票，取得含税销售额 10.3 万元，该车原值每辆 9 万元，已提折旧 5 000 元。

（5）从农业生产者购进免税农产品一批，支付收购价 20 万元，支付给运输单位运费 5.50 万元，取得增值税专用发票，当月中旬将购进农产品的 20%用于本企业职工福利。

（6）购进货物取得增值税专用发票，注明支付的货款 80 万元，进项税额 12.8 万元。

要求：计算该公司 9 月应当缴纳的增值税。

3. 某建材公司主营建筑装修材料销售，兼营装修业务和工具租赁业务，各类业务分别核算，在计算增值税时均为增值税一般纳税人。本月有如下业务：

（1）购进涂料一批取得的增值税专用发票上注明的价款为 6 万元，税额 0.96 万元。用于批发零售和承揽的装修业务。

（2）销售各种建筑装修材料，取得含税收入 34.8 万元。

（3）出租装修设备，取得不含税收入 1 万元（未采用简易征收）。

（4）承揽装修业务取得不含税收入 10 万元。

（5）已抵扣进项税额的一批购进材料因管理不善被盗，其成本为 5 万元。

要求：计算该公司本月应缴纳的增值税。

业务实训

1. 实训目的：本次实训意在通过强化和补充增值税基本法规知识，掌握税收申报程序及填报方法。

2. 实训方式：演练基础知识，模拟企业进行增值税计算和纳税申报。

3. 实训要求：

（1）掌握增值税基本法规。

（2）正确计算增值税，延伸增值税计算与会计核算之间的关系。

（3）填制增值税纳税申报表。

4. 实训准备：基本知识实训材料、增值税纳税申报表实践材料。

资料：乐乐百货商场为增值税一般纳税人，2018 年 9 月发生如下业务：

（1）首饰柜台以旧换新销售金首饰，实际收到零售现金收入 10 万元，旧金首饰扣减零售收入 1.81 万元。

（2）商场超市销售杂粮、面粉、玉米面等取得含税收入 5.50 万元；销售速冻食品、方便面、副食品等取得含税销售收入 11.6 万元，销售其他蔬菜类取得含税销售收入 58 万元（免税）。

（3）商场家电部以分期收款方式批发销售一批进口家电，合同规定不含税销售额 200 万元，约定本月 10 日收回货款的 50%，剩余款项 10 月 15 日收回，商场本月 15 日收到约定款项后，按全额开具了防伪税控系统增值税专用发票。

（4）商场品牌区受托代销（符合税法规定条件）服装，按本月代销零售收入的 3%向委托方收取手续费 10.3 万元（适用小规模纳税人）。

（5）从一般纳税人购进商品，取得认证的专用发票上注明金额为 300 万元；从小规模生产企业购进农产品，含税价格 100 万元。

（6）国庆节前将经销的洗发用品发给员工每人一件，购进成本共计 10 万元，零售价共计 15.08 万元。

（7）有 10 台上月售出的彩电，因质量问题顾客要求退货（原零售价每台 0.464 万元）；商场已将彩电退回厂家（原购进的含税价格每台 0.232 万元），并已取得厂家开出的红字专用发票。

要求：根据上述资料，按下列序号计算回答问题，每问需计算出合计数。

（1）计算该企业当月销项税额（不包括退货业务）。

（2）计算该企业第（6）业务不予抵扣的进项税额。

（3）计算当月可抵扣的进项税额总和（不包括退货业务）。

（4）计算该企业当月应纳增值税额。

（5）填报增值税纳税申报表（附表 2–1 至附表 2–4）。

附表 2–1　增值税纳税申报表

（适用于增值税一般纳税人）

根据《中华人民共和国增值税暂行条例》第 22 条和第 23 条的规定制定本表，纳税人不论有无销售额，均应按主管税务机关核定的纳税期限按期填报本表，并于次月 1 日起 10 日内，向当地税务机关申报。

税款所属时间：自　　年　月　日至　　年　月　日

填表日期：　　年　月　日　　　　　　金额单位：元至角分

纳税人识别号					所属行业：		
纳税人名称	（公章）	法定代表人姓名		注册地址		地址	
开户银行及账号		企业登记注册类型				电话号码	

	项目	栏次	一般货物及劳务		即征即退货物及劳务	
			本月数	本年累计	本月数	本年累计
销售额	（一）按适用税率征税货物及劳务销售额	1				
	其中：应税货物销售额	2				
	应税劳务销售额	3				
	纳税检查调整的销售额	4				
	（二）按简易征收办法征税货物销售额	5				
	其中：纳税检查调整的销售额	6				
	（三）免、抵、退办法出口货物销售额	7			—	—
	（四）免税货物及劳务销售额	8			—	—
	其中：免税货物销售额	9			—	—
	免税劳务销售额	10			—	—
税款计算	销项税额	11				
	进项税额	12				
	上期留抵税额	13				—
	进项税额转出	14				
	免、抵、退货物应退税额	15			—	—
	按适用税率计算的纳税检查应补缴税额	16			—	—
	应抵扣税额合计	17=12+13–14–15+16				—
	实际抵扣税额	18（如 17<11，则为 17，否则为 11）				
	应纳税额	19=11–18				
	期末留抵税额	20=17–18				—
	简易征收办法计算的应纳税额	21				
	按简易征收办法计算的纳税检查应补缴税额	22			—	—
	应纳税额减征额	23				
	应纳税额合计	24=19+21–23				
税款缴纳	期初未缴税额（多缴为负数）	25				
	实收出口开具专用缴款书退税额	26			—	—
	本期已缴税额	27=28+29+30+31				
	① 分次预缴税额	28				—
	② 出口开具专用缴款书预缴税额	29			—	—
	③ 本期缴纳上期应纳税额	30				
	④ 本期缴纳欠缴税额	31				
	期末未缴税额（多缴为负数）	32=24+25+26–27				
	其中：欠缴税额（≥0）	33=25+26–27				—
	本期应补（退）税额	34=24–28–29				—
	即征即退实际退税额	35				
	期初未缴查补税额	36			—	—
	本期入库查补税额	37			—	—
	期末未缴查补税额	38=16+22+36–37			—	—

授权声明	如果你已委托代理人申报，请填写以下资料： 为代理一切税务事宜，现授权 （地址）　　　　　　为本纳税人的代理申报人，任何与本申报表有关的往来文件，都可寄予此人。 授权人签字：	申报人声明	此纳税申报表是根据《中华人民共和国增值税暂行条例》的规定填报的，我确定它是真实的、可靠的、完整的。 声明人签字

附表 2–2　增值税纳税申报表附列资料（一）

（本期销售情况明细）

税款所属时间：　　年　月　日至　　年　月　日

纳税人名称：（公章）　　　　　　　　　　　　　　　　金额单位：元至角分

项目及栏次				开具增值税专用发票		开具其他发票		未开具发票		纳税检查调整		合计			服务、不动产和无形资产扣除项目本期实际扣除金额	扣除后	
				销售额	销项（应纳）税额	销售额	销项（应纳）税额	销售额	销项（应纳）税额	销售额	销项（应纳）税额	销售额	销项（应纳）税额	价税合计		含税（免税）销售额	销项（应纳）税额
				1	2	3	4	5	6	7	8	9=1+3+5+7	10=2+4+6+8	11=9+10	12	13=11–12	14=13÷（100%+税率或征收率）×税率或征收率
一、一般计税方法计税	全部征税项目	16%税率的货物及加工、修理修配劳务	1											—	—	—	—
		16%税率的服务、不动产和无形资产	2														
		13%税率	3											—	—	—	—
		10%税率	4														
		6%税率	5														
	其中：即征即退项目	即征即退货物及加工、修理修配劳务	6	—	—	—	—	—	—	—	—			—	—	—	—
		即征即退服务、不动产和无形资产	7	—	—	—	—	—	—	—	—						
二、简易计税方法计税	全部征税项目	6%征收率	8							—	—			—	—	—	—
		5%征收率的货物及加工、修理修配劳务	9a							—	—			—	—	—	—
		5%征收率的服务、不动产和无形资产	9b							—	—						

续表

项目及栏次				开具增值税专用发票		开具其他发票		未开具发票		纳税检查调整		合计			服务、不动产和无形资产扣除项目本期实际扣除金额	扣除后	
				销售额	销项（应纳）税额	销售额	销项（应纳）税额	销售额	销项（应纳）税额	销售额	销项（应纳）税额	销售额	销项（应纳）税额	价税合计		含税（免税）销售额	销项（应纳）税额
				1	2	3	4	5	6	7	8	9=1+3+5+7	10=2+4+6+8	11=9+10	12	13=11−12	14=13÷（100%+税率或征收率）×税率或征收率
二、简易计税方法计税	全部征税项目	4%征收率	10							—	—			—	—	—	—
		3%征收率的货物及加工、修理修配劳务	11							—	—			—	—	—	—
		3%征收率的服务、不动产和无形资产	12							—	—						
		预征率　%	13a							—	—						
		预征率　%	13b							—	—						
		预征率　%	13c							—	—						
	其中：即征即退项目	即征即退货物及加工、修理修配劳务	14	—	—	—	—	—	—	—	—			—	—	—	—
		即征即退服务、不动产和无形资产	15	—	—	—	—	—	—	—	—						
三、免、抵、退税	货物及加工、修理修配劳务		16	—	—		—		—	—	—		—	—	—	—	—
	服务、不动产和无形资产		17	—	—		—		—	—	—		—				—
四、免税	货物及加工、修理修配劳务		18				—		—	—	—		—	—	—	—	—
	服务、不动产和无形资产		19	—	—		—		—	—	—		—				—

附表 2–3　增值税纳税申报表附列资料（二）

（本期进项税额明细）

税款所属时间：　　年　月　日至　　年　月　日

纳税人名称：（公章）　　　　　　　　　　　　　　　　金额单位：元至角分

一、申报抵扣的进项税额				
项目	栏次	份数	金额	税额
（一）认证相符的增值税专用发票	1=2+3	3		
其中：本期认证相符且本期申报抵扣	2			
前期认证相符且本期申报抵扣	3			
（二）其他扣税凭证	4=5+6+7+8			
其中：海关进口增值税专用缴款书	5			
农产品收购发票或者销售发票	6			
代扣代缴税收缴款凭证	7		—	
其他	8			
（三）本期用于购建不动产的扣税凭证	9			
（四）本期不动产允许抵扣进项税额	10	—	—	
（五）外贸企业进项税额抵扣证明	11	—	—	
当期申报抵扣进项税额合计	12=1+4–9+10+11			

二、进项税额转出额		
项目	栏次	税额
本期进项税额转出额	13=14 至 23 之和	
其中：免税项目用	14	
集体福利、个人消费	15	
非正常损失	16	
简易计税方法征税项目用	17	
免、抵、退税办法不得抵扣的进项税额	18	
纳税检查调减进项税额	19	
红字专用发票信息表注明的进项税额	20	
上期留抵税额抵减欠税	21	
上期留抵税额退税	22	
其他应作进项税额转出的情形	23	

三、待抵扣进项税额				
项目	栏次	份数	金额	税额
（一）认证相符的增值税专用发票	24	—	—	—
期初已认证相符但未申报抵扣	25			
本期认证相符且本期未申报抵扣	26			
期末已认证相符但未申报抵扣	27			
其中：按照税法规定不允许抵扣	28			
（二）其他扣税凭证	29=30 至 33 之和			
其中：海关进口增值税专用缴款书	30			
农产品收购发票或者销售发票	31			
代扣代缴税收缴款凭证	32		—	
其他	33			
	34			

四、其他				
项目	栏次	份数	金额	税额
本期认证相符的增值税专用发票	35			
代扣代缴税额	36	—	—	

附表 2–4　增值税纳税申报表附列资料（三）

（服务、不动产和无形资产扣除项目明细）

税款所属时间：　　年　月　日至　　年　月　日

纳税人名称：（公章）　　　　金额单位：元至角分

项目及栏次		本期服务、不动产和无形资产价税合计额（免税销售额）	服务、不动产和无形资产扣除项目				
			期初余额	本期发生额	本期应扣除金额	本期实际扣除金额	期末余额
		1	2	3	4=2+3	5（5≤1且5≤4）	6=4–5
16%税率的项目	1						
10%税率的项目	2						
6%税率的项目（不含金融商品转让）	3						
6%税率的金融商品转让项目	4						
5%征收率的项目	5						
3%征收率的项目	6						
免、抵、退税的项目	7						
免税的项目	8						

项目三

消费税实务

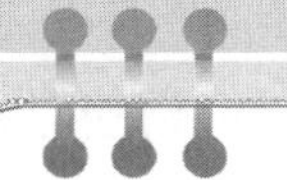

学习目标

- 了解消费税的概念及消费税的计税方法，消费税的特点、作用；
- 了解消费税的纳税义务人，掌握消费税的征税范围；
- 了解消费税的税目和税率；
- 掌握应纳税额的计算；
- 掌握出口货物退（免）消费税的计算；掌握消费税申报表的填写要求和方法。

基本知识训练

一、单项选择题

1. 消费税属于（　　）税。

A. 所得　　B. 资源　　C. 流转　　D. 遗传

2. 实行从价定率征税的应税消费品，其计税依据是（　　）的销售额。

A. 不含增值税和消费税　　B. 含增值税和消费税

C. 含增值税不含消费税　　D. 不含增值税含消费税

3. 消费税最终由（　　）承担。

A. 生产单位　　B. 销售单位　　C. 国家　　D. 消费者

4. 下列各项中属于委托加工应税消费品的是（　　）。

A. 由委托方将原材料卖给受托方加工的应税消费品

B. 由受托方提供原材料生产的应税消费品

C. 由受托方以委托方名义购进原材料加工的应税消费品

D. 由委托方提供原材料和主要材料，受托方只收取加工费或代垫部分辅助材料加工的应税消费品

5. 下列消费品实行复合征收消费税的是（　　）。

A. 白酒　　B. 摩托车　　C. 小汽车　　D. 化妆品

6. 啤酒的消费税征收方法是（　　）。

A. 从价计征　　B. 从量计征

C. 从价和从量复合计征　　D. 减免征收

7. 金银首饰的征税环节是（　　）。

A. 生产环节　　B. 批发环节

C. 零售环节　　D. 连续生产环节

8. 现行征收消费税的消费品分为（　　）种。

A. 10　　B. 11　　C. 13　　D. 15

9. 实行从量定额征收的应税消费品，以（　　）数量为计税销售数量。

A. 生产　　B. 连续生产

C. 实际销售　　D. 委托加工送出

10. 对委托加工应税消费品的纳税义务发生时间，正确的是（　　）。

A. 受托方接受委托时　　B. 委托方收回加工产品时

C. 委托方收回产品销售时　　D. 受托方加工完产品时

11. 某企业生产一批高档化妆品发给本企业员工，已知生产该批化妆品成本为 18 万元，成本利润率为 5%，该批化妆品无同类产品销售价格，适用消费税税率为 15%。则该批化妆品应缴纳消费税额（　　）万元。

A. 8.1　　B. 5.4　　C. 5.67　　D. 3.34

12. 某企业进口 50 辆摩托车，每辆关税完税价格 0.3 万元，共支付关税 3 万元。已知进口该批摩托车适用消费税税率为 10%。则进口该批摩托车应缴纳的消费税额是（　　）万元。

A. 1.5　　B. 1.8　　C. 2　　D. 2.2

13. 某企业提供原材料 150 万元，支付加工费 20 万元，委托另一企业加工一批焰火，受托方没有同类产品销售价格。已知焰火适用消费税税率为 15%，则受托方应代扣代缴消费税（　　）万元。

A. 22.5　　B. 25.5　　C. 30　　D. 35

14. 某化妆品公司（增值税一般纳税人）销售高档化妆品一批，含税价款 23 万元，另收取运费 0.2 万元，高档化妆品适用消费税税率为 15%，则该公司应纳消费税（　　）万元。

A. 6.9　　B. 7.02　　C. 8.57　　D. 3

15. 某进出口公司进口 30 辆轻型商用车，每辆车的关税完税价格为 50 万元，每辆车的关税为 45 万元，消费税税率为 5%。则该进出口公司应纳消费税（　　）万元。

A. 150　　B. 75　　C. 142.5　　D. 145

16. 按照现行消费税规定，纳税人委托个体经营者加工应税消费品，其消费税政策是（　　）。

A. 一律由受托方代扣代缴

B. 一律由委托方提货时在受托方所在地缴纳

C. 一律由委托方收回后在委托方所在地缴纳

D. 一律以受托方为纳税义务人

17. 生产企业出口应税消费品，享受的政策是（　　）。

A. 出口免税并退税　　B. 出口免税但不退税

C. 出口不免税也不退税　　D. 出口征收消费税

18. 下列关于消费税纳税义务发生时间正确的是（　　）。

A. 纳税人采取赊销应税消费品，没有合同约定收款日期的，为发出应税消费品当天

B. 纳税采取预收货款方式销售应税消费品，为收款当天

C. 纳税人自产自用应税消费品，为生产消费品当天

D. 纳税人委托加工应税消费品，为送出原材料的当天

19. 现行消费税纳税期限不包括的是（　　）。

A. 5 天　　B. 10 天　　C. 1 个月　　D. 45 天

20. 下列关于消费税纳税地点说法不正确的是（　　）。

A. 纳税人自产自销应税消费品，向机构所在地主管税务机关申报缴纳

B. 委托企业加工应税消费品，由受托方向所在地主管税务机关缴纳

C. 纳税人总分机构不在同一县，经批准后，可在总机构所在地缴纳

D. 纳税人进口应税消费品，在机构所在地缴纳

21. 关于消费税的有关规定，下列陈述不正确的是（　　）。

A. 用于抵偿债务的应税消费品，使用最高销售价格作为计税依据

B. 啤酒包装物押金逾期时，缴纳消费税

C. 自产自用应税消费品的，计税数量为应税消费品的移送使用数量

D. 酒类生产企业向商业销售单位收取的“品牌使用费”缴纳消费税

22. 根据消费税法律制度的规定，下列各项中，不需缴纳消费税的是（　　）。

A. 将自产的应税消费品对外馈赠

B. 将自产的应税消费品用于职工福利

C. 将自产的应税消费品连续生产应税消费品

D. 将自产的应税消费品对外投资

23. 根据消费税的规定，下面理解错误的是（　　）。

A. 纳税人生产的应税消费品，于生产时纳税

B. 纳税人自产的应税消费品，用于连续生产应税消费品的，不纳税

C. 纳税人自产自用的应税消费品，除用于连续生产应税消费品外的其他方面的，于移送使用时纳税

D. 进口的应税消费品，于报关进口时纳税

24. 根据消费税法律制度的规定，下列各项中，应征收消费税的是（　　）。

A. 零售环节销售的卷烟

B. 零售环节销售的鞭炮

C. 生产环节销售的金银首饰

D. 进口环节购进的小汽车

25. 某卷烟生产企业为增值税一般纳税人，2014 年 12 月销售乙类卷烟 1 500 标准条，取得含增值税销售额 87 000 元。已知乙类卷烟消费税比例税率为 36%，定额税率为 0.003 元/支，1 标准条有 200 支；增值税税率为 16%。则该企业当月应纳消费税额为（　　）元。

A. 27 000　　B. 27 900　　C. 31 590　　D. 32 490

二、多项选择题

1. 以下各项属于消费税的特点有（　　）。

A. 征收范围具有选择性　　B. 实行单一环节征税

C. 征收方法具有灵活性　　D. 税率具有差别性

2. 征收消费税的作用有（　　）。

A. 在一定程度上缓解分配不公　　B. 调节消费结构，优化资源配置

C. 稳定税源，保证财政收入　　D. 抑制经济发展

3. 下列属于消费税纳税义务人的是（　　）。

A. 在我国境内生产销售应税消费品的外商投资企业

B. 出口应税消费品的外贸企业

C. 进口应税消费品的个人

D. 自产自用应税消费品的国有企业

4. 我国现行消费税的征收方法有（　　）。

A. 从价计征　　B. 从量计征

C. 从价和从量复合计征　　D. 减免征收

5. 我国现行消费税的征收环节有（　　）。

A. 进口应税消费品的进口环节　　B. 金银首饰的批发环节

C. 自产自销应税消费品的销售环节　　D. 生产应税消费品的出口环节

6. 计税销售数量正确的有（　　）。

A. 委托加工应税消费品，委托方收回的数量

B. 进口应税消费品，纳税人的报关数量

C. 自产自用的应税消费品，以移送使用的数量

D. 自产自销的应税消费品，以实际销售的数量

7. 消费税的优惠政策有（ ）。

A. 消费税免税政策 B. 消费税减税政策

C. 进口退（免）税政策 D. 出口退（免）税政策

8. 消费税征收范围的确定原则有（ ）。

A. 非生活必需品中一些高档、奢侈的消费品

B. 流转税格局调整后税收负担下降较多的产品

C. 从保护身体健康、生态环境等方面需要出发，不提倡也不过度消费的某些消费品

D. 一些特殊的资源性消费品，如汽油、煤油等

9. 对消费税税率运用正确的是（ ）。

A. 纳税人兼营不同税率的应税消费品，未分别核算的，从高适用消费税税率

B. 纳税人兼营不同税率的应税消费品，未分别核算的，从低适用消费税税率

C. 纳税人将应税消费品与非应税消费品一起销售，未分别核算的，按应税消费品适用的消费税税率计算征税

D. 纳税人将适用不同税率的消费品组成成套消费品销售的，按成套消费品中适用最高税率的消费品的税率计算征税

10. 下列以外购应税消费品为原材料生产应税消费品的，在后续销售或自用所生产的消费品时，可扣除外购应税消费品已纳税款的是（ ）。

A. 外购已税烟丝生产的卷烟

B. 外购已税珠宝玉石为原料而生产的贵重首饰及珠宝玉石

C. 外购已税杆头、杆身和握把为原料而生产的高尔夫球杆

D. 外购已税石油为原料而生产的应税消费品

11. 关于消费税的账务处理说法正确的是（ ）。

A. 企业在核算和缴纳消费税时，应在“应交税费”账户下，设置“应交消费税”明细账户

B. 按规定应缴纳的消费税计入贷方，实际缴纳或待扣的消费税计入借方

C. 期末贷方余额，表示未缴的消费税；借方余额，表示多缴的消费税

D. 企业按照应交消费税额，借记“税金及附加”账户，贷记“应交税费——应交消费税”账户

12. 下列情况中应当以纳税人同类应税消费品的最高销售价格为计税依据的是（ ）。

A. 纳税人将自产消费品用于换取原材料

B. 纳税人将自产应税消费品用于投资入股

C. 纳税人将自产应税消费品用于抵偿债务

D. 纳税人将自产应税消费品用于员工福利

13. 出口应税消费品的退（免）税政策有（ ）。

A. 出口免税并退税 B. 出口不免税但退税

C. 出口免税但不退税 D. 出口不免税也不退税

14. 出口应税消费品享受退（免）税政策，必须满足的条件有（ ）。

A. 属于消费税征收范围

B. 取得税收（出口产品专用）缴款书、增值税专用发票（税款抵扣联）、出口货物报关单（出口退税联）、出口收汇单证

C. 报关离境

D. 在财务上作出口销售处理

15. 关于生产销售应税消费品，其纳税义务发生时间正确的是（　　）。

A. 纳税人采取赊销和分期收款结算方式销售应税消费品的，其纳税义务发生时间为销售合同规定的收款当天

B. 纳税人采取预收货款方式销售应税消费品的，其纳税义务发生时间为发出消费品当天

C. 纳税人采取托收承付和委托银行收款方式销售应税消费品的，其纳税义务发生时间为发出消费品并办妥托收手续的当天

D. 纳税人采取赊销和分期收款结算方式销售应税消费品，没有销售合同规定收款时间的，其纳税义务发生时间为收到货款的当天

16. 关于纳税人发生应税行为，其纳税义务发生时间正确的是（　　）。

A. 纳税人自产自用应税消费品，其纳税义务发生时间为移送使用消费品的当天

B. 纳税人委托加工应税消费品，其纳税义务发生时间为提货的当天

C. 纳税人进口应税消费品，其纳税义务发生时间为报关进口的当天

D. 零售环节征收消费税的消费品，其纳税义务发生时间为收讫货款或取得索取货款凭据的当天

17. 根据《消费税暂行条例》的规定，对消费税的纳税期限说法正确的是（　　）。

A. 消费税的纳税期限分别为 1 日、3 日、5 日、15 日或者 1 个月

B. 纳税人的具体纳税期限，由主管税务机关根据纳税人应纳税额的大小分别核定；不能按期纳税的，可以按次纳税

C. 以 1 个月为 1 期纳税的，自期满之日起 10 日内申报纳税

D. 进口应税消费品的纳税人，应当自海关填发税款缴纳证的次日起 15 日内缴纳税款

18. 根据《消费税暂行条例》的规定，对消费税的纳税地点说法正确的是（　　）。

A. 纳税人自产自销和自产自用应税消费品，除国家另有规定以外，应当向纳税人核算地主管税务机关申报纳税

B. 纳税人委托加工应税消费品，除受托方为个体经营者外，由受托方向所在地主管税务机关代收代缴消费税

C. 进口应税消费品，由进口人或者其代理人向报关地海关申报纳税

D. 纳税人到外县（市）销售或委托外县（市）代销应税消费品，于应税消费品销售后，回纳税人核算地或机构所在地缴纳消费税

19. 关于消费税报缴的方法说法正确的是（　　）。

A. 纳税人按期向税务机关填报纳税申报表，并填开纳税缴款书，向所在地代理金库的银行缴纳税款

B. 纳税人按期向税务机关填报纳税申报表，由税务机关审核后填发缴款书，按期缴纳

C. 对会计核算部健全的小型业户，税务机关可根据其产销情况，按季或按年核定其纳税

额，分月缴纳

D. 纳税人由于当月应交消费税金为零，可以不进行纳税申报

20. 关于消费税纳税申报说法正确的是（　　）。

A. 纳税人应按规定及时办理纳税申报，并如实填写《消费税纳税申报表》

B. 纳税人因生产较忙，可以暂时不进行纳税申报

C.《消费税纳税申报表》可由纳税人填报，也可由纳税人委托代理人填报

D.《消费税纳税申报表》中的应税消费品，可以不分类别明细综合填报

三、判断题

1. 实行从价定率征税的应税消费品，其计税依据是含增值税的销售额。（　　）

2. 消费税最终由消费者承担。（　　）

3. 由受托方提供原材料加工的应税消费品，按委托加工应税消费品方式征税。（　　）

4. 消费税实行多环节征税。（　　）

5. 征收消费税的目的只是调节消费机构。（　　）

6. 自产自用应税消费品的单位不缴纳消费税。（　　）

7. 粮食白酒实行复合计征消费税。（　　）

8. 甲类啤酒实行复合计征消费税，一类啤酒实行从量计征消费税。（　　）

9. 自产自用的应税消费品用于连续生产应税消费品的，在移送环节不缴纳消费税。（　　）

10. 进口应税消费品，以海关核定的数量为计税数量。（　　）

11. 纳税人自产自用的应税消费品，没有同类消费品销售价格的，按计税价格公式计算计税依据。（　　）

12. 委托加工应税消费品，一律由受托方代收代缴消费税。（　　）

13. 委托加工应税消费品，以受托方接受的数量为计税销售数量。（　　）

14. 外贸企业购买应税消费品出口，享受出口免税并退税政策。（　　）

15. 生产企业外购应税消费品，用于继续生产应税消费品的，外购消费品的消费税可按相关公式计算抵减当期应纳消费税。（　　）

16. 委托加工收回的应税消费品，受托方已经代扣代缴消费税，直接用于对外销售的，不再缴纳消费税。（　　）

17. 出口应税消费品退消费税的税率或单位税额，就是税法规定的征税率或单位税额。（　　）

18. 纳税人采取分期收款方式销售应税消费品，纳税义务发生时间为收到货款当天。（　　）

19. 纳税人进口应税消费品的纳税义务发生时间，就是报关进口的当天。（　　）

20. 纳税人到外县（市）销售应税消费品，向机构所在地申报纳税。（　　）

四、不定项选择题

甲化妆品生产企业为增值税一般纳税人，2018 年 9 月有关经济业务如下：

（1）进口一批高档香水精，海关审定的关税完税价格为 10 000 元（人民币，下同），按规定向海关缴纳相关税费，并取得海关填发的专用缴款书。

（2）委托乙企业为其加工一批高档口红，提供的原材料不含税价格为 2 000 元；乙企业收取加工费 1 000 元以及代垫部分辅料费 150 元，并开具增值税专用发票。委托加工的高档口红已于当月全部收回，乙企业无同类产品售价。

（3）自制一批新型高档化妆品（无同类市场价格），发放给本企业女职工作为福利，已知该批高档化妆品的生产成本为 3 500 元，成本利润率为 5%，无同类产品售价。

（4）将自产的高档化妆品投资到丙企业，取得丙企业 5%的股权，同类高档化妆品的平均不含税售价为 13 000 元，最高不含税售价为 15 000 元。

已知：关税税率为 20%，化妆品消费税税率为 15%，化妆品增值税税率为 16%。

要求：根据上述资料，回答下列问题。

1. 下列甲企业当月进口高档香水精应纳税额的计算中，正确的是（　　）。

A. 应纳关税=10 000×20%=2 000（元）

B. 应纳消费税=（10 000+2 000）×15%=1 800（元）

C. 应纳消费税=（10 000+2 000）÷（1−15%）×15%=2 117.65（元）

D. 应纳增值税=（10 000+2 000）÷（1−15%）×16%=2 258.82（元）

2. 甲企业委托乙企业加工高档口红，下列应被代收代缴消费税的计算，正确的是（　　）。

A.（2 000+1 000+150）×15%=472.5（元）

B.（2 000+1 000）×15%=450（元）

C.（2 000+1 000+150）÷（1−15%）×15%=555.88（元）

D.（2 000+1 000）÷（1−15%）×15%=529.41（元）

3. 甲企业自制新型高档化妆品作为职工福利，下列应缴纳消费税的计算，正确的是（　　）。

A. 3 500÷（1+5%）÷（1−15%）×15%=588.24（元）

B. 3 500÷（1−15%）×15%=617.65（元）

C. 3 500×（1+5%）×15%=551.25（元）

D. 3 500×（1+5%）÷（1−15%）×15%=648.53（元）

4. 关于甲企业以自产高档化妆品对外投资的行为，下列说法正确的是（　　）。

A. 以同类高档化妆品的平均不含税售价作为消费税计税依据

B. 以同类高档化妆品的最高不含税售价作为消费税计税依据

C. 应纳消费税=13 000×15%=1 950（元）

D. 应纳消费税=15 000×15%=2 250（元）

五、计算题

某卷烟厂为增值税一般纳税人，2018 年 9 月发生如下业务：

（1）购进 A 种烟丝一批，取得增值税专用发票注明价款 20 万元，税款 3.2 万元，当月领用一半来生产甲、乙两种卷烟。

（2）销售甲种卷烟 10 箱，不含税价款 20 万元。

（3）将乙类卷烟 5 箱发给员工用作福利，没有同类产品销售价格，已知生产成本为 14 万元，成本利润率为 10%。

（4）进口一批烟丝，关税完税价格 5 万元，关税 2 万元。

（5）提供原材料 15 万元委托 B 企业生产一批雪茄烟，另支付加工费 6 万元，受托方没有同类产品，卷烟厂当月收回加工好的雪茄烟出手，收取含税货款 30 万元。

要求：计算卷烟厂应缴纳多少消费税（含委托加工应税消费品，受托方代收代缴税款）税款？（提示：烟丝消费税税率 30%，甲类卷烟消费税比例税率 56%，乙类卷烟消费税比例税率 36%，定额税率 150 元/箱）

项目四

关税实务

学习目标

- 了解关税的概念和分类；
- 熟知关税的征税对象及纳税人，能够查阅关税税目及税率表；
- 掌握关税应纳税额的计算；
- 熟悉关税税收优惠政策；
- 了解关税的征收管理；
- 掌握关税的缴纳。

基本知识训练

一、单项选择题

1. 关税的特点，下列说法正确的是（　　）。

A. 关税只对进口货物征税

B. 关税主要对出口货物征税

C. 关税的征税对象是进出境的货物和物品

D. 关税是多环节征税

2. 下列选择中，符合从量又从价两种办法计征税款的，称为（　　）。

A. 附加税　　B. 复合税　　C. 选择税　　D. 滑准税

3. 甲公司进口一批货物，海关于 3 月 1 日填发关税专用缴款书，但公司迟至 3 月 27 日才缴纳 500 万元的关税。若不考虑节假日，海关应征收关税滞纳金（　　）万元。

A. 2.75　　B. 3　　C. 6.5　　D. 6.75

4. 下列项目中，不应计入进口货物完税价格的有（　　）。

A. 机器设备进口后的安装费用

B. 运抵我国境内起卸前的保险费

C. 卖方从买方对该货物进口后转售所得中获得的收益

D. 买方支付的特许权使用费

5. 甲公司进口一台机器设备，成交价格为 4 500 万元人民币，起卸前运费和保险费共为 1.5 万元，购货佣金 4 万元，进口关税税率为 15%，则甲公司应纳进口关税为（　　）万元。

A. 60　　B. 60.18　　C. 675.825　　D. 60.825

6. 下列不属于关税征税对象的是（　　）。

A. 从国外进口的设备　　B. 入境旅客随身携带的行李物品

C. 企业出口的设备　　D. 国家禁止出口的物品

7. 关税属于（　　）。

A. 流转税　　B. 所得税　　C. 行为税　　D. 财产税

8. 下列各项中，符合关税法定免税规定的是（　　）。

A. 保税区进出口的基建物资和生产用车辆

B. 边境贸易进出口的基建物资和生产用车辆

C. 关税税款在人民币 100 元的一票货物

D. 经海关核准进口的无商业价值的广告品和货样

9. 下列项目中，属于进口完税价格组成部分的有（　　）。

A. 进口人向境外采购代理人支付的购货佣金

B. 进口人向中介机构支付的经纪费

C. 进口设施的安装调试费用

D. 货物运抵境内输入地点起卸之后的运输费用

10. 关于关税特点的说法，正确的是（　　）。

A. 关税的高低对进口国的生产影响较大，对国际贸易影响不大

B. 关税是多环节价内税
C. 关税是单一环节的价外税
D. 关税不仅对进出境的货物征税，还对进出境的劳务征税

二、多项选择题

1. 对于关税，下列说法正确的有（　　）。
A. 关税是单一环节的税收，海关代征的增值税税基中不包括关税
B. 关税有较强的涉外性
C. 关税是对进出境的货物征税，对在境内流通的货物不征关税
D. 关税对部分由境外启运，通过我国境内继续运往境外的货物征税
2. 关税按征税标准可分为（　　）。
A. 从价税　　B. 从量税　　C. 复合税　　D. 滑准税
3. 关税按保护形式和程度可分为（　　）。
A. 关税壁垒　　B. 非关税壁垒　　C. 优惠关税　　D. 普通关税
4. 下列各项中，属于关税法定纳税义务人的有（　　）。
A. 进口货物的收货人　　B. 进口货物的代理人
C. 出口货物的发货人　　D. 出口货物的代理人
5. 下列（　　）费用，如能与该货物实付价格区分，不得列入完税价格。
A. 进口关税及其他国内税
B. 货物运抵境内输入地点之后的运输费用
C. 买方为购进货物向代表双方利益的经纪人支付的劳务费
D. 工业设施、机械设备类货物进口后发生的基建、安装、调试、技术指导等费用
6. 下列说法正确的是（　　）。
A. 我国进口关税税率有最惠国税率、协定税率、特惠税率、普通税率等
B. 目前，我国对部分产品如啤酒等计征从量税
C. 滑准税的特点是关税税率随进口商品价格由高到低或由低至高的变化
D. 目前关税税率计征办法有从价税、从量税、复合税和滑准税等
7. 下列出口货物完税价格确定方法中，符合关税法规定的有（　　）。
A. 海关依法估价确定的完税价格
B. 以成交价格为基础确定的完税价格
C. 根据境内生产类似货物的成本、利润和费用计算出的价格
D. 以相同或类似的进口货物在境内销售价格为基础估定的完税价格
8. 下列各项中，属于关税征税对象的是（　　）。
A. 贸易性商品
B. 个人邮寄物品
C. 入境旅客随身携带的行李和物品
D. 馈赠物品或以其他方式进入国境的个人物品
9. 对于滞纳关税的纳税人，海关有权进行强制执行，强制执行措施主要有（　　）。
A. 加收滞纳税金应该承担的利息　　B. 加收关税滞纳金

C. 强制扣缴和变价抵缴　　　　D. 扣留进口货物

10. 依据关税的有关规定，下列进口货物中可享受法定免税的有（　　）。

A. 有商业价值的进口货样　　　　B. 外国政府无偿赠送的物资

C. 贸易公司进口的残疾人专用品　　　　D. 关税额在人民币 50 元以下的货物

三、判断题

1. 我国对少数进口商品计征关税时所采用的滑准税实质上是一种特殊的从价税。（　　）

2. 在确定进口货物完税价格时，货物成交价格中含进口人向卖方支付的佣金，应该从完税价格中扣除。（　　）

3. 江苏某企业将一批产品从南京出口到日本，日本到岸价格为 500 万元（其中含有运费 40 万元，保险费 20 万元，支付国外的佣金 30 万元），另外还支付包装费 10 万元，出口关税税率为 40%，则应纳关税为 300 万元。（　　）

4. 某企业向海关报明后将一台价值 65 万元的机械运往境外修理，机械修复后准时复运进境。假设该机械的关税税率为 5%，支付的修理费和料件费为 35 万元（经海关审查确定），该企业缴纳的关税应为 1.75 万元。（　　）

5. 在纳税义务人同海关发生纳税争议时，可以向海关申请复议，对有争议的应纳税款可以缓纳。（　　）

6. 进口货物成交价格中已包括进口人向其境外代理人支付的经纪费，并且能够单独分列的，可从完税价格中扣除。（　　）

7. 因收发货人或者其代理人违反规定而造成的少征或漏征的税款，自纳税义务应缴纳税之日起，在规定期限内海关可以追征。（　　）

8. 关税针对进口货物征税，对出口货物不征关税。（　　）

9. 普通关税、优惠关税和差别关税主要适用于进口关税。（　　）

10. 征收的对象是进出境的货物和物品，不进出关境的不征关税。这里所指的“境”是指“关境”。（　　）

业务实训

实训目的：熟悉进口关税及其滞纳金、消费税、增值税的综合计算。

资料：

某进出口公司 2012 年从 A 国进口货物一批，成交价（离岸价）折合人民币 9 000 万元（包括单独计价并经海关审查属实的货物进口后装配调试费用 60 万元，向境外采购代理人支付的买方佣金 50 万元）。另支付运费 180 万元，保险费 90 万元。货物运抵我国口岸后，该公司在未经批准缓税的情况下，于海关填发税款缴纳证的次日起第 20 天才缴纳税款。假设该货物适用的关税税率为 100%，增值税税率为 16%，消费税税率为 5%。

要求：分别计算该公司应缴的关税、关税滞纳金、消费税、增值税。

项目五

企业所得税实务

学习目标

- 了解企业所得税概念、征税对象及纳税人、税率；
- 熟悉资产的税务处理；
- 掌握应纳税额的计算；
- 熟悉税收优惠；
- 了解征收管理；
- 掌握纳税申报；
- 掌握企业所得税涉税账务处理。

基本知识训练

一、单项选择题

1. 根据企业所得税法律制度的规定，下列关于企业所得税纳税人的表述中，正确的是（　　）。

A. 依照外国法律成立但实际管理机构在境内的企业均属于居民企业

B. 依照外国法律成立且实际管理机构不在中国境内的企业均属于非居民企业

C. 依照外国法律成立但在中国境内设立机构、场所的企业均属于非居民企业

D. 依法在我国境内成立但实际管理机构在境外的企业均属于非居民企业

2. 甲企业是我国的非居民企业，并在我国境内设立了机构、场所。根据企业所得税法律制度的规定，甲企业取得的下列所得中，不需要在我国缴纳企业所得税的是（　　）。

A. 甲企业在韩国取得的与所设机构、场所没有实际联系的所得

B. 甲企业在日本取得的与所设机构、场所有实际联系的所得

C. 甲企业在中国境内取得的与所设机构、场所没有实际联系的所得

D. 甲企业在中国境内取得的与所设机构、场所有实际联系的所得

3. 根据企业所得税法律制度的规定，下列关于确认收入实现时间的表述中，正确的是（　　）。

A. 股息、红利等权益性投资收益，按照合同约定的被投资方应付股息、红利的日期确认收入的实现

B. 利息收入，按照合同约定的债务人应付利息的日期确认收入的实现

C. 接受捐赠收入，按照合同约定的捐赠日期确认收入的实现

D. 采取产品分成方式取得收入的，按照合同约定的分成日期确认收入的实现

4. 甲企业 2017 年年初在生产经营的过程中，经批准向内部职工借入生产用资金 200 万元，该企业与职工的借贷是真实、合法、有效的。且签订了借款合同，借款期限 1 年，支付借款利息 12 万元（金融企业同期同类贷款年利率 5%）。根据企业所得税法律制度的规定，该企业在计算 2017 年企业所得税应纳税所得额时，可以在税前扣除的利息支出为（　　）万元。

A. 12　　B. 10　　C. 8　　D. 11

5. 根据企业所得税法律制度的规定，县级以上人民政府将国有资产无偿划入企业，凡指定专门用途并按规定进行管理的，企业可以作为不征税收入进行税务处理，如果该资产属于非货币性资产，应按政府确定的（　　）计算不征税收入。

A. 公允价值　　B. 接收价值　　C. 成本价格　　D. 市场价格

6. 根据企业所得税法律制度的规定，下列关于企业在生产经营活动中发生的利息支出的税务处理，表述不正确的是（　　）。

A. 非金融企业向非金融企业借款的利息支出准予在企业所得税前据实扣除

B. 金融企业的各项存款利息支出准予在企业所得税前据实扣除

C. 非银行企业内营业机构之间支付的利息在企业所得税前不得扣除

D. 企业经批准发行债券的利息支出准予在企业所得税前据实扣除

7. 境内某居民企业 2017 年取得销售货物收入 2 000 万元，出租设备取得租金收入 200 万

元，转让房屋收入 200 万元，对外投资取得的股息收入 100 万元，当年发生的与生产经营活动有关的业务招待费 120 万元。根据企业所得税法律制度的规定，该企业在计算 2017 年应纳税所得额时，准予扣除的业务招待费是（　　）万元。

A. 11　　B. 72　　C. 120　　D. 61

8. 根据企业所得税法律制度的规定，下列资产中，在计算应纳税所得额时准予计提折旧或摊销费用在税前扣除的是（　　）。

A. 未投入使用的机器设备　　B. 以经营租赁方式租入的机械

C. 自创商誉　　D. 未投入使用的建筑物

9. 根据企业所得税法律制度的规定，下列关于固定资产计税基础的确定方法的表述中，不正确的是（　　）。

A. 盘盈的固定资产，以同类固定资产的重置完全价值为计税基础

B. 融资租入的固定资产，以租赁合同约定的付款总额和承租人在签订租赁合同过程中发生的相关费用为计税基础

C. 自行建造的固定资产，以达到预定可使用状态前发生的支出为计税基础

D. 外购的固定资产，以购买价款和支付的相关税费以及直接归属于使该资产达到预定用途发生的其他支出为计税基础

10. 根据企业所得税法律制度的规定，在中国设立机构、场所且取得的所得与机构、场所有实际联系的非居民企业适用的企业所得税税率是（　　）。

A. 10%　　B. 20%　　C. 25%　　D. 33%

11. 甲居民企业适用的企业所得税税率为 25%，2017 年境内应纳税所得额为 300 万元，其设在 A 国的分公司应纳税所得额为 90 万元（折合人民币，下同），在 A 国已缴纳企业所得税 25 万元。其设在 B 国的分公司应纳税所得额为 100 万元，在 B 国已缴纳企业所得税 20 万元。根据企业所得税法律制度的规定，该企业 2017 年在我国实际应缴纳的企业所得税为（　　）万元。

A. 72.5　　B. 80　　C. 75　　D. 97.5

12. 根据企业所得税法律制度的规定，下列关于企业所得税税收优惠的表述中，正确的是（　　）。

A. 企业开发新技术发生的研究开发费用，形成无形资产的，按照无形资产成本的 150%摊销

B. 常年处于强震动、高腐蚀状态的固定资产不能进行加速折旧

C. 企业以规定的资源作为主要原材料，生产国家非限制和禁止并符合国家和行业相关标准的产品取得的收入，减按 70%计入收入总额

D. 企业购置并实际使用规定的环境保护、节能节水、安全生产等专用设备的，该专用设备的投资额的 10%可以从企业当年的应纳税所得额中抵免

13. 某企业为创业投资企业，2015 年 7 月 1 日，该企业以股权投资方式向境内未上市的某中小高新技术企业投资 500 万元。2016 年该企业利润总额 1 200 万元，已知企业所得税税率为 25%，假定无其他纳税调整事项。根据企业所得税法律制度的规定，该企业 2016 年应纳的企业所得税额为（　　）万元。

A. 17.5　　B. 122.5　　C. 212.5　　D. 287.5

14. 根据企业所得税法律制度的规定，下列关于特别纳税调整的表述中，说法正确的是（　　）。

A. 对补征的税款，自税款所属纳税年度的次年 5 月 1 日起至补缴税款之日止的期间，按日加收利息

B. 加收利息率，应当按照税款所属纳税年度中国人民银行公布的与补税期间同期的人民币贷款基准利率加 3 个百分点计算

C. 税务机关依照税法规定对企业做出特别纳税调整，按照国务院规定所加收的利息，可以在计算应纳税所得额时扣除

D. 企业与其关联方之间的业务往来，不符合独立交易原则，或者企业实施其他不具有合理商业目的的安排的，税务机关有权在该业务发生的纳税年度起 10 年内进行纳税调整

15. 某商业企业 2017 年度权益性投资额为 500 万元，当年 1 月 1 日为生产经营向关联方（非金融企业）借入 1 年期经营性资金 1 200 万元，关联借款利息支出 120 万元，银行同期同类贷款利率为 7%，则该企业在计算 2017 年企业所得税应纳税所得额时，准予扣除的利息支出为（　　）万元。

A. 70　　B. 120　　C. 84　　D. 60

16. 根据企业所得税法律制度的规定，下列关于企业所得税的优惠政策中，说法正确的是（　　）。

A. 企业购置并实际使用规定的环境保护、节能节水、安全生产等专用设备的，该专用设备的投资额的 40%可以从企业当年的应纳税额中抵免

B. 创业投资企业采取股权投资方式投资于未上市的中小高新技术企业，可以按投资额的 70%在投资当年抵扣应纳税所得额

C. 企业以相关规定的资源作为主要原材料，生产国家非限制和禁止并符合国家和行业相关标准的产品取得的收入

D. 企业安置残疾人员所支付的工资，按支付给残疾职工工资的 50%加计扣除

17. 根据企业所得税法律制度的规定，下列关于非居民企业的表述中，正确的是（　　）。

A. 在境外成立的企业均属于非居民企业

B. 在境内成立但有来源于境外所得的企业属于非居民企业

C. 依照外国法律成立，实际管理机构在中国境内的企业属于非居民企业

D. 依照外国法律成立，实际管理机构不在中国境内且在中国境内未设立机构、场所，但有来源于中国境内所得的企业

18. 根据企业所得税法律制度的规定，下列选项中，属于企业不征税收入的是（　　）。

A. 接受捐赠的收入

B. 财政拨款

C. 符合条件的非营利组织的收入

D. 在中国境内设立机构、场所的非居民企业从居民企业取得与该机构、场所有实际联系的股息、红利等权益性投资收益

19. 根据《企业所得税法》的规定，不得提取折旧在税前扣除的固定资产是（　　）。

A. 接受投资的固定资产　　B. 未投入使用的房屋、建筑物

C. 授受捐赠的机器设备　　D. 与经营活动无关的固定资产

20. 根据企业所得税法律制度的规定，企业发生的下列支出中，在计算企业所得税应纳税所得额时可以扣除的是（　　）。

A. 税收滞纳金　　B. 企业所得税税款

C. 经营过程中支付的违约金　　D. 向投资者支付的权益性投资收益款项

二、多项选择题

1. 根据企业所得税法律制度的规定，下列各项中，属于企业所得税纳税人的有（　　）。

A. 个人独资企业　　B. 合伙企业

C. 民办非企业单位　　D. 事业单位

2. 根据企业所得税法律制度的规定，下列关于确定来源于中国境内、境外所得的表述中，正确的有（　　）。

A. 转让权益性投资资产所得，按照被投资企业所在地确定

B. 股息、红利等权益性投资所得，按照分配所得的企业所在地确定

C. 提供劳务所得，按照提供劳务的企业所在地确定

D. 利息所得，按照负担、支付所得的企业或者机构、场所所在地确定

3. 根据企业所得税法律制度的规定，下列关于销售货物收入确认的表述中，正确的有（　　）。

A. 销售商品采用托收承付方式的，在发出货物时确认收入

B. 销售商品采用支付手续费方式委托代销的，在收到代销清单时确认收入

C. 销售商品涉及商业折扣的，应当按照扣除商业折扣后的金额确定销售商品收入金额

D. 销售商品涉及现金折扣的，应当按照扣除现金折扣后的金额确定销售商品收入金额

4. 2017 年甲企业取得销售收入 8 000 万元，当年发生的与生产经营相关的业务招待费 60 万元，上年因超支在税前未能扣除的与生产经营相关的业务招待费支出 5 万元；当年发生的与生产经营相关的广告费 500 万元，上年因超支在税前未能扣除的符合条件的广告费 200 万元。根据企业所得税法律制度的规定，甲企业在计算当年应纳税所得额时，下列关于业务招待费和广告费准予扣除数额的表述中，正确的有（　　）。

A. 业务招待费准予扣除的数额为 39 万元

B. 业务招待费准予扣除的数额为 36 万元

C. 广告费准予扣除的数额为 500 万元

D. 广告费准予扣除的数额为 700 万元

5. 根据企业所得税法律制度的规定，下列各项中，表述正确的有（　　）。

A. 企业在筹建期间，发生的与筹办活动有关的业务招待费支出，可按实际发生额的 60% 计入企业筹办费，并按有关规定在税前扣除

B. 企业在筹建期间，发生的与筹办活动有关的业务招待费支出，可按实际发生额计入企业筹办费，并按有关规定在税前扣除

C. 企业在筹建期间，发生的广告费和业务宣传费，可按实际发生额计入企业筹办费，并按有关规定在税前扣除

D. 企业在筹建期间，发生的广告费和业务宣传费，可按实际发生额的 15%计入企业筹办费，并按有关规定在税前扣除

6. 根据企业所得税法律制度的规定，下列各项中，属于不得税前扣除项目的有（　　）。

A. 企业所得税税款　　　　　　　　B. 超过规定标准的捐赠支出

C. 非广告性质的赞助支出　　　　　D. 财产保险费

7. 根据企业所得税法律制度的规定，下列关于固定资产计提折旧的有关表述，正确的有（　　）。

A. 企业应当自固定资产投入使用月份的当月起计算折旧

B. 企业应当自固定资产投入使用月份的次月起计算折旧

C. 停止使用的固定资产，应当自停止使用月份的当月起停止计算折旧

D. 停止使用的固定资产，应当自停止使用月份的次月起停止计算折旧

8. 根据企业所得税法律制度的规定，下列关于资产计提折旧或摊销年限的表述中，正确的有（　　）。

A. 与生产经营活动有关的家具，最低折旧年限为 5 年

B. 林木类生产性生物资产的最低折旧年限为 10 年

C. 无形资产的摊销年限不得低于 10 年

D. 已足额提取折旧的固定资产的改建支出，按照固定资产预计尚可使用年限分期摊销

9. 根据企业所得税法律制度的规定，下列各项中，属于固定资产的大修理支出，按照固定资产尚可使用年限分期摊销，需要同时符合的条件有（　　）。

A. 修理支出达到取得固定资产时的计税基础 40%以上

B. 修理支出达到取得固定资产时的计税基础 50%以上

C. 修理后固定资产的使用年限延长 1 年以上

D. 修理后固定资产的使用年限延长 2 年以上

10. 已知甲企业是我国的居民企业。根据企业所得税法律制度的规定，甲企业取得的下列收入中，属于免税收入的有（　　）。

A. 国债利息收入

B. 符合条件的居民企业之间的股息、红利等投资收益

C. 财政拨款

D. 非营利组织从事营利性活动取得的收入

11. 根据企业所得税法律制度的规定，下列关于企业所得税税率的表述中，正确的有（　　）。

A. 在中国境内未设立机构、场所的非居民企业，其从中国境内取得的所得减按 10%的税率征收企业所得税

B. 符合条件的小型微利企业，减按 20%的税率征收企业所得税

C. 国家需要重点扶持的高新技术企业，减按 15%的税率征收企业所得税

D. 在中国境内设立了机构、场所但取得的所得与所设机构、场所没有实际联系的非居民企业，其从中国境内取得的所得，减按 10%的税率征收企业所得税

12. 下列各项中，属于《企业所得税法》规定的免税收入的有（　　）。

A. 符合条件的非营利组织的收入

B. 符合条件的居民企业之间的股息、红利等权益性投资收益

C. 财政拨款

D. 国债利息收入

13. 根据企业所得税法律制度的规定，下列关于企业所得税纳税期限的表述中，正确的有（　　）。

A. 企业在一个纳税年度中间开业，或者终止经营活动，使该纳税年度的实际经营期不足12个月的，应当以其实际经营期为1个纳税年度

B. 企业依法清算时，应当以清算期间作为1个纳税年度

C. 企业应当自年度终了之日起3个月内，向税务机关报送年度企业所得税纳税申报表，并汇算清缴，结清应缴应退税款

D. 企业在年度中间终止经营活动的，应当自实际经营终止之日起60日内，向税务机关办理当期企业所得税汇算清缴

14. 根据企业所得税法律制度的规定，下列各项关于收入确认的表述中，正确的有（　　）。

A. 企业以非货币形式取得的收入，应当按照公允价值确定收入额

B. 以分期收款方式销售货物的，按照合同约定的收款日期确认收入的实现

C. 采取产品分成方式取得收入的，按照企业分得产品的日期确认收入的实现，其收入额按照产品的公允价值确定

D. 接受捐赠收入，按照承诺捐赠资产的日期确定收入

15. 下列关于企业所得税所得来源的确定说法中正确的有（　　）。

A. 销售货物所得，按照交易活动发生地确定

B. 提供劳务所得，按照劳务发生地确定

C. 股息、红利等权益性投资所得，按照分配所得的企业所在地确定

D. 特许权使用费所得，按照负担、支付所得的企业或者机构、场所所在地确定，或者按照负担、支付所得的个人的住所地确定

三、判断题

1. 企业所得税采取收入来源地管辖权和居民管辖权相结合的双重管辖权，把企业分为居民企业和非居民企业。（　　）

2. 根据企业所得税法律制度的规定，企业以买一赠一的方式组合销售本企业商品的，不属于捐赠，应按各项商品的公允价值来确认各项商品的销售收入。（　　）

3. 如果交易合同或协议中规定租赁期限跨年度，且租金提前一次性支付的，出租人应将租金收入全额计入实际取得租金所属年度的收入总额中。（　　）

4. 企业的不征税收入用于支出所形成的费用或者财产，准予在计算应纳税所得额时扣除。（　　）

5. 企业为在本企业任职或者受雇的全体员工支付的补充养老保险费、补充医疗保险费，分别在不超过职工工资总额10%标准内的部分，在计算应纳税所得额时准予扣除。（　　）

6. 企业发放的福利性补贴，一律计入企业的职工福利费，按规定计算限额在税前扣除。（　　）

7. 甲企业是我国的非居民企业且未在我国境内设立机构、场所，其从中国境内取得的财产转让所得，以收入全额减除财产净值后的余额为应纳税所得额。（　　）

8. 企业在汇总计算缴纳企业所得税的时候，其境外营业机构的亏损可以抵减境内营业机构的盈利。（　　）

9. 技术转让所得，免征企业所得税。（　　）

10. 企业从事的符合条件的环境保护项目取得的所得，自项目开始盈利所属纳税年度起，第1～3年免征企业所得税，第4～6年减半征收企业所得税。（　　）

四、不定项选择题

1. 某工业企业2017年度部分生产经营情况如下：

（1）销售收入4 800万元，销售成本2 000万元，增值税700万元，销售税金及附加80万元。

（2）销售费用1 500万元，其中包括广告费800万元、业务宣传费20万元。

（3）管理费用500万元，其中包括业务招待费50万元、新产品研究开发费用40万元。

（4）财务费用80万元，其中包括向非金融机构借款1年的利息支出50万元，年利率为10%（银行同期同类贷款利率为6%）。

（5）营业外支出30万元，其中包括向供货商支付违约金5万元，接受工商局罚款1万元，通过政府部门向灾区捐赠20万元。

（6）12月中旬，该企业经企业负责人批准，将2012年开具的发票存根联和发票登记簿销毁。

已知：该企业会计利润628万元，该企业适用的企业所得税税率为25%，已预缴企业所得税157万元。

要求：根据上述资料，回答下列小题。

（1）下列关于该企业相关费用的税务处理中，不正确的是（　　）。

A. 该企业发生的广告费和业务宣传费可以全额在当年的所得税前扣除

B. 该企业发生的业务招待费可以据实在所得税前扣除

C. 该企业新产品研究开发费用可以在税前加计扣除50%

D. 该企业新产品研究开发费用可以在税前加计扣除100%

（2）下列关于利息支出的说法正确的是（　　）。

A. 非金融企业向金融企业借款的利息支出准予税前扣除

B. 非银行企业内营业机构之间支付的利息，不得税前扣除

C. 该企业向非金融机构借款的利息支出可以在税前扣除50万元

D. 该企业向非金融机构借款的利息支出可以在税前扣除30万元

（3）该企业下列项目可以在税前扣除的是（　　）。

A. 向供货商支付违约金5万元

B. 接受工商局罚款1万元

C. 通过政府部门向灾区捐赠20万元

D. 增值税700万元

（4）该企业当年应补缴的企业所得税是（　　）万元。

A. 36.75　　B. 33　　C. 31.75　　D. 26.75

2. 甲企业为居民企业。2017年有关收支情况如下：

（1）取得产品销售收入4 000万元，特许权使用费收入100万元，国债利息收入50万元，接受捐赠收入100万元。

（2）业务招待费支出50万元，广告费支出500万元。

（3）支付司法机关罚金 20 万元，支付给客户的违约金 10 万元。

（4）直接向某希望小学捐款 100 万元，计提准备金 50 万元，未经税务机关核定。

（5）其他可在企业所得税税前扣除的成本、费用、税金合计 2 000 万元。

已知：在计算企业所得税应纳税所得额时，业务招待费支出按发生额的 60%扣除，但最高不得超过当年销售（营业）收入的 5‰；广告费、业务宣传费支出，不超过当年销售（营业）收入 15%的部分，允许税前扣除。

要求：根据上述资料，分析回答下列小题。

1. 甲企业下列收入中，应计入企业所得税应纳税所得额的是（　　）。

A. 产品销售收入 4 000 万元　　B. 特许权使用费收入 100 万元

C. 国债利息收入 50 万元　　D. 接受捐赠收入 100 万元

2. 甲企业在计算 2017 年度应纳税所得额时，下列关于业务招待费和广告费准予扣除数额的表述中，正确的是（　　）。

A. 业务招待费准予扣除的数额为 20.5 万元

B. 业务招待费准予扣除的数额为 30 万元

C. 广告费准予扣除的数额为 500 万元

D. 广告费准予扣除的数额为 615 万元

3. 甲企业下列支出中，在计算 2017 年度企业所得税应纳税所得额时，可以税前扣除的是（　　）。

A. 支付司法机关罚金 20 万元　　B. 支付给客户的违约金 10 万元

C. 向某希望小学捐款 100 万元　　D. 计提准备金 50 万元

4. 甲企业 2017 年度企业所得税应纳税所得额是（　　）万元。

A. 1 719.5　　B. 1 699.5　　C. 1 669.5　　D. 1 549.5

五、计算题

1. 某企业为居民企业，2017 年经营业务如下：

（1）取得产品销售收入 4 000 万元。

（2）发生产品销售成本 2 600 万元。

（3）发生销售费用 770 万元（其中广告费 650 万元），管理费用 480 万元（其中业务招待费 25 万元），财务费用 60 万元。

（4）销售税金 160 万元（含增值税 120 万元）。

（5）营业外收入 80 万元，营业外支出 50 万元（含通过公益性社会团体向贫困山区捐款 30 万元，支付税收滞纳金 6 万元）。

（6）计入成本、费用中的实发工资总额 200 万元、拨缴职工工会经费 5 万元、发生职工福利费 31 万元、发生职工教育经费 7 万元。

要求：计算该企业 2017 年实际应纳的企业所得税。

2. 某企业 2017 年会计报表上的利润总额为 100 万元，已累计预缴企业所得税 25 万元。该企业 2017 年度其他有关情况如下：

（1）发生的公益性捐赠支出 18 万元。

（2）开发新技术的研究开发费用 20 万元（已计入管理费用），假定税法规定研发费用可实行 150%加计扣除政策。

（3）支付在建办公楼工程款 20 万元，已列入当期费用。
（4）直接向某足球队捐款 15 万元，已列入当期费用。
（5）支付诉讼费 2.3 万元，已列入当期费用。
（6）支付违反交通法规罚款 0.8 万元，已列入当期费用。
已知：该企业适用所得税税率为 25%；
要求：
（1）计算该企业公益性捐赠支出所得税前纳税调整额；
（2）计算该企业研究开发费用所得税前扣除数额；
（3）计算该企业 2017 年应纳税所得额；
（4）计算该企业 2017 年应纳所得税额；
（5）计算该企业 2017 年应汇算清缴的所得税额。

业务实训

1. 实训目的：熟悉企业所得税的计算和纳税申报。
2. 实训方式：模拟企业进行企业所得税纳税申报。
3. 实训要求：
（1）计算该企业应纳企业所得税额。
（2）填制企业所得税纳税申报表。
4. 实训准备：企业所得税纳税申报表。
资料：
企业名称：重庆一鸣公司
纳税人识别号：1101108104789529
该企业 20××年度会计报表提供的资料如下：
（1）收入总额 2 000 万元。
（2）准予扣除的成本 1 200 万元。
（3）管理费用为 200 万元（其中招待费用为 50 万元，符合税收优惠条件的技术开发费用 20 万元）。
（4）销售费用为 300 万元（其中广告费为 200 万元）。
（5）财务费用为 50 万元（其中向非金融机构借款 100 万元，利率为 20%，同期金融机构的借款利率为 10%）。
（6）已缴纳的城市维护建设税和教育费附加 5 万元，增值税税额 50 万元。
（7）营业外收入 50 万元。
（8）营业外支出共 50 万元，其中包括赞助某单位 10 万元，通过红十字会向灾区捐款 34 万元。
（9）该企业 1—11 月已预缴企业所得税 20 万元。
已知企业适用所得税税率为 25%，允许弥补的以前年度亏损 60 万元，没有税收优惠的规定减免和抵免的税额。

要求：

（1）计算当年应交的所得税，并做年度申报表。

（2）填制纳税申报表。

中华人民共和国企业所得税年度纳税申报表（A类）

税款所属期间： 年 月 日至 年 月 日

纳税人名称：重庆一鸣公司

纳税人识别号：1101108104789529 金额单位：元（列至角分）

类别	行次	项目	金额
利润总额计算	1	一、营业收入（填附表一）	
	2	减：营业成本（填附表二）	
	3	税金及附加	
	4	销售费用（填附表二）	
	5	管理费用（填附表二）	
	6	财务费用（填附表二）	
	7	资产减值损失	
	8	加：公允价值变动收益	
	9	投资收益	
	10	二、营业利润	
	11	加：营业外收入（填附表一）	
	12	减：营业外支出（填附表二）	
	13	三、利润总额（10+11–12）	
应纳税所得额计算	14	加：纳税调整增加额（填附表三）	
	15	减：纳税调整减少额（填附表三）	
	16	其中：不征税收入	
	17	免税收入	
	18	减计收入	
	19	减、免税项目所得	
	20	加计扣除	
	21	抵扣应纳税所得额	
	22	加：境外应税所得弥补境内亏损	
	23	纳税调整后所得（13+14–15+22）	
	24	减：弥补以前年度亏损（填附表四）	
	25	应纳税所得额（23–24）	
应纳税额计算	26	税率（25%）	
	27	应纳所得税额（25×26）	
	28	减：减免所得税额（填附表五）	
	29	减：抵免所得税额（填附表五）	
	30	应纳税额（27–28–29）	
	31	加：境外所得应纳所得税额（填附表六）	

续表

类别	行次	项目	金额
应纳税额计算	32	减：境外所得抵免所得税额（填附表六）	
	33	实际应纳所得税额（30+31–32）	
	34	减：本年累计实际已预缴的所得税额	
	35	其中：汇总纳税的总机构分摊预缴的税额	
	36	汇总纳税的总机构财政调库预缴的税额	
	37	汇总纳税的总机构所属分支机构分摊的预缴税额	
	38	合并纳税（母子体制）成员企业就地预缴比例	
	39	合并纳税企业就地预缴的所得税额	
	40	本年应补（退）的所得税额（33–34）	
附列资料	41	以前年度多缴的所得税额在本年抵减额	
	42	以前年度应缴未缴在本年入库所得税额	

纳税人公章：	代理申报中介机构公章：	主管税务机关受理专用章：
经办人：	经办人及执业证件号码：	受理人：
申报日期：　　年　月　日	代理申报日期：　　年　月　日	受理日期：　　年　月　日

项目六

个人所得税实务

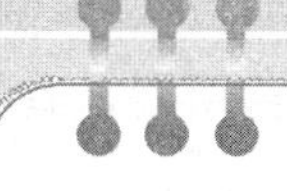

学习目标

- 了解个人所得税的概念、征税范围、纳税人、税率等；
- 掌握个人所得税应纳税额的计算；
- 了解个人所得税的税收优惠政策；
- 掌握个人所得税的纳税申报。

基本知识训练

一、单项选择题

1. 某演员一次表演收入 30 000 元，其应纳的个人所得税额为（　　）元。

A. 5 200　　B. 6 000　　C. 4 800　　D. 5 600

2. 个人所得税法规定，自行申报纳税的纳税人在中国境内两处或两处以上取得应税收入所得的，其纳税地点选择（　　）。

A. 纳税人选择并固定一地进行纳税申报　　B. 税务机关指定纳税地点

C. 收入来源地　　D. 纳税人户籍所在地

3. 个体工商户的生产经营所得和对企事业单位的承包经营、承租经营所得，适用（　　）的超额累进税率。

A. 5%～35%　　B. 5%～45%　　C. 5%～25%　　D. 5%～55%

4. 个人年纳税收入总额在（　　）万元以上的，应自行申报纳税。

A. 16　　B. 12　　C. 10　　D. 8

5. 下列适用税率为 20%，并减征 30%的项目是（　　）。

A. 工资薪金所得　　B. 租赁所得　　C. 劳务报酬所得　　D. 偶然所得

6. 下列所得一次收入畸高的，可以实行加成征收（　　）。

A. 稿酬所得　　B. 利息、股利、红利所得

C. 劳务报酬所得　　D. 偶然所得

7. 李某年终奖金 12 000 元，应缴个人所得税额（　　）元。

A. 360　　B. 1 995　　C. 600　　D. 270

8. 工资、薪金所得的应纳税额，按月计征的，有扣缴义务人或纳税人在次月（　　）日内缴纳。

A. 5　　B. 7　　C. 10　　D. 15

9. 某中外合资企业外方经理每月从该企业获得薪金收入 25 000 元。在计算应纳税所得额时，应当减除的费用是（　　）元。

A. 800　　B. 4 800　　C. 4 000　　D. 5 000

10. 下列关于个人独资企业和合伙企业投资者个人所得税计税规定的表达中，正确的说法有（　　）。

A. 投资者的个人工资扣除标准为 3 500 元　　B. 投资者的个人费用不允许扣除

C. 投资者个人及家庭消费可以全部扣除　　D. 投资者的个人工资可以全部扣除

11. 某人 2011 年将自有房屋出租，租期 1 年。该人每月取得租金 2 500 元，全年租金收入 30 000 元，此人全年应纳个人所得税（　　）元。

A. 5 840　　B. 4 080　　C. 2 040　　D. 3 000

12. 某人某年转让特许使用权两次，一次收入为 5 000 元，一次收入为 2 000 元，下列说法不正确的是（　　）。

A. 两次应分别计税

B. 第一次费用扣除 1 000 元，第二费用扣除 800 元

C. 两次转让收入合并征税

D. 应缴个人所得税总额 1 040 元

13. 个体工商户与企业联营而分得的利润，应按（　　）项目征收个人所得税。

A. 利息、红利、股息所得　　B. 按承包经营、承租经营所得

C. 按财产转让所得　　D. 按个体工商户生产、经营所得

14. 现行个人所得税法规定，下列不进行税前扣除的项目是（　　）。

A. 利息、红利、股息所得　　B. 按承包经营、承租经营所得

C. 按财产转让所得　　D. 按个体工商户生产、经营所得

15. 雇主为雇员负担税款的，个人所得税应纳税所得额为（　　）。

A. 雇主支付给员工的工资净额

B. 雇主支付给员工的工资净额加上雇主为员工代缴的税款

C. 雇主支付给员工的工资净额加上雇主为员工代缴的税款减去规定的扣除标准

D. 雇主支付给员工的工资净额÷（1–适用税率）

16. 根据个人所得税法规定，在一个纳税年度内，凡在我国境内连续居住达到一定标准的个人为居民纳税人，具体的居住标准是（　　）。

A. 居住满 90 天　　B. 居住满 90 天　　C. 居住满 183 天　　D. 居住满 270 天

17. 下列稿酬所得中，应合并为一次所得征税的有（　　）。

A. 同一作品先出版，然后在报刊上连载，取得稿酬

B. 同一作品再版取得稿酬

C. 同一作品出版后加印而追加稿酬

D. 同一作品先在报刊上连载，然后再出版，取得稿酬

18. 股息、红利、利息所得应以（　　）为应纳税所得额。

A. 每月收入　　B. 每年收入　　C. 每季收入　　D. 每次收入

19. 现行个人所得税法规定，转让（　　）以上自用住房并且是家中唯一住房的所得，暂免征收个人所得税（　　）。

A. 5 年　　B. 1 年　　C. 2 年　　D. 3 年

二、多项选择题

1. 对个人所得征收个人所得税时，以每次收入额为应纳税所得额的有（　　）。

A. 利息、股息、红利所得　　B. 稿酬所得

C. 财产转让所得　　D. 偶然所得

2. 按现行税法制度规定，下列适用 20%税率的项目有（　　）。

A. 利息、股息、红利所得　　B. 稿酬所得

C. 财产租赁所得　　D. 偶然所得

3. 个人转让财产，税前可以扣除的项目有（　　）。

A. 房屋购买的成本　　B. 支付的除个人所得税以外的税费

B. 销售房屋支付的中介费　　D. 合理的装修费用

4. 下列各项所得应征个人所得税的是（　　）。

A. 保险赔款

B. 国家民政部门支付给个人的生活困难补助

C. 劳务报酬所得

D. 稿酬所得

5. 现行税法规定，退休员工下列所得不征收个人所得税的有（　　）。

A. 退休工资　　B. 独生子女补贴

C. 保险公司给予的赔款　　D. 兼职收入

6. 下列个人所得，适用20%比例税率的有（　　）。

A. 财产租赁所得

B. 财产转让所得

C. 对企事业单位的承包、承租经营所得

D. 稿酬所得

7. 个人所得税的纳税人一般分为居民纳税人和非居民纳税人两类。国际上通常采用的划分标准是（　　）。

A. 收入来源地标准　　B. 住所标准

C. 居住时间标准　　D. 国籍标准

8. 个人所得税法列举的居民纳税人条件是（　　）。

A. 在中国境内有住所　　B. 在中国境内无住所，但住满183天

C. 在中国境内无住所，但住满365天　　D. 在中国境内无住所，又不居住

9. 下列项目中，计征个人所得税时，允许从总收入中扣除800元的有（　　）。

A. 房租收入2 000元　　B. 取得劳务报酬3 000元

C. 红利收入5 000元　　D. 劳务报酬5 000元

10. 纳税人取得下列应税所得时，应到税务机关自行申报的有（　　）。

A. 年所得12万元以上的

B. 从中国境内两处或两处以上取得工资、薪金所得的

C. 从中国境外取得所得的

D. 取得应纳税所得，没有扣缴义务人的

11. 经批准可以减征个人所得税的是（　　）。

A. 残疾、孤老人员和烈属的所得　　B. 因严重自然灾害造成重大损失的

C. 军人的转业费、复员费　　D. 福利费

12. 享受附加减除费用优惠的人有（　　）。

A. 华侨

B. 在我国工作的外国专家

C. 在外企工作的中方人员

D. 在中国境内有住所但在境外工作的中国居民

13. 按现行税法规定，可享受税收优惠的项目有（　　）。

A. 税法规定，2010年对个人转让上市公司限售股取得的所得

B. 自2005年6月13日起，个人投资者从上市公司取得股息、红利所得

C. 个人存款利息收入

D. 劳务报酬

14. 不允许个体工商户生产、经营所得税前扣除的项目有（　　）。

A. 资本性支出
B. 被没收的财产、支付的罚款
C. 自然灾害或意外事故损失有赔偿的部分
D. 用于个人和家庭的支出
15. 下列应自行申报纳税的个人有（　　）。
A. 从中国境外取得收入的　　B. 年收入 16 万元的
C. 在中国境内两处或两处以上取得收入的　　D. 取得应税收入后没有扣缴义务人的
16. 下列属于劳务报酬的项目有（　　）。
A. 某高校外聘教师取得的收入　　B. 个人取得的设计费收入
C. 单位为职工发放的伙食补贴　　D. 个人取得的参赛奖金
17. 下列各项中需就中国境内外收入缴纳个人所得税的纳税人有（　　）。
A. 在中国境内工作的外籍华人前 5 年的收入
B. 在中国境内无住所的中国居民
C. 从在中国境内工作的第六年起的外籍人员
D. 在境外留学的中国公民
18. 下列关于财产租赁所得缴纳个人所得税的说法正确的是（　　）。
A. 财产租赁所得以一个月为一次
B. 对能提供有效证明，证明纳税人负担的修缮费支出，每月可扣除 800 元以下的费用，超出部分，准予在下一次扣除，直到扣完为止
C. 每次收入在 4 000 元以下，允许税前扣除 800 元
D. 每次收入都允许扣除 800 元
19. 下列关于工资、薪金税前扣除标准说法正确的是（　　）。
A. 居民纳税人允许每月税前扣除 3 500 元
B. 非居民纳税人允许每月税前扣除 3 500 元
C. 在中国境内有住所，而在中国境外任职取得的工资允许每月税前扣除 4 800 元
D. 应聘在中国境内工作的外籍人士取得的工资每月允许扣除 4 800 元
20. 下列说法正确的有（　　）。
A. 李某一次取得劳务报酬 4 000 元，通过红十字会捐赠 1 000 元，允许税前扣除的捐赠款为 960 元
B. 李某一次取得劳务报酬 4 000 元，通过红十字会捐赠 1 000 元，允许税前扣除的捐赠款为 1 000 元
C. 个人税前扣除捐赠最大限额是个人应纳税所得额的 30%
D. 个人税前扣除捐赠最大限额是个人应纳税收入的 30%

三、判断题

1. 工资、薪金所得，财产租赁所得和偶然所得，以每次收入额为应纳税所得额。（　　）
2. 不动产转让所得，以不动产所在地为纳税地点。（　　）
3. 个人所得税的纳税义务人包括居民和非居民。（　　）
4. 劳动分红属于工资、薪金范畴。（　　）

5. 个体工商户生产、经营所得征税，允许扣除的必要费用为 3 500 元。（　）

6. 某个体工商户某年亏损，所以不用申报个人所得税。（　）

7. 退休金也属于工资、薪金所得，也应缴纳个人所得税。（　）

8. 退休人员在外任课，所得收入以月为一次计算缴纳个人所得税。（　）

9. 个人领取的无提存的住房公积金、医疗保险金、基本养老保险，免征个人所得税。（　）

10. 个人独资企业与其他企业联营而分得的利润免征个人所得税。（　）

11. 在确定财产转让的应纳税所得额时，纳税人在转让财产过程中缴纳的税金和教育费附加，可持完税凭证，从财产转让收入中扣除。（　）

12. 劳务报酬一次性收入超过 20 000 元的，实行加成征收。（　）

13. 在确定财产租赁的应纳税所得额时，纳税人在出租财产过程中发生的修缮费用，并持有合法票据，准予从财产租赁收入中扣除。（　）

14. 现行税法规定，个人获得的省级以上的科技奖免缴个人所得税。（　）

15. 凡支付应纳税所得的单位和个人，都是个人所得税的扣缴义务人。（　）

16. 个人担任董事职务取得董事费收入，属于劳务报酬，按劳务报酬所得项目征税。（　）

17. 对企事业单位的承包、承租经营所得按年纳税，在确定应纳税所得额时，减除必要费用时按月减除 4 800 元。（　）

18. 在我国境内无住所且在我国境内居住未满 1 年的个人，其来源于我国境内的所得免征个人所得税。（　）

19. 个人所得税中，个人居住“满一年”指的是 360 天。（　）

20. 居民纳税人应就来源于中国境内外的收入向中国境内纳税。（　）

四、思考题

1. 如何确定境外所得个人所得税的扣除额？

2. 实行查账征收的个体工商户如何进行个人所得税的财务处理？

五、计算题

1. 李某将其一栋房屋转让给某企业做写字楼，取得转让收入 850 000 元，房屋造价及相关费用 350 000 元，转让房屋过程中已支付相关税费 180 000 元。计算李某应纳个人所得税额并进行会计处理。

2. 某退休人员李某 2011 年 8 月取得银行存款利息 5 000 元，国库券利息 4 200 元，在一次有奖销售活动中中奖，取得彩电一台，价值 4 800 元。计算李某 7 月应纳个人所得税。

3. 某歌星参加一次演唱会，取得出场收入 40 000 元，将其中 15 000 元通过教育部门捐给“希望工程”。计算该歌星应纳个人所得税并进行相关会计处理。

4. 某国居民分别在中国境内甲、乙两地任职，当月在甲地取得工资 5 000 元，在乙地取得工资 3 500 元，一次性劳务报酬 40 000 元，问该公民应纳个人所得税为多少？应如何进行纳税申报？

5. 某个体工商户 2016 年全年经营收入 800 000 元，其中生产经营成本、费用总额为 500 000 元，计算其全年应纳的个人所得税并进行相关的会计处理。

业务实训

1. 实训目的：通过运用强化和补充个人所得税基本法规知识，掌握税收申报程序及填报方法。

2. 实训方式：演练基础知识，模拟个人收入进行个人所得税代扣代缴、自行申报计算与申报。

3. 实训要求：

（1）掌握个人所得税的基本法规。

（2）正确计算个人所得税。

（3）填制个人所得税代扣代缴、自行申报纳税申报表。

4. 实训准备：基本知识实训材料、个人所得税代扣代缴、自行申报纳税申报表。

资料：

刘珏 2016 年取得以下收入，于 2016 年年底进行个人纳税申报。

（1）1—12 月，每月在国内取得工资收入 6 500 元，由支付单位代扣代缴。

（2）7—9 月，受派遣到国外分公司，由国外分公司每月另行支付 8 000 元（折合人民币），在国外已支付税款 2 400 元。

（3）5 月，在国内演讲，一次取得收入 2 000 元，支付单位未代扣代缴个人所得税。

（4）11 月，取得中奖收入 800 元。

（5）1 月，取得上年的年终奖金 30 000 元。

要求：

（1）计算刘珏 1—12 月工资、薪金应缴的个人所得税。

（2）计算刘珏 5 月演讲收入应缴个人所得税。

（3）计算刘珏 11 月中奖收入应缴个人所得税。

（4）计算刘珏全年应缴个人所得税额，可抵扣额度。

（5）填报 2016 年的个人所得税纳税申报表。

个人所得税纳税申报表

（适用于年所得 12 万元以上的纳税人申报）

INDIVIDUAL INCOME TAX RETURN

（For individuals with an annual income of over 120,000 RMB Yuan）

纳税人识别号：　　　　　　　　　　　　　　　纳税人名称（签字或盖章）：

Taxpayer's ID　number　　　　　　　　　　　　Taxpayer's name（signature/stamp）

税款所属期：2016 年　　　填表日期：　　年　月　日　　　　金额单位：元（列至角分）

Income year　　　　Date of filing:　　date　month　year　　Monetary unit: RMB Yuan

纳税人姓名 Taxpayer's name		国籍 Nationality		身份证照类型 ID Type		身份证照号码 ID number	
抵华日期 Date of arrival in China		职业 Profession		任职、受雇单位 Employer		经常居住地 Place of residence	
中国境内有效联系地址 Address in China				邮编 Post code		联系电话 Tel. number	

所得项目 Categories of income	年所得额 Annual Income			应纳税额 Tax payable	已缴（扣）税额 Tax pre-paid and withheld	抵扣税额 Foreign tax credit	应补（退）税额 Tax owed or overpaid
	境内 Income from within China	境外 Income from outside China	合计 Total				
1. 工资、薪金所得 Wages and salaries							
2. 个体工商户的生产、经营所得 Income from production or business operation conducted by self-employed industrial and commercial households							
3. 对企事业单位的承包经营、承租经营所得 Income from contracted or leased operation of enterprises or social service providers partly or wholly funded by state assets							
4. 劳务报酬所得 Remuneration for providing services							
5. 稿酬所得 Author's remuneration							
6. 特许权使用费所得 Royalties							
7. 利息、股息、红利所得 Interest，dividends and bonuses							
8. 财产租赁所得 Income from lease of property							
9. 财产转让所得 Income from transfer of property							
10. 偶然所得 Incidental income							
11. 其他所得 other income							
合计 Total							

我声明，此纳税申报表是根据《中华人民共和国个人所得税法》的规定填报的，我保证它是真实的、可靠的、完整的。

Under penalties of perjury，I declare that this return has been filed according to the provisions of THE INDIVIDUAL INCOME TAX LAW OF THE PEOPLE'S REPUBLIC OF CHINA，and to the best of my knowledge and belief，the information provided is true，correct and complete.

纳税人（签字）

Taxpayer's signature

代理人名称：（Firm's name）　　　　　　　　　经办人（签章）（Preparer's signature）：

代理人（公章）（Firm's stamp）：　　　　　　　联系电话（Phone number）：

受理人：　　　　　　　　　受理时间：　　年　月　日　　　　受理申报机关：

（Responsible tax officer）　（Time:　　Date/Month/Year）　　（Responsible ta）

项目七

土地增值税实务

学习目标

- 了解土地增值税的概念、征税范围、纳税人、税率等；
- 掌握土地增值税应纳税额的计算；
- 了解土地增值税的税收优惠政策；
- 掌握土地增值税的纳税申报。

基本知识训练

一、单项选择题

1. 下列各项中，应当缴纳土地增值税的是（　　）。

A. 继承房地产　　B. 以房地产作抵押向银行贷款

C. 出售房屋　　D. 出租房屋

2. 我国现行土地增值税实行的税率属于（　　）。

A. 比例税率　　B. 超额累进税率

C. 定额税率　　D. 超率累进税率

3. 房地产开发费用中的利息支出，如能按转让房地产项目分摊并提供金融机构证明的，允许据实扣除，其他开发费用限额扣除的比例为（　　）以内。

A. 3%　　B. 5%　　C. 7%　　D. 10%

4. 下列项目中，按税法规定可以免征或者不征土地增值税的有（　　）。

A. 国家机关转让自用房产　　B. 税务机关拍卖欠税单位的房产

C. 对国有企业进行评估增值的房产　　D. 投资于房地产开发企业的房地产项目

5. 房地产开发企业在确定土地增值税的扣除项目时，允许单独扣除的税费是（　　）。

A. 增值税、印花税　　B. 房产税、城市维护建设税

C. 教育费附加、城市维护建设税　　D. 印花税、城市维护建设税

二、多项选择题

1. 下列各项中，属于土地增值税纳税人的有（　　）。

A. 建造房屋的施工单位　　B. 出售房产的中外合资房地产公司

C. 转让国有土地使用权的事业单位　　D. 房地产管理的物业公司

2. 计算土地增值税额时可以扣除的项目包括（　　）。

A. 取得土地使用权所支付的金额　　B. 建筑安装工程费

C. 公共配套设施费　　D. 转让房地产有关税金

3. 房地产开发公司支付的下列相关税费，可列入加计 20%扣除范围的有（　　）。

A. 支付建筑人员的工资福利费　　B. 占用耕地缴纳的耕地占用税

C. 销售过程中发生的销售费用　　D. 开发小区内的道路建设费用

4. 下列各项中，符合土地增值税优惠规定的有（　　）。

A. 纳税人建造普通标准住宅出售，增值额未超过扣除项目金额 20%的，减半征收土地增值税

B. 纳税人建造普通标准住宅出售，增值额未超过扣除项目金额 20%的，免征收土地增值税

C. 纳税人建造普通标准住宅出售，增值额超过扣除项目金额 20%的，应对其超过部分的增值额按规定征收土地增值税

D. 纳税人建造普通标准住宅出售，增值额超过扣除项目金额 20%的，应对其全部增值额按规定征收土地增值税

三、判断题

1. 某工业企业利用一块闲置的土地使用权换取某房地产公司的新建商品房，作为本单位职工的居民用房，由于没有取得收入，所以该企业不需要缴纳土地增值税。（　　）

2. 在计算土地增值税时，对从事房地产开发的纳税人销售使用过的旧房及建筑物，仍可按取得土地使用权所支付的金额和房地产开发成本金额之和的20%加计扣除。（　　）

3. 某单位向政府有关部门缴纳土地出让金取得土地使用权时，不需缴纳土地增值税。（　　）

4. 土地增值税使用超率累进税率，累进依据为增值额占转让收入的比例。（　　）

5. 纳税人建造普通标准住宅出售，增值额未超过扣除项目金额20%的，免征土地增值税。（　　）

四、思考题

1. 如何理解土地增值税的征税范围？

2. 土地增值税的扣除项目有哪些？房地产企业与其他企业有何区别？

五、计算题

2018年6月，某房地产开发公司销售其新建商品房一幢，取得销售收入1.47亿元（含增值税），已知该公司支付与商品房相关的土地使用权费及开发成本合计为4 800万元；该公司没有按房地产项目计算分摊银行借款利息；该商品房所在地的省政府规定计征土地增值税时房地产开发费用扣除比例为10%；销售商品房缴纳的增值税700万元，城市维护建设税及教育费附加70万元。

要求：计算该公司销售该商品房应缴纳的土地增值税，并作会计处理。

项目八

资源税实务

学习目标

- 了解资源税的概念、征税原则、特点、作用；
- 了解资源税的纳税义务人；
- 了解资源税的税目和税率；
- 掌握资源税应纳税额的计算；
- 掌握资源税申报表的填写要求和方法。

基本知识训练

一、单项选择题

1. 下列各项中，属于资源税纳税人的是（　　）。

A. 进口原油的外贸企业　　B. 销售自产天然气的生产企业
C. 仅从事收购未税矿产品的独立矿山　　D. 出口外购原煤的外贸企业

2. 下列收购资源税未税矿产品的单位或个人中，不能作为资源税扣缴义务人的是（　　）。

A. 独立矿山　　B. 联合企业　　C. 个体工商户　　D. 自然人

3. 下列关于资源税的表述中，不正确的是（　　）。

A. 资源税税目包括 5 大类
B. 原油包括人造石油
C. 天然气，是指专门开采或者与原油同时开采的天然气
D. 煤炭，包括原煤和以未税原煤加工的洗选煤

4. 下列关于资源税的说法，不正确的是（　　）。

A. 对出口的应税产品照章征收资源税
B. 开采原油过程中用于加热的原油免征资源税
C. 铁矿石资源税减按 80%征收
D. 纳税人开采或者生产应税产品过程中，因自然灾害遭受重大损失的，由省、自治区、直辖市人民政府酌情决定减征或者免征资源税

5. 应同时征收增值税和资源税的是（　　）。

A. 生产销售人造石油
B. 销售煤矿生产过程中生产的天然气
C. 自产液体盐连续生产固体盐
D. 开采的天然气用于职工食堂

6. 某矿业公司开采销售应税矿产品，资源税实行从量计征，则该公司计征资源税的课税数量是（　　）。

A. 实际产量　　B. 发货数量　　C. 计划产量　　D. 销售数量

7. 根据资源税法律制度的规定，下列各项中，不属于资源税征税范围的是（　　）。

A. 井矿盐　　B. 稀土　　C. 钨　　D. 柴油

8. 根据资源税法律制度的规定，下列各项中，属于资源税纳税人的是（　　）。

A. 进口金属矿石的冶炼企业　　B. 销售精盐的商场
C. 开采原煤的公司　　D. 销售石油制品的加油站

9. 根据资源税法律制度的规定，下列各项中，不正确的是（　　）。

A. 开采原油过程中，用于加热、修井的原油免税
B. 纳税人开采或者生产应税产品过程中，因意外事故或者自然灾害等原因遭受重大损失的，可以直接免税
C. 对依法在建筑物下、铁路下、水体下通过充填开采方式采出的矿产资源，资源税减征

50%

D. 低丰度油气田资源税暂减征 20%

10. 资源税纳税人开采或者生产不同税目应税产品，未分别核算或者不能准确提供不同税目应税产品的销售额或者销售数量的，应（　　）。

A. 从高适用税率

B. 从低适用税率

C. 由主管税务机关核定不同税目应税产品的销售额或者销售数量，按各自的税率分别计算纳税

D. 上报财政部决定

11. 根据资源税的相关规定，下列表述中不正确的是（　　）。

A. 纳税人以 1 个月为一期纳税的，自期满之日起 10 日内申报纳税

B. 纳税人以自采原矿加工金锭的，在金锭销售或自用时缴纳资源税

C. 纳税人应当向矿产品的开采地或盐的生产地缴纳资源税

D. 纳税人应纳的资源税属于跨省开采，其下属生产单位与核算单位不在同一省、自治区、直辖市的，对其开采或者生产的应税产品，一律在核算单位所在地纳税

12. 某煤矿 2016 年 11 月用其自采的原煤加工洗选煤 300 万吨，为职工宿舍供暖使用 3 万吨，对外销售 180 万吨。已知该煤矿每吨洗选煤不含增值税售价为 800 元（不含从坑口到车站、码头等的运输费用），适用的资源税税率为 5%，洗选煤折算率为 80%。该煤矿 11 月应缴纳资源税（　　）万元。

A. 5 760　　B. 5 856　　C. 7 200　　D. 7 320

13. 某油气开采企业为增值税一般纳税人，2016 年 12 月开采原油 6 万吨，当期对外销售 5 万吨，取得不含税销售额 5 000 万元；另将剩余 1 万吨用于开采原油的时候加热和修理油井。在开采原油的同时开采天然气 100 万立方米，当期对外销售 80 万立方米，共取得不含税销售额 150 万元，另将剩余 20 万立方米用于换取一批机器设备，则该油气开采企业 2016 年 12 月应缴纳资源税（　　）万元。（已知原油、天然气适用的资源税税率为 6%）

A. 311.25　　B. 371.25　　C. 309　　D. 369

二、多项选择题

1. 根据资源税法律制度的规定，下列各项中，应缴纳资源税的有（　　）。

A. 开采销售的原矿　　B. 进口的原矿

C. 职工食堂领用的自产原矿　　D. 职工宿舍领用的自产原矿

2. 根据资源税法律制度的规定，下列各项中，属于资源税应税产品的有（　　）。

A. 海盐原盐　　B. 石灰石原矿

C. 与原油同时开采的天然气　　D. 人造石油

3. 根据资源税法律制度的规定，下列资源产品中，应征收资源税的有（　　）。

A. 与原油同时开采的天然气　　B. 人造石油

C. 石墨　　D. 黏土

4. 根据资源税法律制度的规定，下列资源税应税产品中，从价计征资源税的有（　　）。

A. 原煤　　B. 稀土　　C. 钨　　D. 黏土

5. 根据资源税法律制度的规定，下列关于资源税的表述中，不正确的有（　　）。

A. 纳税人开采销售共伴生矿，共伴生矿与主矿产品销售额分开核算的，对共伴生矿暂不计征资源税

B. 纳税人开采销售共伴生矿，共伴生矿与主矿产品销售额没有分开核算的，对共伴生矿不征资源税

C. 纳税人开采或者生产不同税目应税产品的，应当分别核算不同税目应税产品的销售额或销售数量

D. 纳税人开采或者生产不同税目应税产品的，未分别核算或者不能准确提供不同税目应税产品的销售额或者销售数量的，从低适用税率

6. 根据资源税法律制度的规定，下列各项中，属于资源税征税范围的有（　　）。

A. 砂石　　B. 海水晒制的盐

C. 金锭　　D. 人造石油

7. 根据资源税法律制度的规定，下列各项中，表述正确的有（　　）。

A. 纳税人开采或者生产应税产品，自用于连续生产应税产品的，应缴纳资源税

B. 纳税人以自采原矿加工金锭的，在金锭销售或自用时缴纳资源税

C. 纳税人销售自采原矿或者自采原矿加工的金精矿、粗金，在原矿或者金精矿、粗金销售时缴纳资源税，在移送使用时不缴纳资源税

D. 纳税人将其开采的原煤加工为洗选煤自用的，在移送使用时缴纳资源税

8. 根据资源税法律制度的规定，下列说法中，表述正确的有（　　）。

A. 纳税人应当向矿产品的开采地或盐的生产地缴纳资源税

B. 纳税人销售应税产品采取预收货款结算方式的，纳税义务发生时间为发出应税产品的当天

C. 纳税人在本省、自治区、直辖市范围开采或者生产应税产品，其纳税地点需要调整的，由国家税务总局决定

D. 纳税人跨省开采资源税应税产品，其下属生产单位与核算单位不在同一省、自治区、直辖市的，对其开采的矿产品在核算地纳税

9. 下列各项中，不属于资源税纳税义务人的有（　　）。

A. 销售自产天然气的甲气田

B. 销售自产人造石油的乙油田

C. 出口购进天然气的丙天然气销售公司

D. 购进使用天然气的丁供热企业

10. 根据资源税法律制度的规定，下列单位和个人的生产、经营行为应缴纳资源税的有（　　）。

A. 冶炼企业进口铁矿石

B. 个体经营者开采煤矿

C. 军事单位开采石油

D. 中外合作开采天然气

三、判断题

1. 纳税人开采或生产不同税目资源税应税产品，未分别核算不同税目应税产品的销售额或销售数量的，从高适用税率。（　　）

2. 资源税销售额是指纳税人销售应税产品向购买方收取的全部价款和价外费用，不包括收取的增值税销项税额和运杂费用。（　　）

3. 纳税人开采或者生产资源税应税产品自用的，以“移送时的自用数量（包括生产自用和非生产自用）”为销售数量。（　　）

4. 纳税人将其开采的矿产品原矿自用于连续生产精矿产品，无法提供移送使用原矿数量的，可将其精矿按折算率折算成原矿数量，以此作为销售数量。（　　）

5. 纳税人采取分期收款方式销售资源税的应税产品的，资源税的纳税义务发生时间为发出应税产品的当天。（　　）

6. 纳税人开采或者生产资源税应税产品，自用于连续生产应税产品的，视同销售，应缴纳资源税。（　　）

7. 超市销售食用盐不缴纳资源税，盐场生产销售液体盐应当缴纳资源税。（　　）

8. 甲盐厂将自产的液体盐移送加工固体盐，移送时不必征收资源税；乙盐厂将自产的液体盐移送加工袋装榨菜，移送时应当征收资源税。（　　）

四、不定项选择题

某市甲独立矿山 2018 年 9 月发生如下经济业务：

（1）开采原煤 2 万吨，将其中 5 000 吨原煤直接对外销售给乙公司，乙公司应付不含税金额 100 万元（不包括洗选煤从洗选煤厂到车站、码头等的运输费用），甲煤矿采取分期收款方式，销售合同规定当月收取 60 万元，剩余款项下月收取。

（2）将其中 4 000 吨原煤移送使用以抵偿欠丙公司的债务。

（3）将其中部分原煤用于连续加工洗煤，之后将一半洗煤对外销售，采取直接收款方式取得不含增值税销售额 125 万元（不含运杂费）；将另外一半洗煤自用于职工食堂。

（4）开采砂石 30 万吨，销售其中 20 万吨。

（5）在水体下通过充填开采的方式开采铝土矿，全部对外销售取得不含增值税销售额 150 万元（不含运杂费）。

已知：煤炭适用的资源税税率为 8%，当地省财税部门确定的洗煤折算率为 60%，砂石资源税税率为 2 元/吨，铝土矿适用的资源税税率为 6%。

要求：根据上述资料，回答以下问题。

（1）甲煤矿将原煤对外销售给乙公司，当月应纳资源税的下列计算中，正确的是（　　）。

A. 0　　B. 60×8%=4.8（万元）

C. 100×8%=8（万元）　　D. 40×8%=3.2（万元）

（2）甲煤矿用原煤抵偿丙公司债务，当月应纳资源税的下列说法中，正确的是（　　）。

A. 将原煤抵偿债务，不属于销售行为，不缴纳资源税

B. 将原煤抵偿债务，视同销售原煤，但无销售额，所以不缴纳资源税

C. 将原煤抵偿债务应纳资源税=100÷5 000×4 000×8%=6.4（万元）

D. 纳税人自产自用应税产品，其资源税纳税义务发生时间为移送使用应税产品的当天

（3）甲煤矿将原煤连续加工洗煤的下列说法中，正确的是（　　）。

A. 将原煤连续加工洗煤，原煤移送使用环节不缴纳资源税

B. 将原煤连续加工洗煤，应纳资源税=125×60%×8%×2=12（万元）

C. 加工的洗煤对外销售，应纳资源税=125×60%×8%=6（万元）

D. 加工的洗煤自用于职工食堂，不缴纳资源税

（4）甲企业销售砂石和铝土矿，下列说法正确的是（　　）。

A. 销售砂石应缴纳资源税=20×2=40（万元）

B. 销售砂石应缴纳资源税=30×2=60（万元）

C. 销售铝土矿应缴纳资源税=150×6%=9（万元）

D. 销售铝土矿应缴纳资源税=150×6%×50%=4.5（万元）

项目九

其他税种实务

学习目标

- 掌握城市维护建设税、教育费附加与流转税之间的关系和计税方法；
- 掌握印花税、房产税、城镇土地使用税、车船税、契税、耕地占用税、车辆购置税应纳税（费）额的计算及其申报；
- 了解印花税、房产税、城镇土地使用税、车船税、契税、耕地占用税、车辆购置税的基本原理及要素；
- 掌握相关的税收政策。

基本知识训练

一、单项选择题

1. 某镇一企业10月份被查补的增值税为45 000元、房产税15 000元，被加收滞纳金1 000元，被处罚款 5 000 元。该企业应补缴城市维护建设税和教育费附加为（　　）。（纳税人所在地区为县城、镇的，城市维护建设税的税率是5%；教育费附加的征收比率为3%）

A. 45 000×（5%+3%）

B.（45 000+1 000）×（5%+3%）

C.（45 000+15 000）×（5%+3%）

D.（45 000+1 000+5 000）×（5%+3%）

2. 根据城市维护建设税法律制度的规定，下列表述中不正确的是（　　）。

A. 纳税人因违反增值税、消费税的有关规定而加收的滞纳金和罚款，不作为城市维护建设税的计税依据

B. 纳税人在被查补增值税、消费税和被处以罚款时，应同时对其城市维护建设税进行补税、征收滞纳金和罚款

C. 海关对进口产品代征的增值税、消费税，不征收城市维护建设税

D. 对出口产品退还增值税、消费税的，也要同时退还已经缴纳的城市维护建设税

3. 下列各项中，可以按照当地适用税额减半征收耕地占用税的是（　　）。

A. 供电部门占用耕地新建变电站

B. 农村居民占用耕地新建住宅

C. 市政部门占用耕地新建自来水厂

D. 国家机关占用耕地新建办公楼

4. 根据房产税法律制度的规定，下列关于房产税计税依据的表述中，正确的是（　　）。

A. 经营租赁的房产，以租金收入为计税依据，由承租方来缴纳房产税

B. 经营租赁的房产，以房产余值为计税依据，由出租方来缴纳房产税

C. 融资租赁的房产，以租金收入为计税依据，由出租方来缴纳房产税

D. 融资租赁的房产，以房产余值为计税依据，由承租方来缴纳房产税

5. 根据房产税的有关规定，下列说法错误的是（　　）。

A. 纳税人将原有房产用于生产经营，从生产经营之月起，缴纳房产税

B. 纳税人购置新建商品房，自房地产权属登记机关签发房屋权属证书之次月起，缴纳房产税

C. 纳税人出租、出借房产，自交付出租、出借本企业房产之次月起，缴纳房产税

D. 纳税人委托施工企业建设的房屋，从办理验收手续之次月起，缴纳房产税

6. 甲乙两单位互换经营性用房，甲换入的房屋价格为490万元，乙换入的房屋价格为600万元，当地契税税率为3%，则对契税的缴纳说法正确的是（　　）。

A. 甲应缴纳契税 14.7 万元　　B. 甲应缴纳契税 3.3 万元

C. 乙应缴纳契税 18 万元　　D. 乙应缴纳契税 3.3 万元

7. 甲公司从乙汽车运输公司租入 5 辆载重汽车，双方签订的合同规定，5 辆载重汽车的

总价值为240万元，租期3个月，租金为12.8万元。则甲公司应缴纳印花税为（ ）元。

A. 32　　B. 128　　C. 600　　D. 2 400

8. 根据契税法律制度的规定，下列各项中，应当征收契税的是（ ）。

A. 企业房产不等价交换　　B. 房屋分拆

C. 农村集体土地承包经营权的转移　　D. 土地使用权抵押

9. 根据契税法律制度的规定，下列关于契税征收管理的说法中，正确的是（ ）。

A. 纳税人应当自纳税义务发生之日起15日内，向税务机关办理纳税申报，并在税收征收机关核定的期限内缴纳税款

B. 企业发生契税纳税义务时，应向企业机构所在地税务机关缴纳契税

C. 契税的纳税义务发生时间是纳税人签订土地、房屋权属转移合同的当天，或者纳税人取得其他具有土地、房屋权属转移合同性质凭证的当天

D. 契税的纳税义务发生时间是纳税人签订土地、房屋权属转移合同7日内

10. 下列关于城镇土地使用税的说法中，不正确的是（ ）。

A. 凡由省级人民政府确定的单位组织测定土地面积的，以测定的土地面积为准

B. 尚未组织测定，但纳税人持有政府有关部门核发的土地使用证书的，以证书确定的土地面积为准

C. 尚未核发土地使用证书的，应由纳税人据实申报土地面积，并据以纳税，待核发土地使用证书后再作调整

D. 对于纳税单位无偿使用免税单位的土地，应免征城镇土地使用税

11. 某企业2017年年初实际占地面积为2 000平方米，2017年4月底该企业为扩大生产，根据有关部门的批准，新征用非耕地3 000平方米。该企业所处地段适用年税额5元/平方米。该企业2017年应缴纳城镇土地使用税为（ ）万元。

A. 1　　B. 3　　C. 2　　D. 5

12. 根据城市维护建设税法律制度的规定，下列表述不正确的是（ ）。

A. 城市维护建设税纳税义务发生时间基本上与增值税、消费税纳税义务发生时间一致

B. 城市维护建设税的纳税期限应比照增值税、消费税的纳税期限，由税务机关根据应纳税额大小分别核定

C. 代扣代缴增值税、消费税的单位和个人，以经营地为城市维护建设税的纳税地点

D. 城市维护建设税不能按照固定期限缴纳的，可以按次纳税

13. 根据契税法律制度的规定，下列各项中，应征收契税的是（ ）。

A. 法定继承人承受房屋权属

B. 企业以行政划拨方式取得土地使用权

C. 承包者获得农村集体土地承包经营权

D. 运动员因成绩突出获得国家奖励的住房

14. 根据车船税法律制度的规定，下列车船，不免征车船税的是（ ）。

A. 捕捞、养殖渔船

B. 军队专用车船

C. 依法不需要在车船登记管理部门登记的，在加工厂内行驶的车船

D. 国际组织驻华代表机构及其有关人员的车船

15. 2017 年 12 月，甲公司与乙公司签订一份加工承揽合同，合同载明由甲公司提供原材料 200 万元，支付乙公司加工费 30 万元；又与丙公司签订了一份财产保险合同，保险金额 1 000 万元，支付保险费 1 万元。已知加工承揽合同印花税税率为 0.5‰，财产保险合同印花税税率为 1‰，则甲公司应缴纳的印花税为（　　）元。

A. 11 000　　B. 11 050　　C. 1 010　　D. 160

二、多项选择题

1. 根据车船税法律制度的规定，下列使用的车船中，应纳车船税的有（　　）。

A. 私人拥有的汽车　　B. 中外合资企业拥有的汽车

C. 国有运输企业拥有的货船　　D. 旅游公司拥有的客船

2. 根据《房产税暂行条例》的规定，下列各项中，不符合房产税纳税义务发生时间规定的有（　　）。

A. 纳税人将原有房产用于生产经营，从生产经营之次月起，缴纳房产税

B. 纳税人自行新建房屋用于生产经营，从建成之次月起，缴纳房产税

C. 纳税人委托施工企业建设的房屋，从办理验收手续之月起，缴纳房产税

D. 纳税人购置新建商品房，自房屋交付使用之次月起，缴纳房产税

3. 根据房产税法律制度的规定，下列有关房产税计税依据的表述中，正确的有（　　）。

A. 纳税人对原有房屋进行改建、扩建的，要相应增加房屋的原值

B. 以房屋为载体，不可随意移动的附属设备和配套设施，在会计上单独记账与核算的，可不计入房产原值

C. 对附属设备和配套设施中易损坏、需要经常更换的零配件，更新后不再计入房产原值

D. 对更换房屋附属设备和配套设施的，在将其价值计入房产原值时，不得扣减原来相应设备和设施的价值

4. 下列各项中，可依法减免契税的有（　　）。

A. 某市人民医院购买的医疗大楼

B. 老王承受一片荒山土地使用权，用于开发果园

C. 小红家为改善住房条件而新买的商品房

D. 某大厦刚收购的营业大楼

5. 关于契税计税依据的下列表述中，符合法律制度规定的有（　　）。

A. 受让国有土地使用权的，以成交价格为计税依据

B. 受赠房屋的，由征收机关参照房屋买卖的市场价格规定计税依据

C. 购入土地使用权的，以评估价格为计税依据

D. 交换土地使用权的，以交换土地使用权的价格差额为计税依据

6. 根据房产税法律制度的规定，下列表述中正确的有（　　）。

A. 公园内开设的照相馆免征房产税

B. 毁损不堪居住的房屋和危险房屋，经有关部门鉴定，在停止使用后，可免征房产税

C. 纳税人因房屋大修导致连续停用半年以上的，在房屋大修期间免征房产税

D. 在基建工地为基建工地服务的各种工棚，在施工期间一律免征房产税

7. 2017 年 10 月，甲企业用自产的价值 80 万元的原材料换取乙企业的厂房，并因此用现金补给乙企业 40 万元差价；当月甲企业又将一套价值 100 万元的厂房与丙企业的办公楼交换，

并用自产的价值 50 万元的商品补给丙企业差价。已知当地契税税率为 3%，则关于甲企业应缴纳契税的下列计算中，正确的有（　　）。（上述金额均不含增值税）

A. 甲企业用原材料换取乙企业厂房应纳契税=40×3%=1.2（万元）

B. 甲企业用原材料换取乙企业厂房应纳契税=（80+40）×3%=3.6（万元）

C. 甲企业用厂房换取丙企业办公楼应纳契税=50×3%=1.5（万元）

D. 甲企业用厂房换取丙企业办公楼应纳契税=（100+50）×3%=4.5（万元）

8. 下列各项中，属于印花税征税范围的有（　　）。

A. 法律咨询服务合同　　B. 委托加工合同

C. 技术开发合同　　D. 印刷合同

9. 下列各项中，属于车辆购置税纳税人的有（　　）。

A. 购进农用运输车自用的个体工商户　　B. 进口高档小汽车自用的外贸企业

C. 获奖取得汽车自用的运动员　　D. 购买汽车自用的外商投资企业

10. 下列各项中，属于车船税计税依据的有（　　）。

A. 每辆　　B. 整备质量每吨　　C. 净吨位每吨　　D. 购置价格

11. 下列关于车船税的表述中，正确的有（　　）。

A. 从事机动车第三者责任强制保险业务的保险机构为机动车车船税的扣缴义务人，应当在收取保险费时依法代收车船税，并出具代收税款凭证

B. 已办理退税的被盗抢车船失而复得的，纳税人应当从公安机关出具相关证明的当月起计算缴纳车船税

C. 没有扣缴义务人的，纳税人应当向主管税务机关自行申报缴纳车船税

D. 已缴纳车船税的车船在同一纳税年度内办理转让过户的，不另纳税，也不退税

12. 下列属于车船税免税项目的有（　　）。

A. 非机动驳船　　B. 武警消防车

C. 监狱专用的船舶　　D. 捕捞渔船

13. 下列关于城镇土地使用税税收优惠政策的表述中，正确的有（　　）。

A. 对林区的运材道，免征城镇土地使用税

B. 经批准开山填海整治的土地和改造的废弃土地，从使用的月份起免缴城镇土地使用税5～10 年

C. 房地产开发公司开发建造商品房的用地，一律不予免征城镇土地使用税

D. 对于盐场的生产厂房，免征城镇土地使用税

14. 下列税种中，实行按年计算、分期缴纳的征收方法的有（　　）。

A. 房产税　　B. 关税

C. 车辆购置税　　D. 城镇土地使用税

15. 根据耕地占用税法律制度的规定，下列各项中，免征耕地占用税的有（　　）。

A. 军事设施占用耕地　　B. 学校内教职工住房占用耕地

C. 铁路线路占用耕地　　D. 幼儿园占用耕地

三、判断题

1. 房地产开发企业建造的商品房，在出售前未自用、出租的，应按规定不征收房产税。（　　）

2. 对个人按市场价格出租的居民住房，可暂减按4%的税率征收房产税。（　　）

3. 王某向李某借款100万元，到期王某无力偿还，王某以一套价值100万元的房产抵偿所欠李某的债务，则李某为契税的纳税人。（　　）

4. 房产所有人将房屋赠与对其承担直接赡养义务的人，不征收土地增值税。（　　）

5. 纳税人使用的土地不属于同一省、自治区、直辖市管辖的，由纳税人向机构所在地主管税务机关缴纳城镇土地使用税。（　　）

6. 根据《印花税暂行条例》及其施行细则的规定，财产所有人将财产赠给政府、社会福利单位、学校及其他事业单位所立的书据免纳印花税。（　　）

7. 车船税按年申报，分月计算，分月缴纳。（　　）

8. 电网与用户之间签订的供用电合同不征印花税。（　　）

9. 境内承受转移土地、房屋权属的单位和个人为契税的纳税人，但不包括外商投资企业和外国企业。（　　）

10. 印花税同一应税凭证，载有两个或两个以上经济事项而适用不同税目税率，如分别记载金额的，应分别计算应纳印花税额，按相加后的合计税额贴花；如未分别记载金额，按税率高的计税贴花。（　　）

四、不定项选择题

1. 某市甲企业2016年年初占地面积为30 000平方米；生产用房原值共计1 000万元，账面已计提折旧100万元；拥有小汽车5辆（其中1辆为节约能源乘用车）。2016年有关资料如下：

（1）原值为200万元的厂房自本年年初因房屋大修导致连续停用5个月，6月恢复使用。

（2）6月15日经批准新征用一块耕地，面积为800平方米，6月20日开始开发该耕地建造新办公楼。

（3）6月25日经批准新征用一块非耕地，面积为1 200平方米，7月5日，甲企业将该土地用于开发建造新厂房。

（4）7月15日从汽车销售公司购买3辆载货汽车和4辆挂车，每辆载货汽车整备质量为5吨，每辆挂车整备质量为4吨，取得汽车销售公司开具的“机动车销售统一发票”，并于当月取得了车辆的所有权。

（5）8月20日，甲企业将拥有的一辆小汽车过户转让。

已知：房产税税率为1.2%，当地政府规定计算房产余值的扣除比例为20%；每辆小汽车车船税的年税额为480元，载货汽车的车船税年税额为60元/吨；城镇土地使用税每平方米年税额为2元；当地耕地占用税税额为10元/平方米。

要求：根据上述资料，回答下列问题。

（1）根据房产税法律制度的规定，下列说法中正确的是（　　）。

A. 因房屋大修导致连续停用5个月的厂房，免征房产税

B. 因房屋大修导致连续停用5个月的厂房，应照章征收房产税

C. 甲企业2016年共应缴纳房产税8.64万元

D. 甲企业2016年共应缴纳房产税9.6万元

（2）根据城镇土地使用税法律制度的规定，下列说法中正确的是（　　）。

A. 甲企业新征用的耕地，自2016年6月起计算缴纳城镇土地使用税

B. 甲企业新征用的耕地，自 2017 年 6 月起计算缴纳城镇土地使用税

C. 甲企业新征用的非耕地，自 2016 年 7 月起计算缴纳城镇土地使用税

D. 甲企业新征用的非耕地，自 2017 年 6 月起计算缴纳城镇土地使用税

（3）下列关于甲企业 2016 年应缴纳城镇土地使用税和耕地占用税的说法中，不正确的是（　　）。

A. 应纳耕地占用税=800×10=8 000（元）

B. 应纳城镇土地使用税=30 000×2+1 200×2×6÷12=61 200（元）

C. 对于新征用的耕地，可以在同一纳税年度内同时征收城镇土地使用税和耕地占用税

D. 对于新征用的耕地，不可以在同一纳税年度内同时征收城镇土地使用税和耕地占用税

（4）根据车船税法律制度的规定，甲企业 2016 年应缴纳车船税（　　）元。

A. 3 260　　B. 3 040　　C. 2 850　　D. 2 800

2. 甲企业 2017 年增加注册资本 200 万元，建账时除记载资金的账簿外，另新设 4 个其他账簿，当年发生如下经济业务：

（1）当年取得商标注册证、卫生许可证、银行开户许可证各一份。

（2）与乙公司签订购销合同，合同规定甲企业用 20 万元的原材料换取乙公司的产品，并由甲企业支付差价款 10 万元。

（3）与丙公司签订委托加工合同，合同注明丙公司提供原材料价值 40 万元、加工费 5 万元。

（4）与丁公司签订运输保管合同，合同上注明运费 20 万元，保管费 5 万元。

（5）将自己的一台机器设备对外出租给戊公司，签订的租赁合同上注明租金 30 万元，同时支付中介费用 2 万元。

（6）购入一栋办公楼，产权转移书据上注明金额为 1 000 万元，并领取了房屋产权证和土地使用证。

（7）为建造仓库与某建筑公司签订一份建筑安装工程承包合同，合同中注明承包金额 2 000 万元。

（8）与保险公司签订一份财产保险合同，所保财产价值 1 000 万元，保费金额 20 万元；另签订一份人身保险合同，保费金额为 2 万元。

已知：购销合同、建筑安装工程承包合同印花税税率为 0.3‰；记载资金的营业账簿、货物运输合同、销售商品房合同、委托加工合同印花税税率为 0.5‰；财产租赁合同、仓储保管合同印花税税率为 1‰、财产保险合同的印花税税率为 1‰。

要求：根据上述资料，分析回答下列问题。

（1）计算甲企业设置账簿应纳的印花税为（　　）元。

A. 600　　B. 620　　C. 1 000　　D. 1 020

（2）计算甲企业领用权利、许可证照应纳的印花税为（　　）元。

A. 5　　B. 10　　C. 15　　D. 20

（3）根据印花税法律制度的规定，下列说法中不正确的是（　　）。

A. 甲企业签订的购销合同应纳印花税=20×10 000×0.3‰=60（元）

B. 甲企业签订的委托加工合同应纳印花税=5×10 000×0.5‰=25（元）

C. 甲企业签订的运输保管合同应纳印花税=（20+5）×10 000×1‰=250（元）

D. 甲企业签订的财产租赁合同应纳印花税=（30–2）×10 000×1‰=280（元）

（4）根据印花税法律制度的规定，下列说法中不正确的是（　　）。

A. 甲企业购入办公楼签订的产权转移书据应缴纳印花税=1 000×10 000×0.5‰=5 000（元）

B. 甲企业签订的建筑安装工程承包合同应缴纳印花税=2 000×10 000×0.3‰=6 000（元）

C. 甲企业签订的财产保险合同应缴纳印花税=20×10 000×1‰=200（元）

D. 甲企业签订的人身保险合同应缴纳印花税=2×10 000×1‰=20（元）

纳税实务

主　编　梁　萍

副主编　袁晓峰　蒋丽鸿　胡慧琼

北京理工大学出版社

BEIJING INSTITUTE OF TECHNOLOGY PRESS

图书在版编目（CIP）数据

纳税实务 / 梁萍主编. —北京：北京理工大学出版社，2018.7
ISBN 978-7-5682-5667-4

Ⅰ. ①纳… Ⅱ. ①梁… Ⅲ. ①纳税-中国-教材 Ⅳ. ①F812.42

中国版本图书馆 CIP 数据核字（2018）第 163004 号

出版发行 / 北京理工大学出版社有限责任公司
社　　址 / 北京市海淀区中关村南大街 5 号
邮　　编 / 100081
电　　话 /（010）68914775（总编室）
（010）82562903（教材售后服务热线）
（010）68948351（其他图书服务热线）
网　　址 / http://www.bitpress.com.cn
经　　销 / 全国各地新华书店
印　　刷 / 三河市天利华印刷装订有限公司
开　　本 / 787 毫米×1092 毫米 1/16
印　　张 / 23
字　　数 / 433 千字
版　　次 / 2018 年 7 月第 1 版 2018 年 7 月第 1 次印刷
总 定 价 / 78.00 元

责任编辑 / 申玉琴
文案编辑 / 申玉琴
责任校对 / 周瑞红
责任印制 / 李　洋

FOREWORD 前言

“纳税实务”是财经类专业的一门核心专业课程。本书就基本政策法规、应纳税额的计算、纳税申报、涉税会计处理四个方面对现行最常用的16种税（费）进行了全面的阐述。内容紧跟经济发展步伐，融合最新税收法律制度，理论与实践相结合，力求突出以下特色：

第一，依据最新税收法律法规编写，反映最新税收法规动态。本书在编写过程中，引入了最新税收法律法规，如：2016年3月发布的《关于全面推开营业税改征增值税试点的通知》；财政部、税务总局（财税〔2017〕43号）《关于扩大小型微利企业所得税优惠政策范围的通知》；自2018年5月1日起执行《财政部 税务总局关于调整增值税税率的通知》（财税〔2018〕32 号）和《财政部　税务总局关于统一增值税小规模纳税人标准的通知》（财税〔2018〕33号）。

第二，税种全面、分类清楚，知识点突出。每一税种都以基本原理、要素、应纳税额的计算、纳税申报、涉税账务处理为主线进行对比分析学习。

第三，案例拟真，注重实践。每一项目都有拟真的应纳税额计算和与纳税申报综合日常业务处理相关的案例，贯穿本项目的知识点，有助于学生对该项目知识的巩固和掌握，将税收法律法规与日常业务处理有机结合。

第四，以工作情景为导向的案例引入，重难点浅显化，学习趣味化，知识拓展化。每个任务前都有案例引入，并设置实际情景，让学生身临其境解决问题，使学生提高了学习热情，增加了学习兴趣。

同时，为了配合基础知识的巩固和技能的强化，教材单独配有《纳税实务习题与实训》。

本书共有9个项目，其中税收基本知识为1个项目，三大流转税占据3个项目，两种所得税占据2个项目，土地增值税为1个项目，资源税为1个项目，其他税种为1个项目。

本书由梁萍主编、主审定稿，袁晓峰、蒋丽鸿、胡慧琼担任副主编，具体参与人员及分工如下：

梁萍：主编，编写项目一和项目二、项目四；袁晓峰：副主编，编写项目三和项目八；蒋丽鸿：副主编，编写项目五和项目九；胡慧琼：副主编，编写项目六和项目七。

由于编者水平有限，书中难免会出现一些错误和疏漏之处，恳请读者批评指正。

编　者

CONTENTS 目录

项目一

税收基本知识

项目介绍

本项目要求在学生自学和教学讨论过程中完成以下任务：

任务一——税收及税法的概念

任务二——税收制度

任务三——税收登记

学习导航

- 什么是税收？为什么要有税收？
- 税收有哪些种类？怎样保证税收的实现？
- 怎样进行税务登记、变更、注销？

学习目标

- 掌握税法及税收的概念。
- 掌握税收分类及特征。
- 了解税收构成要素。
- 了解税收的作用。
- 掌握税收登记方法。

适用岗位

涉税会计的各种岗位。

教学准备

教材、教案、《税收征收管理制度》、税收登记表。

关键词（中英文对照）

税法（tax law）、税收（the revenue from tax）、分类（classification）、特征（characteristics）、作用（function）、登记（register）

任务一　税收及税法的概念

任务描述

掌握税收、税法的基本概念，税收的特征，税收的职能作用。

任务分析

为更好地完成本任务，学生和老师应从现实税收体系和税法出发，学习掌握税收和税法的基本概念、基本特征，理解其职能作用。

案例引入

某小型民营企业主张某因缺少税收知识，自企业经营以来，一直不去当地税务所申报纳税，被税务机关处以补税和罚款。张某不理解此事，认为自己一直诚信经营，不偷不抢，童叟无欺，凭什么无偿地向国家交税，凭什么被强制补税并罚款？

你认为张某的想法正确吗？

相关知识

一、税收及税法的基本概念

（一）税收的概念

税收是政府为了满足公共需要，凭借政治权力，强制、无偿地取得财政收入的一种形式。

税收作为一种特殊的分配范围，其本质体现为国家为主体、凭借政治权利对一部分社会产品或国民收入的分配而形成的特殊分配关系。理解税收的概念可以从以下几个方面把握：

（1）税收是国家取得财政收入的一种重要工具。

（2）国家征税的依据是政治权力，它有别于按生产要素进行的分配。

（3）征税的目的是满足社会公共需要。

【案例 1–1】

小明问老师：如何理解 “征税以国家为主体”？

案例分析：

“以国家为主体”是指在税收分配中，国家居主导地位。对经营活动及收益征何种税、征多少税、如何征税、通过征税应达到什么目的等，都是由国家确定的，体现着国家的意志，纳税人只能服从。

（二）税法的概念

税法就是国家制定的用以调整国家与纳税人之间在征纳税方面的权利和义务关系的法律规范的总称。

税法是国家及纳税人依法征纳税的行为准则，其目的是保障国家利益和纳税人的合法权益，维护正常的税收秩序，保证国家的财政收入。

二、税收的特征

税收形式的特征：强制性、无偿性、固定性。税收三性是一个完整的统一体，它们相辅相成、缺一不可。

（一）强制性

税收的强制性指国家以社会管理者身份，用法律形式，对征、纳双方权利与义务的制约。国家征税凭借的是政治权力，而不是财产所有权。国家征税不受财产直接所有权归属的限制，国家对不同所有者都可以行使征税权。社会主义的国有企业，是相对独立的经济实体。国家与国有企业的税收关系也具有强制性特征。这是税收形式与国有企业利润上交形式的根本区别。

（二）无偿性

税收的无偿性指国家征税对具体纳税人既不需要直接偿还，也不付出任何形式的直接报酬。无偿性是税收的关键特征。它使税收区别于国债等财政收入形式。无偿性决定了税收是筹集财政收入的主要手段，并成为调节经济和矫正社会分配不公的有力工具。税收无偿性的形式特征是对具体纳税人说的。列宁曾指出，“所谓税收，就是国家向居民无偿地索取”。（新版《列宁全集》第 41 卷，140 页）

（三）固定性

税收的固定性指国家征税必须通过法律形式，事先规定课税对象和课征额度。也可以理解为规范性。税收固定性的含义包括三个层次，即课税对象上的非惩罚性、课征时间上的连续性和课征比例上的限度性，这是税收区别于罚没、摊派等财政收入形式的重要特征。

> 提示：
>
> 在税收三性中无偿性是核心，强制性是保障，固定性是对强制性和无偿性的一种规范和约束。

三、税收的作用

（一）满足公共需要的主要财力保障

税收不仅可以对流转额征税，还可以对各种收益、资源、财产、行为征税；不仅可以对国有企业、集体企业征税，还可以对外资企业、私营企业、个体工商户征税。税收保证财政收入来源的广泛性是其他任何一种财政收入形式不能比拟的。

税收收入具有及时性、稳定性和可靠性。由于税收具有强制性、无偿性、固定性的特征，因此税收把财政收入建立在及时、稳定、可靠的基础之上，成为国家满足公共需要的主要财力保障。

（二）配置资源的作用

在社会主义市场经济条件下，市场对资源配置起主导作用，但市场配置资源也有其局限性，可能出现市场失灵（如无法提供公共产品、外部效应、自然垄断等）。这时，就有必要通过税收保证公共产品的提供，以税收纠正外部效应，以税收配合价格调节具有自然垄断性质的企业和行业的生产，使资源配置更加有效。

（三）调节需求总量的作用

税收对需求总量进行调节，以促进经济稳定，其作用主要表现在以下两个方面：

（1）运用税收对经济的内在稳定功能，自动调节总需求。累进所得税制可以在需求过热时，随着国民收入的增加而自动增加课税，以抑制过度的总需求；反之亦然。从而起到自动调节社会总需求的作用。

（2）根据经济情况变化，制定相机抉择的税收政策来实现经济稳定。在总需求过度引起经济膨胀时，选择紧缩性的税收政策，包括提高税率、增加税种、取消某些税收减免等，扩大征税，以减少企业和个人的可支配收入，压缩社会总需求，达到经济稳定的目的；反之，则采取扩张性的税收政策，如降低税率、减少税种、增加某些税收减免等，减少征税，以增加企业和个人的可支配收入，刺激社会总需求，达到经济稳定的目的。

（四）调节经济结构的作用

在社会主义市场经济条件下，税收对改善国民经济结构发挥着重要作用，具体表现在以下几个方面：

（1）促进产业结构合理化。税收涉及面广，通过合理设置税种，确定税率，可以鼓励薄弱部门的发展，限制畸形部门的发展，实施国家的产业政策。

（2）促进产品结构合理化。通过税收配合国家价格政策，运用高低不同的税率，调节产品之间的利润差别，促进产品结构合理化。

（3）促进消费结构合理化。通过对生活必须消费品和奢侈消费品采取区别对待的税收政策，促进消费结构合理化。

此外，通过税收调节，还可以促进社会经济组织结构、流通交换结构等的合理化。

（五）调节收入分配的作用

在市场经济条件下，由市场决定的分配机制不可避免地会拉大收入分配上的差距，客观上要求通过税收调节缩小这种收入差距。税收在调节收入分配方面的作用具体表现在以下两个方面：

（1）公平收入分配。通过开征个人所得税、遗产税等，可以适当调节个人间的收入水平，缓解社会分配不公的矛盾，促进经济发展和社会稳定。

（2）鼓励平等竞争。在市场机制失灵的情况下，由于价格、资源等外部因素引起的不平等竞争需要通过税收进行合理调节，以创造平等竞争的经济环境，促进经济的稳定和发展。

（六）保护国家权益的作用

税收是对外开放进程中保护国家权益的重要手段。税收在这方面的作用主要有以下几个方面：

（1）根据独立自主、平等互利的原则，与各国进行税收谈判，签订避免双重征税协定，发展我国的对外贸易和扩大国际经济技术交往。

（2）根据国家经济建设发展的需要，对进口商品征收进口关税，保护国内市场和幼稚产业，维护国家的经济独立和经济利益。

（3）根据我国的实际情况，对某些出口产品征收出口关税，以限制国内紧缺资源的外流，保证国内生产、生活的需要。

（4）为扩大出口，实行出口退税制度，鼓励国内产品走向国际市场，增强出口产品在国际市场上的竞争力。

（5）根据发展生产和技术进步的需要，实行税收优惠政策，鼓励引进国外资金、技术和设备，加速我国经济的发展。

（6）对外国人和外国企业来源于我国的收入和所得征收所得税，维护国家主权和利益。

（七）监督经济活动的作用

社会主义市场经济体制下，在根本利益一致的基础上仍然存在着整体利益与局部利益、长远利益与眼前利益的矛盾，因此，必须加强税收监督，督促纳税人依法履行纳税义务，保障社会主义市场经济的健康发展，具体有：

（1）保证税收组织财政收入任务的圆满完成。随着我国经济形势的不断发展，出现了一些偷逃税款的现象，使国家财政收入遭受了严重的损失，因此，必须加强税收监督，严肃税收法令和纳税纪律，保证税收组织财政收入任务的顺利完成。

（2）保证国家税法的正确贯彻执行。通过税收监督，可以揭露、制止和查处违反国家税法的行为，增强纳税人依法纳税的自觉性，从而保证国家税法得到正确的贯彻执行。

（3）保证社会经济运行的良好秩序。通过税收监督，积极配合公安、司法、工商行政管理等部门严厉打击各类违法犯罪行为，自觉维护社会主义财经纪律，保证社会经济运行的良好秩序。

知识拓展

（1）行使征税的主体是政府（中央政府和地方政府两级）。

（2）征税的对象为社会成员（公民个人和各类经济组织）。

（3）征税的行为必须依照法律规定进行。

引入案例分析

张某不正确。因为张某不懂得税收三性中的强制性和无偿性：强制性是指国家征税凭借政治权力，而不是凭借财产所有权；无偿性指国家征税对具体纳税人既不需要直接偿还，也不付出任何形式的直接报酬。

任务小结

（1）税收具有强制性、无偿性、固定性特点；

（2）税收政策文件具有多变性特点，需要我们经常关注。

任务二 税收制度

任务描述

掌握税收制度的基本概念和构成要素，了解税收制度的分类。

任务分析

为更好地完成本任务，学生和老师应具体剖析一个税法，掌握税收制度的构成要素及税收基本要素在征纳税过程中的作用。

案例引入

重庆一鸣公司是一个刚成立的商品贸易公司，主要销售不锈钢餐桌，该公司为一般纳税人，针对其应纳的增值税，它的征税对象是什么？税率是多少？纳税义务人是谁？纳税环节和纳税期限分别是什么？

相关知识

一、税收制度的概念

税收制度是国家以法律形式规定的各种税收法令和征收管理办法的总称。它包括各种税收法律法规、条例、实施细则、征收管理办法等。

二、税收制度的构成要素

税收制度由各种税收要素构成，税收要素的具体规定性决定了税收的具体形式。税收制度的构成要素主要包括以下几个方面的内容。

（一）纳税义务人

纳税义务人又称纳税主体，是税法规定的直接负有纳税义务的单位和个人。

纳税义务人的两种基本形式为自然人和法人。

与纳税义务人紧密联系的两个概念是代扣代缴义务人和代收代缴义务人。

代扣代缴义务人是指虽不承担纳税义务，但依照有关规定，在向纳税人支付收入、结算货款、收取费用时有义务代扣代缴其应纳税款的单位和个人，如企业代扣代缴员工的工资薪金个人所得税。

如果代扣代缴义务人按规定履行了代扣代缴义务，税务机关将支付一定的手续费。反之，未按规定代扣代缴税款，造成应纳税款流失或将已扣税款私自截留挪用、不按时缴入国库，一经税务机关发现，要承担相应的法律责任。

代收代缴义务人指虽不承担纳税义务，但依照有关规定，在向纳税人收取商品或劳务收入时，有义务代收代缴其应纳税款的单位和个人。如《中华人民共和国消费税暂行条例》(以下简称《消费税暂行条例》规定，委托加工的应税消费品，由受托方在向委托方交货时代收代缴委托方应该缴纳的消费税。

【案例 1–2】

重庆一鸣公司以生产化妆品、护肤品为主，还兼营一美容院，收入分别核算。主要客户有 B 公司、C 商店、D 个体户。重庆一鸣公司每月发工资时还要履行对工资收入超过应税标准的 E、F 员工扣缴个人所得税的义务。

要求：就消费税和个人所得税而言，确定化妆品的生产销售业务、扣缴个人所得税的纳税人。

案例分析：

化妆品的生产销售应缴纳消费税。按照消费税相关规定，生产销售化妆品的单位或个人为纳税人。所以，纳税人为重庆一鸣公司。在履行扣缴工资个人所得税时，重庆一鸣公司是扣缴义务人，E、F 员工是负税人。

（二）征税对象

征税对象又叫课税对象、征税客体，指税法规定对什么征税，是征纳税双方权利义务共同指向的客体或标的物，是区别一种税与另一种税的重要标志。例如：车船使用税的征税对象为车船；增值税的征税对象为商品或劳务以及应税行为在生产和流通过程中的增值额。

征税对象是税法最基本的要素，因为它体现着征税的最基本界限，决定着某一种税的基本征税范围，同时征税对象也决定了不同税种的名称。与征税对象相关的两个基本概念：税目和税基。

1. 征税范围

征税范围是指税法规定应税内容的具体区间，是征税对象的具体范围，体现了征税的广度。如消费税的征税范围包括生产应税消费品、委托加工应税消费品、进口应税消费品、部分零售应税消费品。

2. 税目

税目是在税法中对征税对象分类规定的具体的征税项目，反映具体的征税范围对课税对象质的界定。

并非所有税种都需要规定税目，课税对象较为单一，可不分课税对象的具体项目，一律按照课税对象的应税数额采用同一税率计算，因此一般无须设置税目，如企业所得税。有些税种具体课税对象比较复杂，需要规定税目，如消费税规定了 15 个税目，个人所得税规定了 11 个税目。

3. 税基

税基又叫计税依据，是据以计算征税对象应纳税款的直接数量依据。

从价计征：以价值形态作为税基，按征税对象的货币价值计算。例如，生产、销售化妆品的消费税以不含增值税销售价格作为税基。

从量计征：直接按征税对象的自然单位计算，例如，城镇土地使用税应纳税额由占用土地面积乘以每单位面积应纳税额计算产生，其税基为占用土地的面积，属于从量计征的方法。

（三）税率

税率是指征税对象的征收比例或征收额度。税率是计算税额的尺度，也是衡量税负轻重与否的重要标志。我国目前的税率有比例税率、累进税率、定额税率等三种形式。

1. 比例税率

比例税率是指对同一征税对象，不分数额大小，规定相同的征收比例。我国的增值税、城市维护建设税、企业所得税等采用的是比例税率。

2. 累进税率

累进税率分为超额累进税率和超率累进税率。

超额累进税率把征税对象按数额大小分成若干等级，每一等级规定一个税率，税率依次提高，但每一纳税人的征税对象则依所属等级同时适用几个税率分别计算，将计算结果相加后得出应纳税额。目前我国采用这种税率的有个人所得税中的工资薪金等税目。

超率累进税率以征税对象数额的相对率划分为若干级距，分别规定相应的差别税率，相对率每超过一个级距的，对超过部分就按高一级的税率计算征税。目前我国采用这种税率的有土地增值税。

（四）纳税环节

纳税环节主要是指税法规定的征税对象在从生产到消费的流转过程中应当缴纳税款的环

节。例如，流转税在生产和流通环节、所得税在分配环节等。

（五）纳税期限

纳税期限是税法规定的单位和个人缴纳税款的期限。这是税收的固定性、强制性在时间上的体现。

（六）减税免税

减税免税主要是对某些纳税人和征税对象采取减少征税或者免予征税的特殊规定。

（七）纳税地点

纳税地点是指根据各个税种纳税对象的纳税环节和有利于对税款的源泉控制而规定的纳税人（包括代征、代扣代缴义务人）的具体纳税地点。

（八）违章处理

违章处理是对纳税人违反税法行为所采取的教育处罚措施。它体现了税收的强制性，是保证税法正确贯彻执行、严肃纳税纪律的重要手段。通过违章处理，可以加强纳税人的法制观念，提高依法纳税的自觉性，从而有利于确保国家财政收入并充分发挥税收的职能作用。

三、税收的分类

税收分类，是按照一定标准对税收制度中性质相同或相近的税种进行的归并和综合。它是研究和评价税收制度的一个重要方法。现代国家普遍实行复合税制，税收种类都较多。

（一）按征税对象分类

1. 流转税

流转税是以商品流转额和非商品流转额为征税对象征收的一类税。商品流转额是指商品销售收入额，非商品流转额是指各种劳务收入和服务性收入额。增值税、消费税、关税属于流转税。

2. 所得税

所得税是以纳税人一定时期的所得额为征税对象征收的一类税，其税额的多少取决于纳税人有无所得和所得的多少。所得税包括个人所得税和企业所得税。

3. 财产税和行为税

财产税是以纳税人所有或属其支配的财产为征税对象征收的一类税。行为税是以特定行为作为征税对象征收的一类税。包括房产税、车船税、印花税、契税。

4. 特定目的税

特定目的税主要是为了达到特定目的，对特定对象和特定行为发挥调节作用，包括城市维护建设税、车辆购置税、耕地占用税和烟叶税。

5. 资源税

资源税是对开发利用的各种自然资源征收的一类税，包括资源税、土地增值税、城镇土地使用税。

（二）按计税标准分类

税收按计税标准的不同可分为从价税和从量税。

（1）从价税是以征税对象的价值形式作为计税依据的税种，如增值税等。

（2）从量税是以征税对象的重量、容积、面积、数量等作为计税依据的税种，如土地使用税等。

（三）按税收收入的归属权不同分类

1. 中央税

中央税是属于中央财政固定收入，归中央集中管理和使用的税种，包括消费税、关税、车辆购置税。

2. 地方税

地方税是属于地方财政固定收入，归地方管理和使用的税种，包括资源税、土地增值税、印花税、城市维护建设税、土地使用税、房产税、车船使用税等。

3. 中央和地方共享税

中央和地方共享税是由中央和地方共同管理与使用的税种，包括增值税、企业所得税、个人所得税、证券交易印花税等。

（四）按税负能否转嫁分类

1. 直接税

直接税一般是指税收负担直接由纳税人负担，税负不能转嫁的税种，如企业所得税、个人所得税等。

2. 间接税

间接税一般是指税收负担可以转嫁给他人负担的税种，如消费税、增值税等流转税。

（五）按税收与价格的关系分类

1. 价内税

价内税是指税金是价格的组成部分，必须以含税价格作为计税依据的税种，如消费税。

2. 价外税

价外税是指税金是价格之外的一个附加额，必须以不含税价格作为计税依据的税种，如增值税、车辆购置税。

知识拓展

税法关于纳税期限的规定

（1）纳税义务发生的时间。纳税义务发生的时间是指应税行为发生的时间。例如，增值税条例规定采取预收账款方式销售货物的，其纳税义务发生的时间为货物发出的当天。

（2）纳税期限。纳税人每次发生纳税义务后，不可能立即去缴纳税款。税法规定了每种税的纳税期限，即每隔固定时间汇总一次纳税义务的时间。例如，增值税规定具体的纳税期限分别为1日、3日、5日、10日、15日、1个月或1个季度。纳税人的具体纳税期限由主管税务机关根据纳税人应纳税额的大小分别确定，不能按照固定期限纳税的，可以按次纳税。

（3）缴库期限，即税法规定的纳税期满后，纳税人应纳税款缴入国库的期限。例如，《中华人民共和国增值税暂行条例》（以下简称《增值税暂行条例》规定，纳税人以1个月或者1个季度为1个纳税期的，自期满之日起15日内申报纳税，以1日、3日、5日、10日、15日为1个纳税期的，自期满之日起5日内预缴税款，于次月1日起15日内申报纳税并结清上月应纳税款。

引入案例分析

重庆一鸣公司是一个刚成立的商品贸易公司，主要销售不锈钢餐桌。对增值税而言，它的征税对象是不锈钢餐桌在经营过程中的增值额，税率是16%，纳税义务人是重庆一鸣公司，纳税环节是经营环节，纳税期限为按月纳税下月15日前缴清税款。

任务小结

（1）税收制度的概念。

（2）构成税收制度的八大要素。

（3）税收分类五种方法。

任务三 税收登记

任务描述

掌握税务登记要求和方法。

任务分析

为更好地完成本任务，学生和老师应完成一个具体的税务登记表。

案例引入

某税务所在2018年2月5日的例行检查中，发现重庆一鸣公司于2018年1月15日领取营业执照成立并开始生产经营，至今未办理税务登记，于是税务所检查人员要求其必须在2

月 15 日前办理开业税务登记。

为什么税务人员要求其在 2 月 15 日之前登记呢？

相关知识

税务登记是税务机关对纳税人的生产、经营活动进行登记并据此对纳税人实施税务管理的一种法定制度。税务登记又称纳税登记，是税务机关对纳税人实施税收管理的首要环节和基础工作，是征纳双方法律关系成立的依据和证明，也是纳税人必须依法履行的义务。根据《中华人民共和国税收征收管理法》（以下简称《税收征收管理法》）和国家税务局印发的《税务登记管理办法》，我国税务登记制度主要包括以下内容。

一、税务开业登记

（一）开业税务登记的时间及对象

从事生产、经营的纳税人应当自领取营业执照之日起 30 日内，持有关证件向生产经营地或者纳税义务发生地的主管税务机关申报办理税务登记。

从事生产、经营的纳税人所属的跨地区的非独立经济核算的分支机构，除由总机构申报办理税务登记外，应当自设立之日起 30 日内，向所在地税务机关申报办理税务登记。

其他纳税人，除国家机关和个人以外，应当自纳税义务发生之日起 30 日内，持有关证件向所在地的主管税务机关申报办理税务登记。个人所得税的纳税人办理税务登记的办法由国务院另行规定。

（二）开业税务登记的程序及内容

1. 填写税务登记表

从事生产、经营的纳税人应当在规定的时间内，向税务机关提出申请办理税务登记的书面报告，如实填写税务登记表。

税务登记表的主要内容包括：

（1）单位名称，法定代表人或者业主姓名及其居民身份证、护照或者其他合法证件的号码，住所，经营地点。

（2）经济性质。

（3）企业形式、核算方式。

（4）生产经营范围、经营方式。

（5）注册资金（资本）、投资总额、开户银行及账号。

（6）生产经营期限、从业人数、营业执照号码。

（7）财务负责人、办税人员。

（8）其他有关事项。

此外，企业在外地设立的分支机构或者从事生产、经营的场所，应登记总机构名称、地址、法定代表人，主要业务范围，财务负责人。这样规定便于税务机关对总机构与分支机构之间的经济往来进行税务管理。

除填写税务登记表外，实务中，税务机关还要求纳税人填写税种登记表，符合增值税一般纳税人条件的纳税人，还应填写增值税一般纳税人申请认定表。

2. 提供有关证件、资料

纳税人向税务机关填报税务登记表的同时，应当根据不同情况相应提供下列有关证件、资料：营业执照；有关合同、章程、协议书；银行账号证明；居民身份证、护照或者其他合法证件；税务机关要求提供的其他有关证件、资料。

3. 审核、发证

对纳税人填报的税务登记表、提供的有关证件及资料，税务机关应当自收到之日起30日内审核完毕；符合规定的，予以登记，并发给税务登记证件，对不符合规定的，也应给予答复。

4. 建立纳税人登记资料档案

所有的登记工作完毕后，税务登记部门应将纳税人填报的各种表格以及提供的有关资料及证件复印件建成纳税人登记资料档案，并制成纳税人分户电子档案，为以后的税收征管提供可靠的信息来源。

二、税务变更登记

变更税务登记是指纳税人办理设立税务登记后，因税务登记内容发生变化，向税务机关申请将税务登记内容重新调整为与实际情况相一致的一种税务登记管理制度。

（一）变更税务登记的内容

凡纳税人、扣缴义务人发生所规定的税务登记内容变化之一者，均应自工商行政管理机关办理变更登记或自政府有关部门批准或实际变更之日起30日内，持有关证件，向原税务登记主管机关申请办理变更税务登记。变更税务登记包括以下内容：

（1）改变纳税人、扣缴义务人名称。

（2）改变法定代表人。

（3）改变登记注册类型。

（4）改变注册（住所）地址或经营地址。

（5）改变银行账号。

（6）改变经营期限。

（7）改变通信号码或联系方式。

（8）增设或撤销分支机构。

（9）其他改变税务登记的内容事项。

（二）办理变更税务登记时需要准备的材料

企业纳税人在办理变更税务登记时，应提交如下资料、证件：

（1）书面申请。

（2）营业执照及工商变更登记表的原件及复印件。

（3）变更内容的决议及有关证明文件的原件及复印件。

（4）承继原纳税人债权债务及账务连续核算证明。

（5）国税机关发放的原税务登记证件。

（6）主管国税机关需要的其他资料、证明。

个体纳税人在办理变更税务登记时，应提交如下资料、证件：

（1）书面申请。

（2）营业执照及工商变更登记表的原件及复印件。

（3）变更内容的决议及有关证明文件的原件及复印件。

（4）承继原纳税人债务及账务连续核算证明。

（5）国税机关发放的原税务登记证件。

（6）主管国税机关需要的其他资料、证明。

（三）办理变更税务登记的程序

1. 申请

申请纳税人税务登记项目发生变更时，在发生变更后30日内，到主管税务机关税务登记管理岗位领取填写和提交如下申请资料。

若纳税人因变更工商登记而需变更税务登记的：

（1）变更登记申请书。

（2）工商变更登记表及工商执照（注册登记执照）及复印件。

（3）纳税人变更税务登记内容的决议及有关证明资料。

（4）税务机关发放的原税务登记资料（登记证正、副本和登记表等）。

（5）《税务登记变更表》。

（6）《纳税人税种登记表》（涉及税种变更的）。

（7）其他有关资料。

若非工商登记变更因素而变更税务登记内容的：

（1）变更登记申请书。

（2）纳税人变更税务登记内容的决议及有关证明资料。

（3）税务机关发放的原税务登记资料（登记证正、副本和登记表等）。

（4）《税务登记变更表》。

（5）《纳税人税种登记表》（涉及税种变更的）。

（6）其他有关资料。

2. 受理

税务登记管理岗位审阅纳税人填报的表格是否符合要求，附送的资料是否齐全，符合条件的，予以受理。

3. 审核

（1）对纳税人报送的变更登记表及附列资料进行核对，检查填写内容是否准确，有无漏缺项目。

（2）对变更法人代表的，利用法定代表人居民身份证号码进行审核比对，检查是否有在案的未履行纳税义务的记录。

4. 证件制作、发放

税务机关应当自受理之日起30日内，审核办理变更税务登记。纳税人税务登记表和税务登记证中的内容都发生变更的，税务机关按变更后的内容重新核发税务登记证件；纳税人税务登记表的内容发生变更而税务登记证中的内容未发生变更的，税务机关不重新核发税务登记证件。

三、税务停业和复业登记

（一）停业登记

实行定期定额征收方式的纳税人，在营业执照核准的经营期限内需要停业的，应当向税务机关提出停业登记，说明停业的理由、时间、停业前的纳税情况和发票的领、用、存情况，并如实填写申请停业登记表。

税务机关经过审核（必要时可实地审查），应当责成申请停业的纳税人结清税款并收回税务登记证件、发票领购簿和发票，办理停业登记。纳税人停业期间发生的纳税义务，应当及时向主管税务机关申报，并依法补缴应纳税款。

（二）复业登记

已办理停业登记的纳税人应当于恢复生产、经营前，向税务机关提出复业登记申请，经确认后，办理复业登记，领回或启用税务登记证件和发票领购簿及其领购的发票，纳入正常管理。

若纳税人停业期满不能及时恢复生产、经营的，应当在停业期满前向税务机关提出延长停业登记。纳税人停业期满未按期复业又不申请延长停业的，税务机关应当视为已恢复营业，实施正常的税收征收管理。

（三）税务注销登记

1. 注销登记发生原因及时间要求

纳税人发生解散、破产、撤销以及其他情形，依法终止纳税义务的，应当在向工商行政管理机关或者其他机关办理注销登记前，持有关证件和资料向原税务登记机关申报办理注销税务登记。

按规定不需要在工商行政管理机关或者其他机关办理注销登记的，应当自有关机关批准或者宣告终止之日起 15 日内，持有关证件和资料向原税务登记机关申报办理注销税务登记。

纳税人因住所、经营地点变动，涉及改变税务登记机关的，应当在向工商行政管理机关或者其他机关申请办理变更、注销登记前，或者住所、经营地点变动前，持有关证件和资料，向原税务登记机关申报办理注销税务登记，并在 30 内向迁入地主管税务登记机关申报办理税务登记。

2. 纳税人办理注销登记应提供的材料

（1）《注销税务登记申请审批表》1 份。

（2）税务登记证正、副本。

（3）上级主管部门批复文件或董事会决议及复印件。

（4）工商营业执照被吊销的应提交工商行政管理部门发出的吊销决定及复印件。

3. 纳税人办理注销税务登记的程序

（1）受理环节。

首先，要从以下几个方面审核、录入资料：

① 证件资料是否齐全、合法、有效，《注销税务登记表》填写是否完整准确，印章是否齐全。

② 纸质资料不全或者填写内容不符合规定的，应当场一次性告知纳税人补正或重新填报。

③ 审核纳税人是否在规定时限内办理注销税务登记，如未按规定时限，则进行违法违章处理。

审核无误后，将纳税人报送的所有资料转下一环节。

（2）后续环节。

接收上一环节转来的资料后，进行清算。

审核纳税人是否已办结下列涉税事项：

① 取消相关资格认定。

② 结清税款、多退（免）税款、滞纳金、罚款。

③ 结存发票作验旧、缴销处理。

④ 办结申报事项。

⑤ 防伪税控纳税人取消防伪税控资格、交回防伪税控设备。

⑥ 未结案件。

对纳税人未办结的涉税事项进行实地清算，收回税务登记证件。

通过以上审核，核准注销税务登记申请，在其报送的《注销税务登记申请审批表》上签署意见，经系统录入注销登记信息，制作《税务事项通知书》送达纳税人，将相关资料归档。

知识拓展

减税、免税的形式和分类

1. 减税、免税的基本形式

减税、免税的基本形式有三种：税基式减免、税率式减免、税额式减免。税基式减免是通过缩小计税依据的方式实现的减税、免税，具体包括起征点、免征额、项目扣除、跨期结转等。税率式减免是通过降低税率的方式实现的减税、免税，具体包括重新确定税率、选用其他税率、零税率等。税额式减免是通过减少应纳税额的方式实现的减税、免税，具体包括全部免征、减半征收、抵免税额、核定减免率等。

2. 减税、免税的分类

减税、免税一般分为三类：法定减免、临时减免、特定减免。凡是由各种税的基本法规定的减税、免税均为法定减免，具有长期适用性。特定减免是根据经济发展变化状况而规定的减税、免税，是基本法的一种补充，大多数特定减免是有期限的，到期后应按规定恢复征税。除法定减免和特定减免外的其他临时性减税、免税，称为临时减免，主要是为照顾某些特殊的、暂时的困难，通常是定期的或一次性的优惠政策。

引入案例分析

根据税收开业登记的规定，从事生产、经营的纳税人应当自领取营业执照之日起 30 日内，持有关证件向生产经营地或者纳税义务发生地的主管税务机关申报办理税务登记。

任务小结

纳税人应在规定的时间内进行税务登记，停业、复业、变更、注销登记。

项目二

增值税实务

项目介绍

在掌握增值税基本特点、基本要素的基础上，通过剖析《中华人民共和国增值税暂行条例实施细则》(以下简称《增值税暂行条例实施细则》)《税收征收管理法》及其相关规定，完成以下工作任务：

任务一——增值税的基本原理

任务二——增值税的基本要素

任务三——增值税应纳税额的计算

任务四——增值税的出口货物退免税及进口货物征税

任务五——增值税申报缴纳

任务六——涉税账务处理

学习导航

我国从1979年起开始在部分城市试行增值税，1983年1月1日开始在全国试行；1993年12月31日，国务院发布了《中华人民共和国增值税暂行条例》；2008年11月5日，国务院修订通过了《中华人民共和国增值税暂行条例》，于2009年1月1日施行；2011年11月16日，国务院审核批准了《营业税改征增值税试点方案》，2012年1月1日起，营业税改增值税在部分发达地区（上海、北京）试行；2016年5月1日，"营改增"在中国全面推行。本书以2008年11月10日公布、2009年1月1日起开始实施的《中华人民共和国增值税暂行条例》及2016年3月发布的《关于全面推开营业税改征增值税试点的通知》、2017 年 11 月 19 日《国务院关于废止〈中华人民共和国营业税暂行条例〉和修改〈中华人民共和国增值税暂行条例〉的决定》、自 2018 年 5 月 1 日起执行的《财政部 税务总局关于调整增值税税率的通知》[财税〔2018〕32 号] 和《财政部 税务总局关于统一增值税小规模纳税人标准的通知》[财税〔2018〕33 号] 为依据。

学习目标

- 了解增值税的概念及增值额，了解增值税的类型和计税方法以及作用。
- 掌握征收范围和纳税人。
- 掌握销项税额、进项税额和应纳税额的计算，掌握出口货物退免税及进口货物征税，熟悉税收优惠政策。
- 能够填制纳税申报表。
- 能够进行增值税涉税账务处理。

适用岗位

成本费用核算会计、收入核算会计、税务会计、办理进出口业务的人员。

教学准备

- 准备增值税纳税申报表以及增值税申报附列资料（销售情况明细表及进项税额明细表）。
- 增值税发票的复印件。
- 指导学生预习本项目的内容。
- 设计一个教学引入情景（或案例）：学生去商场购买学习或生活用品就变为增值税的负税人等。

关键词

增值税（added value tax）、增值税应税销售额（VAT taxable sales）、一般纳税人（general taxpayer）、小规模纳税人（small scale taxpayer）、兼营行为（run behavior）、混合销售行为（sales mix）、视同销售（as sales）、销项税额（sales tax）、进项税额（input tax）

任务一 增值税的基本原理

任务描述

- 了解增值税以增值额为计税依据、不重复征税，价外计税的特点。
- 了解增值税的征税类型。
- 了解增值税的基本计税方法。
- 会搜索、分析、整理增值税政策法规。

任务分析

通过项目一的学习，我们已知增值税是中央与地方共享税，是一种比例税。本次任务是上一次任务的延续，是理解增值税计算过程、正确填制增值税纳税申报表和进行涉税账务处理的基础。老师和学生要特别注重任务描述中的第一小点。

案例引入

重庆一鸣公司是增值税一般纳税人，2018 年公司会计王某由于工作疏忽，丢失了两笔购货增值税发票，受到了公司的严厉批评，这是为什么？

相关知识

一、增值税的概念

增值税是对在中华人民共和国境内（以下简称“境内”）从事应税业务的单位和个人，就其取得的法定增值额征收的一种税。

应税业务包括销售货物、提供加工修理修配劳务、进口货物、销售服务、销售无形资产和销售不动产。

二、增值税的特点

（一）增值税的一般特点

（1）征税范围广，税源充裕。

从增值税的征税范围看，对从事商品经营和提供劳务、服务的所有单位和个人，在商品增值的各个生产服务流通环节向纳税人普遍征收。

（2）实行道道环节课征，但不重复征税。

在计算应纳税额时，要扣除商品在以前生产、服务环节已负担的税款，以避免重复征税。

（3）对资源配置不会产生扭曲性影响，具有税收中性效应。

根据增值税的计税原理，流转额中的非增值因素在计税时被扣除。因此，对同一商品而言，无论流转环节的多与少，只要增值额相同，税负就相等，不会影响商品的生产结构、组织结构和产品结构。

（二）我国现行增值税的其他特点

（1）实行价外计税，从而使增值税的间接税性质更加明显。在计税时，作为计税依据的销售额中不含增值税税额。

（2）统一实行规范化的购进扣税法，即凭发票注明税款进行抵扣的办法。在计算企业主应纳税款时，要扣除商品或服务在以前生产环节已负担的税款，避免重复征税。

（3）对不同经营规模的纳税人采取不同的计征方法。增值税纳税人分为一般纳税人和小规模纳税人，对一般纳税人实行抵扣计税或根据规定的征收率进行简易征收，对小规模纳税人进行简易计税。

（4）设置四档税率，并设立适用于小规模纳税人和“营改增”部分纳税人的征收率。

三、增值税的类型

（一）生产型增值税

生产型增值税是指按“扣税法”计算纳税人的应纳税额时，不允许扣除任何外购固定资产的已纳税额。

（二）收入型增值税

收入型增值税是指在计算纳税人的应纳税额时，对外购固定资产的已纳税金只允许将当期计入产品价值的折旧费所应分摊的那部分税金扣除。

（三）消费型增值税

消费型增值税是指在计算纳税人的应纳税额时，允许将当期购入固定资产的已纳税金一次性全部扣除。我国从 2009 年 1 月 1 日全面实施消费型增值税。

四、增值税的作用

（1）实行增值税可以消除重复征税的弊端，有利于以专业化协作为特征的社会化大生产的发展。

（2）实行增值税可以提高税收对社会经济结构变动的适应性，有利于保证财政收入的及时、稳定和持续增长。

（3）实行增值税可以做到出口退税准确、彻底，有利于贯彻国家鼓励出口的政策。

（4）实行增值税有助于在税收征管上建立一种内在的监督制约机制，可以较有效地防止偷税行为。

知识拓展

财政部 税务总局关于调整增值税税率的通知

财税〔2018〕32 号

各省、自治区、直辖市、计划单列市财政厅（局）、国家税务局、地方税务局，新疆生产建设兵团财政局：

为完善增值税制度，现将调整增值税税率有关政策通知如下：

一、纳税人发生增值税应税销售行为或者进口货物，原适用 17%和 11%税率的，税率分别调整为 16%、10%。

二、纳税人购进农产品，原适用 11%扣除率的，扣除率调整为 10%。

三、纳税人购进用于生产销售或委托加工16%税率货物的农产品，按照12%的扣除率计算进项税额。

四、原适用17%税率且出口退税率为17%的出口货物，出口退税率调整至16%。原适用11%税率且出口退税率为11%的出口货物、跨境应税行为，出口退税率调整至10%。

五、外贸企业2018年7月31日前出口的第四条所涉货物、销售的第四条所涉跨境应税行为，购进时已按调整前税率征收增值税的，执行调整前的出口退税率；购进时已按调整后税率征收增值税的，执行调整后的出口退税率。生产企业2018年7月31日前出口的第四条所涉货物、销售的第四条所涉跨境应税行为，执行调整前的出口退税率。

调整出口货物退税率的执行时间及出口货物的时间，以出口货物报关单上注明的出口日期为准，调整跨境应税行为退税率的执行时间及销售跨境应税行为的时间，以出口发票的开具日期为准。

六、本通知自2018年5月1日起执行。此前有关规定与本通知规定的增值税税率、扣除率、出口退税率不一致的，以本通知为准。

七、各地要高度重视增值税税率调整工作，做好实施前的各项准备以及实施过程中的监测分析、宣传解释等工作，确保增值税税率调整工作平稳、有序推进。如遇问题，请及时上报财政部和税务总局。

财政部　税务总局

2018年4月4日

引入案例分析

增值税一般纳税人计税时实行进项税抵扣制度，税法规定，购货发票丢失后增值税进项税不能抵扣或虽能抵扣需增加很多程序，给公司带来绝对性的损失或增加不必要的麻烦，所以会计王某会受到公司的严厉批评。

任务小结

我国增值税实行抵扣制度。对不同的纳税人采取不同的计税办法，对一般纳税人实行抵扣计算，对小规模纳税人实行简易征收。

任务二　增值税的基本要素

任务描述

- 搜索、分析《增值税暂行条例》。

- 明确增值税征收范围。
- 掌握增值税纳税人身份确定规定。
- 掌握增值税一般纳税人适用税率、小规模纳税人适用征收率和简易征收办法的征收率。

任务分析

通过任务一的学习，我们已知增值税是对纳税对象的增值额征税，我国增值税计税办法实行抵扣制度。本任务必须明确我国增值税的征收范围、增值税纳税人及纳税人身份、增值税税率的有关规定，才能为下一步正确计算应纳增值税税额做好准备。要求老师和学生认真分析增值税征税范围中的货物、劳务及其他应税行为内涵以及增值税纳税人身份认定标准、增值税税率和征收率之间的区别，提示学生注意简易征收条件和它的征收率。

案例引入

2018 年 9 月的一天，老板跟王会计说：“王会计，现在只销售装修材料赚不了多少钱，我们应组建一支自己的装修队伍，集材料销售、房屋设计、装修于一体，你分析一下有关税收方面的问题，然后向我报告。”

过了几天，王会计提出了税收方面的报告，你想知道他是怎样回答的吗？

相关知识

一、增值税的征税范围

（一）增值税征收范围的一般规定

从 2016 年 5 月 1 日起，我国全面推行营业税改征增值税，在境内发生的所有经营业务的流转额均属于增值税征税范围。为了征收管理的需要，将增值税征税范围进行了分类，即：销售货物，提供加工、修理修配劳务，进口货物，销售服务，销售无形资产和销售不动产。

1. 销售货物

“销售货物”是指有偿转让货物的所有权。货物是指有形动产，包括水、电力、热力、气体在内。有偿是指从购买方取得货币、货物或者其他经济利益（下同）。

2. 提供加工、修理修配劳务

“提供加工、修理修配劳务”（以下简称“应税劳务”）指有偿提供加工、修理修配劳务。加工劳务是指受托加工货物，即委托方提供原料及主要材料，受托方按照委托方的要求，制造货物并收取加工费的业务。修理修配劳务是指受托对损伤和丧失功能的货物进行修复，使其恢复原状和功能的业务。

提供应税劳务不包括单位或者个体工商户聘用的员工为本单位或者雇主提供加工、修理修配劳务。

3. 进口货物

“进口货物”是指报关进口有形动产的业务。

4. 销售服务

“销售服务”是指有偿提供交通运输服务、邮政服务、电信服务、建筑服务、金融服务、现代服务、生活服务。

交通运输服务，是指利用运输工具将货物或者旅客送达目的地，使其空间位置得到转移的业务活动，包括陆路运输服务、水路运输服务、航空运输服务和管道运输服务。

邮政服务，是指中国邮政集团公司及其所属邮政企业提供邮件寄递、邮政汇兑和机要通信等业务活动，包括邮政普遍服务、邮政特殊服务和其他邮政服务。

电信服务，是指利用有线、无线的电磁系统或者光电系统等各种通信网络资源，提供语音通话服务，传送、发射、接收或者应用图像、短信等电子数据和信息的业务活动，包括基础电信服务和增值电信服务。

建筑服务，是指各类建筑物、构筑物及其附属设施的建造、修缮、装饰，线路、管道、设备、设施等的安装以及其他工程作业的业务活动，包括工程服务、安装服务、修缮服务、装饰服务和其他建筑服务。

金融服务，是指经营金融保险的业务活动，包括贷款服务、直接收费金融服务、保险服务和金融商品转让。

现代服务，是指围绕制造业、文化产业、现代物流产业等提供技术性、知识性服务的业务活动，包括研发和技术服务、信息技术服务、文化创意服务、物流辅助服务、租赁服务、鉴证咨询服务、广播影视服务、商务辅助服务和其他现代服务。

生活服务，是指为满足城乡居民日常生活需求提供的各类服务活动，包括文化体育服务、教育医疗服务、旅游娱乐服务、餐饮住宿服务、居民日常服务和其他生活服务。

5. 销售无形资产

“销售无形资产”是指有偿转让无形资产所有权或者使用权的业务。无形资产，是指不具实物形态，但能带来经济利益的资产，包括技术、商标、著作权、商誉、自然资源使用权和其他权益性无形资产。

6. 销售不动产

“销售不动产”是指有偿转让不动产所有权的业务活动。不动产，是指不能移动或者移动后会引起性质、形状改变的财产，包括建筑物、构筑物等。

“在境内”是指销售货物的起运地或者所在地在境内，提供的加工、修理修配劳务发生在境内，销售服务（租赁不动产除外）或者销售无形资产（自然资源使用权除外）的销售方或者购买方在境内，所销售或者租赁的不动产在境内，所销售自然资源使用权的自然资源在境内。

（二）征收范围的特殊规定

1. 视同销售行为

按现行税法规定，单位和个体经营者的下列行为虽然没有取得销售收入，也视同销售货物，应当征收增值税。

（1）将货物交付其他单位或者个人代销。

（2）销售代销货物。

（3）设有两个以上机构并实行统一核算的纳税人，将货物从一个机构移送其他机构用于销售，但相关机构设在同一县（市）的除外。

（4）将自产、委托加工的货物用于非应税项目。

（5）将自产、委托加工的货物用于集体福利或者个人消费。

（6）将自产、委托加工或者购进的货物作为投资，提供给其他单位或者个体工商户。

（7）将自产、委托加工或者购进的货物分配给股东或者投资者。

（8）将自产、委托加工或者购进的货物无偿赠送给其他单位或者个人。

（9）单位或者个体工商户向其他单位或者个人无偿提供服务、无偿转让无形资产、无偿转让不动产，但用于公益事业或者以社会公众为对象的除外。

【案例 2–1】

重庆一鸣公司当月发生下列经济业务：

（1）将外购的一批商品委托甲商场代销。

（2）将自产的大米一批移送职工食堂消费。

（3）将一批委托加工收回的材料用于本公司免税项目。

（4）外购钢材一批用于对外投资。

（5）将外购的一批电脑捐赠山区学校。

（6）以自产的一批产品作为分配给投资者的利润，移送给投资人乙公司。

要求：确定重庆一鸣公司的上述业务是否属于增值税征税范围。

案例分析：

根据政策规定，此 6 笔业务均属于增值税视同销售范围，均应征收增值税。

2. 混合销售行为

一项销售行为如果既涉及应税服务又涉及销售货物，为混合销售。从事货物的生产、批发或者零售的单位和个体工商户（包括以从事货物的生产、批发或者零售为主，并兼营销售服务的单位和个体工商户）的混合销售行为，按照销售货物缴纳增值税；其他单位和个体工商户的混合销售行为，按照销售服务缴纳增值税。

【案例 2–2】

重庆一鸣公司以生产销售机械设备为主。该公司出售了一套设备，同时提供安装劳务。开具增值税专用发票注明设备价款 120 万元，安装劳务费 5 万元。

要求：确定重庆一鸣公司的此笔业务的增值税征税范围。

案例分析：

根据政策规定，重庆一鸣公司的此笔业务按销售货物征收增值税。

3. 兼营行为

兼营行为是指增值税的纳税人在销售货物的同时，还兼营应税服务，且两者之间没有直接的联系或从属关系。例如，某收费服务公司在提供服务的同时销售商品。

现行税法规定，纳税人销售货物、提供应税劳务、销售应税服务、销售无形资产或者销售不动产适用不同税率或者征收率的，应当分别核算适用不同税率或者征收率的销售额，未分别核算销售额的，按照以下方法适用税率或者征收率：

（1）兼有不同税率的应税业务，从高适用税率。

（2）兼有不同征收率的应税业务，从高适用征收率。

（3）兼有不同税率和征收率的应税业务，从高适用税率。

【案例 2–3】

重庆一鸣公司以生产销售机械设备为主，同时在公司内部成立运输部，对外承接业务兼营运输业务，没有分开核算销售设备及运输部的收入（都是一般纳税人）。

要求：确定其适用税率。

案例分析：

兼有不同税率的应税业务，从高适用税率。本案例适用的税率为 16%。

（三）属于征税范围的特殊项目

（1）货物期货：在实物交割环节，交割时由期货交易所开具发票的，以期货交易所为纳税人（期货交易所纳增值税按次计算，其进项为该货物交割时供货会员单位开具的增值税专用发票上注明的销项税额）；交货时采取由供货的会员单位直接将发票开给会员单位的，以供货会员单位为纳税人。

（2）对增值税纳税人收取的会员费收入不征收增值税。

（3）纳税人取得的中央财政补贴，不属于增值税应税收入，不征收增值税。

（4）存款利息不征收增值税。

（5）被保险人获得的保险赔付不征收增值税。

（6）其他的特殊项目。

二、增值税纳税人

（一）纳税义务人和扣缴义务人

1. 纳税义务人

凡在中华人民共和国境内销售货物或者提供加工、修理修配劳务以及进口货物和发生应税行为（销售服务、无形资产、不动产）的单位和个人都是增值税的纳税义务人。

2. 扣缴义务人

境外的单位和个人在我国境内销售应税劳务或发生应税行为而在境内未设有机构的纳税人，其应纳税款以代理人为代扣代缴义务人；没有代理人的，以购买者为代扣代缴义务人。

（二）一般纳税人及小规模纳税人

增值税纳税人按会计核算是否健全和经营规模的大小，分为一般纳税人和小规模纳税人。小规模纳税人实行简易征收，一般不使用增值税发票。一般纳税人实行凭票抵扣的办法。

1. 一般纳税人

增值税一般纳税人为年应征增值税销售额 500 万元（不含）以上。

原则上，一经认定为一般纳税人后，不得转为小规模纳税人，但按照《增值税暂行条例实施细则》第 28 条的规定，已登记为增值税一般纳税人的单位和个人，在 2018 年 12 月 31 日前，可转登记为小规模纳税人，其未抵扣的进项税额作转出处理。

2. 小规模纳税人

未超过一般纳税人认定标准的，为小规模纳税人。

提示：

（1）应税销售额：是指纳税人在连续不超过 12 个月的经营期内累计应征增值税销售额。包括：纳税申报销售额、稽查查补销售额、纳税评估调整销售额、税务机关代开发票销售额和免税销售额。

（2）认定一般纳税人与小规模纳税人的权限在县级以上国家税务机关。

（3）纳税人自主管税务机关认定为一般纳税人的次月起（新开业纳税人自主管税务机关受理的当月起），按增值税法规定计算增值税，领购、使用、保存增值税专用发票。

（4）已认定为正式增值税一般纳税人的，一般情况下不得转为小规模纳税人。

（5）增值税纳税人分类的特殊政策：年应税销售额超过规定标准的其他个人不属于一般纳税人；年应税销售额超过规定标准但不经常发生应税行为的单位和个体工商户，可选择按照小规模纳税人纳税；年应税销售额未超过规定标准的纳税人，会计核算健全，能够提供准确税务资料的，可以向主管税务机关办理一般纳税人资格登记，成为一般纳税人。

三、增值税的税率与征收率

（一）基本税率：16%

一般纳税人销售或者进口货物，提供加工、修理修配劳务，有形动产租赁服务，适用的基本税率为 16%。

（二）低税率

1. 税率为 10%

一般纳税人销售或者进口下列货物，税率为 10%。

（1）粮食、食用植物油。

（2）自来水、暖气、冷气、热水、煤气、石油液化气、天然气、沼气、居民用煤炭制品。

（3）图书、报纸、杂志。

（4）饲料、化肥、农药、农机、农膜。

（5）国务院规定的其他货物（农产品、音像制品、电子出版物、二甲醚等）。

（6）纳税人提供交通运输、邮政、基础电信、建筑、不动产租赁服务，销售不动产，转让土地使用权。

2. 税率为 6%

纳税人发生增值电信服务、金融服务、现代服务（租赁服务除外）、生活服务、转让土地使用权以外的其他无形的应税行为，税率为 6%。

（三）零税率

（1）纳税人出口货物。

（2）国际运输服务、航天运输服务。

（3）向境外单位提供的完全在境外消费的下列服务：研发、合同能源管理、设计、广播影视节目的制作和发行、软件、电路设计及测试、信息系统、业务流程管理、离岸服务外包、转让技术。

（4）财政部和国家税务总局规定的其他服务。

注：零税率不等于免税。

（四）征收率

（1）小规模纳税人适用的增值税征收率为3%。

（2）纳税人销售旧货，指进入二次流通的具有部分使用价值的货物（含旧汽车、摩托车和旧游艇）（但不包括自己使用过的物品）销售。根据《增值税暂行条例》第 10 条的规定，不得抵扣且未抵扣进项税的固定资产，对增值税一般纳税人，按照简易办法依照 3%征收率减按 2%征收。

（3）小规模纳税人销售自己使用过的固定资产或一般纳税人销售自己使用过的属于税法规定不得抵扣且未抵扣进项税额的固定资产，按简易办法以 3%的征收率减按 2%征收增值税。（若放弃减税，可以按照简易征收办法缴纳增值税，并可以开具增值税专用发票）。

【案例 2-4】一鸣公司（商业企业）为一般纳税人。2018 年 8 月，公司销售一台旧复印机，销售价款为 10 300 元，该设备购入时间为 2005 年，购入时未进行增值税抵扣；同月销售一批废旧物资，销售款为 1 160 元。

要求：计算两项业务应交增值税税额分别为多少。

案例分析：

一鸣公司销售的旧设备系 2009 年 1 月 1 日前购买的，按规定应按 3%的税率减按 2%征收，废旧物资应按 16%的税率征收。

旧设备应纳税额：10 300÷（1+3%）×2%=200（元）

废旧物资应纳税额：1 160÷（1+16%）×16%=160（元）

（4）提供物业管理服务的纳税人，向服务接受方收取的自来水费，以扣除其对外支付的自来水费后的余额作为销售额，按照简易计税方法依 3%的征收率计算缴纳增值税。

（5）小规模纳税人提供的派遣服务，可以按照《关于全面推开营业税改征增值税试点的通知》的有关规定，以取得的全部价款和价外费用为销售额，按照简易计税方法依照 3%的征收率计算缴纳增值税；也可以选择差额纳税，以取得的全部价款和价外费用，扣除代用工单位支付给劳务派遣员工的工资、福利和为其代办理社会保险及住房公积金后的余额为销售额，按照简易计税办法依 5%的征收率计算缴纳增值税。

注：选择差额纳税的纳税人，代用工单位支付给劳务派遣员工的工资、福利和为其代办理社会保险及住房公积金的费用，不得开具增值税专用发票，可以开具普通发票。

（6）非企业单位中的一般纳税人提供的研发和技术服务、信息技术服务、鉴证咨询服务以及销售技术、著作权等无形资产，可以选择简易计税方法按照 3%征收率计算缴纳增值税。

（7）一般纳税人提供教育辅助服务，可以选择简易计税方法按照 3%征收率计算缴纳增值税。

知识拓展

纳税人销售货物或提供应税劳务、服务适用简易计税方法的，应按照不含税销售额和征收率计算应纳税额，并不得抵扣进项税。

计算公式为：应纳增值税税额=销售额×征收率

销售额的确定基本与一般计税方法中销售额的确定方法相同。销售额和应纳税额合并定价方法的，按照下列公式计算销售额：

销售额=含税销售额÷（1+征收率）

小规模纳税人一律采用简易计税方法计税。

“营改增”后，下列情况适用5%的征收率（除此以外的纳税人选择简易计税方法销售货物、提供应税劳务、发生应税行为均为3%）

（1）小规模纳税人销售自建或者取得的不动产。

（2）一般纳税人选择简易计税方法计税的不动产销售。

（3）房地产开发企业中的小规模纳税人，销售自行开发的房地产项目。

（4）其他个人销售其取得的（不含自建）不动产（不含其购买的住房）。

（5）一般纳税人选择简易计税方法计税的不动产经营租赁。

（6）小规模纳税人出租（经营租赁）其取得的不动产（不含个人出租住房）。

（7）其他个人出租（经营租赁）其取得的不动产（不含住房）。

（8）个人出租住房，应按照5%的征收率减按1.5%计算应纳税额。

（9）一般纳税人和小规模纳税人提供劳务派遣服务选择差额纳税的。

（10）一般纳税人融资租赁其2016年4月30日前取得的不动产或者在2016年4月30日前签订的不动产融资租赁合同。

（11）一般纳税人收取试点前开工的一级公路、二级公路、桥、闸通行费，选择适用简易计税的。

（12）一般纳税人提供人力资源外包服务，选择适用简易计税方法的。

（13）纳税人转让2016年4月30日前取得的土地使用权，选择适用简易计税方法的。

（14）一般纳税人开展建筑业、销售不动产、经营租赁不动产等业务，选择简易计税方法的。

一般纳税人销售自产的下列货物，常见的选择按照简易办法计税适用3%征收率的有：

（1）县级及县级以下小型水力发电单位生产的电力。小型水力发电单位是指各类投资主体建设的装机容量为5万千瓦以下（含5万千瓦）的小型水力发电单位。

（2）建筑用和生产建筑材料所用的砂、土、石料。

（3）以自己采掘的砂、土、石料或其他矿物连续生产的砖、瓦、石灰（不含黏土实心砖、瓦）。

（4）用微生物、微生物代谢产物、动物毒素、人或动物的血液或组织制成的生物制品。

（5）自来水。

（6）商品混凝土（仅限于以水泥为原料生产的水泥混凝土）。

（7）公共交通运输服务。公共交通运输服务，包括轮客渡、公交客运、地铁、城市轻轨、出租车、长途客运、班车。班车，是指按固定路线、固定时间运营并在固定站点停靠的运送旅客的陆路运输服务。

（8）经认定的动漫企业为开发动漫产品提供的动漫脚本编撰、形象设计、背景设计、动画设计、分镜、动画制作、摄制、描线、上色、画面合成、配音、配乐、音效合成、剪辑、字幕制作、压缩转码（面向网络动漫、手机动漫格式适配）服务，以及在境内转让动漫版权（包括动漫品牌、形象或者内容的授权及再授权）。

（9）电影放映服务。

（10）仓储服务。

（11）装卸搬运服务。

（12）收派服务。

（13）文化体育服务。

（14）以纳入“营改增”试点之日前取得的有形动产为标的物提供的经营租赁服务。

（15）在纳入“营改增”试点之日前签订的尚未执行完毕的有形动产租赁合同。

（16）一般纳税人以清包工方式提供的建筑服务，可以选择适用简易计税方法计税。以清包工方式提供建筑服务，是指施工方不采购建筑工程所需的材料或只采购辅助材料，并收取人工费、管理费或者其他费用的建筑服务。

（17）为甲供工程提供的建筑服务。甲供工程，是指全部或部分设备、材料、动力由工程发包方自行采购的建筑工程。

（18）为建筑工程老项目提供的建筑服务。建筑工程老项目，是指建筑工程施工许可证注明的合同开工日期在2016年4月30日前的建筑工程项目和未取得建筑工程施工许可证、但建筑工程承包合同注明的开工日期在2016年4月30日前的建筑工程项目。

引入案例分析

根据税法规定，混合销售行为是指一项销售行为既涉及货物销售又涉及应税服务的行为，两者之间密切相连，且从同一受让方取得价款。从事货物的生产、批发或零售为主的企业、企业性单位和个体经营者的混合销售行为按照销售货物缴纳增值税。公司销售的材料非自己生产，如果公司集销售与装修与一体且材料销售收入在总收入50%以上，则按销售货物缴纳增值税。如果公司是小规模纳税人，两种行为缴纳值税的税收负担一样（增值税简易征收率3%）；如果公司为一般纳税人，则建议另立一个公司，在接受装修业务时，将材料销售收入和劳务收入分开签订合同，材料销售按16%缴纳增值税，劳务收入按10%缴纳增值税，以减轻税负。

任务小结

（1）增值税一般纳税人和小规模纳税人确定的条件。

（2）合理利用混合销售、兼营行为、简易征收进行纳税筹划时，注意完善其形式要件，设置合理的会计科目清晰反映各项收入。

（3）不同税率兼营时，注意分开核算。

任务三 增值税应纳税额的计算

任务描述

- 掌握增值税销售额的基本规定。
- 掌握一般销售方式下增值税销售额的确定方法。
- 掌握特殊销售方式下增值税销售额的确定方法。
- 掌握商品、材料一般购进增值税进项税计算方法。
- 掌握“营改增”后特殊购进的进项税抵扣条件、计算方法。
- 掌握农产品进项税计算方法。
- 掌握应税服务一般购进的抵扣方法。
- 掌握增值税简易征收计税方法。

任务分析

通过任务一、任务二的学习，我们已掌握增值税的征税对象、纳税人、税率、征收率。本次任务通过对增值税销售额的分析，利用销项税额=销售额×适用税率的基本公式，完成增值税销项税额计算；通过分析《增值税暂行条例》关于增值税进项税抵扣条件、计算方法，完成购进增值税发票进项税额计算、购进农产品、发生应税行为进项税额计算；在上述基础上，完成简易办法下增值税应纳税额计算。

案例引入

某商场商品销售利润率为40%，销售100元商品，其成本为60元，商场是增值税一般纳税人，购货均能取得增值税专用发票，为促销采用购物满100元者返还30元现金。

要求：分析该商场在该项活动中的税收缴纳情况。

相关知识

一、一般纳税人应纳税额的计算

（一）销项税额计算

1. 计税销售额的基本规定

一般销售（或视同销售）方式下的销售额是指纳税人销售货物或者提供应税劳务、发生应税行为时向购买方（承受应税劳务也视为购买方）收取的全部价款和价外费用，但是不包括收取的销项税额。

应税销售额是指纳税人提供应税劳务或应税行为，向购买方收取的全部价款和价外费用，但不包括收取的销项税额。

价外费用（实属价外收入）是指价外向购买方收取的手续费、补贴、基金、集资费、返还利润、奖励费、违约金（延期付款利息）、包装费、包装物租金、储备费、优质费、运输装卸费、代收款项、代垫款项及其他各种性质的价外收费。但下列项目不包括在内：

（1）受托加工应征消费税的消费品所代收代缴的消费税。

（2）同时符合以下条件的代垫运费：承运者的运费发票开具给购货方的；纳税人将该项发票转交给购货方的。

（3）同时符合以下条件代为收取的政府性基金或者行政事业性收费：由国务院或者财政部批准设立的政府性基金，由国务院或者省级人民政府及其财政、价格主管部门批准设立的行政事业性收费，收取时开具省级以上财政部门印制的财政票据，所收款项全额上缴财政。

（4）销售货物的同时代办保险等而向购买方收取的保险费，以及向购买方收取的代购买方缴纳的车辆购置税、车辆牌照费。

凡随同销售货物或提供应税劳务、发生应税行为向购买方收取的价外费用，无论其会计制度如何核算，均应并入销售额计算应纳税额。

（5）以委托方名义开具发票代委托方收取的款项。

注：凡是价外费用、逾期包装物押金以及混合销售行为中的非增值税应税劳务的销售额，应视为含税销售收入，在计算时首先转为不含税销售收入。

计算公式：

销售额=含税销售额÷(1+税率)（一般纳税人使用，见案例 2–5）

销售额=含税销售额÷(1+征收率)（小规模纳税人使用或简易征收使用）

【案例 2–5】

某电器商场（一般纳税人）销售一台空调，增值税发票上注明货款 5 000 元，税款 800 元，另代收安装费用 116 元。

要求：计算该商场此笔销售应纳的增值税税额。

案例分析：

税法规定：销售方向购买者收取的代收款项作为价外费用应纳入销售额，但不包括其中的增值税，因此该电器商场在该笔业务中增值税销项税额为：

$$[5\,000+116\div(1+16\%)]\times16\%=816\text{（元）}$$

2. 我国有关增值税计税销售额的特殊规定

（1）采取折扣、折让方式销售。

① 折扣销售（商业折扣）：折扣销售是指销货方在销售货物或应税劳务时，因购货方购货数量较大等原因而给予购货方的价格优惠（例如，购买 5 件，销售价格折扣 10%；购买 10 件，折扣 20%等）。由于折扣是在实现销售时同时发生的，因此，税法规定：如果销售额和折扣额在同一张发票上分别注明的，可按折扣后的余额作为销售额计算增值税；如果将折扣额另开发票，不论其在财务上如何处理，均不得从销售额中减除折扣额。

【案例 2–6】

重庆一鸣公司（一般纳税人）销售给甲公司 1 000 件清洁剂，每件不含税价格为 20 元。经双方协商，一鸣公司按原价的八折销售，开具了增值税折扣发票。

要求：确定一鸣公司计算销项税额的销售额。

案例分析：

根据政策规定，销售额=20×1 000×80%=16 000（元）

> 提示：
>
> 折扣销售仅限于货物价格的折扣，若销货方将自产、委托加工和购买的货物用于实物折扣，则该实物应按“视同销售”中的“赠送他人”处理。

② 销售折扣（现金折扣）：销售折扣是指销货方在销售货物或应税劳务后，为了鼓励购货方及早偿还货款而协议许诺给予购货方的一种折扣优待（例如，20 天内付款，货款折扣 2%；30 天内付款，折扣 1%；40 天内全价付款）。销售折扣发生在销货之后，是一种融资性质的理财费用，因此，销售折扣不得从销售额中减除。

【案例 2–7】

重庆一鸣公司（一般纳税人）2018 年 9 月销售给甲厂铝合金材料一批，应收账款 116 万元。商定的收款条件为 2/10，1/20，N/30。现甲厂在第八天付款，重庆一鸣公司只收到 113.68 万元。

要求：确定一鸣公司计算销项税额的销售额。

案例分析：

根据政策规定，重庆一鸣公司的销售额=116÷（1+16%）=100（万元）。

③ 销售折让：销售折让是指货物销售后，由于其品种、质量等原因购货方未予退货，但销货方需给予购货方的一种价格折让。销售折让与销售折扣相比较，虽然都是在货物销售后发生的，但因为销售折让是由于货物的品种和质量引起销售额的减少，因此，对销售折让可以折让后的货款为销售额。

【案例 2–8】

重庆一鸣公司（一般纳税人）将一批货物销售给乙公司，开具增值税专用发票，注明价款 23 000 元。乙公司验收货物时，发现收到的货物品种与合同不符。经协商，甲公司将价款减让了 3 000 元，并开具了红字发票。

要求：确定重庆一鸣公司计算销项税额的销售额。

案例分析：

根据政策规定，重庆一鸣公司的销售额=23 000–3 000=20 000（元）。

（2）采取以旧换新方式销售。

以旧换新是指纳税人在销售自己的货物中，有偿（折价）收回同类旧货物，并以折价款部分冲减新货物价款的一种销售方式。对于以旧换新方式销售货物的（金银首饰除外），应按新货物的同期销售价格确定销售额，不得扣减旧货物的收购价格，对于有偿收回的旧货物，不得抵扣进项税额。

【案例 2–9】

2018 年 9 月，重庆一鸣公司（一般纳税人）采取以旧换新方式销售一台电视机，销售价款 5 800 元，旧电器折价 400 元。

要求：增值税发票如何填制，增值税销项税额是多少？

案例分析：

增值税发票上的销售额为 5 000 元，销项税额为 800，同时收购的旧电器不得抵扣其进项税额。

思考：如果本案例以旧换新销售的物品为金银首饰，增值税销项税额又是多少呢？

（3）采取还本销售方式销售。

还本销售是指纳税人在销售货物后，到一定期限由销售方一次或分次退还给购货方全部或部分价款。这种方式实际上是一种筹集资金，是以货物换取资金的使用价值，到期还本不付息的方法。对于还本销售，其销售额就是货物的销售价格，不得从销售额中减除还本支出。

【案例 2–10】

2018 年 9 月，重庆一鸣公司（一般纳税人）采取还本销售方式销售一台电视机，销售价款 5 800 元，分 10 年还本，每年还本 580 元。

要求：计算该公司当月增值税销项税额。

案例分析：

增值税发票上的销售额为 5 000 元，销项税额为 800。

（4）采取以物易物方式销售。

以物易物是一种较为特殊的购销活动，是指购销双方不是以货币结算，而是以同等价款的货物（包括应税劳务和应税行为）相互结算，实现货物购销的一种方式。

采取以物易物销售的双方都应作购销处理，以各自发出的货物核算销售额并计算销项税额，以各自收到的货物按规定核算购货额并计算进项税额，并分别开具发票。

【案例 2–11】

2018 年 9 月，一鸣公司（一般纳税人）以自产的产品去某商业企业交换一台设备，该产品的市场销售价格为 11 600 元。

要求：计算该笔业务的销项税额、进项税额。

案例分析：

分别开出或取得增值税发票，销项税额和进项税额分别为 11 600÷（1+16%）×16% = 1 600（元）

（5）包装物租金和押金的计价。

包装物是指纳税人包装本单位货物的各种物品。纳税人销售货物时另收取包装物押金，目的是促使购货方及早退回包装物以便周转使用。

纳税人为销售货物而出租出借包装物收取的押金，单独记账核算的，时间在 1 年以内，又未过期的，不并入销售额征税；但对因逾期（一般以 1 年为限）未收回包装物不再退还的押金，应按所包装货物的适用税率计算销项税额。

税法规定对销售除啤酒、黄酒外的其他酒类产品而收取的包装物押金，无论是否返还以及会计上如何核算，均应并入当期销售额征税。

当然，在将包装物押金并入销售额征税时，需要先将该押金换算为不含税价，再并入销售额征税。对于个别包装物周转使用期限较长的，报经税务机关确定后，可适当放宽逾期期限。

另外，包装物押金不应混同于包装物租金，包装物租金在销货时作为价外费用并入销售额计算销项税额。

【案例 2–12】

一鸣公司（一般纳税人）2018 年 9 月向甲建材商店销售油漆 2 000 桶，每桶不含税售价 80 元，另外，借出 2 000 只桶，每只收取押金 234 元，约定两个月内归还包装物，退还押金。两个月后，一鸣公司按期收回了油漆桶，并将押金全额退还甲商店。

要求：确定一鸣公司 2018 年 9 月计算销项税额的销售额。

案例分析：

根据政策规定，一鸣公司计算销项税额的销售额为：

销售额=2 000×80=160 000（元）

思考：若一鸣公司销售的是粮食白酒，又应该怎样确定其 2018 年 9 月的销项税额？

3. 需特别关注“营改增”后部分销售额的确定

（1）金融服务销售额的确定。

① 贷款服务，以提供贷款服务取得的全部利息及利息性质的收入为销售额。

② 直接收费金融服务，以提供直接收费金融服务收取的手续费、佣金、酬金、管理费、服务费、经手费、开户费、过户费、结算费、转托管费等各类费用为销售额。

③ 金融商品转让，按照卖出价扣除买入价后的余额为销售额。转让金融商品出现的正负差，按盈亏相抵后的余额为销售额。

若相抵后出现负差，可结转下一纳税期与下期转让金融商品销售额相抵，但年末时仍出现负差的，不得转入下一个会计年度。

④ 经纪代理服务，以取得的全部价款和价外费用，扣除向委托方收取并代为支付的政府性基金或者行政事业性收费后的余额为销售额。

向委托方收取的政府性基金或者行政事业性收费，不得开具增值税专用发票。

【案例 2–13】

乙银行（一般纳税人）本季度办理各类业务取得如下收入：不含税贷款利息 60 000 元；替委托人管理资金不含税服务费 20 000 元；办理信用卡不含税开户费 15 000 元；经营理财产品，不含税买入价 40 000 元，不含税卖出价 45 000 元。

要求：确定 A 银行本季度计算增值税销项税额的销售额。

案例分析：

根据政策规定：A 银行本季度的销售额为：

销售额=60 000+20 000+15 000+（45 000–40 000）=100 000（元）

（2）旅游业销售额的确定。

试点纳税人提供旅游服务，以取得的全部价款和价外费用，扣除向旅游服务购买方收取并支付给其他单位或者个人的住宿费、餐饮费、交通费、签证费、门票费和支付给其他接团旅游企业的旅游费用后的余额为销售额。

从全部价款和价外费用中扣除的价款，应当取得符合法律、行政法规和国家税务总局规定的有效凭证。否则，不得扣除。

【案例 2–14】

甲旅行社（一般纳税人）本月提供组织旅行团旅游服务，共收取含税收入 200 000 元，其中包括替游客支付车、餐、住等费用，各类合法有效凭证注明该部分含税金额为 136 400 元。

要求：确定当期的销售额。

案例分析：

根据政策规定，甲旅行社计算销项税额的销售额为：

销售额=（200 000–136 400）÷（1+6%）=60 000（元）

（3）销售不动产销售额的确定。

房地产开发企业中的一般纳税人销售自行开发的房地产项目，适用一般计税方法计税的，按照取得的全部价款和价外费用，凭省级以上（含省级）财政部门监（印）制的财政票据，扣除当期销售房地产项目对应的土地价款后的余额计算销售额。

公式为：销售额=（全部价款和价外费用–当期允许扣除的土地价款）÷（1+10%）

当期允许扣除的土地价款=当期销售房地产项目建筑面积 ÷ 房地产项目可供销售建筑面积×支付的土地价款

“支付的土地价款”是指向政府、土地管理部门或受政府委托收取土地价款的单位直接支付的土地价款。

“当期销售房地产项目建筑面积”是指当期进行纳税申报的增值税销售额对应的建筑面积。

“房地产项目可供销售建筑面积”是指房地产项目可以出售的总建筑面积，不包括销售房地产项目时未单独作价结算的配套公共设施的建筑面积。

【案例 2–15】

乙房地产开发公司（一般纳税人）于 2018 年 9 月销售其开发的一处小区，建设规模 50 000 平方米，本期销售了 28 000 平方米，取得含税销售额 10 686 万元。已知建造期间，向土地管理部门支付土地出让金 6 000 万元，房地产开发成本 8 000 万元，房地产开发费用 1 000 万元。以上成本费用均有法定有效发票和票据。

要求：确定乙公司计算销项税额的销售额。

案例分析：

乙公司的销售额为：允许扣除的土地价款=（28 000÷50 000）×6 000 =3 360（万元）

销售额=（10 686–3 360）÷（1+10%）=6 660（万元）

（4）航空运输企业的销售额，不包括代收的机场建设费和代售其他航空运输企业客票而代收转付的价款。

（5）试点纳税人中的一般纳税人提供客运场站服务，以其取得的全部价款和价外费用，扣除支付给承运方运费后的余额为销售额。

提示：

纳税人按照上述规定从全部价款和价外费用中扣除的价款，应当取得符合法律、行政法规和国家税务总局规定的有效凭证。否则，不得扣除。有效凭证包括：

（1）支付给境内单位或者个人的款项，以发票为合法有效凭证。

（2）支付给境外单位或者个人的款项，以该单位或者个人的签收单据为合法有效凭证，税务机关对签收单据有异议的，可以要求其提供境外公司公证机构的确认证明。

（3）缴纳的税款，以完税凭证为合法有效凭证。

（4）扣除的政府性基金、行政事业性收费或者向政府支付的土地价款，以省级以上（含省级）财政部门监制的财政票据为合法有效凭证。

（5）国家税务总局规定的其他凭证。

注意：纳税人取得的上述凭证属于增值税扣除凭证的，其进项税不得从销项税额中抵扣。

4. 组成计税价格

我国现行增值税法律规定，纳税人销售货物或者应税劳务的价格明显偏低并无正当理由的，或者有视同销售行为而无销售额的，主管税务机关有权按照下列顺序核定其计税销售额：

（1）按纳税人最近时期同类货物的平均销售价格确定。

（2）按其他纳税人最近时期同类货物的平均销售价格确定。

（3）用以上两种方法均不能确定其销售额的情况下，主管税务机关有权按照组成计税价格核定其计税销售额。

组成计税价格=成本×（1+成本利润率）

当货物属于应征消费税货物时，其组成计税价格中还应加计消费税税额。则计算公式为：

组成计税价格=成本×（1+成本利润率）÷（1–消费税税率）
=成本×（1+成本利润率）+消费税

当该项应税消费品为委托加工方式的，则其计算公式为：

组成计税价格=（材料成本+加工费）÷（1–消费税税率）
=（材料成本+加工费）+消费税

纳税人进口货物时，应纳增值税的计税价格也须按一定的计算公式所组成。其计算公式为：

组成计税价格=［到岸价格（CIF）+关税］÷（1–消费税税率）
=到岸价格（CIF）+关税+消费税

公式中的成本，销售自产货物的为实际生产成本，销售外购货物的为实际采购成本（不包括增值税）。公式中的成本利润率由国家税务总局确定。

提示：

以上销售额核算办法是依顺序进行的，前一方法不可用才使用下一方法，不是任意选择的。

【案例 2–16】

重庆一鸣公司（一般纳税人）将自产的非消费税应税产品甲、乙两种产品发给本厂职工用于消费。发放甲产品 400 件，生产成本为 120 元/件，不含税售价为 150 元/件；发放乙产品 200 件，生产成本为 190 元/件，无同类产品售价。查知甲、乙产品的成本利润率均为 10%。

要求：确定重庆一鸣公司计算销项税额的销售额。

案例分析：

根据政策规定，重庆一鸣公司本月的销售额为：

销售额=150×400+190×200×（1+10%）=101 800（元）

（二）进项税额的计算

进项税额指的是纳税人购进货物，加工、修理修配劳务，服务，无形资产或者不动产，所支付或者负担的增值税税额。

1. 准予从销项税额中抵扣的进项税额

此种情况具体分为以下两类。

（1）凭发票抵扣税。在一般情况下，购进方的进项税由销售方的销项税对应构成。故进项税额在正常情况下是在增值税专用发票及海关进口增值税专用缴款书上注明的进项税额，税控机动车销售统一发票注明的进项税额。

（2）计算抵扣。在特殊情况下，没有取得专用发票、完税凭证，自行计算进项税额。

购进农产品按照农产品收购发票或者销售发票上注明的农产品买价的 10%计算可扣除进项税额。

收购农产品的买价，包括纳税人购进农产品在农产品收购发票或者销售发票上注明的价款和按规定缴纳的烟叶税。

特别要强调的是，纳税人购进用于生产销售或委托加工 16%税率货物的农产品，按照 12%的扣除率计算进项税额。

（3）完税凭证抵扣：从境外单位或者个人购进服务、无形资产或者不动产，进项税额为税务机关或者扣缴义务人取得的解缴税款的完税凭证上注明的增值税税额。

2. 不得抵扣的进项税额

（1）纳税人取得的增值税扣税凭证不符合法律、行政法规或者国家税务总局有关规定的，其进项税额不得从销项税额中抵扣。

（2）纳税人凭完税凭证抵扣进项税额的，应当具备书面合同、付款证明和境外单位的对账单或者发票。资料不全的，其进项税额不得从销项税额中抵扣。

（3）用于简易计税方法计税项目，免征增值税项目，集体福利或者个人消费的购进货物，加工、修理修配劳务，服务，无形资产和不动产，其进项税额不得从销项税额中抵扣。其中涉及的固定资产、无形资产、不动产，仅指专用于上述项目的固定资产、无形资产（不包括其他权益性无形资产）、不动产。

（4）非正常损失的购进货物及相关的加工、修理修配劳务和交通运输服务，其进项税额不得从销项税额中抵扣。

（5）非正常损失的在产品、产成品所耗用的购进货物（不包括固定资产），加工、修理修配劳务和交通运输服务，其进项税额不得从销项税额中抵扣。

非正常损失，是指因管理不善造成被盗、丢失、霉烂变质的损失，以及被执法部门依法没收或者强令自行销毁的货物。

（6）非正常损失的不动产，以及该不动产所耗用的购进货物、设计服务和建筑服务，其进项税额不得从销项税额中抵扣。

货物，是指构成不动产实体的材料和设备，包括建筑装饰材料和给排水、采暖、卫生、通风、照明、通信、煤气、消防、中央空调、电梯、电气、智能化楼宇设备及配套设施。

（7）非正常损失的不动产在建工程所耗用的购进货物、设计服务和建筑服务，其进项税额不得从销项税额中抵扣。纳税人新建、改建、扩建、修缮、装饰不动产，均属于不动产在建工程。

（8）购进的旅客运输服务、贷款服务、餐饮服务、居民日常服务和娱乐服务，其进项税额不得从销项税额中抵扣。

（9）接受贷款服务向贷款方支付的与该笔贷款直接相关的投融资顾问费、手续费、咨询费等费用，其进项税额不得抵扣。

（10）已抵扣进项税额的无形资产或者不动产，发生不得扣除进项税额情形的，按照下列公式计算不得抵扣的进项税额：

不得抵扣的进项税额=无形资产或者不动产净值×适用税率

（11）纳税人有下列情形之一者，应按销售额依照增值税税率计算应纳税额，不得抵扣进项税额，也不得使用增值税专用发票：① 一般纳税人会计核算不健全或者不能够提供准确税务资料的；② 销售额超过小规模纳税人标准，按规定应办理而未办理一般纳税人认定手续的。

（12）财政部和国家税务总局规定的其他情形。

3. 进项税抵扣的特殊情况

（1）收购烟叶的抵扣。

纳税人收购烟叶，应缴纳烟叶税。烟叶税是对在我国境内从事烟叶收购的单位，以烟叶的买价为计税依据，在收购环节所征收的一种税。“单位”是指依照《中华人民共和国烟草专卖法》（以下简称《烟草专卖法》）的规定有权收购烟叶的烟草公司或者受其委托收购烟叶的单位。

烟叶税税率为20%，即：烟叶税=烟叶买价×20%

单位收购烟叶时按照国家有关规定以现金形式直接补贴烟农的生产投入补贴（即价外补贴），若与烟叶收购价格在同一张农产品收购发票或者销售发票上分别注明，则价外补贴是农产品买价的一部分，准予计算增值税进项税额进行抵扣；否则，价外补贴不得计算增值税进项税额进行抵扣。对纳税人按规定缴纳的烟叶税，准予和收购烟叶产品的买价合并计算增值税的进项税额，予以抵扣。生产卷烟的企业，收购烟叶允许抵扣的进项税额=（烟叶买价+烟叶税额）×12%。

【案例 2–17】

重庆一鸣公司为卷烟生产企业（一般纳税人），2018 年 9 月从烟农处收购烟叶，收购发票注明收购价款为 40 000 元，价外补贴 3 000 元。

要求：确定重庆一鸣公司允许抵扣的进项税额。

案例分析：

根据政策规定：烟叶买价=40 000+3 000 =43 000（元）

烟叶税额= 43 000×20% = 8 600（元）

可抵扣的进项税额=（40 000+3 000+8 600）×12% = 6 192（元）

思考：若重庆一鸣公司（一般纳税人）是销售大米的企业，向农业生产者收购大米 40 000 元，则可抵扣的进项税额是多少？

（2）购进货物、劳务、服务扣减进项税额。

已抵扣进项税额的购进货物（不含固定资产）、劳务、服务，因故不得抵扣其进项税额的，应当将该进项税额从当期进项税额中扣减；无法确定该进项税额的，按照当期实际成本计算应扣减的进项税额。

【案例 2–18】

重庆一鸣公司（一般纳税人）发现已抵扣进项税额的一批 A 种原材料（增值税税率 16%）

因管理不善丢失，且无法确定相应的进项税额。知本期同量此种材料的实际成本为 3 000 元。

要求：确定重庆一鸣公司不得抵扣的进项税额。

案例分析：

根据政策规定，丢失的该批 A 种原材料的进项税额应在本期确定为不得抵扣的进项税额。但重庆一鸣公司将其已经抵扣，则应进行扣减本期进项税额的处理。即：应扣减的进项税额 =3 000×16%=480（元）

（3）购进固定资产、无形资产、不动产扣减进项税额。

已抵扣进项税额的固定资产、无形资产或者不动产，因故不得抵扣其进项税额的，按照下列公式计算不得抵扣的进项税额：

不得抵扣的进项税额=固定资产、无形资产或者不动产净值×适用税率

固定资产、无形资产或者不动产净值，是指纳税人根据财务会计制度计提折旧或摊销后的余额。

【案例 2–19】

重庆一鸣公司（一般纳税人）的一座已抵扣进项税额的建筑物（增值税税率 10%）被依法拆除。查账得知：原值为 500 万元，累计已提折旧 300 万元。

要求：确定重庆一鸣公司不得抵扣的进项税额。

案例分析：

根据政策规定：被依法拆除的建筑物净值部分的进项税额应在本期确定为不得抵扣的进项税额。但重庆一鸣公司将其已经抵扣，则应进行扣减本期进项税额的处理。即应扣减的进项税额=（500–300）×10% = 20（万元）。

（4）兼营免税项目或非应税项目需划分进项税额的处理。

纳税人兼营免税项目或非应税项目（不包括固定资产在建工程）而无法准确划分不得抵扣的进项税额的，按下列公式计算不得抵扣的进项税额：

不得抵扣的进项税额 =当月无法划分的全部进项税额×（当月免税项目销售额、非应税项目营业额合计÷当月全部销售额、营业额合计）

【案例 2–20】

重庆一鸣公司（一般纳税人）2018 年 9 月有如下业务：

① 月初外购甲材料一批，取得增值税专用发票，注明进项税额 24 万元，因管理不善，部分发生霉烂变质，经核实损失部分占该批材料的 25%。

② 外购动力，取得增值税专用发票，注明进项税额 20 万元，一部分用于增值税应税项目，一部分用于免税项目，无法分别核算。

③ 销售应税货物取得不含税销售额 700 万元，销售免税货物取得销售额 300 万元。

要求：计算重庆一鸣公司当月准予抵扣的进项税额。

案例分析：

根据政策规定：

外购甲材料允许抵扣的进项税额=24×（1–25%）=18（万元）

外购动力燃料允许抵扣的进项税额=20–20×［300÷（700+300）］=14（万元）

重庆一鸣公司当月准予抵扣的进项税额=18+14 =32（万元）

（5）销售自行开发的房地产项目需划分进项税额。

一般纳税人销售自行开发的房地产项目，兼有一般计税方法计税、简易计税方法计税、免征增值税的房地产项目而无法划分不得抵扣的进项税额的，应以建筑工程施工许可证注明的“建设规模”为依据进行划分。

不得抵扣的进项税额=当期无法划分的全部进项税额×（简易计税、免税房地产项目建设规模÷ 房地产项目总建设规模）

【案例 2–21】

重庆一鸣公司（一般纳税人）自行开发销售甲、乙两个房地产项目，甲项目建筑工程施工许可证注明建设规模为 1 300 平方米，以一般计税方法计税；乙项目建筑工程施工许可证注明建设规模为 1 200 平方米，以简易计税方法计税。已知购入建筑施工用各种材料动力等用于甲、乙项目，取得的所有扣税凭证注明的进项税额为 2 000 万元。

要求：计算重庆一鸣公司准予抵扣的进项税额。

案例分析：

根据政策规定：

不得抵扣的进项税额=2 000×1 200÷（1 300+1 200）=960（万元）

准予抵扣的进项税额= 2 000–960 = 1 040（万元）

（6）不动产进项税分期抵扣办法。

国家税务总局公告 2016 年第 15 号《不动产进项税额分期抵扣暂行办法》规定：

增值税一般纳税人（以下称纳税人）2016 年 5 月 1 日后取得并在会计制度上按固定资产核算的不动产，以及 2016 年 5 月 1 日后发生的不动产在建工程，其进项税额应按照本办法有关规定分两年从销项税额中抵扣，第一年抵扣比例为 60%，第二年抵扣比例为 40%。

取得的不动产，包括以直接购买、接受捐赠、接受投资入股以及抵债等各种形式取得的不动产。

增值税一般纳税人（以下称纳税人）2016 年 5 月 1 日后购进货物和设计服务、建筑服务，用于新建不动产或者用于改建、扩建、修缮、装饰不动产并增加不动产原值超过 50% 的，其进项税额分两年从销项税额中抵扣，第一年抵扣比例为 60%，第二年抵扣比例为 40%。

提示：

房地产开发企业自行开发的房地产项目，融资租入的不动产，以及在施工现场修建的临时建筑物、构筑物，其进项税额不适用上述分两年抵扣的规定。

其他适用两年抵扣的，60%的部分于取得扣税凭证的当期从销项税额中抵扣，40%的部分为待抵扣进项税额，于取得扣税凭证的当月起第 13 个月从销项税额中抵扣。

4. 增值税进项税抵扣时间

（1）增值税一般纳税人取得 2010 年 1 月 1 日以后开具的增值税专用发票、公路内河货物运输业统一发票和机动车销售统一发票，应在开具之日起 180 日内到税务机关办理认证，并在认证通过的次月申报期内，向主管税务机关申报抵扣进项税额。

提示：

从 2016 年 3 月 1 日起，对纳税信用 A 级增值税一般纳税人取消增值税发票认证。

从 2016 年 5 月 1 日起，对纳税信用 B 级的增值税一般纳税人可先登录本省增值税发票查询平台，查询选择用于申报抵扣或者出口退税的增值税发票信息，未查询到信息的，可进行扫描认证。

（2）实行海关进口增值税专用缴款书（以下简称“海关缴款书”）“先比对后抵扣”管理办法的增值税一般纳税人取得 2010 年 1 月 1 日以后开具的海关缴款书，应在开具之日起 180 日内向主管税务机关报送《海关完税凭证抵扣清单》（包括纸质资料和电子数据）申请稽核比对。

（3）未实行海关缴款书“先比对后抵扣”管理办法的增值税一般纳税人取得 2010 年 1 月 1 日以后开具的海关缴款书，应在开具之日起 180 日后的第一个纳税申报期结束以前，向主管税务机关申报抵扣进项税额。

（4）增值税一般纳税人取得 2010 年 1 月 1 日以后开具的增值税专用发票、公路内河货物运输业统一发票、机动车销售统一发票以及海关缴款书，未在规定期限内到税务机关办理认证、申报抵扣或者申请稽核比对的，不得作为合法的增值税扣税凭证，不得计算进项税额抵扣。（特殊情况除外）

（三）应纳税额的计算

1. 一般纳税人当期应纳税额的计算

应纳税额=当期销项税额–当期进项税额–上期留抵税

如应纳税额大于零，则为当期应纳的增值税；如若小于零，则形成留抵，待下期与下期进项税额一并从下期销项税额中抵扣。

当期是按照税法规定准确计算应纳税额的重要条件，它决定了计算应纳税额的期限。

【案例 2–22】

一鸣公司是商业企业，为增值税一般纳税人，适用增值税税率 16%，2018 年 9 月有关生产经营业务如下：

（1）销售甲商品给某大商场，开具增值税专用发票，取得不含税销售额 80 万元；另外，开具普通发票，取得销售甲商品的送货运输费收入 5.80 万元。

（2）销售乙商品，开具普通发票，取得含税销售额 29 万元。

（3）购进货物取得增值税专用发票，注明支付的货款 60 万元，进项税额 9.6 万元，货物验收入库；另外，支付购货的运输费用 5.5 万元，取得运输公司开具的增值税专用发票（税率 10%）。

（4）向农业生产者购进免税农产品一批，支付收购价 30 万元，农产品验收入库。本月下旬将购进的农产品的 20%用于本企业职工福利。

要求：请计算一鸣公司 2018 年 9 月应缴纳的增值税税额。

案例分析：

（1）销售甲产品的销项税额：80×16%+ 5.80÷（1+16%）×16%=13.6（万元）。

注：运输费在此属于代收费用，且应转为不含税收入。

（2）销售乙产品的销项税额：29÷（1+16%）×16%=4（万元）。

（3）外购货物应抵扣的进项税额 9.6+5.5÷（1+10%）×10%=10.1（万元）。

（4）外购免税农产品应抵扣的进项税额：（30×10%）×（1–20%）=2.4（万元）。

（5）该企业8月份应缴纳的增值税税额：13.6+4–10.1–2.4=5.1（万元）。

思考：一鸣公司是制造企业，收购农产品后加工成16%税率的产品进行销售，则其2018年9月应缴纳的增值税税额是多少？

二、小规模纳税人应纳税额的计算

小规模纳税人销售货物或应税劳务、应税行为，实行按照销售额和征收率计算应纳税额的简易办法，不得抵扣进项税额。其计算公式为：

应纳税额=销售额×征收率

由于小规模纳税人在销售货物或应税劳务、应税行为时，一般只能开具普通发票，取得的销售收入均为含税销售额，所以，小规模纳税人在计算应纳税额时，必须将含税销售额换算为不含税销售额后才能计算应纳税额。计算公式为：

销售额=含税销售额÷(1+征收率）

【案例 2–23】

A 商场为增值税小规模纳税人，2018 年 9 月份取得零售收入总额为 5.15 万元。

要求：计算该商场 9 月份应缴纳的增值税税额。

案例分析：

（1）9 月份取得的不含税销售额=5.15÷（1+3%）=5（万元）。

（2）9 月份应缴纳的增值税税额=5×3%=0.15（万元）。

三、特殊事项应纳税额的计算

（一）进口货物应纳税额的计算

纳税人进口货物，按照组成计税价格和规定的税率计算应纳税额，不得抵扣任何税额，其组成计税价格和应纳税额计算公式如下：

组成计税价格=关税完税价格+关税+消费税

或：组成计税价格=（关税完税价格+关税）÷(1–消费税率）

应纳增值税税额=组成计税价格×税率

进口货物增值税的纳税义务人是进口货物的收货人或办理报关手续的单位和个人。

【案例 2–24】

重庆一鸣公司（增值税一般纳税人）2018 年 9 月报关将进口货物一批。该批货物在国外的买价为 40 万元，另该货物运抵我国海关前发生的包装费、运输费、保险费等共计 10 万元。货物报关后，商场按规定缴纳了进口环节的增值税并取得了海关开具的完税凭证。货物进口关税税率 15%，增值税率 16%。

要求：按下列顺序回答问题：

（1）计算关税的组成计税价格。

（2）计算进口环节应缴纳的进口关税。

（3）计算进口环节应纳增值税的组成计税价格。

（4）计算进口环节应缴纳增值税的税额。

案例分析：

（1）关税的组成计税价格=40+10=50（万元）。

（2）应交关税=50×15%=7.5（万元）。

（3）组成计税价格=50+7.5=57.5（万元）。

（4）进口环节应纳税额=57.5×16%=9.2（万元）。

（二）纳税人跨县提供建筑服务应纳增值税税额的计算

纳税人跨县提供建筑服务是指单位和个体工商户（不含个人）在其机构所在地以外的县（市、区）提供建筑服务。纳税人跨县提供建筑服务或预收工程款应向机构所在地主管国税机关预缴税款。

1. 一般纳税人跨县（市、区）提供建筑服务或预收工程款，适用一般计税方法计税的

以取得的全部价款和价外费用扣除支付的分包款后的余额，按照2%的预征率计算应预缴税款。

应预缴税款=（全部价款和价外费用–支付的分包款）÷（1+10%）×2%

2. 一般纳税人跨县（市、区）提供建筑服务选择适用简易计税方法计税、小规模纳税人跨县（市、区）提供建筑服务或者以上两者有预收工程款的

以取得的全部价款和价外费用扣除支付的分包款后的余额，按照3%的征收率计算应预缴税款。

应预缴税款=（全部价款和价外费用–支付的分包款）÷（1+3%）×3%

纳税人无论选择一般计税方法还是简易计税方法，从取得的全部价款和价外费用中扣除支付的分包款，应当取得合法有效凭证并提交相关资料。扣除支付的分包款后的余额为负数的，可结转下次预缴税款时继续扣除。纳税人应按照工程项目分别计算应预缴税款，分别预缴。纳税人预缴税款后，再向机构所在地主管国税机关申报纳税。申报纳税时，所预缴的增值税税款可以凭完税凭证在当期增值税应纳税额中抵减，抵减不完的，结转下期继续抵减。

纳税人从取得的全部价款和价外费用中扣除支付的分包款，应当取得符合法律、行政法规和国家税务总局规定的合法有效凭证，否则不得扣除。

凭证是指：

（1）从分包方取得的2016年4月30日前开具的建筑业营业税发票。

（2）从分包方取得的2016年5月1日后开具的，备注栏注明建筑服务发生地所在县（市、区）、项目名称的增值税发票。

（3）国家税务总局规定的其他凭证。

提示：

根据财税〔2017〕58号文件，按照现行规定无须在建筑服务发生地预缴增值税的项目，纳税人收到预收款时在机构所在地预缴增值税。适用一般计税方法计税的项目预征率为2%，适用简易计税方法计税的项目预征率3%。

（三）销售不动产应纳税额的计算

纳税人发生销售不动产的业务时，应向不动产所在地主管地税机关预缴税款，再向机构所在地主管国税机关申报纳税。

1. 一般纳税人销售不动产应纳税额的计算

（1）采取预收款方式销售自行开发的房地产应纳税额的计算。

纳税人采取预收款方式销售自行开发的房地产项目，应在收到预收款时按照3%的预征率预缴增值税。公式为：

应预缴税款=预收款÷（1+适用税率或征收率）×3%

适用一般计税方法计税的，按照10%的适用税率计算；适用简易计税方法计税的，按照5%的征收率计算。

一般纳税人应在取得预收款的次月纳税申报期向主管国税机关预缴税款。

（2）转让其取得的不动产应纳税额的计算包括以直接购买、接受捐赠、接受投资入股、自建以及抵债等各种形式取得的不动产。

转让其2016年4月30日前取得（不含自建）的不动产，选择简易计税方法计税的，以取得的全部价款和价外费用扣除不动产购置原价或者取得不动产时的作价后的余额为销售额，按照5%的征收率计算应纳税额。公式为：

应纳（预缴）税款=（全部价款和价外费用–不动产购置原价或者取得不动产时的作价）÷（1+5%）×5%

纳税人按照该方法向不动产所在地主管地税机关预缴税款，再向机构所在地主管国税机关申报纳税。申报纳税时，预缴的增值税税款可以在当期增值税应纳税额中抵减，抵减不完的，结转下期继续抵减。

转让其2016年4月30日前自建的不动产，选择简易计税方法计税的，以取得的全部价款和价外费用为销售额，按照5%的征收率计算应纳税额。公式为：

应纳（预缴）税款=全部价款和价外费用÷（1+5%）×5%

纳税人按照该方法向不动产所在地主管地税机关预缴税款，再向机构所在地主管国税机关申报纳税。申报纳税时，预缴的增值税税款可以在当期增值税应纳税额中抵减，抵减不完的，结转下期继续抵减。

转让其2016年4月30日前取得（不含自建）的不动产，选择一般计税方法计税的，纳税人预交税款办法与简易计税方法计税相同。

转让其2016年4月30日前自建的不动产，选择一般计税方法计税的，应纳税额计算与简易方法计税同。

转让其2016年5月1日后取得（不含自建）的不动产，适用一般计税方法计算增值税税额的，纳税人应以取得的全部价款和价外费用扣除不动产购置原价或者取得不动产时的作价后的余额，按照5%的预征率向不动产所在地主管地税机关预缴税款，公式为：

预缴税款=（全部价款和价外费用–不动产购置原价或者取得不动产时的作价）÷（1+5%）×5%

纳税人以取得的全部价款和价外费用为销售额计算销项税额，抵扣进项税额后向机构所在地主管国税机关申报纳税。申报纳税时，预缴的增值税税款可以在当期增值税应纳税额中抵减，抵减不完的，结转下期继续抵减。

转让其 2016 年 5 月 1 日后自建的不动产，适用一般计税方法计算增值税税额的，纳税人应以取得的全部价款和价外费用，按照 5%的预征率向不动产所在地主管地税机关预缴税款。公式为：

预缴税款=全部价款和价外费用÷（1+5%）×5%

纳税人以取得的全部价款和价外费用为销售额计算销项税额，抵扣进项税额后向机构所在地主管国税机关申报纳税。申报纳税时，预缴的增值税税款可以在当期增值税应纳税额中抵减，抵减不完的，结转下期继续抵减。

2. 小规模纳税人销售不动产应纳税额的计算

（1）转让其取得（不含自建）的不动产（除个人转让其购买的住房外），以取得的全部价款和价外费用扣除不动产购置原价或者取得不动产时的作价后的余额为销售额，按照 5%的征收率计算应纳税额。公式为：

应纳（预缴）税款=（全部价款和价外费用–不动产购置原价或者取得不动产时的作价）÷（1+5%）×5%

纳税人按照该方法向不动产所在地主管地税机关预缴税款，再向机构所在地主管国税机关申报纳税。申报纳税时，预缴的增值税税款可以在当期增值税应纳税额中抵减，抵减不完的，结转下期继续抵减。

（2）转让其自建的不动产（除个人转让其购买的住房外），以取得的全部价款和价外费用为销售额，按照 5%的征收率计算应纳税额。公式为：

应纳（预缴）税款=全部价款和价外费用÷（1+5%）×5%

纳税人按照该方法向不动产所在地主管地税机关预缴税款，再向机构所在地主管国税机关申报纳税。申报纳税时，预缴的增值税税款可以在当期增值税应纳税额中抵减，抵减不完的，结转下期继续抵减。

（3）个人转让其购买的住房应纳税额的计算。

① 个人转让其购买的住房，按规定全额缴纳增值税的，以取得的全部价款和价外费用为销售额，按照 5%的征收率计算应纳税额。公式为：

应纳（预缴）税款=全部价款和价外费用÷（1+5%）×5%

② 个人转让其购买的住房，按规定差额缴纳增值税的，以取得的全部价款和价外费用扣除购买住房价款后的余额为销售额，按照 5%的征收率计算应纳税额。公式为：

应纳（预缴）税款=（全部价款和价外费用–不动产购置原价或者取得不动产时的作价）÷（1+5%）×5%

个体工商户按照上述全额或差额计税方法向住房所在地主管地税机关预缴税款，向机构所在地主管国税机关申报纳税，并可将预缴税款予以抵减；其他个人按照上述计税方法向住房所在地主管地税机关申报纳税。

提示：

个人转让住房计算增值税时，销售额的确定方法有两种：转让全额和转让差额。

（1）北京市、上海市、广州市和深圳市之外的地区销售额的确定方法。

个人将购买不足 2 年的住房对外销售的，按照 5%的征收率全额缴纳增值税；个人将购买2年以上（含2年）的住房对外销售的，免征增值税。

（2）北京市、上海市、广州市和深圳市销售额的确定方法。

个人将购买不足2年的住房对外销售的，按照5%的征收率全额缴纳增值税；个人将购买2年以上（含2年）的非普通住房对外销售的，以销售收入减去购买住房价款后的差额按照5%的征收率缴纳增值税；个人将购买2年以上（含2年）的普通住房对外销售的，免征增值税。

（四）经营租赁不动产应纳税额的计算

1. 一般纳税人经营租赁不动产应纳税额的计算

（1）一般纳税人出租其2016年4月30日前取得的不动产（除个人出租住房外）选择简易计税方法计税的，按照5%的征收率计算应纳税额。公式为：

应纳（预缴）税款=含税销售额÷（1+5%）×5%

不动产所在地与机构所在地不在同一县（市、区）的，纳税人应按照上述计税方法向不动产所在地主管国税机关预缴税款。纳税人计算出应纳增值税税额后向机构所在地主管国税机关申报纳税。申报纳税时，预缴的增值税税款凭借完税凭证可以在当期增值税应纳税额中抵减，抵减不完的，结转下期继续抵减。

（2）一般纳税人出租其2016年5月1日后取得的不动产适用一般计税方法计税。不动产所在地与机构所在地不在同一县（市、区）的，纳税人应按照3%的预征率向不动产所在地主管国税机关预缴税款。公式为：

应预缴税款=含税销售额÷（1+10%）×3%

纳税人以一般计税方法计算应纳增值税税额并向机构所在地主管国税机关申报纳税。申报纳税时，预缴的增值税税款凭借完税凭证可以在当期增值税应纳税额中抵减，抵减不完的，结转下期继续抵减。

一般纳税人出租其2016年4月30日前取得的不动产选择一般计税方法计税的，按照上述规定执行。

2. 小规模纳税人经营租赁不动产应纳税额的计算

（1）单位和个体工商户出租不动产（不含住房），按照5%的征收率计算应纳税额；出租住房，按照5%的征收率减按1.5%计算应纳税额，公式为：

出租不动产（不含住房）应纳（预缴）税款=含税销售额÷（1+5%）×5%

出租住房应纳（预缴）税款=含税销售额÷（1+5%）×1.5%

不动产所在地与机构所在地不在同一县（市、区）的，纳税人应按照上述计税方法向不动产所在地主管国税机关预缴税款。纳税人在计算应纳增值税税额并向机构所在地主管国税机关申报纳税时，预缴的增值税税款凭借完税凭证可以在当期增值税应纳税额中抵减，抵减不完的，结转下期继续抵减。

（2）其他个人出租不动产（不含住房），按照5%的征收率计算应纳税额；出租住房，按照5%的征收率减按1.5%计算应纳税额，公式为：

出租住房应纳税款=含税销售额÷（1+5%）×1.5%

出租非住房应纳税款=含税销售额÷（1+5%）×5%

知识拓展

（一）下列项目免征增值税

（1）销售以下货物：农业生产者销售的自产农产品；销售避孕药品和用具；销售古旧图书；销售自己使用过的物品。

（2）进口以下货物：直接用于科学研究、科学试验和教学的进口仪器、设备；外国政府、国际组织无偿援助的进口物资和设备；由残疾人的组织直接进口供残疾人专用的物品。

（3）托儿所、幼儿园提供的保育和教育服务。

（4）养老机构提供的养老服务。

（5）残疾人福利机构提供的育养服务。

（6）婚姻介绍服务。

（7）殡葬服务。

（8）残疾人员本人为社会提供的服务。

（9）医疗机构提供的医疗服务。

（10）从事学历教育的学校提供的教育服务。

（11）学生勤工俭学提供的服务。

（12）农业机耕、排灌、病虫害防治、植物保护、农牧保险以及相关技术培训业务，家禽、牲畜、水生动物的配种和疾病防治。

（13）纪念馆、博物馆、文化馆、文物保护单位管理机构、美术馆、展览馆、书画院、图书馆在自己的场所提供文化体育服务取得的第一道门票收入。

（14）寺院、宫观、清真寺和教堂举办文化、宗教活动的门票收入。

（15）行政单位之外的其他单位收取的符合规定的政府性基金和行政事业性收费。

（16）个人转让著作权。

（17）个人销售自建自用住房。

（18）纳税人提供的直接或者间接国际货物运输代理服务。

（19）符合条件的利息收入。

（20）保险公司开办的一年期以上人身保险产品取得的保费收入。

（21）下列金融商品转让收入：合格境外投资者（QFII）委托境内公司在我国从事证券买卖业务；证券投资基金（封闭式证券投资基金、开放式证券投资基金）管理人运用基金买卖股票、债券；个人从事金融商品转让业务。

（22）金融同业往来利息收入。

（23）符合条件的担保机构从事中小企业信用担保或者再担保业务取得的收入（不含信用评级、咨询、培训等收入）3 年内免征增值税。

（24）国家商品储备管理单位及其直属企业承担商品储备任务，从中央或者地方财政取得的利息补贴收入和价差补贴收入。

（25）纳税人提供技术转让、技术开发和与之相关的技术咨询、技术服务。

（26）符合条件的合同能源管理服务。

（27）政府举办的从事学历教育的高等、中等和初等学校（不含下属单位），举办进修班、培训班取得的全部归该学校所有的收入。

（28）政府举办的职业学校设立的主要为在校学生提供实习场所，并由学校出资自办，由学校负责经营管理，经营收入归学校所有的企业，从事《销售服务、无形资产或者不动产注释》中“现代服务”（不含融资租赁服务、广告服务和其他现代服务）、“生活服务”（不含文化体育服务、其他生活服务和桑拿、氧吧）业务活动取得的收入。

（29）家政服务企业由员工制家政服务员提供家政服务取得的收入。

（30）福利彩票、体育彩票的发行收入。

（31）军队空余房产租赁收入。

（32）为了配合国家住房制度改革，企业、行政事业单位按房改成本价、标准价出售住房取得的收入。

（33）将土地使用权转让给农业生产者用于农业生产。

（34）涉及家庭财产分割的个人无偿转让不动产、土地使用权。

（35）土地所有者出让土地使用权和土地使用者将土地使用权归还给土地所有者。

（36）县级以上地方人民政府或自然资源行政主管部门出让、转让或收回自然资源使用权（不含土地使用权）。

（37）为安置随军家属就业和军队转业干部就业，符合条件的企业可在规定年限内享受免税待遇。

（38）符合条件的跨境应税行为。

（二）下列业务实行即征即退政策

（1）一般纳税人提供管道运输服务，对其增值税实际税负超过3%的部分实行增值税即征即退政策。

（2）经人民银行、银监会或者商务部批准从事融资租赁业务的试点纳税人中的一般纳税人，提供有形动产融资租赁服务和有形动产融资性售后回租服务，对其增值税实际税负超过3%的部分实行增值税即征即退政策。纳税人兼营免税、减税项目的，应当分别核算免税、减税项目的销售额；未分别核算销售额的，不得免税、减税。纳税人兼营免税、减税项目的，应当分别核算免税、减税项目的销售额；未分别核算的，不得免税、减税。

增值税税负率是增值税税额与应税销售额的比率。

（三）起征点

增值税的起征点适用于个人（不包括登记为一般纳税人的个体工商户）。按期纳税的，为月销售额5 000～20 000元（含本数）。按次纳税的，为每次（日）销售额300～500元（含本数）。个人发生应税行为的销售额未达到增值税起征点的，免征增值税；达到起征点的，全额计算缴纳增值税。

引入案例分析

应缴增值税税额=［100÷（1+16%）−60÷（1+16%）］×16%=5.52（元）

同时税法规定，为其他单位和部门的有关人员发放现金、实物等应按规定代扣代缴个人所得税；税款由支付单位代扣代缴。按偶然所得代扣代缴个人所得税 30×20%=6（元）。

新增案例分析

重庆一鸣公司（一般纳税人）2018 年 9 月份购买原材料 100 吨，每吨 100 元，增值税专用发票上注明货款 10 000 元，增值税税额 1 600 元，支付运费 220 元；购买设备一台，价值 5 800 元（含税价，取得 16%的增值税票），付运费 110 元；购买用于销售的建筑材料 10 吨，每吨 100 元，增值税专用发票上注明价款 1 000 元，增值税税额 160 元，以上材料均入库并付货款（所有运费都有能抵扣的发票）。

本月该企业的销售产品 1 000 件，每件 200 元，增值税专用发票上注明价款 200 000 元，税额 32 000 元，代购买方支付销货运费 1 000 元，货物尚未收到，将新产品 100 件用于发放职工福利，每件成本 150 元（成本利润率为 10%），此企业按月纳税，上月尚未抵扣的增值税留底额 30 000 元。

要求：计算重庆一鸣公司本月应缴纳增值税税额。

案例分析：

可抵扣的进项税额=1 600+220÷（1+10%）×10%+5 800÷（1+16%）×16%+160+110÷（1+10%）×10%=2 590（元）

销项税额=32 000+150×100×（1+10%）×16%=34 640（元）

上月尚未抵扣的增值税留底额 30 000 元，则：

本月应缴增值税=34 640–2 590–30 000=2 050（元）

任务小结

（1）一般销售（或视同销售）方式下的销售额是指纳税人销售货物或者提供应税劳务向购买方（承受应税劳务也视为购买方）收取的全部价款和价外费用，但不包括收取的销项税额。

（2）纳税人销售货物或者应税劳务的价格明显偏低并无正当理由的，或者有视同销售行为而无销售额的，主管税务机关有权按照顺序核定其计税销售额。

（3）下列进项税不得抵扣：一是没有销项对应的进项税不能抵扣；二是消费者承担税款，用于个人消费、自用消费用品不能抵扣；三是扣税凭证不符合规定的，不能抵扣进项税。

任务四　增值税的出口货物退（免）税及进口货物征税

任务描述

- 了解进口货物征税范围及纳税人。

- 了解出口货物退（免）税基本政策及退税范围。
- 掌握出口货物退税额的计算。
- 掌握进口货物应纳税额的计算。

任务分析

前面我们学习了增值税的基本要素，掌握了增值税的纳税范围、增值税的计税方法。本任务涉及的是增值税出口环节的优惠政策——退税计算。

相关知识

一、增值税出口退（免）税制度

除少数特殊货物外，我国实行出口货物、劳务和跨境应税行为零税率的优惠政策，不但出口环节不纳税，而且可以退还以前环节缴纳的全部或部分税款。

对下列出口货物、劳务和跨境应税行为，除适用《财政部　国家税务总局关于出口货物劳务增值税和消费税政策的通知》（财税〔2012〕39 号）第 6 条（适用增值税免税政策的出口货物和劳务）和第 7 条（适用增值税征税政策的出口货物和劳务）规定的外，实行免征和退还增值税。

出口企业出口货物；出口企业或其他单位视同出口货物，生产企业视同出口货物（需满足一定条件）；融资租赁货物出口退税。

二、增值税退（免）税办法

对出口退税国家规定了两种计税办法。

第一种办法是“免、抵、退”办法，主要适用于一般纳税人生产企业出口自产货物和视同自产货物，对外提供加工、修理修配劳务，以及列名 74 家生产企业出口非自产货物，免征增值税，相应的进项税额抵减应纳增值税税额（不包括适用增值税即退、先征后退的应纳增值税税额），未抵减完的部分予以退还。

境内单位和个人提供增值税零税率的服务和无形资产情况，如果属于适用增值税一般计税方法的，生产企业实行“免、抵、退”办法，外贸企业直接将服务或自行开发的无形资产出口的，视同生产企业连同其出口货物统一实行“免、抵、退”办法。

第二种办法是“免、退”税办法，主要适用于不具有生产能力的出口企业（以下简称“外贸企业”）或其他单位出口货物、劳务，免征增值税，相应的进项税额予以退还。

适用增值税一般计税方法的外贸企业外购服务或者无形资产出口实行“免、退”税方法。

外贸企业外购研发服务和设计服务免征增值税，其对应的外购应税服务的进项税额予以退还。

（一）“免、抵、退”税的计算方法

1. 生产企业出口货物、劳务、服务和无形资产的增值税“免、抵、退”计算

（1）当期应纳税额=当期销项税额–（当期进项税额–当期不得免征和抵扣税额）–上期期末留抵税额。

当期不得免征和抵扣税额=当期出口货物离岸价格×外汇人民币折合率×（出口货物适用税率–出口货物退税率）–当期不得免征和抵扣税额抵减额

当期不得免征和抵扣税额抵减额=当期免税购进原材料价格×（出口货物适用征税率–出口货物退税率）

如果当期没有免税购进材料，上述公式中当期“免、抵、退”不得免征和抵扣税额抵减额不计算。

分析：若上述“当期应纳税额”计算结果为正数，说明企业应缴纳增值税；若计算结果为负数，则应退税。

（2）计算当期“免、抵、退”税额。

当期“免、抵、退”税额=当期出口货物离岸价格×外汇人民币折合率×出口货物退税率“免、抵、退”税额抵减额

“免、抵、退”税额抵减额=当期免税购进原材料价格×出口货物退税率

如果当期没有免税购进材料，上述公式中当期“免、抵、退”税额抵减额不计算。

（3）当期应退税额和免抵税额计算。

如果当期期末留抵税额≤当期“免、抵、退”税额，

则当期应退税额=当期期末留抵税额

则当期免抵税额=当期“免、抵、退”税额–当期应退税额

如果当期期末留抵税额＞当期“免、抵、退”税额

则当期应退税额=当期“免、抵、退”税额

当期免、抵税额=0

当期期末留抵税额根据当期期末增值税纳税申报表中“期末留抵税额”确定。公式中的“期”指的一个月。

【案例 2–25】

某自营出口的生产企业为增值税一般纳税人，出口货物的征税税率为 16%，退税率为 13%，2018 年 9 月的有关经营业务为：购进原材料一批，取得增值税发票上注明价款 200 万元，可抵扣 32 万元（已认证），上月底留抵税款 3 万元，本月内销售不含税销售价格 100 万元，本月出口货物的销售额折合人民币 200 万元。

要求：计算该企业当月的“免、抵、退”税额。

案例分析：

① 当期“免、抵、退”税不得免征和抵扣税额=200×（16%–13%）=6（万元）。

② 当期应纳税额=100×16%–（32–6）–3=–13（万元）。

③ 出口货物“免、抵、退”税额=200×13%=26（万元）。

④ 当期应退税额=13（万元）。

⑤ 当期免、抵税额=26–13=13（万元）。

⑥ 结转到下月抵扣为0。

【案例 2-26】

某自营出口的生产企业为增值税一般纳税人，出口货物的征税税率为 16%，退税率为 13%，2018 年 9 月的有关经营业务为：购进原材料一批，取得增值税发票上注明价款 400 万元，可抵扣 64 万元（已认证），上月底留抵税款 3 万元，本月国内销售不含税销售价格 100 万元，本月出口货物的销售额折合人民币 200 万元。

要求：计算该企业当月的“免、抵、退”税额。

案例分析：

① 当期“免、抵、退”税不得免征和抵扣税额=200×（16%–13%）=6（万元）。

② 当期应纳税额=100×16%–（64–6）–3=–45（万元）。

③ 出口货物“免、抵、退”税额=200×13%=26（万元）。

④ 当期应退税额=26（万元）。

⑤ 当期免、抵税额=26–26=0（万元）。

⑥ 结转到下月抵扣为 45–26=19（万元）。

2. 零税率应税行为增值税退（免）税的计算

（1）当期“免、抵、退”税额的计算。

当期零税率应税行为“免、抵、退”税额=当期零税率应税行为“免、抵、退”税计算依据×外汇人民币折合率×零税率应税行为增值税退税率。

（2）当期应退税额和当期免、抵税额的计算。

如果当期期末留抵税额≤当期“免、抵、退”税额

则当期应退税额=当期期末留抵税额

则当期免抵税额=当期“免、抵、退”税额–当期应退税额

如果当期期末留抵税额＞期“免、抵、退”税额

则当期应退税额=当期“免、抵、退”税额

当期免、抵税额=0

当期期末留抵税额为当期增值税纳税申报表的“期末留抵税额”。

【案例 2-27】

某国际运输公司，已登记为一般纳税人，该企业实行“免、抵、退”税管理办法。该企业 2018 年 9 月实际承接了 3 个国际运输业务，取得确认的收入 60 万元人民币，当期增值税纳税申报表的“期末留抵税额”为 15 万元人民币。

要求：计算该企业当月的“免、抵、退”税额。

案例分析：

① 当期“免、抵、退”税额的计算。

当期零税率应税行为“免、抵、退”税额=当期零税率应税行为“免、抵、退”税计算依据×外汇人民币折合率×零税率应税行为增值税退税率=60×10%=6（万元）。

② 当期应退税额和当期免、抵、税额的计算。

因当期期末留抵税额 15 万元 > 当期“免、抵、退”税额 6 万元

则当期应退税额=当期“免、抵、退”税额=6 万元

当期免、抵税额=0

当期期末留抵税额=15−6=9（万元）

（二）外贸企业出口货物、劳务和应税行为增值税免、退税

1. 外贸企业出口委托加工、修理修配劳务

出口委托加工、修理修配劳务的增值税应退税额=委托加工、修理修配的增值税退（免）税计税依据×出口货物退税率

【案例 2–28】

某出口公司 2018 年 9 月购进牛仔布委托加工成服装出口，取得牛仔布增值税发票一张，注明金额 10 000 元，取得服装加工费计税金额 2 000 元，受托方将原材料成本并入加工、修理修配费用并开具了增值税专用发票，假设增值税出口退税率为 16%。

要求：计算当期应退的增值税税额。

案例分析：

应退税额=（10 000+2 000）×16%=1 920（元）

2. 外贸企业出口委托加工、修理修配劳务以外的货物

增值税应退税额=增值税退（免）税计税依据×出口货物退税率

【案例 2–29】

某出口公司 2018 年 9 月出口美国平纹布 2 000 平方米，进货增值税专用发票列明单价为 20 元/平方米，计税金额为 40 000 元，增值税出口退税率为 13%。

要求：计算当期应退的增值税税额。

案例分析：

应退税额=（2 000×20）×13%=5 200（元）

任务小结

（1）出口货物退税是对已纳税的出口货物退税。

（2）常用两种退税方法："免、抵、退"和"免、退"。

任务五　增值税申报缴纳

任务描述

- 了解纳税义务发生时间。
- 了解纳税期限和纳税地点。
- 了解专用发票管理。
- 掌握纳税申报方法。

任务分析

通过本项目任务一至任务四的学习，我们已掌握增值税计税的基本政策和基本方法。本任务学习如何按税收征收管理要求，填写增值税纳税申报表，在规定的时间、地点申报纳税。

案例引入

2018 年 9 月，某安尼产品代销人前往税务机关缴纳税款，税务机关在审核其提供的税收登记文件时，发现其与安尼产品重庆分公司的代销关系产生于 2017 年 11 月，于是对其处以 2 000 元的罚款。这是为什么？

相关知识

一、增值税纳税义务发生时间

纳税义务发生时间，是纳税人发生应税行为应当承担纳税义务的起始时间。

（一）销售货物或者应税劳务的纳税义务发生时间

（1）采取直接收款方式销售货物，不论货物是否发出，均为收到销售额或取得索取销售额的凭据，并将提货单交给买方的当天。

（2）采取预收货款方式销售货物，为货物发出的当天；无书面合同的或书面合同没有约定收款日期的，为货物发出的当天；但生产销售生产工期超过 12 个月的大型机械设备、船舶、飞机等货物，为收到预收款或者书面合同约定的收款日期的当天。

（3）委托其他纳税人代销货物，为收到代销单位代销清单的当天；收到代销清单前已收到全部或者部分货款的，其计算时间为收到全部或部分销货款的当天；未收到代销清单或者货款的，为发出代销货物满 180 天的当天。

（4）采取托收承付和委托银行收款方式销售货物，为发出货物并办妥托收手续的当天。

（5）采取赊销和分期收款方式销售货物，为按合同约定的收款日期的当天。

（6）销售应税劳务，为提供劳务同时收讫销售额或取得索取销售额的凭据的当天。

（7）纳税人发生除“将货物交付他人代销”和“销售代销货物”之外的视同销售货物行为，为货物移送的当天。

（8）进口货物，为报关进口的当天。

注：增值税扣缴义务发生时间为纳税人增值税纳税义务发生的当天。

（二）发生应税行为的纳税义务发生时间

1. 一般规定

纳税人发生应税行为并收讫销售款项或者取得索取销售款项凭据的当天为纳税义务发生时间，先开具发票的，为开具发票的当天。

收讫销售款指的是纳税人销售服务、无形资产或者不动产过程中或者完成后收到的款项。

取得索取销售款项凭据的当天，是指书面合同确定的付款日期；未签订书面合同或者书面合同未确定付款日期的，为服务、无形资产转让完成的当天或者不动产权属变更的当天。

2. 特殊规定

（1）纳税人提供建筑服务、租赁服务采取预收款方式的，其纳税义务时间为收到预收款的当天。

（2）纳税人从事金融商品转让的，为金融商品所有权转移的当天。

（3）纳税人发生视同销售服务、无形资产或者不动产情形的，其纳税义务发生时间为服务、无形资产转让完成的当天或者不动产权属变更的当天。

二、增值税纳税期限

增值税的纳税期限分别为 1 日、3 日、5 日、10 日、15 日、1 个月或者 1 个季度。纳税人的具体纳税期限，由主管税务机关根据纳税人应纳税额的大小分别核定；不能按照固定期限纳税的，可以按次纳税。

纳税人以 1 个月或者 1 个季度为 1 个纳税期的，自期满之日起 15 日内申报纳税；以 1 日、3 日、5 日、10 日或者 15 日为 1 个纳税期的，自期满之日起 5 日内预缴税款，于次月 1 日起 15 日内申报纳税并结清上月应纳税款。

扣缴义务人解缴税款的期限，依照上述规定执行。

纳税人进口货物，应当自海关填发海关进口增值税专用缴款书之日起 15 日内缴纳税款。

> 提示：
>
> 纳税期限为 1 个季度的规定仅适用于小规模纳税人、银行、财务公司、信托投资公司、信用社，以及财政部和国家税务总局规定的其他纳税人。

三、增值税纳税地点

（1）固定业户应当向其机构所在地的主管税务机关申报纳税。总机构和分支机构不在同一县（市）的，应当分别向各自所在地的主管税务机关申报纳税；经国务院财政、税务主管部门或者其授权的财政、税务机关批准，可以由总机构汇总向总机构所在地的主管税务机关申报纳税。

固定业户到外县（市）销售货物或者应税劳务，应当向其机构所在地的主管税务机关申请开具外出经营活动税收管理证明，并向其机构所在地的主管税务机关申报纳税；未开具证明的，应当向销售地或者劳务发生地的主管税务机关申报纳税；未向销售地或者劳务发生地的主管税务机关申报纳税的，由其机构所在地的主管税务机关补征税款。

（2）非固定业户销售货物或者应税劳务，应当向销售地或者劳务发生地的主管税务机关申报纳税；未向销售地或者劳务发生地的主管税务机关申报纳税的，由其机构所在地或者居住地的主管税务机关补征税款。

（3）进口货物，应当向报关地海关申报纳税。

（4）其他个人提供建筑服务，销售或者租赁不动产，转让自然资源使用权，应向建筑服务发生地、不动产所在地、自然资源所在地主管税务机关申报纳税。

（5）扣缴义务人应当向其机构所在地或者居住地的主管税务机关申报缴纳其扣缴的税款。

四、增值税发票的使用

增值税专用发票是指增值税一般纳税人销售货物或者提供应税劳务、应税行为开具的发票，是购买方支付增值税税额并可按照有关规定据以抵扣增值税进项税额的凭证。

专用发票由基本联次或者基本联次附加其他联次构成，基本联次为三联——发票联、抵扣联和记账联。发票联，作为购买方核算采购成本和增值税进项税额的记账凭证；抵扣联，作为购买方报送主管税务机关认证和留存备查的凭证；记账联，作为销售方核算销售收入和增值税销项税额的记账凭证。其他联次的用途由一般纳税人自行确定。

（一）专用发票的开票限额

专用发票实行最高开票限额管理。最高开票限额，是指单份专用发票开具的销售额合计数不得达到的上限额度。最高开票限额由一般纳税人申请，税务机关依法审批。

最高开票限额为 10 万元及以下的，由区县级税务机关审批；最高开票限额为 100 万元的，由地市级税务机关审批；最高开票限额为 1 000 万元及以上的，由省级税务机关审批。

（二）专用发票的开具范围

（1）一般纳税人销售货物或者提供应税劳务和应税服务应向购买方开具专用发票。

（2）商业企业一般纳税人零售的烟、酒、食品、服装、鞋帽（不包括劳保专用部分）、化妆品等消费品不得开具专用发票。

（3）销售免税货物不得开具专用发票（法律、法规及国家税务总局另有规定的除外）。

（4）纳税人提供应税服务，应当向索取增值税专用发票的接受方开具增值税专用发票，并在增值税专用发票上分别注明销售额和销售项税额，属于下列情形之一的，不得开具增值税专用发票：

① 向消费者个人提供应税服务。

② 适用免征增值税规定的应税服务。

（5）小规模纳税人需要开具专用发票的，可向主管税务机关申请代开。

（三）红字增值税专用发票的开具要求

一般纳税人或小规模纳税人取得专用发票后发生销货退回、开票有误不符合发票作废条件的，或因销货部分退回及发生销售折让的，需开具红字发票的，采用以下方法处理。

（1）购买方处理方法。

① 已抵扣的，可在增值税发票管理新系统（以下简称“新系统”）中填开并上传《开具红字增值税专用发票信息表》（以下简称《信息表》），在填开《信息表》时不填写相对应的蓝字专用发票信息，应暂依《信息表》所列增值税税额从当期进项税额中转出，待取得销售方开具的红字专用发票后，与《信息表》一并作为记账凭证。

② 未抵扣但发票联或抵扣联无法退还的，或者发票未交与购买方的，填开《信息表》时应填写相应的蓝字专用发票信息。

（2）税务机关通过网络接收纳税人上传的《信息表》，系统自动检验通过后，生成带有“红字发票信息表编号”的《信息表》，并将信息同步至纳税人端系统中。

（3）销售方凭税务机关系统检验通过的《信息表》开具红字专用发票，在新系统中以销项负数开具，红字专用发票应与《信息表》一一对应。

（4）纳税人也可凭《信息表》电子信息或纸质资料到税务机关对《信息表》内容进行系统检验。

> 提示：
>
> 纳税人需要开具红字增值税普通发票的，可以在所对应的蓝字发票金额范围内开具多份红字发票。红字机动车销售统一发票需与原蓝字机动车销售统一发票一一对应。
>
> 按照《国家税务总局关于纳税人认定或登记为一般纳税人前进项税抵扣问题的公告》（国家税务总局公告2015年第59号）的规定，需要开具红字专用发票的，按照上述规定执行。

（四）专用发票丢失后的管理

《增值税专用发票使用规定》（国税发〔2006〕156号）第28条规定：一般纳税人丢失已开具专用发票的发票联和抵扣联，如果丢失前已认证相符的，购买方凭销售方提供的相应专用发票记账联复印件及销售方所在地主管税务机关出具的丢失增值税专用发票已报税证明单，经购买方主管税务机关审核同意后，可作为增值税进项税额的抵扣凭证；如果丢失前未认证的，购买方凭销售方提供的相应专用发票记账联复印件到主管税务机关进行认证，认证相符的凭该专用发票记账联复印件及销售方所在地主管税务机关出具的丢失增值税专用发票已报税证明单，经购买方主管税务机关审核同意后，可作为增值税进项税额的抵扣凭证。

五、增值税的申报和缴纳

（一）一般纳税人的纳税申报

1. 必报资料

（1）“增值税纳税申报表（适用于增值税一般纳税人）”及其增值税纳税申报表附列资料。

（2）使用防伪税控系统的纳税人，必须报送记录当期纳税信息的IC卡（明细数据备份在软盘上的纳税人，还须报送备份数据软盘）、“增值税专用发票存根联明细表”及“增值税专用发票抵扣联明细表”。

（3）“资产负债表”和“损益表”。

（4）“成品油购销存情况明细表”（发生成品油零售业务的纳税人填报）。

（5）主管税务机关规定的其他必报资料。

纳税申报实行电子信息采集的纳税人，除向主管税务机关报送上述必报资料的电子数据外，还需报送纸介的“增值税纳税申报表（适用于一般纳税人）”（主表及附表），便于税务大厅征收人员的审核比对。

2. 备查资料

（1）已开具的税控机动车销售统一发票和普通发票的存根联。

（2）符合抵扣条件并且在本期申报抵扣的增值税专用发票抵扣联（含税控机动车销售统

一发票）。

（3）符合抵扣且在本期申报抵扣的海关进口货物完税凭证及其清单、书面合同、付款证明和境外单位的对账单或者发票；购进农产品普通发票的存根联原件及复印件。

（4）已开具的农产品收购凭证的存根联或报查联。

（5）代扣代缴税款凭证存根联。

（6）纳税人销售服务、不动产和无形资产，在确定服务、不动产和无形资产销售额时，按照有关规定取得的全部价款和价外费用中扣除的合法凭证及清单。

（7）主管税务机关规定的其他备查资料。

3. 增值税纳税申报表

增值税一般纳税人增值税纳税申报表分为主表、附列资料及附表。如表 2–1 至表 2–4 所示。表中资料来源于增值税纳税申报综合案例（表后）。

表 2–1　增值税纳税申报表

（适用于增值税一般纳税人）

根据《中华人民共和国增值税暂行条例》第 22 条和第 23 条的规定制定本表，纳税人不论有无销售额，均应按主管税务机关核定的纳税期限按期填报本表，并于次月 1 日起 10 日内，向当地税务机关申报。

税款所属时间：自 2018 年 9 月 1 日至 2018 年 9 月 30 日

填表日期：2018 年 10 月 9 日　　　　金额单位：元至角分

<table>
<tr><td colspan="2">纳税人识别号</td><td colspan="4"></td><td colspan="2">所属行业</td><td colspan="2"></td></tr>
<tr><td colspan="2">纳税人名称</td><td>（公章）</td><td>法定代表人姓名</td><td colspan="2"></td><td>注册地址</td><td></td><td>地址</td><td></td></tr>
<tr><td colspan="2">开户银行及账号</td><td></td><td colspan="3">企业登记注册类型</td><td colspan="2"></td><td>电话号码</td><td></td></tr>
<tr><td colspan="2" rowspan="2">项　　目</td><td rowspan="2">栏次</td><td colspan="2">一般货物及劳务</td><td colspan="2">即征即退货物及劳务</td></tr>
<tr><td>本月数</td><td>本年累计</td><td>本月数</td><td>本年累计</td></tr>
<tr><td rowspan="10">销售额</td><td>（一）按适用税率征税货物及劳务销售额</td><td>1</td><td>2 105 000</td><td></td><td></td><td></td></tr>
<tr><td>其中：应税货物销售额</td><td>2</td><td>2 105 000</td><td></td><td></td><td></td></tr>
<tr><td>应税劳务销售额</td><td>3</td><td></td><td></td><td></td><td></td></tr>
<tr><td>纳税检查调整的销售额</td><td>4</td><td></td><td></td><td></td><td></td></tr>
<tr><td>（二）按简易征收办法征税货物销售额</td><td>5</td><td></td><td></td><td></td><td></td></tr>
<tr><td>其中：纳税检查调整的销售额</td><td>6</td><td></td><td></td><td></td><td></td></tr>
<tr><td>（三）免、抵、退办法出口货物销售额</td><td>7</td><td></td><td></td><td>—</td><td>—</td></tr>
<tr><td>（四）免税货物及劳务销售额</td><td>8</td><td></td><td></td><td>—</td><td>—</td></tr>
<tr><td>其中：免税货物销售额</td><td>9</td><td></td><td></td><td>—</td><td>—</td></tr>
<tr><td>免税劳务销售额</td><td>10</td><td></td><td></td><td>—</td><td>—</td></tr>
<tr><td rowspan="3">税款计算</td><td>销项税额</td><td>11</td><td>336 800</td><td></td><td></td><td></td></tr>
<tr><td>进项税额</td><td>12</td><td>210 000</td><td></td><td></td><td></td></tr>
<tr><td>上期留抵税额</td><td>13</td><td>30 000</td><td></td><td></td><td>—</td></tr>
</table>

续表

	项目	栏次	一般货物及劳务		即征即退货物及劳务	
			本月数	本年累计	本月数	本年累计
税款计算	进项税额转出	14	800			
	免、抵、退货物应退税额	15			—	—
	按适用税率计算的纳税检查应补缴税额	16			—	—
	应抵扣税额合计	17=12+13−14−15+16	239 200			—
	实际抵扣税额	18（如 17<11，则为 17，否则为 11）	239 200			
	应纳税额	19=11−18	97 600			
	期末留抵税额	20=17−18				—
	简易征收办法计算的应纳税额	21				
	按简易征收办法计算的纳税检查应补缴税额	22			—	—
	应纳税额减征额	23				
	应纳税额合计	24=19+21−23	97 600			
税款缴纳	期初未缴税额（多缴为负数）	25				
	实收出口开具专用缴款书退税额	26			—	—
	本期已缴税额	27=28+29+30+31				
	① 分次预缴税额	28				—
	② 出口开具专用缴款书预缴税额	29			—	—
	③ 本期缴纳上期应纳税额	30				
	④ 本期缴纳欠缴税额	31				
	期末未缴税额（多缴为负数）	32=24+25+26−27	97 600			
	其中：欠缴税额（≥0）	33=25+26−27				—
	本期应补（退）税额	34=24−28−29	97 600			—
	即征即退实际退税额	35				
	期初未缴查补税额	36			—	—
	本期入库查补税额	37			—	—
	期末未缴查补税额	38=16+22+36−37			—	—
授权声明	如果你已委托代理人申报，请填写以下资料： 为代理一切税务事宜，现授权（地址） 为本纳税人的代理申报人，任何与本申报表有关的往来文件，都可寄予此人。授权人签字：	申报人声明	此纳税申报表是根据《中华人民共和国增值税暂行条例》的规定填报的，我确定它是真实的、可靠的、完整的。 声明人签字：			

表 2-2　增值税纳税申报表附列资料（表一）

增值税纳税申报表附列资料（一）

（本期销售情况明细）

税款所属时间：2018 年 9 月 1 日至 2018 年 9 月 30 日

纳税人名称：（公章）　　　　　　　　　　　　　　　　　　　　　　金额单位：元至角分

项目及栏次				开具增值税专用发票		开具其他发票		未开具发票		纳税检查调整		合计			服务、不动产和无形资产扣除项目本期实际扣除金额	扣除后	
				销售额	销项（应纳）税额	销售额	销项（应纳）税额	销售额	销项（应纳）税额	销售额	销项（应纳）税额	销售额	销项（应纳）税额	价税合计		含税（免税）销售额	销项（应纳）税额
				1	2	3	4	5	6	7	8	9=1+3+5+7	10=2+4+6+8	11=9+10	12	13=11-12	14=13÷（100%+税率或征收率）×税率或征收率
一、一般计税方法计税	全部征税项目	16%税率的货物及加工、修理修配劳务	1	2 100 000	336 000			5 000	800			2 105 000	336 800	—	—	—	—
		16%税率的服务、不动产和无形资产	2														
		10%税率	3														
		6%税率	4														
	其中：即征即退项目	即征即退货物及加工、修理修配劳务	5	—	—	—	—	—	—	—	—			—	—	—	—
		即征即退服务、不动产和无形资产	6	—	—	—	—	—	—	—	—			—	—	—	—
二、简易计税方法计税	全部征税项目	6%征收率	7							—	—			—	—	—	—
		5%征收率的货物及加工、修理修配劳务	8a							—	—			—	—	—	—
		5%征收率的服务、不动产和无形资产	8b							—	—						
		4%征收率	9							—	—			—	—	—	—
		3%征收率的货物及加工、修理修配劳务	10							—	—			—	—	—	—
		3%征收率的服务、不动产和无形资产	11							—	—						
		预征率　%	12a							—	—						
		预征率　%	12b							—	—						
		预征率　%	12c							—	—						
	其中：即征即退项目	即征即退货物及加工、修理修配劳务	13	—	—	—	—	—	—	—	—			—	—	—	—
		即征即退服务、不动产和无形资产	14	—	—	—	—	—	—	—	—			—	—	—	—
三、免抵退税	货物及加工、修理修配劳务		15	—	—		—		—	—	—		—	—	—	—	—
	服务、不动产和无形资产		16	—	—		—		—	—	—		—				—
四、免税	货物及加工、修理修配劳务		17				—		—	—	—		—	—	—	—	—
	服务、不动产和无形资产		18	—	—		—		—	—	—		—				—

表 2-3　增值税纳税申报表附列资料（二）

（本期进项税额明细）

税款所属时间：2018 年 9 月 1 日至 2018 年 9 月 30 日

纳税人名称：（公章）　　　　　　　　　　　　　　　　　　　　金额单位：元至角分

一、申报抵扣的进项税额				
项　　目	栏次	份数	金额	税额
（一）认证相符的增值税专用发票	1=2+3	3	1 320 000	210 000
其中：本期认证相符且本期申报抵扣	2		1 320 000	210 000
前期认证相符且本期申报抵扣	3			
（二）其他扣税凭证	4=5+6+7+8			
其中：海关进口增值税专用缴款书	5			
农产品收购发票或者销售发票	6			
代扣代缴税收缴款凭证	7		—	
其他	8			
（三）本期用于购建不动产的扣税凭证	9			
（四）本期不动产允许抵扣进项税额	10	—	—	
（五）外贸企业进项税额抵扣证明	11	—	—	
当期申报抵扣进项税额合计	12=1+4–9+10+11			

二、进项税额转出额		
项　　目	栏次	税额
本期进项税额转出额	13=14 至 23 之和	800
其中：免税项目用	14	
集体福利、个人消费	15	
非正常损失	16	800
简易计税方法征税项目用	17	
免、抵、退税办法不得抵扣的进项税额	18	
纳税检查调减进项税额	19	
红字专用发票信息表注明的进项税额	20	
上期留抵税额抵减欠税	21	
上期留抵税额退税	22	
其他应作进项税额转出的情形	23	

三、待抵扣进项税额				
项　　目	栏次	份数	金额	税额
（一）认证相符的增值税专用发票	24	—	—	—
期初已认证相符但未申报抵扣	25			
本期认证相符且本期未申报抵扣	26			
期末已认证相符但未申报抵扣	27			
其中：按照税法规定不允许抵扣	28			

续表

项　目	栏次	份数	金额	税额
（二）其他扣税凭证	29=30 至 33 之和			
其中：海关进口增值税专用缴款书	30			
农产品收购发票或者销售发票	31			
代扣代缴税收缴款凭证	32		—	
其他	33			
	34			
四、其他				
项　目	栏次	份数	金额	税额
本期认证相符的增值税专用发票	35	3	1 320 000	210 000
代扣代缴税额	36	—	—	

表 2-4　增值税纳税申报表附列资料（三）

（服务、不动产和无形资产扣除项目明细）

税款所属时间：　　年　月　日至　　年　月　日

纳税人名称：（公章）　　　　金额单位：元至角分

项目及栏次		本期服务、不动产和无形资产价税合计额（免税销售额）	服务、不动产和无形资产扣除项目				
			期初余额	本期发生额	本期应扣除金额	本期实际扣除金额	期末余额
		1	2	3	4=2+3	5（5≤1 且 5≤4）	6=4-5
16%税率的项目	1						
10%税率的项目	2						
6%税率的项目（不含金融商品转让）	3						
6%税率的金融商品转让项目	4						
5%征收率的项目	5						
3%征收率的项目	6						
免、抵、退税的项目	7						
免税的项目	8						

增值税小规模纳税人增值税纳税申报表如表 2-5 所示。

表 2–5　增值税纳税申报表

（适用小规模纳税人）

纳税人识别号：

纳税人名称（公章）：　　　　　　　　　　　　　　　　金额单位：元（列至角分）

税款所属期：　　年　月　日至　　年　月　日　　　　　填表日期：　　年　月　日

	项　目	栏次	本月数		本年累计	
			货物及劳务	服务、不动产和无形资产	货物及劳务	服务、不动产和无形资产
一、计税依据	（一）应征增值税货物及劳务不含税销售额	1				
	其中：税务机关代开的增值税专用发票不含税销售额	2				
	税控器具开具的普通发票不含税销售额	3				
	（二）销售、出租不动产不含税销售额	4				
	其中：税务机关代开的增值税专用发票不含税销售额	5				
	税控器具开具的普通发票不含税销售额	6				
	（三）销售使用过的应税固定资产不含税销售额	7（7≧8）				
	其中：税控器具开具的普通发票不含税销售额	8				
	（四）免税销售额	9				
	其中：小微企业免税销售额	10				
	未达到起征点销售额	11				
	其他免税销售额	12				
	（四）出口免税货物销售额	13				
	其中：税控器具开具的普通发票销售额	14				
二、税款计算	本期应纳税额	15				
	本期应纳税额减征额	16				
	本期免税额	17				
	其中：小微企业免税额	18				
	未达到起征点免税额	19				
	应纳税额合计	20=15–16–17				
	本期预缴税额	21				—
	本期应补（退）税额	22=20–21				—

纳税人或代理人声明：	如纳税人填报，由纳税人填写以下各栏：
此纳税申报表是根据国家税收法律的规定填报的，我确定它是真实的、可靠的、完整的。	办税人员（签章）：　　　财务负责人（签章）： 法定代表人（签章）：　　联系电话
	如委托代理人填报，由代理人填写以下各栏：
	代理人名称：　　　经办人（签章）：　　　联系电话： 代理人（公章）：

受理人：　　　　　　受理日期：　　年　月　日　　　　　受理税务机关（签章）：

（二）增值税纳税申报实例

【案例 2–30】

重庆一鸣公司为一般纳税人，2018 年 10 月申报 2018 年 9 月的增值税。该公司 2018 年 9 月发生业务如下：（本月所有发票均已认证，前期留抵税额为 30 000 元）

（1）8 日，接受 A 公司委托，自行购买材料为 A 公司加工一批产品。购买材料取得增值税专用发票上注明金额 1 000 000 元，税额 160 000 元。增值税专用发票已到税务机关认证。

（2）10 日，向 A 公司提交所委托的产品，开具的增值税专用发票上注明的金额 2 000 000 元，税款 320 000 元。货款尚未收到。

（3）14 日，接受 B 公司委托加工一批产品，主料由 B 公司提供，一鸣公司提供辅料 50 000 元，收取加工费 50 000 元，向 B 公司提交产品时，增值税专用发票上注明金额 100 000 元，税额 16 000 元，货款已存入银行。

（4）销售生产过程中产生的纸张边角废料，取得含税收入 5 800 元，未开具发票。

（5）当月购买其他材料，取得的增值税专用发票上注明价款 300 000 元、税额 48 000 元（已认证）。提货发生运费 22 000 元，取得货物运输业开具货物运输增值税专用发票。以银行存款支付货款和运输费用。

（6）月末盘点时发现部分库存材料因保管不善而受潮霉烂，成本为 5 000 元。

要求：计算该公司当期应纳增值税税额。

案例分析：

题号（时间）	发票张数		进项税额	销项税额	买价	销售额
	进项税发票	销项税发票				
1 题、8 日	1		160 000		1 000 000	
2 题、10 日		1		320 000		2 000 000
3 题、14 日		1		16 000		100 000
4 题				800		5 000
5 题	1		48 000		300 000	
5 题	1		2 000		20 000	
6 题			–800			
合计	3	2	209 200	336 800	1 320 000	2 105 000

当期应纳增值税=336 800–209 200–30 000=97 600（元）

具体的申报表见前面表 2–1 至表 2–4。

知识拓展

文化事业建设费

提供广告服务的广告媒介单位和户外广告经营单位还应缴纳文化事业建设费。

在我国境内提供广告服务的广告媒介单位和户外广告经营单位（是指发布、播映、宣传、展示户外广告和其他广告的单位以及从事广告代理服务的单位）应缴纳文化事业建设费。境外的广告媒介单位和户外广告经营单位在境内提供广告服务但在境内未设有经营机构的，以广告服务接受方为文化事业建设费的扣缴义务人。

广告服务是指增值税“广告服务”的业务范围。文化事业建设费由国家税务局征收，纳入财政预算管理，用于文化事业建设。缴纳文化事业建设费的单位应按照提供广告服务取得的计费销售额和3%的费率计算应缴费额。计费销售额为缴纳义务人提供广告服务取得的全部含税价款和价外费用减除支付给其他广告公司或广告发布者的含税广告发布费后的余额。计算公式为：

应缴文化事业建设费额=（全部含税价款和价外费用–支付给其他广告公司或广告发布者的含税广告发布费）×3%

缴纳义务人减除价款的，应当取得增值税专用发票或国家税务总局规定的其他合法有效凭证，否则不得减除。按规定扣缴文化事业建设费的，扣缴义务人应按下列公式计算应扣缴费额：

应扣缴费额=支付的广告服务含税价款×3%

文化事业建设费的纳税义务发生时间和纳税地点基本同增值税。

引入案例分析

根据《税收征收管理法》的规定，纳税人在取得工商营业执照之日起30日之内进行税务登记，纳税年度按自然年度计算，纳税人可按次纳税或分期纳税，分期纳税的，没产生业务时，实行零申报。该安尼产品代销人与安尼产品重庆分公司的代销关系产生于2016年11月，在2018年9月前往税务机关申报缴税，无论是税务登记时间还是纳税的时间都不符合要求，按税法规定，税务机关有权给予其2 000元的罚款，对逾期未缴的税金征收滞纳金。

任务小结

（1）增值税是对在我国境内销售货物或者提供加工、修理修配劳务，以及进口货物、发生应税行为的单位和个人，就其取得的货物或应税劳务销售额以及进口货物金额、应税行为金额计算税款，并实行税款抵扣制度的一种流转税。

（2）增值税纳税人按其经营规模及会计核算健全与否划分为一般纳税人和小规模纳税人。

（3）一般纳税人应纳税额采取税款抵扣的方法，间接计算增值税应纳税额，应纳税额等于当期销项税额减当期进项税额。计算公式为：应纳税额=销项税额–进项税额

（4）小规模纳税人应纳税额实行按照销售额和征收率计算应纳税额的简易办法，不得抵扣进项税额。其计算公式为：应纳税额=销售额×征收率。

（5）增值税按月纳税的，应在次月15日前纳税；增值税一般纳税人取得2010年1月1日以后开具的增值税专用发票、公路内河货物运输业统一发票和机动车销售统一发票，应在

开具之日起 180 日内到税务机关办理认证，并在认证通过的次月申报期内，向主管税务机关申报抵扣进项税额。

（6）增值税纳税申报表分一般纳税人使用和小规模纳税人使用两种。

任务六 涉税账务处理

任务描述

- 了解涉税会计科目及专栏设置。
- 掌握各业务涉税会计处理。

任务分析

前面我们已学习了增值税的纳税申报，掌握了增值税的计算方法。本任务是本项目的最后一项内容，涉及增值税的相关账务处理。

相关知识

一、会计科目及专栏设置

增值税一般纳税人应当在“应交税费”科目下设置“应交增值税”“未交增值税”“预交增值税”“待抵扣进项税额”“待认证进项税额”“待转销项税额”“增值税留抵税额”“简易计税”“转让金融商品应交增值税”“代扣代交增值税”等明细科目。

（一）增值税一般纳税人应在“应交增值税”设置的明细账

设置“进项税额”“销项税额抵减”“已交税金”“转出未交增值税”“减免税款”“出口抵减内销产品应纳税额”“销项税额”“出口退税”“进项税额转出”“转出多交增值税”等专栏。其中：

（1）“进项税额”专栏，记录一般纳税人购进货物，加工、修理修配劳务，服务，无形资产或不动产而支付或负担的、准予从当期销项税额中抵扣的增值税税额。

（2）“销项税额抵减”专栏，记录一般纳税人按照现行增值税制度规定因扣减销售额而减少的销项税额。

（3）“已交税金”专栏，记录一般纳税人当月已缴纳的应交增值税税额。

（4）“转出未交增值税”和“转出多交增值税”专栏，分别记录一般纳税人月度终了转出当月应交未交或多交的增值税税额。

（5）“减免税款”专栏，记录一般纳税人按现行增值税制度规定准予减免的增值税税额。

（6）“出口抵减内销产品应纳税额”专栏，记录实行“免、抵、退”办法的一般纳税人按规定计算的出口货物的进项税抵减内销产品的应纳税额。

（7）“销项税额”专栏，记录一般纳税人销售货物，提供加工、修理修配劳务，服务，无形资产或不动产应收取的增值税税额。

（8）“出口退税”专栏，记录一般纳税人出口货物，加工、修理修配劳务，服务，无形资产按规定退回的增值税税额。

（9）“进项税额转出”专栏，记录一般纳税人购进货物，加工、修理修配劳务，服务，无形资产或不动产等发生非正常损失以及其他原因而不应从销项税额中抵扣并按规定转出的进项税额。

（二）“未交增值税”明细科目

核算一般纳税人月度终了从“应交增值税”或“预交增值税”明细科目转入当月应交未交、多交或预缴的增值税税额，以及当月缴纳以前期间未交的增值税税额。

（三）“预交增值税”明细科目

核算一般纳税人转让不动产、提供不动产经营租赁服务、提供建筑服务、采用预收款方式销售自行开发的房地产项目等，以及其他按现行增值税制度规定应预缴的增值税税额。

（四）“待抵扣进项税额”明细科目

核算一般纳税人已取得增值税扣税凭证并经税务机关认证，按照现行增值税制度规定准予以后期间从销项税额中抵扣的进项税额。包括：一般纳税人自 2016 年 5 月 1 日后取得并按固定资产核算的不动产或者 2016 年 5 月 1 日后取得的不动产在建工程，按现行增值税制度规定准予以后期间从销项税额中抵扣的进项税额；实行纳税辅导期管理的一般纳税人取得的尚未交叉稽核比对的增值税扣税凭证上注明或计算的进项税额。

（五）“待认证进项税额”明细科目

核算一般纳税人由于未经税务机关认证而不得从当期销项税额中抵扣的进项税额。包括：一般纳税人已取得增值税扣税凭证、按照现行增值税制度规定准予从销项税额中抵扣，但尚未经税务机关认证的进项税额；一般纳税人已申请稽核但尚未取得稽核相符结果的海关缴款书进项税额。

（六）“待转销项税额”明细科目

核算一般纳税人销售货物，加工、修理修配劳务，服务，无形资产或不动产，已确认相关收入（或利得）但尚未发生增值税纳税义务而须于以后期间确认为销项税额的增值税税额。

（七）“增值税留抵税额”明细科目

核算兼有销售服务、无形资产或者不动产的原增值税一般纳税人，截至纳入“营改增”试点之日前的增值税期末留抵税额按照现行增值税制度规定不得从销售服务、无形资产或不动产的销项税额中抵扣的增值税留抵税额。

（八）“简易计税”明细科目

核算一般纳税人采用简易计税方法发生的增值税计提、扣减、预缴、缴纳等业务。

（九）“转让金融商品应交增值税”明细科目

核算增值税纳税人转让金融商品发生的增值税税额。

（十）“代扣代交增值税”明细科目

核算纳税人购进在境内未设经营机构的境外单位或个人在境内的应税行为代扣代缴的增值税。

小规模纳税人只需在“应交税费”科目下设置“应交增值税”明细科目，不需要设置上述专栏及除“转让金融商品应交增值税”“代扣代交增值税”外的明细科目。

二、账务处理

（一）取得资产或接受劳务等业务的账务处理

1. 采购等业务进项税额允许抵扣的账务处理

一般纳税人购进货物，加工、修理修配劳务，服务，无形资产或不动产，按应计入相关成本费用或资产的金额，借记“在途物资”或“原材料”“库存商品”“生产成本”“无形资产”“固定资产”“管理费用”等科目，按当月已认证的可抵扣增值税税额，借记“应交税费——应交增值税（进项税额）”科目，按当月未认证的可抵扣增值税税额，借记“应交税费——待认证进项税额”科目，按应付或实际支付的金额，贷记“应付账款”“应付票据”“银行存款”等科目。发生退货的，如原增值税专用发票已经认证，应根据税务机关开具的红字增值税专用发票做相反的会计分录；如原增值税专用发票未做认证，应将发票退回并做相反的会计分录。

【案例 2–31】

重庆一鸣公司（一般纳税人）2018 年 9 月将购进商品一批（已验收入库），价值 100 000 元，增值税 16 000 元；固定资产一台（已验收安装），价值 200 000 元，增值税 32 000 元。均取得增值税发票，材料的发票已认证，固定资产的发票未认证，所有的款项都已支付。

要求：请做相应的会计分录。

案例分析：

公司应做如下的会计分录：

借：库存商品	100 000	
固定资产	200 000	
应交税费——应交增值税（进项税额）	16 000	
应交税费——待认证进项税额	32 000	
贷：银行存款		348 000

思考：若固定资产的发票下月已认证，应怎样做会计分录？

2. 采购等业务进项税额不得抵扣的账务处理

一般纳税人购进货物，加工、修理修配劳务，服务，无形资产或不动产，用于简易计税方法计税项目、免征增值税项目、集体福利或个人消费等，其进项税额按照现行增值税制度规定不得从销项税额中抵扣的，取得增值税专用发票时，应借记相关成本费用或资产科目，借记“应交税费——待认证进项税额”科目，贷记“银行存款”“应付账款”等科目，经税务机关认证后，应借记相关成本费用或资产科目，贷记“应交税费——应交增值税（进项税额转出）”科目。

【案例 2–32】

重庆一鸣公司（一般纳税人）2018 年 9 月将购进材料一批（已验收入库）价值 100 000 元，增值税 16 000 元，用于免税项目，取得增值税发票，材料的发票已认证，所有的款项都已支付。

要求：请做相应的会计分录。

案例分析：

拿到发票认证前：

借：原材料　　100 000

应交税费——待认证进项税额　　16 000

　　贷：银行存款　　116 000

认证发票后：

借：原材料　　16 000

　　贷：应交税费——应交增值税（进项税额转出）　　16 000

同时：

借：应交税费——应交增值税（进项税额转出）　　16 000

　　贷：应交税费——待认证进项税额　　16 000

3. 购进不动产或不动产在建工程按规定进项税额分年抵扣的账务处理

一般纳税人自 2016 年 5 月 1 日后取得并按固定资产核算的不动产或者 2016 年 5 月 1 日后取得的不动产在建工程，其进项税额按现行增值税制度规定自取得之日起分 2 年从销项税额中抵扣的，应当按取得成本，借记“固定资产”“在建工程”等科目，按当期可抵扣的增值税税额，借记“应交税费——应交增值税（进项税额）”科目，按以后期间可抵扣的增值税税额，借记“应交税费——待抵扣进项税额”科目，按应付或实际支付的金额，贷记“应付账款”“应付票据”“银行存款”等科目。尚未抵扣的进项税额待以后期间允许抵扣时，按允许抵扣的金额，借记“应交税费——应交增值税（进项税额）”科目，贷记“应交税费——待抵扣进项税额”科目。

【案例 2–33】

重庆一鸣公司(一般纳税人)2018 年 9 月将购进厂房一栋，价值 1 000 000 元，增值税 100 000 元，取得增值税发票，本月发票已认证，所有的款项都用银行存款支付。(假设当地税务相关允许在购买的当月抵扣 60%，第 13 月可抵扣 40%)

要求：请做相应的会计分录。

案例分析：

购买当月：

借：固定资产　　1 000 000

　　应交税费——应交增值税（进项税额）　　60 000

应交税费——待抵扣进项税额 40 000

贷：银行存款 1 100 000

购买的第 13 个月

借：应交税费——应交增值税（进项税额） 40 000

贷：应交税费——待抵扣进项税额 40 000

4. 货物等已验收入库但尚未取得增值税扣税凭证的账务处理

一般纳税人购进的货物等已到达并验收入库，但尚未收到增值税扣税凭证并未付款的，应在月末按货物清单或相关合同协议上的价格暂估入账，不需要将增值税的进项税额暂估入账。下月初，用红字冲销原暂估入账金额，待取得相关增值税扣税凭证并经认证后，按应计入相关成本费用或资产的金额，借记“原材料”“库存商品”“固定资产”“无形资产”等科目，按可抵扣的增值税税额，借记“应交税费——应交增值税（进项税额）”科目，按应付金额，贷记“应付账款”等科目。

5. 小规模纳税人采购等业务的账务处理

小规模纳税人购买物资、服务、无形资产或不动产，取得增值税专用发票上注明的增值税应计入相关成本费用或资产，不通过“应交税费——应交增值税”科目核算。

6. 购买方作为扣缴义务人的账务处理

按照现行增值税制度规定，境外单位或个人在境内发生应税行为，在境内未设有经营机构的，以购买方为增值税扣缴义务人。境内一般纳税人购进服务、无形资产或不动产，按应计入相关成本费用或资产的金额，借记“生产成本”“无形资产”“固定资产”“管理费用”等科目，按可抵扣的增值税税额，借记“应交税费——进项税额”科目（小规模纳税人应借记相关成本费用或资产科目），按应付或实际支付的金额，贷记“应付账款”等科目，按应代扣代缴的增值税税额，贷记“应交税费——代扣代交增值税”科目。实际缴纳代扣代缴增值税时，按代扣代缴的增值税税额，借记“应交税费——代扣代交增值税”科目，贷记“银行存款”科目。

（二）销售等业务的账务处理

1. 销售业务的账务处理

企业销售货物，加工、修理修配劳务，服务，无形资产或不动产，应当按应收或已收的金额，借记“应收账款”“应收票据”“银行存款”等科目，按取得的收入金额，贷记“主营业务收入”“其他业务收入”“固定资产清理”“工程结算”等科目，按现行增值税制度规定计算的销项税额（或采用简易计税方法计算的应纳增值税税额），贷记“应交税费——应交增值税（销项税额）” 或“应交税费——简易计税”科目（小规模纳税人应贷记“应交税费——应交增值税”科目）。发生销售退回的，应根据按规定开具的红字增值税专用发票做相反的会计分录。

按照国家统一的会计制度确认收入或利得的时点早于按照增值税制度确认增值税纳税义务发生时点的，应将相关销项税额计入“应交税费——待转销项税额”科目，待实际发生纳税义务时再转入“应交税费——应交增值税（销项税额）”或“应交税费——简易计税”科目。

按照增值税制度确认增值税纳税义务发生时点早于按照国家统一的会计制度确认收入或利得的时点的，应将应纳增值税税额，借记“应收账款”科目，贷记“应交税费——应交增值税（销项税额）”或“应交税费——简易计税”科目，按照国家统一的会计制度确认收入或利得时，应按扣除增值税销项税额后的金额确认收入。

2. 视同销售的账务处理

企业发生税法上视同销售的行为，应当按照企业会计准则相关规定进行相应的会计处理，并按照现行增值税制度规定计算的销项税额（或采用简易计税方法计算的应纳增值税税额），借记“应付职工薪酬”“利润分配”等科目，贷记“应交税费——应交增值税（销项税额）”或“应交税费——简易计税”科目（小规模纳税人应计入“应交税费——应交增值税”科目）。

【案例 2-34】

重庆一鸣公司（一般纳税人）2018 年 9 月将自产的产品发给员工作为福利，该产品的成本为 50 000 元，市场销售价格为不含税 60 000 元。

要求：请做相应的会计分录。

案例分析：

借：应付职工薪酬——福利费 69 600

　　贷：主营业务收入 60 000

　　　　应交税费——应交增值税（销项税额） 9 600

借：主营业务成本 50 000

　　贷：库存商品 50 000

3. 全面试行营业税改征增值税前已确认收入，此后产生增值税纳税义务的账务处理

企业营业税改征增值税前已确认收入，但因未产生营业税纳税义务而未计提营业税的，在达到增值税纳税义务时点时，企业应在确认应交增值税销项税额的同时冲减当期收入；已经计提营业税且未缴纳的，在达到增值税纳税义务时点时，应借记“应交税费——应交营业税”“应交税费——应交城市维护建设税”“应交税费——应交教育费附加”等科目，贷记“主营业务收入”科目，并根据调整后的收入计算确定计入“应交税费——待转销项税额”科目的金额，同时冲减收入。

全面试行营业税改征增值税后，“营业税金及附加”科目名称调整为“税金及附加”科目，该科目核算企业经营活动发生的消费税、城市维护建设税、资源税、教育费附加及房产税、土地使用税、车船使用税、印花税等相关税费；利润表中的“营业税金及附加”项目调整为“税金及附加”项目。

（三）差额征税的账务处理

1. 企业发生相关成本费用允许扣减销售额的账务处理

按现行增值税制度规定，企业发生相关成本费用允许扣减销售额的，发生成本费用时，按应付或实际支付的金额，借记“主营业务成本”“存货”“工程施工”等科目，贷记“应付账款”“应付票据”“银行存款”等科目。待取得合规增值税扣税凭证且纳税义务发生时，按照允许抵扣的税额，借记“应交税费——应交增值税（销项税额抵减）” 或“应交税费——简易计税”科目（小规模纳税人应借记“应交税费——应交增值税”科目），贷记“主营业务成本”“存货”“工程施工”等科目。

2. 金融商品转让按规定以盈亏相抵后的余额作为销售额的账务处理

金融商品实际转让月末，如产生转让收益，则按应纳税额借记“投资收益”等科目，贷记“应交税费——转让金融商品应交增值税”科目；如产生转让损失，则按可结转下月抵扣税额，借记“应交税费——转让金融商品应交增值税”科目，贷记“投资收益”等科目。缴纳增值税时，应借记“应交税费——转让金融商品应交增值税”科目，贷记“银行存款”科目。年末，本科目如有借方余额，则借记“投资收益”等科目，贷记“应交税费——转让金融商品应交增值税”科目。

【案例 2–35】

重庆某银行（一般纳税人）2017 年 9 月转让金融商品取得含税收入 60 000 元，购进成本为 50 000 元。

要求：请做当期的会计分录。

案例分析：

借：银行存款	60 000	
贷：可转让金融资产		50 000
应交税费——转让金融商品应交增值税		566.03
投资收益		9 433.97

（四）出口退税的账务处理

为核算纳税人出口货物应收取的出口退税款，设置“应收出口退税款”科目，该科目借方反映销售出口货物按规定向税务机关申报应退回的增值税、消费税等，贷方反映实际收到的出口货物应退回的增值税、消费税等。期末借方余额，反映尚未收到的应退税额。

1. 未实行“免、抵、退”办法的一般纳税人

出口货物按规定退税的，按规定计算的应收出口退税额，借记“应收出口退税款”科目，贷记“应交税费——应交增值税（出口退税）”科目。收到出口退税时，借记“银行存款”科目，贷记“应收出口退税款”科目；退税额低于购进时取得的增值税专用发票上的增值税税额的差额，借记“主营业务成本”科目，贷记“应交税费——应交增值税（进项税额转出）”科目。

【案例 2–36】

重庆某进出口公司（一般纳税人）2017 年 8 月出口美国平纹布 2 000 平方米，进货增值税发票上列明单价为每平方米 20 元，计税价格共计 40 000 元，增值税共计 6 400 元，增值税出口退税率为 13%。

要求：计算当期应退增值税，并做相应会计分录。

案例分析：

当期应退增值税=2 000×20×13%=5 200（元）

退税额低于购进时取得的增值税专用发票上的增值税税额的差额=6 400–5 200=1 200（元）

会计分录：

借：应收出口退税款	5 200	
贷：应交税费——应交增值税（出口退税）		5 200
借：主营业务成本	1 200	
贷：应交税费——应交增值税（进项税额转出）		1 200

2. 实行“免、抵、退”办法的一般纳税人

出口货物，在货物出口销售后结转产品销售成本时，按规定计算的退税额低于购进时取得的增值税专用发票上的增值税税额的差额，借记“主营业务成本”科目，贷记“应交税费——应交增值税（进项税额转出）”科目；按规定计算的当期出口货物的进项税抵减内销产品的应纳税额，借记“应交税费——应交增值税（出口抵减内销产品应纳税额）”科目，贷记“应交税费——应交增值税（出口退税）”科目。在规定期限内，内销产品的应纳税额不足以抵减出口货物的进项税额，不足部分按有关税法规定给予退税的，应在实际收到退税款时，借记“银行存款”科目，贷记“应交税费——应交增值税（出口退税）”科目。

【案例 2–37】

某自营出口的生产企业为增值税一般纳税人，出口货物的征税税率为 16%，退税率为 13%，2018 年 9 月的有关经营业务为：购进原材料一批，取得增值税发票上注明价款 212.5 万元，可抵扣 34 万元（已认证），上月底留抵税款 3 万元，本月内销售不含税销售价格 100 万元，本月出口货物的销售额折合人民币 200 万元。

要求：计算该企业当月的“免、抵、退”税额，并做会计分录。

案例分析：

① 当期“免、抵、退”税不得免征和抵扣税额=200×（16%–13%）=6（万元）。

② 当期应纳税额=100×16%–（34–6）–3=–15（万元）。

③ 出口货物“免、抵、退”税额=200×13%=26（万元）。

④ 当期应退税额=15（万元）。

⑤ 当期免、抵税额=26–15=11（万元）。

⑥ 结转到下月抵扣为 0。

相关的会计分录如下：

借：主营业务成本　　60 000
　　贷：应交税费——应交增值税（进项税额转出）　　60 000

借：应交税费——应交增值税（出口抵减内销产品应纳税额）　　110 000
　　贷：应交税费——应交增值税（出口退税）　　110 000

借：其他应收款——应收补贴款　　150 000
　　贷：应交税费——应交增值税（出口退税）　　150 000

（五）进项税额抵扣情况发生改变的账务处理

因发生非正常损失或改变用途等，原已计入进项税额、待抵扣进项税额或待认证进项税额，但按现行增值税制度规定不得从销项税额中抵扣的，借记“待处理财产损溢”“应付职工薪酬”“固定资产”“无形资产”等科目，贷记“应交税费——应交增值税（进项税额转出）”“应交税费——待抵扣进项税额”或“应交税费——待认证进项税额”科目；原不得抵扣且未抵扣进项税额的固定资产、无形资产等，因改变用途等用于允许抵扣进项税额的应税项目的，应按允许抵扣的进项税额，借记“应交税费——应交增值税（进项税额）”科目，贷记“固定资产”“无形资产”等科目。固定资产、无形资产等经上述调整后，应按调整后的账面价值在剩余尚可使用寿命内计提折旧或摊销。

一般纳税人购进时已全额计提进项税额的货物或服务等转用于不动产在建工程的，对于结转以后期间的进项税额，应借记“应交税费——待抵扣进项税额”科目，贷记“应交税费——应交增值税（进项税额转出）”科目。

【案例 2–38】

重庆某钢材公司 2018 年 9 月将其购进的钢材用于修建办公大楼，该批钢材已于 2018 年 8 月全额抵扣，钢材的成本为 1 000 000 元，进项税为 160 000 元。

要求：请做相关的会计处理。

案例分析：

2016 年 5 月 1 日后发生的不动产在建工程，其进项税额应按照有关规定分 2 年从销项税额中抵扣，第一年抵扣比例为 60%，第二年抵扣比例为 40%。取得的不动产，包括以直接购买、接受捐赠、接受投资入股以及抵债等各种形式取得的不动产。纳税人新建、改建、扩建、修缮、装饰不动产，属于不动产在建工程。

因此其会计分录为

借：应交税费——待抵扣进项税额　　64 000

　　贷：应交税费——应交增值税（进项税额转出）　　64 000

（六）月末转出多交增值税和未交增值税的账务处理

月度终了，企业应当将当月应交未交或多交的增值税自“应交增值税”明细科目转入“未交增值税”明细科目。对于当月应交未交的增值税，借记“应交税费——应交增值税（转出未交增值税）”科目，贷记“应交税费——未交增值税”科目；对于当月多交的增值税，借记“应交税费——未交增值税”科目，贷记“应交税费——应交增值税（转出多交增值税）”科目。

（七）缴纳增值税的账务处理

1. 缴纳当月应交增值税的账务处理

企业缴纳当月应交的增值税，借记“应交税费——应交增值税（已交税金）”科目（小规模纳税人应借记“应交税费——应交增值税”科目），贷记“银行存款”科目。

2. 缴纳以前期间未交增值税的账务处理

企业缴纳以前期间未交的增值税，借记“应交税费——未交增值税”科目，贷记“银行存款”科目。

3. 预缴增值税的账务处理

企业预缴增值税时，借记“应交税费——预交增值税”科目，贷记“银行存款”科目。月末，企业应将“预交增值税”明细科目余额转入“未交增值税”明细科目，借记“应交税费——未交增值税”科目，贷记“应交税费——预交增值税”科目。房地产开发企业等在预缴增值税后，应直至纳税义务发生时方可从“应交税费——预交增值税”科目结转至“应交税费——未交增值税”科目。

4. 减免增值税的账务处理

对于当期直接减免的增值税，借记“应交税金——应交增值税（减免税款）”科目，贷记损益类相关科目。

（八）增值税期末留抵税额的账务处理

纳入“营改增”试点当月月初，原增值税一般纳税人应按不得从销售服务、无形资产或不动产的销项税额中抵扣的增值税留抵税额，借记“应交税费——增值税留抵税额”科目，贷记“应交税费——应交增值税（进项税额转出）”科目。待以后期间允许抵扣时，按允许抵扣的金额，借记“应交税费——应交增值税（进项税额）”科目，贷记“应交税费——增值税留抵税额”科目。

（九）增值税税控系统专用设备和技术维护费用抵减增值税税额的账务处理

按现行增值税制度规定，企业初次购买增值税税控系统专用设备支付的费用以及缴纳的技术维护费允许在增值税应纳税额中全额抵减的，按规定抵减的增值税应纳税额，借记“应交税费——应交增值税（减免税款）”科目（小规模纳税人应借记“应交税费——应交增值税”科目），贷记“管理费用”等科目。

（十）关于小微企业免征增值税的会计处理规定

小微企业在取得销售收入时，应当按照税法的规定计算应交增值税，并确认为应交税费，在达到增值税制度规定的免征增值税条件时，将有关应交增值税转入当期损益。

任务小结

（1）增值税相关的会计科目设置。

（2）各业务涉及增值税相关会计处理。

学生演练

某方便面加工厂（增值税一般纳税人）2018 年 9 月份经营业务如下：（假定外购货物均已验收入库，本月取得的相关票据均在本月认证并抵扣，上月留抵税额 3 000 元）

（1）从粮管所购进小麦，支付价款 140 000 元，增值税专用发票注明税额 14 000 元。

（2）从农民手中收购小麦，收购凭证上注明支付价款 70 000 元。

（3）从粮油公司购进芝麻，价款 20 000 元，增值税专用发票注明税额 2 000 元。

（4）从外地粮食部门购进花生，价款 18 000 元，增值税专用发票注明税额 1 800 元。

（5）外购低值易耗品 4 000 元，增值税专用发票注明税额 640 元。

（6）生产用外购水 2 000 元，增值税专用发票注明税额 200 元。

（7）支付生产用电费 3 000 元，增值税专用发票注明税额 480 元。

（8）本月销售方便面等共计不含税 1 000 000 元。

要求：

（1）计算本月应纳增值税税额。

（2）填制当月的增值税纳税申报主表。

项目三
消费税实务

项目介绍

消费税实务项目包含消费税的基本知识和纳税申报两个部分，消费税属于流转税，是价内税，与增值税有着紧密的联系。本项目包含以下任务：

任务一——消费税的基本原理

任务二——消费税的基本要素

任务三——消费税应纳税额计算

任务四——消费税的出口货物退（免）税计算

任务五——消费税的申报缴纳

学习导航

- 应从消费税设置的基本原理出发，理解消费税类别、范围。
- 注意消费税作为价内税与增值税的区别。
- 特别关注委托加工应税消费品的账务处理。
- 现行消费税的基本规范，是2008年11月5日经国务院第34次常务会议修订通过并颁布，自2009年1月1日起施行的《中华人民共和国消费税暂行条例》（以下简称《消费税暂行条例》），以及2008年12月15日财政部、国家税务总局第51号令颁布的《中华人民共和国消费税暂行条例实施细则》（以下简称《消费税暂行条例实施细则》）。

学习目标

- 了解消费税的概念及消费税的计税方法，消费税的特点、作用。
- 了解消费税的纳税义务人，掌握消费税的征税范围。
- 了解消费税的税目和税率。
- 掌握应纳税额的计算。
- 掌握出口货物退（免）消费税的计算；掌握消费税申报表的填写要求和方法。

教学准备

- 准备消费税纳税申报表，以供教学展示用。

● 指导学生预习本项目的内容。设计一个教学引入情景（或案例）：如提出为什么绝大多数学生戴的手表不交消费税而 1 万元以上的名表要交消费税？为什么宝马 325 与宝马 745 所适用的消费税率不一样？

关键词（中英文对照）

消费税（consumption tax）、征收范围（scope of taxation）、纳税人（taxpayer）、税率（tax rate）、应纳税额（tax payable）、进口征税（import tax）、出口退税（export tax rebate）、纳税申报（tax declaration）

任务一 消费税的基本原理

任务描述

- 掌握消费税的基本特点。
- 了解消费税计税方法。
- 了解消费税的作用。

任务分析

通过前面的学习，我们知道增值税是一种价外税，计税依据一定要换算成不含税价格。现在我们需要掌握消费税作为一种价内税进行从价计税、从量计税或从价、从量双重计税的特点。

案例引入

A 汽车制造企业（增值税一般纳税人）在 2018 年 9 月销售给重庆一鸣公司 3 辆相同型号的越野车，货款（含增值税）550 000 元，另收取设计费 30 000 元。该型号越野车的汽缸容量为 3.8 升，适用消费税率为 25%。

请问：A 汽车制造企业销售上述 3 辆越野车，应纳消费税税额为多少？

相关知识

一、消费税的概念

消费税是对在我国境内生产、委托加工和进口应税消费品的单位和个人，就其销售额或销售数量，在特定环节征收的一种税。是对消费品和特定的消费行为按流转额征收的一种商品税。消费税主要以消费品为课税对象，属于价内税，同时又是一种间接税，税收随价格转嫁给消费者负担，消费者是税款的实际负担者。

二、消费税的计税方法

我国现行消费税既可以实行从价定率征收，也可以实行从量定额征收。对生产销售的卷烟、白酒，同时采用从价计征和从量计征的复合计税方法。

三、消费税的特点

消费税是我国新税制中的主要税种之一。与其他税种相比，主要有以下特点。

（一）征收范围具有选择性

开征消费税是为了发挥其特殊的调节作用，所以消费税只是选择部分消费品或消费行为征税，具有选择性。这种选择性能更好地体现国家产业政策和消费政策，对产业结构的调整和消费行为的引导有着积极的作用。

（二）征收方法具有灵活性

为了适应不同应税消费品的情况，在征收方法上，有从价定率征收方法、从量定额征收方法和从价、从量复合征收三种方法。

（三）征税环节具有单一性

为了避免重复征收，在我国，消费税实行单一环节征税，一般只选择在生产、委托加工和进口环节征收（金银首饰在零售环节征收；卷烟除了在生产销售环节征收消费税外，还在批发环节再加征一次），其他环节不再征税。

（四）平均税率水平比较高且税负差异大

消费税平均税率水平比较高，并且不同征税项目的税负差异较大。例如，对于卷烟这类需要限制或控制消费的消费品，通常税负较重。

（五）一般没有减免税的规定

开征消费税的目的是调节经济和筹集财政收入，所以，一般没有减免税的规定。

四、消费税的作用

（一）调节消费结构，优化资源配置

消费税对不可再生和替代的能源产品征税，可以保护稀缺资源的有效利用；对影响人体健康、社会秩序和生态环境的特殊消费品及高能耗、高档消费品征税，可以调节消费结构，从而实现资源的优化配置。

（二）稳定税源，保证财政收入

目前，征收消费税的15类产品，大多数品种使用广泛、消费量大，所以开征消费税对稳定税源、保证财政收入起到了积极的作用。

（三）在一定程度上缓解分配不公

消费税通过对某些奢侈品或特殊消费品征收消费税，使高收入者的高消费受到一定的抑制，而低收入者或消费基本生活用品的消费者则不负担消费税，支付能力不受影响。所以，开征消费税有利于缓解分配不公。

引入案例分析

含税销售额=550 000+30 000=580 000（元）

应计消费税的销售额=580 000÷（1+16%）=500 000（元）

应纳消费税税额=500 000×25%=125 000（元）

任务小结

（1）消费税的概念、特点、作用。

（2）计税方法：从量计征、从价计征、从价计征和从量计征的复合计税方法。

任务二 消费税的基本要素

任务描述

- 搜索、分析《消费税暂行条例》。
- 明确消费税征税范围。
- 明确消费税纳税人。
- 了解消费税税率。

任务分析

通过任务一的学习，我们了解了我国消费税的特点、作用、计税方法，现在我们还需进一步明确消费税的征税范围、纳税人、税率、征税环节，才能为下一步正确计税做好准备。

案例引入

小王大学毕业后被分配到一家日化用品公司工作，该公司的主要产品为高档化妆品和洗发用品。某一天，小王的领导问他，为什么生产的高档化妆品在销售时要缴纳消费税而洗发用品不缴纳呢？若你是小王该如何向领导解释？

相关知识

一、消费税的征收范围

（一）征收范围的确定原则

我国消费税的征收范围的确定原则是：立足我国经济发展的实际情况；保证国家财政收入的稳定增长；适当借鉴国外经验和参考国际通行做法。具体如下：

（1）流转税格局调整后税收负担下降较多的产品。

（2）非生活必需品中一些高档、奢侈的消费品。

（3）从保护身体健康、生态环境等方面需要出发，不提倡也不过度消费的某些消费品。

（4）一些特殊的资源性消费品，如汽油、柴油等。

（二）征收范围的分类

从消费税的具体征收项目来看，我国选择了四个类型的 15 种消费品作为消费税的征收范围。

（1）过度消费会对人体健康、社会秩序、生态环境造成危害的特殊消费品，如烟、酒、鞭炮、焰火、木制一次性筷子、实木地板等。

（2）非生活必需品中的高档品和奢侈品，如贵重首饰、珠宝玉石、高尔夫球及球具、高档手表、游艇等。

（3）高能耗消费品，如摩托车、小汽车等。

（4）不可再生和替代的稀缺性资源消费品，如汽油、柴油等。

二、消费税的纳税人

根据《消费税暂行条例》的规定，在中华人民共和国境内生产、委托加工和进口应税消费品的单位和个人，以及国务院确定的销售应税消费品的其他单位和个人，为消费税的纳税人。

在中华人民共和国境内，是指生产、委托加工和进口属于应当缴纳消费税的消费品的起运地或者所在地在境内。

三、消费税的税目与税率

（一）税目

1. 烟

凡是以烟叶为原料加工生产的产品，不论使用何种辅料，均属于本税目的征收范围。本税目包括卷烟（分为甲类、乙类卷烟）、雪茄烟、烟丝 3 个子项。

2. 酒

酒是指酒精度在 1 度以上的各种酒类饮料。本税目下设白酒、黄酒、啤酒、其他酒 4 个子项。啤酒分为甲类啤酒和乙类啤酒。

3. 高档化妆品

2016 年 10 月 1 日起，取消对普通美容、修饰类化妆品征收消费税，将“化妆品”税目名称更名为“高档化妆品”，包括高档美容、修饰类化妆品，高档护肤类化妆品和成套化妆品，即生产（进口）环节销售（完税）价格（不含增值税）在 10 元/毫升（克）或 15 元/片（张）及以上的美容、修饰类化妆品和护肤类化妆品。

舞台、戏剧、影视演员化妆用的上妆油、卸妆油、油彩，不属于本税目的征税范围。

4. 贵重首饰及珠宝玉石

包括以金、银、白金、宝石、珍珠、钻石、翡翠、珊瑚、玛瑙等高贵稀有物质以及其他金属、人造宝石等制作的各种纯金银及镶嵌饰物，以及经采掘、打磨、加工的各种珠宝玉石。

对出国人员免税商店销售的金银首饰征收消费税。

5. 鞭炮、焰火

本税目的征收范围包括各种鞭炮、焰火。体育用发令纸、鞭炮药引线，不按照本税目征收。

6. 成品油

本税目的征收范围包括汽油、柴油、航空煤油、石脑油、溶剂油、润滑油、燃料油 7 个子项。航空煤油暂缓征收；变压器油、导热类油等绝缘油类产品不属于润滑油，不征收消费税。

7. 小汽车

本税目征收范围包括：含驾驶员座位在内最多不超过 9 个座位（含），在设计和技术特性上用于载运乘客和货物的各类乘用车，含驾驶员座位在内的座位数在 10～23 座（含 23 座），在设计和技术特性上用于载运乘客和货物的各类中轻型商用客车。

另外，2016 年 11 月 30 日，财政部、国家税务总局联合发布《关于对超豪华小汽车加征消费税有关事项的通知》（财税〔2016〕129 号），为了引导合理消费，促进节能减排，经国务院批准，对超豪华小汽车加征消费税。

“小汽车”税目下，除了乘用车、中轻型商用客车外，增设“超豪华小汽车”子税目。征收范围为每辆零售价格 130 万元（不含增值税）及以上的乘用车和中轻型商用客车，即乘用车和中轻型商用客车子税目中的超豪华小汽车。对超豪华小汽车，在生产（进口）环节按现行税率征收消费税的基础上，在零售环节加征消费税，税率为 10%。

电动汽车、沙滩车、雪地车、卡丁车、高尔夫车不属于本税目的征收范围。

8. 摩托车

本税目包括轻便摩托车和摩托车。对最大设计车速不超过 50 公里/小时、发动机气缸总工作容量不超过 50 毫升的三轮摩托车不征收消费税。对气缸容量 250 毫升（不含）以下的小排量摩托车不征收消费税。

9. 高尔夫球及球具

本税目的征收范围包括高尔夫球、高尔夫球杆、高尔夫球包（袋）等。

10. 高档手表

本税目的征收范围包括不含税销售价格在 10 000 元（含 10 000 元）/只以上的各类手表。

11. 游艇

本税目征收范围的游艇是指艇身长度在 8 米（含）以上 90 米（含）以下，内置发动机，可以在水上移动，一般为私人或团体购置，主要用于水上运动和休闲娱乐等非营利活动的各类机动艇。

12. 木制一次性筷子

本税目征收范围包括各种规格的木制一次性筷子，未经打磨、倒角的木制一次性筷子属于本税目的征收范围。木制一次性筷子是指以木材为原料经过锯断、浸泡、旋切、烘干、筛选、打磨、倒角、包装等工序加工而成的一次性使用的筷子。

13. 实木地板

本税目征收范围包括各类规格的实木地板、实木指接地板、实木复合地板及用于装饰墙壁、天棚的侧端面为榫、槽的实木装饰板。未经涂饰的素板也属于本税目的征收范围。

14. 电池

征收范围包括：原电池、蓄电池、燃料电池、太阳能电池、铅蓄电池和其他电池。对无汞原电池、镍氢蓄电池、锂原电池、锂离子蓄电池、太阳能电池、燃料电池、全钒液流电池免征消费税。

15. 涂料

涂料是指涂于物体表面能形成具有保护、装饰或特殊性能的固态涂膜的一类液体或固体材料。

（二）税率

1. 税率

现行消费税税率采用定额税率和比例税率两种形式，以适应不同应税消费品的实际情况。

比例税率：适用于大多数应税消费品，税率从 1%～56%。

定额税率：只适用于三种液体应税消费品，它们是啤酒、黄酒、成品油。

具体内容如表 3–1 所示。

表 3–1 消费税税目税率表

<table>
<tr><th colspan="3">税　　目</th><th>税率（税额）</th></tr>
<tr><td rowspan="5">一、烟</td><td rowspan="3">卷烟</td><td>甲类卷烟（生产或进口环节）</td><td>56%加 0.003 元/支</td></tr>
<tr><td>乙类卷烟（生产或进口环节）</td><td>36%加 0.003 元/支</td></tr>
<tr><td>批发环节</td><td>11%加 0.005 元/支</td></tr>
<tr><td colspan="2">雪茄烟</td><td>36%</td></tr>
<tr><td colspan="2">烟丝</td><td>30%</td></tr>
<tr><td rowspan="5">二、酒</td><td colspan="2">白酒</td><td>20%加 0.5 元/500 克（或者 500 毫升）</td></tr>
<tr><td colspan="2">黄酒</td><td>240 元/吨</td></tr>
<tr><td rowspan="2">啤酒</td><td>甲类啤酒</td><td>250 元/吨</td></tr>
<tr><td>乙类啤酒</td><td>220 元/吨</td></tr>
<tr><td colspan="2">其他酒</td><td>10%</td></tr>
<tr><td colspan="3">三、高档化妆品</td><td>15%</td></tr>
<tr><td rowspan="2">四、贵重首饰及珠宝玉石</td><td colspan="2">金银首饰、铂金首饰和钻石及钻石饰品</td><td>5%</td></tr>
<tr><td colspan="2">其他贵重首饰和珠宝玉石</td><td>10%</td></tr>
<tr><td colspan="3">五、鞭炮、焰火</td><td>15%</td></tr>
<tr><td rowspan="7">六、成品油</td><td colspan="2">汽油</td><td>1.52 元/升</td></tr>
<tr><td colspan="2">柴油</td><td>1.2 元/升</td></tr>
<tr><td colspan="2">航空煤油</td><td>1.2 元/升</td></tr>
<tr><td colspan="2">石脑油</td><td>1.52 元/升</td></tr>
<tr><td colspan="2">溶剂油</td><td>1.52 元/升</td></tr>
<tr><td colspan="2">润滑油</td><td>1.52 元/升</td></tr>
<tr><td colspan="2">燃料油</td><td>1.2 元/升</td></tr>
<tr><td rowspan="2">七、摩托车</td><td colspan="2">气缸容量为 250 毫升</td><td>3%</td></tr>
<tr><td colspan="2">气缸容量为 250 毫升以上</td><td>10%</td></tr>
</table>

续表

税目			税率（税额）
八、小汽车	乘用车	气缸容量≤1.0 升	1%
		1.0 升＜气缸容量≤1.5 升	3%
		1.5 升＜气缸容量≤2.0 升	5%
		2.0 升＜气缸容量≤2.5 升	9%
		2.5 升＜气缸容量≤3.0 升	12%
		3.0 升＜气缸容量≤4.0 升	25%
		4.0 升＜气缸容量	40%
	中轻型商用客车		5%
	超豪华小汽车		按子税目 1 和 2 的规定征收，另外零售环节加征 10%的消费税
九、高尔夫球及球具			10%
十、高档手表			20%
十一、游艇			10%
十二、木制一次性筷子			5%
十三、实木地板			5%
十四、电池			4%
十五、涂料			4%

说明：

（1）甲类卷烟是指每条（200 支）销售价格（不含增值税）在 70 元（含 70 元）以上的卷烟。

（2）乙类卷烟是指每条（200 支）销售价格（不含增值税）在 70 元以下的卷烟。

（3）甲类啤酒是指每吨出厂价格（含包装物及押金，不含增值税）在 3 000 元以上的啤酒。

（4）乙类啤酒是指每吨出厂价格（含包装物及押金，不含增值税）在 3 000 元以下的啤酒。

2. 税率从高运用的情况

（1）纳税人兼营不同税率的应税消费品应当分别核算不同税率应税消费品的销售额或销售数量，未分别核算的，按兼营应税消费品中适用最高税率的消费品的税率统一计税。

（2）纳税人将应税消费品与非应税消费品以及适用不同税率的应税消费品组成成套消费品销售的，应当根据成套消费品的销售金额按应税消费品中适用最高税率的消费品的税率计税。

四、消费税的纳税环节

消费税一般实行单一环节征收，分为以下 5 种情况。

1. 对生产应税消费品在生产销售环节征税

生产应税消费品销售是消费税征收的主要环节。一般情况下，消费税具有单一环节征税的特点，对于大多数消费税应税商品而言，在生产销售环节征税以后，流通环节不用再缴纳消费税。纳税人生产应税消费品，除了直接对外销售应征消费税外，如将生产的应税消费品换取生产资料、消费资料、投资入股、偿还债务，以及用于继续生产应税消费品以外的其他方面都应缴纳消费税。

2. 对委托加工应税消费品在委托加工环节征税

委托加工应税消费品是指委托方提供原料和主要材料，受托方只收取加工费和代垫部分辅助材料加工的应税消费品。由受托方提供原料或其他情形的一律不能视同加工应税消费品。

3. 对进口应税消费品在进口环节征税

单位和个人进口属于消费税征税范围的货物，在进口环节要缴纳消费税。为了减少征税成本，进口环节缴纳的消费税由海关代征。

4. 对零售应税消费品在零售环节征税

经国务院批准，自 1995 年 1 月 1 日起，金银首饰消费税由生产销售环节征收改为零售环节征收。改在零售环节征收消费税的金银首饰仅限于金基、银基合金首饰以及金、银和金基、银基合金的镶嵌首饰，进口环节暂不征收，零售环节适用税率为 5%，在纳税人销售金银首饰、钻石及钻石饰品时征收。从 2016 年 12 月 1 日起，超豪华小汽车在零售环节加征 10%的消费税。

5. 对批发卷烟在卷烟的批发环节征税

与其他消费税应税商品不同的是，卷烟除了在生产销售环节征收消费税外，还在批发环节征收一次。纳税人兼营卷烟批发和零售业务的，应当分别核算批发和零售环节的销售额、销售数量；未分别核算批发和零售环节销售额、销售数量的，按照全部销售额、销售数量计征批发环节消费税。纳税人之间销售的卷烟不缴纳消费税。卷烟批发企业在计算纳税时不得扣除已含的生产环节的消费税税款。

引入案例分析

小王可以这样解释：因为高档化妆品并非生活必需品，而洗发用品是生活必需品，所以生产的高档化妆品在销售时要缴纳消费税，而洗发用品不需缴纳。

任务小结

（1）消费税的征收范围：15 类应税消费品征税。

（2）纳税人：在中华人民共和国境内生产、委托加工和进口应税消费品的单位和个人，以及国务院确定的销售应税消费品的其他单位和个人，为消费税的纳税人。

（3）税目：按征收范围确定 15 种税目。

（4）税率：每一种税目对应不同的税率。

任务三　消费税应纳税额计算

任务描述

- 正确确定消费税销售额。
- 外购或委托加工应税消费品已纳税款的扣除的计算。
- 正确计算委托加工环节应税消费品应纳消费税税额。
- 正确计算自产自用应税消费品应纳消费税税额。
- 正确计算生产销售应税消费品应纳消费税税额。
- 正确计算进口应税商品应纳消费税税额。
- 能进行相应税收的会计核算。

任务分析

通过任务一、任务二的学习，我们已掌握消费税的征税对象、纳税人、税率。本次任务通过对消费税销售额的分析，掌握消费税的计税依据和消费税应纳税额的计算。

案例引入

重庆一鸣白酒公司以福利形式发给每位职工新型白酒 5 斤，共发了 1 000 斤，该种酒每斤的制造成本为 10 元，成本利润率为 10%。若你是该公司的会计，该如何计算此次福利发放应缴纳的消费税？（白酒适用消费税从价定率为 20%，定额税率为 0.5 元/斤）

相关知识

一、计税依据

（一）计税销售额或计税价格的确定

1. 自产自销应税消费品销售额的确定

纳税人生产销售应税消费品，向购买方收取的全部价款和价外费用为销售额。价外费用是指在价格以外向购买方收取的手续费、补贴、基金、集资费、利润返还、违约金、包装费、储备费、优质费、运输装卸费、代收款项、代垫款项及其他各种性质的价外费用。价外费用不包括：增值税销项税额；受托加工应税消费品所代收代缴的消费税；承运者的运费发票开具给购货方，同时纳税人将该发票转交给购货方的代垫运费。

2. 自产自用应税消费品销售额的确定

纳税人自产自用应税消费品，用于连续生产应税消费品的不纳税，用于其他方面的应纳消费税。用于其他方面是指将应税消费品用于生产非应税消费品、在建工程、管理部门、其他非生产机构、提供劳务，以及用于馈赠、赞助、集资、广告、样品、职工福利、奖励等非生产方面。

纳税人自产自用应税消费品，销售额按纳税人生产同类消费品的销售价格计算；没有同类价格的，按计税价格计算，其计算公式为：

计税价格=（成本+利润）÷（1–消费税率）=成本×（1+成本利润率）÷（1–消费税率）

纳税人自产的应税消费品用于换取生产资料和消费资料、投资入股和抵偿债务等方面，应当以纳税人同类应税消费品的最高销售价格为计税依据。

【案例 3–1】重庆一鸣公司用自产小汽车 10 辆向甲钢铁厂换取钢材 210 吨（每吨钢材市价 4 800 元）。该公司的同型号小汽车不含增值税销售价格分别有 100 000 元/辆、98 000 元/辆、95 000 元/辆三种，本月销售数量分别为 8 辆、13 辆、35 辆。消费税税率为 3%。

要求：就该厂用自产小汽车换取钢材的业务确定其计税依据。

案例分析：

依据政策规定，其计税依据为 100 000 元/辆。

3. 委托加工应税消费品计税价格的确定

委托加工应税消费品，按照受托方同类消费品的销售价格作为计税价格；没有同类消费品价格的，按计税价格计算，其计算公式为：

组成计税价格=（材料成本+加工费）÷（1–消费税率）

> 提示：
>
> 这里的材料成本为委托方提供给受托方的主材成本（不含增值税）。

4. 进口应税消费品的计税价格

进口应税消费品，实行从价定率办法计算应纳税额的，按计税价格计算，其计算公式为：

组成计税价格=（关税完税价格+关税）÷（1–消费税率）

（二）计税数量的确定

（1）纳税人自产自销应税消费品，以实际销售的数量为计税销售数量。

（2）纳税人自产自用的应税消费品，以移送使用数量为计税销售数量。

（3）纳税人通过自设非独立核算的门市部销售应税消费品，以门市部对外销售数量为计税销售数量。

（4）委托加工应税消费品，以委托方收回数量为计税销售数量。

（5）进口的应税消费品，以海关核定的数量为应税消费品进口征税数量。

二、应纳税额的计算

（一）计算公式

1. 从价定率计算征税

应纳税额=应税消费品的计税销售额×比例税率

应税消费品的计税销售额=计税价格×计税数量

【案例 3–2】

重庆一鸣公司是化妆品生产企业，2018 年 9 月向某商场销售化妆品一批，开具增值税发票，取得不含增值税销售额 50 万元，增值税为 8 万元。

要求：计算重庆一鸣公司上述业务应缴纳多少消费税。

案例分析：

应纳税额=500 000×15%=75 000（元）

2. 从量定额计算征税

应纳税额=应税消费品的计税数量×单位税额

【案例 3–3】

重庆一鸣公司 2018 年 9 月生产销售啤酒 1 000 吨，取得不含税销售额为 295 万元，另收取包装物租金 23.4 万元。

要求：计算重庆一鸣公司上述业务应缴纳多少消费税。

案例分析：

销售甲类啤酒，每吨消费税为 250 元。

应纳税额=1 000×250=250 000（元）

3. 复合计算征税

应纳税额=应税消费品的计税销售额×比例税率+应税消费品的计税数量×单位税额

【案例 3–4】

重庆一鸣公司生产销售甲类卷烟 300 条，取得不含税收入 300 000 元。

要求：计算重庆一鸣公司上述业务应缴纳多少消费税。

案例分析：

甲类卷烟比例税率为 56%，另 0.003 元/支的定额税率。

应纳税额=300 000×56%+300×10×0.003×20=168 180（元）

（二）具体计算案例

1. 自产自销应税消费品应纳税额的计算

【案例 3–5】

重庆一鸣公司（增值税一般纳税人）在 2018 年 9 月生产销售 30 辆大排量摩托车，每辆销售价格为 23 200 元（含税），适用消费税率为 10%。

要求：计算企业销售该批摩托车应纳多少消费税。

案例分析：

上述企业属于生产销售应税消费品，并且销售摩托车适用从价定率计算征收。

应纳税额=应税消费品的计税销售额×比例税率

应税消费品的计税销售额=计税价格×计税数量

应纳税额=30×23 200÷（1+16%）×10%=60 000（元）

2. 自产自用应税消费品应纳税额的计算

【案例 3–6】

重庆一鸣公司（增值税一般纳税人）在 2018 年 9 月，将自产的 100 辆轻便型摩托车用于职工福利，没有同类产品销售价格。已知该批摩托车的生产成本为 194 000 元，成本利润率为 6%，适用消费税率为 3%。

要求：计算该批摩托车应缴纳多少消费税。

案例分析：

该批摩托车属于自产自用应税消费品，且没有同类产品销售价格，故应按组成计税价格计算计税依据。组成计税价格=成本×（1+成本利润率）÷（1–消费税率）

应纳税额=194 000×（1+6%）÷（1–3%）×3%=6 360（元）

3. 委托加工应税消费品应纳税额的计算

【案例 3–7】

重庆一鸣公司（增值税一般纳税人）在 2018 年 9 月，委托 B 企业加工 50 辆摩托车，并于当月收回。已知 B 企业没有同类消费品，原材料 80 000 元由重庆一鸣公司提供，B 企业交货时收取加工费 10 000 元，该类型摩托车适用消费税率为 10%。

要求：计算 B 企业应该代收代缴多少消费税。

案例分析：

上述情况属于委托加工应税消费品，且受托企业没有同类消费品，故应按组成计税价格作为计税依据。

应纳税额=（80 000+10 000）÷（1–10%）×10%=10 000（元）

4. 进口应税消费品应纳税额的计算

【案例 3–8】

重庆一鸣公司（增值税一般纳税人）在 2018 年 9 月，进口 1 000 千克粮食白酒，海关核定的关税完税金额 600 000 元，关税 40 000 元，适用消费税从价定率为 20%，定额税率为 0.5 元/500 克。

要求：计算进口该批白酒应该缴纳多少消费税。

案例分析：

进口消费品按组成计税价格确定计税依据，同时，粮食白酒还须按进口数量计算定额消费税。

应纳税额=应税消费品的计税金额×比例税率+应税消费品的计税数量×单位税额

=（600 000+40 000+1 000×2×0.5）÷（1–20%）×20%+1 000×2×0.5

=161 250（元）

三、外购或委托加工收回的应税消费品已纳税款的扣除

为了避免重复征税，现行消费税规定，将以外购或委托加工收回的应税消费品为原材料

继续生产应税消费品销售的，可扣除外购或委托加工收回的应税消费品的已纳税款，税法具体规定应按当期生产领用金额或数量计算准予扣除外购或委托加工收回的应税消费品已纳的消费税税款。

（一）扣除的范围

（1）外购或委托加工收回的已税烟丝生产的卷烟。

（2）外购或委托加工收回的已税高档化妆品生产的高档化妆品。

（3）外购或委托加工收回的已税珠宝玉石为原料生产的贵重首饰及珠宝玉石。

（4）外购或委托加工收回的已税鞭炮、焰火生产的鞭炮、焰火。

（5）外购或委托加工收回的已税杆头、杆身和握把为原料生产的高尔夫球杆。

（6）外购或委托加工收回的已税木制一次性筷子为原料生产的木制一次性筷子。

（7）外购或委托加工收回的已税实木地板为原料生产的实木地板。

（8）外购或委托加工收回的已税汽油、柴油、石脑油、燃料油、润滑油用于连续生产应税成品油。

（9）外购或委托加工收回的已税摩托车连续生产应税摩托车（如用外购两轮摩托车改装三轮摩托车）。

此外，从葡萄酒生产企业购进、进口葡萄酒连续生产应税葡萄酒的，准予从葡萄酒消费税应纳税额中扣除所耗用应税葡萄酒已纳消费税税款。

（二）扣除计算公式

当期准予扣除外购应税消费品已纳税款=当期准予扣除外购应税消费品买价×外购应税消费品适用税率

当期准予扣除外购应税消费品买价=期初库存的外购应税消费品买价+当期购进应税消费品买价–期末库存外购应税消费品买价

> 提示：
>
> 当期准予扣除的委托加工应税消费品的已纳税款=期初库存的委外加工应税消费品已纳消费税+当期入库的应税消费品已纳消费税—期末库存应税消费品已纳消费税

【案例 3–9】

2018 年 9 月某首饰厂从某商贸企业购进一批珠宝玉石，增值税发票注明价款 50 万元，增值税税款 8 万元，打磨后再将其销售给首饰商城，收到不含税价款 90 万元。已知珠宝玉石消费税税率为 10%。

要求：计算该首饰厂以上业务应缴纳消费税多少万元。

案例分析：

外购已税珠宝玉石为原料生产的贵重首饰及珠宝玉石，已纳消费税款可以扣除。

应纳消费税=90×10%–50×10%=4（万元）

知识拓展

消费税的账务处理

1. 核算消费税的账户设置

企业在核算和缴纳消费税时，应在“应交税费”账户下，设置“应交消费税”明细账户，按规定应缴纳的消费税计入贷方，实际缴纳或待扣的消费税计入借方，期末贷方余额，表示未缴的消费税，借方余额，表示多缴的消费税。

2. 账务处理

企业按照应交消费税税额，借记“税金及附加”账户，贷记“应交税费——应交消费税”账户；按规定期限上缴税金时，借记“应交税费——应交消费税”账户，贷记“银行存款”账户。

【案例 3–10】

重庆一鸣公司（增值税一般纳税人）2018 年 9 月生产销售 30 辆大排量摩托车，每辆销售价格 23 200 元（含税），适用消费税率为 10%。

要求：对计提消费税和缴纳消费税进行账务处理。

案例分析：

企业应缴纳消费税 60 000 元，具体计算过程见案例 3–1。

计提应纳消费税时：

借：税金及附加　　60 000

　　贷：应交税费——应交消费税　　60 000

缴纳消费税时：

借：应交税费——应交消费税　　60 000

　　贷：银行存款　　60 000

引入案例分析

本案例属于纳税人自产自用应税消费品，销售额按纳税人生产同类消费品的销售价格计算；没有同类价格的，按组成计税价格计算，其计算公式为：

组成计税价格=（成本+利润）÷（1–消费税率）=成本×（1+成本利润率）÷（1–消费税率）

由于这里的消费品是白酒，有关组成计税价格的计算一定要注意。

组成计税价格=［（成本+利润）+销售数量×单位税额］÷（1–消费税率）

因此，组成计税价格=［1 000×10×（1+10%）+1 000×0.5］÷（1–20%）=14 375（元）

应纳的消费税=14 375×20%+1 000×0.5=3 375（元）。

新增案例分析

某酒厂为增值税一般纳税人，主要生产粮食白酒和啤酒。2018 年 9 月“主营业务收入”账户反映销售粮食白酒 60 000 斤，取得不含税销售额 105 000 元；销售啤酒 150 吨，每吨含税售价 3 393 元。在“其他业务收入”账户反映收取粮食白酒品牌使用费 4 000 元；“其他应付款”账户反映本月销售粮食白酒收取包装物押金 9 280 元，销售啤酒收取包装物押金 1 160 元。

要求：计算该酒厂本月应纳消费税税额。

案例分析：

粮食白酒应纳消费税=60 000×0.5+105 000×20%+4 000×20%+9 280÷1.16×20%=53 400（元）

啤酒应纳消费税=150×220=33 000（元）

该酒厂应纳消费税税额=53 400+33 000=86 400（元）

任务小结

（1）四种情况的消费税计税依据：自产自销、自产自用、委托加工、进口应税消费品。

（2）应纳税额的计算：三种方式的计算公式，四种情况的应纳税额的计算。

任务四　消费税的出口货物退（免）税计算

任务描述

- 了解消费税出口退税范围和退税税率。
- 掌握消费税退税计算公式中“工厂销售额”的内容。
- 区分增值税出口退税与消费税出口退税计算的差异。

相关知识

一、出口应税消费品退（免）税政策

根据《消费税暂行条例》，出口应税消费品退（免）税政策有以下三种情况。

1. 出口免税并退税

适用这个政策的是：有出口经营权的外贸企业购进应税消费品直接出口，以及外贸企业受其他外贸企业委托代理出口应税消费品。外贸企业受其他企业（主要是非生产性的商贸企业）委托，代理出口应税消费品是不予退（免）税的。

2. 出口免税但不退税

适用这个政策的是：有出口经营权的生产性企业自营出口或生产企业委托外贸企业代理出口自产应税消费品，依据其实际出口数量免征消费税，不予办理退还消费税。

3. 出口不免税也不退税

适用这个政策的是：除生产企业、外贸企业外的其他企业，具体指一般商贸企业，这类企业委托外贸企业出口应税消费品一律不予退（免）税。

二、出口应税消费品退税的范围

有出口经营权的外贸企业购进并直接出口的应税消费品，以及外贸企业受其他外贸企业的委托代理出口的应税消费品，实行出口免税并退税。这类消费品必须同时满足四个条件：一是属于消费税征收范围；二是取得《税收（出口产品专用）缴款书》、增值税专用发票（税款抵扣联）、出口货物报关单（出口退税联）、出口收汇单证；三是报关离境；四是在财务上作出口销售处理。

三、出口应税消费品的退税率

出口应税消费品的退消费税的税率或单位税额，就是该应税消费品所适用的征税税率或单位税额。这是退（免）消费税与退（免）增值税的一个重要区别。

企业应将不同消费税税率的出口应税消费品分开核算和申报，未分别核算的，一律从低适用税率计算应退消费税税额。

四、出口应税消费品退税额的计算

1. 从价征税计算退税额

适用从价征税消费税的消费品，应依照外贸企业购进货物的不含税金额计算退税额，其计算公式如下：

应退消费税税额=出口货物的不含税购进金额×税率

2. 从量征税计算退税额

适用从量征税消费税的消费品，应依照报关出口的数量和单位税额计算退税额，其计算公式如下：

应退消费税税额=出口数量×单位税额

3. 复合征税计算退税额

适用复合征税消费税的消费品，应依照报关出口的数量和购进的不含税金额计算退税额，其计算公式如下：

应退消费税税额=出口货物的不含税购进金额×税率+出口数量×单位税额

【案例 3–11】

某外贸企业（增值税一般纳税人），在 2018 年 9 月，从重庆一鸣公司（增值税一般纳税人）购进 50 辆摩托车出口，支付货款（含税）174 000 元，这批摩托车适用消费税税率为 10%。该外贸企业已办理完毕出口退税手续。

要求：计算该企业在出口环节应退多少消费税。

案例分析：

外贸企业从生产企业购进消费品直接出口，享受免税和退税政策。

应退消费税税额=174 000÷（1+16%）×10%=15 000（元）

五、出口应税消费品办理出口退（免）税后的管理

根据《消费税暂行条例实施细则》的规定，出口应税消费品办理退税后，发生退关或者

国外退货的，进口环节予以免税的，报关出口者必须及时向其机构所在地或居住所在地主管税务机关申报补缴已退的消费税税款。

任务小结

出口货物退免税范围、退税率、退税额以及办理出口退税后的管理。

任务五　消费税的申报缴纳

任务描述

- 掌握消费税纳税义务发生时间、纳税地点、纳税期限。
- 理解消费税纳税申报规定。
- 能理解消费税纳税申报表结构。
- 能正确填写消费税纳税申报表。

相关知识

一、消费税申报缴纳概述

消费税的纳税申报是指消费税纳税人依照税收法律规定或主管税务机关依法确定的申报期限，向主管税务机关办理消费税缴纳的工作。

根据《消费税暂行条例》的规定，消费税由税务机关征收，进口的应税消费品的消费税由海关代征。个人携带或者邮寄进境的应税消费品的消费税，连同关税一并征收。

二、消费税的纳税义务发生时间

（一）生产销售应税消费品的纳税义务发生时间

（1）纳税人采取赊销和分期收款结算方式销售应税消费品的，其纳税义务发生时间为销售合同规定的收款当天，没有规定时间的，为发出应税消费品的当天。

（2）纳税人采取预收货款方式销售应税消费品的，其纳税义务发生时间为发出消费品的当天。

（3）纳税人采取托收承付和委托银行收款方式销售应税消费品的，其纳税义务发生时间为发出消费品并办妥托收手续的当天。

（4）纳税人采取其他结算方式的，其纳税义务发生时间为收讫货款或者取得索取货款凭据的当天。

（二）其他应税行为的纳税义务发生时间

（1）纳税人自产自用应税消费品，其纳税义务发生时间为移送使用消费品的当天。

（2）纳税人委托加工应税消费品，其纳税义务发生时间为提货的当天。

（3）纳税人进口应税消费品，其纳税义务发生时间为报关进口的当天。

（4）零售环节征收消费税的消费品，其纳税义务发生时间为收讫货款或取得索取货款凭据的当天。

三、消费税的纳税期限

根据《消费税暂行条例》的规定，消费税的纳税期限分别为 1 日、3 日、5 日、10 日、15 日、1 个月或者 1 个季度。纳税人的具体纳税期限，由主管税务机关根据纳税人应纳税额的大小分别核定；不能按期纳税的，可以按次纳税。

纳税人以 1 个月或者 1 个季度为一期纳税的，自期满之日起 15 日内申报纳税；以其他期限为一期纳税的，自期满之日起 5 日内预缴税款，于次月 1 日起至 15 日内申报纳税并结清上月应纳税款。

纳税人进口应税消费品的，应当自海关填发海关进口消费税专用缴款书之日起 15 日内缴纳税款。

四、消费税的纳税地点

（1）纳税人销售的应税消费品，以及自产自用的应税消费品，除国务院财政、税务主管部门另有规定外，应当向纳税人机构所在地或者居住地的主管税务机关申报纳税。

（2）委托加工的应税消费品，除受托方为个人外，由受托方向机构所在地或者居住地的主管税务机关解缴消费税税款。

（3）进口的应税消费品，由进口人或者其代理人向报关地海关申报纳税。

（4）纳税人到外县（市）销售或委托外县（市）代销自产应税消费品的，于应税消费品销售后，向机构所在地或者居住地主管税务机关申报纳税。

纳税人的总机构与分支机构不在同一县（市），但在同一省（自治区、直辖市）范围内，经省（自治区、直辖市）财政厅（局）、国家税务局审批同意，可以由总机构汇总向总机构所在地的主管税务机关申报纳税。

省（自治区、直辖市）财政厅（局）、国家税务局应将审批同意的结果，上报财政部、国家税务总局备案。

（5）纳税人销售的应税消费品，如因质量等原因由购买者退回时，经所在地主管税务机关审核批准后，可退还已征收的消费税。

（6）纳税人直接出口的应税消费品办理免税后，发生退关或者国外退货，复进口时已予以免税的，可不办理补税，待其转为国内销售的当月申报缴纳消费税。

五、纳税申报

1. 消费税报缴的方法

纳税人报缴税款的方法，由主管税务机关视具体情况，在下列方法中核定一种：

（1）纳税人按期向税务机关填报纳税申报表，并填开纳税缴款书，向所在地代理金库的银行缴纳税款。

（2）纳税人按期向税务机关填报纳税申报表，由税务机关审核后填发缴款书，按期缴纳。

（3）对会计核算不健全的小型业户，税务机关可根据其产销情况，按季或按年核定其纳税额，分月缴纳。

2. 纳税申报的时间

纳税人应在办理税务登记的次月起向主管税务机关办理纳税申报；如果不能在规定期限内申报的，可向主管税务机关提出书面申请，办理延期申报，经核准后，在核准的期限内申报。

3. 纳税申报表的填写

消费税的纳税人应按《消费税暂行条例》的有关规定及时办理纳税申报，并如实填写消费税纳税申报表，消费税纳税申报表如表 3–2 和表 3–3 所示。

表 3–2 酒类应税消费品消费税纳税申报表

税款所属期：　　年　月　日至　　年　月　日

纳税人名称（公章）：纳税人识别号：

填表日期：　　年　月　日　　　　　　　　　　金额单位：元（列至角分）

项目 应税消费品名称	适用税率		销售数量	销售额	应纳税额
	定额税率	比例税率			
粮食白酒	0.5 元/斤	20%			
薯类白酒	0.5 元/斤	20%			
啤酒	250 元/吨	—			
啤酒	220 元/吨	—			
黄酒	240 元/吨	—			
其他酒	—	10%			
合计	—	—	—	—	

	声明
本期准予抵减税额：	此纳税申报表是根据国家税收法律的规定填报的，我确定它是真实的、可靠的、完整的。
本期减（免）税额：	经办人（签章）： 财务负责人（签章）：
期初未缴税额：	联系电话：
本期缴纳前期应纳税额：	（如果你已委托代理人申报，请填写） 授权声明
本期预缴税额：	为代理一切税务事宜，现授权 （地址）　　　　　　　　为
本期应补（退）税额：	本纳税人的代理申报人，任何与本申报表有关的往来文件，都可寄予此人。
期末未缴税额：	授权人签章：

以下由税务机关填写

受理人（签章）：　　　　受理日期：　　年　月　日　　　　受理税务机关（章）：

表 3–3　其他应税消费品消费税纳税申报表

税款所属期：　　年　月　日至　　年　月　日

纳税人名称（公章）：纳税人识别号：

填表日期：　　年　月　日　　　　　　　　金额单位：元（列至角分）

项目 应税消费品名称	适用税率	销售数量	销售额	应纳税额
合计	—	—	—	

<table>
<tr><td>本期准予抵减税额：</td><td rowspan="3">声明
此纳税申报表是根据国家税收法律的规定填报的，我确定它是真实的、可靠的、完整的。
经办人（签章）：
财务负责人（签章）：
联系电话：</td></tr>
<tr><td>本期减（免）税额：</td></tr>
<tr><td>期初未缴税额：</td></tr>
<tr><td>本期缴纳前期应纳税额：</td><td rowspan="4">（如果你已委托代理人申报，请填写）
授权声明
为代理一切税务事宜，现授权
（地址）　　　　　　为
本纳税人的代理申报人，任何与本申报表有关的往来文件，都可寄予此人。
授权人签章：</td></tr>
<tr><td>本期预缴税额：</td></tr>
<tr><td>本期应补（退）税额：</td></tr>
<tr><td>期末未缴税额：</td></tr>
</table>

以下由税务机关填写

受理人（签章）：　　　受理日期：　　年　月　日　　　受理税务机关（章）：

六、消费税纳税申报及综合管理案例

【案例 3–12】

重庆一鸣公司为增值税一般纳税人，2018 年月 9 月发生以下业务：

（1）销售香烟 10 标准箱，开具增值税专用发票注明价款 50 000 元，增值税款 8 000 元。

关于香烟的其他补充资料：该公司外购期初库存烟丝金额（不含增值税）为 1 000 元，当期外购烟丝金额（不含增值税）为 10 000 元，本期库存烟丝金额（不含增值税）为 8 000 元。该公司委外加工库存烟丝期初的已纳消费税金额为 2 000 元，当期外购烟丝已纳消费税金额为 5 000 元，本期库存烟丝金额已纳消费税金额为 3 000 元。

（2）将特制的果酒作为福利发放给职工，该酒的生产成本为 50 000 元，成本利润率为 8%，消费税税率为 10%。

（3）销售白酒 1 吨，价税合计 116 000 元，收到现款。

（4）销售啤酒 2 吨，含税价共计 6 380 元，已收到货款。

要求：根据以上业务，计算该公司当期应缴纳的消费税。

案例分析：

（1）销售卷烟 10 标准箱，每一标准箱为 250 标准条，因此每条的单价为 20 元，确定比例税率为 36%，另每一标准箱 150 元的从量税。因此应缴纳的消费税=（50 000×36%+150×10）=19 500（元）。

（2）将自产的应税消费品用于职工福利，没有同类价格，按组成计税价格计算，应缴纳的消费税=50 000×（1+8%）×10%÷（1−10%）=6 000（元）。

（3）销售白酒应缴纳的消费税=116 000÷（1+16%）×20%+0.5×2×1 000=21 000（元）。

（4）6 380÷2÷（1+16%）=2 750 元，啤酒的不含增值税价低于 3 000 元/吨，所以税率为 220 元/吨，应缴纳的消费税=220×2=440（元）。

本期领用外购烟丝 3 000 元，可准予扣除的消费税=(1 000+10 000−8 000)×30%=900(元)。

本期委外加工应税消费品可抵减的消费税=2 000+5 000−3 000=4 000（元）。

本期应纳消费税=19 500+6 000+21 000+440−900−4 000=42 040（元）。

任务小结

消费税纳税义务发生时间、纳税期限、纳税地点，及消费税纳税申报表的填报。

学生演练

甲酒厂为增值税一般纳税人，2018 年 9 月发生以下业务：

（1）从农业生产者手中收购粮食 30 吨，每吨收购价 2 000 元，共计支付收购价款 60 000 元。

（2）甲酒厂将收购的粮食从收购地直接运往异地的乙酒厂生产加工白酒，白酒加工完毕，企业收回白酒 8 吨，取得乙酒厂开具防伪税控的增值税专用发票，注明加工费 25 000 元，代垫辅料价值 15 000 元，加工的白酒当地无同类产品市场价格。

（3）本月内甲酒厂将收回的白酒批发售出 7 吨，每吨不含税销售额 16 000 元。

（4）另外支付给运输单位的销货运输费用 12 000 元，取得普通发票。

要求：

（1）计算乙酒厂应代收代缴的消费税和应纳增值税；

（2）计算甲酒厂应纳消费税和增值税；

（3）填制甲酒厂的消费税纳税申报表。（只填写表格部分，表头可省略）

项目四

关税实务

项目介绍

本项目包含关税的基本知识和征收管理两个部分，关税属于流转税，是一种价内税，是国家海关对进出我国关境的货物或物品征收的一种税。本项目包含以下任务：

任务一——关税的基本原理

任务二——关税的基本要素

任务三——关税应纳税额计算

任务四——关税的征收管理

学习导航

● 关税是一个历史悠久的税种，随着国际贸易的不断发展而产生和逐渐发展。

● 关税作为流转税之一，是对进出关境征收的一种税。

● 以征收对象、纳税人、税率、应纳税额作为主线进行对比分析学习。

学习目标

● 了解关税的概念和分类。

● 熟知关税的征税对象及纳税人、能够查阅关税税目及税率表。

● 掌握关税应纳税额的计算。

● 熟悉关税税收优惠政策。

- 了解关税的征收管理。
- 掌握关税的缴纳。

适用岗位

进出口业务办理员、成本核算岗位人员、涉税会计人员。

教学准备

- 收集有关进口货物的发票，以便学生对关税完税价格的计算有感性认识。
- 收集海关填发的关税缴款书复印件，让学生相互传阅，让学生认识关税。
- 指导学生预习本项目的内容。

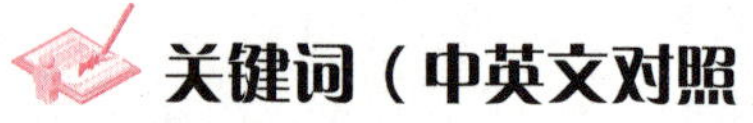

关键词（中英文对照）

关税（customs duties）、征税对象（object of taxation）、纳税人（taxpayer）、税率（tax rate）、应纳税额（tax payable）、税收优惠（preferential tax）

任务一 关税的基本原理

任务描述

通过本项目的学习，了解关税的概念和分类。

任务分析

我们学习了进口货物计算进口增值税和消费税都是以关税加上关税完税价格作为基础的，关税的计算正确与否直接关系到进口货物增值税与消费税的计算以及进出口货物成本的计算。

案例引入

重庆一鸣公司 2018 年 9 月从美国进口 2 台电视摄像机，从德国进口中厚钢板 20 000 千克，从美国进口“蓝带”啤酒 700 箱，购买重庆某公司（中外合资，厂址在中国重庆）生产的发动机 5 台。

要求：分析以上物品哪些需征收关税。

相关知识

一、关税的概念

关税是由海关根据国家制定的有关法律，以进出关境的货物和物品为征税对象而征收的一种商品税。关税作为独特的税种，除了具有一般税收的特点以外，还具有以下特点。

（1）进出境。

征收的对象是进出境的货物和物品，不进出关境的不征关税。这里所指的“境”是指“关境”，又称“海关境域”或“关税领域”，是海关法全面实施的领域。

（2）价外税。

关税是单一环节的价外税。关税的完税价格中不包括关税。但海关代为征收增值税、消费税时，其计税依据包括关税在内。

（3）涉外性。

关税税则的制定、税率的高低，直接会影响到国际贸易的开展，贸易关系不仅反映简单经济关系，而且成为一种政治关系。

二、关税的分类

（一）按征税对象分类

按征税对象分类，可将关税分为进口税、出口税和过境税。

（1）进口税。进口税是海关对进口货物和物品所征收的关税。它是关税中最主要的一种征税形式。

（2）出口税。出口税是海关对出口货物和物品所征收的关税。征收出口税增加了出口货物的成本，会提高本国产品在国外的售价，降低了同别国产品的市场竞争能力，不利于本国生产和经济发展，因此各发达国家一般都取消了出口税，我国也只对少数产品征收出口税。

（3）过境税。过境货物是指由境外启运，通过境内继续运往境外的货物。对过境货物所征的关税叫做过境税。过境税的前身是使用费。如果允许过境货物自由通过本国，则不仅有利于国际贸易的开展，而且可以增加本国运输相关行业的收入，因此各国相继取消了过境税。

（二）按征税标准分类

按征税标准分类，可将关税分为从量税、从价税。此外，各国常用的征税标准还有复合税、选择税、差价税、滑准税。

（1）从量税。按货物的计量单位（重量、长度、面积、容积、数量等）作为征税标准，以每一计量单位应纳的关税金额作为税率，称为从量税。

（2）从价税。以货物的价格作为征税标准而征收的税称为从价税。从价税的税率表现为货物价格的百分值。

（3）复合税。又称混合税，在税则的同一科目中定有从价和从量两种税率，征税时既采用从量又采用从价两种税率计征税款的，被称为复合税。

（4）滑准税。又称滑动税，是在税则中预先按产品的价格高低分档制定若干不同的税率，然后根据进出口商品价格的变动而增减进出口税率的一种关税。

（5）选择税。选择税是对一种进口商品同时定有从价税和从量税两种税率，但征税时选择其税额较高的一种征税。

（三）按征税的目的不同分类

按征税的目的不同分类，关税可以分为财政关税和保护关税。

（1）财政关税。即以增加财政收入为主要目的的关税。财政关税的税率比保护关税低，因为过高的关税会阻碍进出口贸易的发展，达不到增加财政收入的目的。随着世界经济的发展，财政关税的意义逐渐减低，而被保护关税所代替。

（2）保护关税。即为保护本国工农业生产而征收的关税。保护关税政策始于重商主义。现代各国关税保护的重点则有所不同。发达国家所要保护的通常是国际竞争性很强的商品，发展中国家则重在保护本国幼稚工业的发展。

（四）按征税性质不同分类

按征税性质不同分类，可分为普通关税、优惠关税和差别关税三种，它们主要适用于进口关税。

（1）普通关税。普通关税又称一般关税，是对与本国没有签署贸易或经济互惠等友好协定的国家原产的货物征收的非优惠性关税。普通关税与优惠关税的税率差别一般较大。

（2）优惠关税。优惠关税一般是互惠关税，即优惠协定的双方互相给对方优惠关税待遇，但也有单向优惠关税，即只对受惠国给予优惠待遇，而没有反向优惠。优惠关税一般有特定优惠关税、普遍优惠关税和最惠国待遇三种。

（3）差别关税。差别关税实际上是保护主义政策的产物，是保护一国产业所采取的特别手段。主要有加重关税、抵消关税、报复关税、反倾销关税等。其中反倾销关税即对外国的反倾销商品，在征收正常进口关税的同时附加征收的一种关税，它是差别关税的一种重要形式。

（五）按保护形式和程度分类

按保护形式和程度分类，可分为关税壁垒和非关税壁垒。

（1）关税壁垒。关税壁垒是指一国政府以提高关税的办法限制外国商品进口的措施。

（2）非关税壁垒。非关税壁垒是指除关税以外的一切限制进口的措施，有直接非关税壁垒和间接非关税壁垒之分。

知识拓展

跨境电子商务零售进口税收政策

从2016年4月8日开始，跨境电商零售进口商品不再按邮递物品征收行邮税，改为按照货物征收关税和进口环节增值税、消费税。财政部关税司解释称，跨境电商零售进口商品，虽然通过邮递渠道进境，但不同于传统非贸易性的文件票据、旅客分离行李、亲友馈赠物品等，其交易具有贸易属性。同时满足以下三个条件的纳入征税范围：一是主体上，主要包括境内通过互联网进行跨境交易的消费者、开展跨境贸易电子商务业务的境内企业、为交易提供服务的跨境贸易电子商务第三方平台；二是渠道上，仅指通过已与海关联网的电子商务平台进行的交易；三是性质上，应为跨境交易。跨境电商进口商品的单次交易限值为2 000元，个人年度交易限值为20 000元。在限值以内进口的跨境电商零售进口商品，关税税率暂设为零。进口环节增值税、消费税取消免征税额，暂按法定应纳税额的70%征收。超过单次限值、累加后超过个人年度限值的单次交易，以及完税价格超过2 000元限值的单个不可分割商品，均将按照一般贸易方式全额征税。

引入案例分析

（1）明确关税的征税对象：以进出关境的货物或物品为征税对象。

（2）确定本案例货物的进出口情况：从美国进口电视摄像机、德国进口中厚钢板、美国进口“蓝带”啤酒，三样货物都属于由国外进入我国关境，应征收进口关税。购买重庆某公司（中外合资，厂址在中国重庆）生产的发动机5台，没有进出关境，不征收关税。

思考：5台发动机应征收什么流转税？

任务小结

（1）在掌握关税概念时，核心词在“进出关境”上。

（2）了解众多关税分类时，重点掌握按征税对象及征税标准的分类，这对后续关税的计算起重要作用。

任务二　关税的基本要素

任务描述

- 熟知关税的征税对象及纳税人。

- 了解关税税则和税率。

任务分析

通过任务一的学习，我们已知道我国关税在出口环节或进口环节征税，是一种流转税。现在我们还需进一步明确关税的征税范围、纳税人、税率，才能为下一步正确计税作好准备。

案例引入

重庆一鸣公司 2018 年 9 月从法国进口红酒 500 箱拟在国内销售，意大利爱华公司馈赠给一鸣公司数字照相机 3 台。

要求：分析以上物品需征收什么关税，纳税人是谁，对应税率为多少。

相关知识

一、关税的征税对象

凡是国家允许，属于依进出口税则规定应征税的进出口货物和物品，都是关税的课税对象。货物是指贸易性商品，物品指入境旅客随身携带的行李物品、个人邮递物品、各种运输工具上的服务人员携带进口的自用物品、馈赠物品以及其他方式进境的个人物品。

二、关税的纳税人

进口货物的收货人、出口货物的发货人、进境货物的所有人，是关税的纳税义务人。

三、关税税则

又称海关税则，是根据国家关税政策和经济政策，通过一定的方法、程序制定和公布实施的，对进出口的应税商品和免税商品加以系统分类的一览表。表内包括各项征税或免税货物的详细名称、税率、征税标准（从价或从量）、计税单位等。

四、关税税率

（一）进口关税税率

我国进口关税税率设置与适用情况如表 4–1 所示。

表 4–1　进口关税税率设置与适用一览表

税率种类	适用情形	特别规定
最惠国税率	根据《中华人民共和国进出口关税条例》（以下简称《关税条例》第 10 条的规定，适用于原产于共同适用最惠国待遇条款的世界贸易组织成员的进口货物，原产于与中华人民共和国签订含有相互给予最惠国待遇条款的双边贸易协定的国家或者地区的进口货物，以及原产于中华人民共和国境内的进口货物	根据《关税条例》第 11 条的规定，适用最惠国税率的进口货物有暂定税率的，应当适用暂定税率；适用协定税

续表

税率种类	适用情形	特别规定
协定税率	根据《关税条例》第 10 条的规定，适用于原产于与中华人民共和国签订含有关税优惠条款的区域性贸易协定的国家或者地区的进口货物	率、特惠税率的进口货物有暂定税率的，应当从低适用税率；适用普通税率的进口货物，不适用暂定税率
特惠税率	根据《关税条例》第 10 条的规定，适用于原产于与中华人民共和国签订含有特殊关税优惠条款的贸易协定的国家或者地区的进口货物	
普通税率	根据《关税条例》第 10 条的规定，适用于原产于《中华人民共和国进出口关税条例》第 10 条第一款、第二款和第三款所列以外国家或者地区的进口货物，以及原产地不明的进口货物	
暂定税率	根据《关税条例》第 11 条的规定，适用最惠国税率的进口货物有暂定税率的，应当适用暂定税率；适用协定税率、特惠税率的进口货物有暂定税率的，应当从低适用税率；适用普通税率的进口货物，不适用暂定税率	
关税配额税率	根据《关税条例》第 12 条的规定，按照国家规定实行关税配额管理的进口货物，关税配额内的，适用关税配额税率	根据《关税条例》第 12 条，按照国家规定实行关税配额管理的进口货物，关税配额内的，适用关税配额税率；关税配额外的，其税率的适用按照本条例第 10 条、第 11 条的规定执行

我国进境物品进口税率如表 4–2 所示。

表 4–2　中华人民共和国进境物品进口税率表

税号	税率/%	物品名称
1	15	书报、刊物、教育用影视资料；计算机、视频摄录一体机、数字照相机等信息技术产品；食品、饮料；金银；家具；玩具、游戏品，节日或其他娱乐用品。
2	30	运动用品（不含高尔夫球及球具），钓鱼用品；纺织品及其制成品；电视摄像机及其他电器用具；自行车税目 1、3 中未包含的其他用品
3	60	烟、酒、化妆品、高尔夫球及球具、高档手表、贵重首饰及珠宝玉石

（二）出口关税税率

我国出口税则为一栏税率，即出口税率。国家仅对少数资源性产品及易于竞相杀价、盲目进口、需要规范出口秩序的半制成品征收出口关税。现行税则对 100 余种商品计征出口关税，主要是鳗鱼苗、部分有色金属矿砂及其精矿、生锑、磷、氟钽酸钾、苯、山羊板皮、部分铁合金、钢铁废碎料、铜和铝原料及其制品、镍锭、锌锭、锑锭。但对上述范围内的部分商品实行 0～25%的暂定税率，此外，根据需要对其他 200 多种商品征收暂定税率。与进口暂定税率一样，出口暂定税率优先适用于出口税则中规定的出口税率。

引入案例分析

（1）确定红酒在进口环节应征收进口关税，查询进口税率表，得知关税税率为 60%。

（2）确定馈赠数字照相机应征收进口关税，查询进口税率表，得知关税税率为 15%。

以上纳税人均为重庆一鸣公司。

任务小结

在了解什么是关税税则后，依据税则规定，即可确定关税的征税对象、纳税人及税率。

任务三 关税应纳税额计算

任务描述

- 掌握关税完税价格的确定。
- 掌握关税应纳税额的计算，能独立计算关税的应纳税额。
- 了解关税的税收优惠。

任务分析

通过任务一、任务二的学习，我们已掌握关税的概念、作用、征税对象、纳税人、税率。本次任务是通过公式计算关税税额。

案例引入

重庆一鸣公司 2018 年 9 月从加拿大进口了一批货物，该批货物的价格为 100 000 美元，运抵我国口岸起卸前发生的运费、保险费等费用折合人民币 26 000 元。当日的中国人民银行外汇牌价为 1:6。关税税率为 30%。

要求：假设你是该公司会计，请计算进口货物应纳的关税。

相关知识

一、关税完税价格的确定

（一）进口货物关税完税价格的确定

关税完税价格是进口关税的计税依据。税法规定，进口货物以海关审定的成交价格为基础的到岸价格（CIF 价）作为完税价格。CIF 到岸价格，是货价加上货物运抵我国关境内输入地点起卸前的包装费、运费、保险费和其他劳务费等费用组成的一种价格。

进口货物的成交价格，是指卖方向中华人民共和国境内销售该货物时，买方为进口该货物向卖方实付、应付的并按照规定调整后的价款总额，包括直接支付的价款和间接支付的价款。

1. 成交价格应符合的条件

（1）对买方处置或者使用进口货物不予限制时的成交价格。

（2）进口货物的成交价格不得受到使该货物成交价格无法确定的条件或因素的影响。

（3）卖方不得直接或者间接获得因买方销售、处置或者使用进口货物而产生的任何收益，或者虽有收益但能够按照《中华人民共和国海关审定进出口货物完税价格办法》进行调整。

（4）买卖双方没有特殊关系，或者虽有特殊关系但按照规定未对成交价格产生影响。

2. 估定货物完税价格

当进口货物成交价格不能确定时，在客观上无法采用货物的实际成交价格时，依次估定该货物的完税价格：

（1）相同货物的成交价格估价方法。

（2）类似货物的成交价格估价方法。

（3）倒扣价格估价方法。是指海关以进口货物相同或者类似进口货物在境内的销售价格为基础，扣除境内发生的有关费用后，审查确定进口货物完税价格的估价方法。

（4）计算价格估价方法。总和计算生产该货物所使用的料件成本和加工费用，向中华人民共和国境内销售同等级或者同种类货物通常的利润和一般费用，该货物运抵境内输入地点起卸前的运输及其相关费用、保险费。

（5）合理估价方法。灵活采用上述方法中最便于计算完税价格的方法。

3. 成交价格的调整项目

以下各项应计入关税成交价格：

（1）未包括在进口货物的实付或者应付价格中的费用，应计入完税价格：由买方负担的除购货佣金外的佣金和经纪费、与货物视为一体的容器费用、包装材料与包装劳务费。

（2）与进口货物的生产和向中华人民共和国境内销售有关的，由买方以免费或者以低于成本的方式提供，并可以按适当比例分摊的货物或者服务的价值。

（3）买方需向卖方或者有关方直接或者间接支付的特许权使用费。

（4）卖方直接或者间接从买方对该货物进口后销售、处置或者使用所得中获得的收益。

以下各项进口货物的价款中单独列明的税收、费用不计入该货物的完税价格：

（1）厂房、机械或者设备等货物进口后发生的建设、安装、装配、维修或者技术援助费用，但是保修费用除外。

（2）进口货物运抵中华人民共和国境内输入地点起卸后发生的运输及其相关费用、保险费。

（3）进口关税、进口环节海关代征税及其他国内税。

（4）为在境内复制进口货物而支付的费用。

（5）境内、外技术培训及境外考察费用。

（6）同时符合下列条件的利息费用：利息费用是买方为购买进口货物而融资所产生的；有书面的融资协议的；利息费用是单独列明的；纳税义务人可以证明有关利率不高于在融资当时当地此类交易通常应当具有的利率水平，且没有融资安排的相同或类似进口货物的价格与进口货物的实付、应付价格非常接近的。

（二）出口货物关税完税价格的确定

出口货物关税完税价格由海关以该货物的成交价格为基础审查确定，包括货物运至中华人民共和国境内输出地点装载前的运输及其相关费用、保险费。

1. 以成交价格为基础的完税价格

出口货物的成交价格，是指货物出口销售时，卖方为出口该货物应当向买方直接收取和间接收取的价款总和。

2. 不计入出口货物的完税价格的税收、费用

（1）出口关税。

（2）在货物价款中单独列明的货物运至中华人民共和国境内输出地点装载后的运输及其相关费用、保险费。

3. 出口货物完税价格海关估定方法

出口货物的成交价格不能确定的，海关经了解有关情况，并与纳税义务人进行价格磋商后，依次以下列价格审查确定该货物的完税价格：

（1）同时或者大约同时向同一国家或者地区出口的相同货物的成交价格。

（2）同时或者大约同时向同一国家或者地区出口的类似货物的成交价格。

（3）根据境内生产相同或者类似货物的成本、利润和一般费用（包括直接费用和间接费用）、境内发生的运输及其相关费用、保险费计算所得的价格。

（4）按照合理方法估定的价格。

二、关税应纳税额的计算

（一）从价应纳税额的计算

关税税额=应税进（出）口货物数量×单位完税价格×税率

进口货物的成交价格，因有不同的成交条件而有不同的价格形式，常用的价格条款有 FOB 离岸价、CFR 离岸加运费价、CIF 到岸价三种。

【案例 4–1】

重庆一鸣公司 2018 年 9 月从德国进口中厚钢板 20 000 千克，成交价为 FOB 德国 3 马克/千克，单位运费为 1 马克，保险费率为 0.5%。（中厚钢板的关税税率为 15%，海关填发缴款书时的外汇牌价为 1 马克= 4 元人民币）

要求：计算该业务应征关税税额。

案例分析：

单位完税价格=（FOB+运费）×（1+保险费率）

=（3+1）×（1+0.5%）= 4.02（马克）

= 4.02×4 =16.08（元）（人民币）

关税税额=16.08×20 000×15% = 48 240（元）

（二）从量应纳税额的计算

关税税额=应税进（出）口货物数量×单位货物税额

【案例 4–2】

重庆一鸣公司 2018 年 9 月从美国进口“蓝带”啤酒 700 箱，每箱 24 瓶，每瓶容积 500 毫升，价格为 CIF2 500 美元。（征税日外汇牌价为 1 美元= 6 元人民币，啤酒关税税率为 3 元/升）

要求：计算应纳关税税额。

案例分析：

应纳关税税额=700×24×500÷1 000×3 =25 200（元）

（三）复合税应纳税额的计算

复合税都是先计征从量税，再计征从价税。

关税税额=应税进（出）口货物数量×单位货物税额+应税进（出）口货物数量×单位完税价格×税率

【案例 4–3】

重庆一鸣公司 2018 年 9 月从美国进口 2 台电视摄像机，价格共为 CIF12 000 美元。（征税日外汇牌价为 1 美元=6 元人民币，每台完税价格高于 5 000 美元的，从量税为每台 12 500 元人民币，再征从价税 3%）

要求：计算应纳关税税额。

案例分析：

应纳关税税额=2×12 500 +12 000×6×3%=27 160（元）

（四）滑准税应纳税额的计算

关税税额=应税进（出）口货物数量×单位完税价格×滑准税税率

三、关税的税收优惠

（一）法定减免税

对以下项目实行法定减免税：

（1）关税税额在人民币 50 元以下的货物。

（2）无商业价值的广告品和货样。

（3）外国政府、国际组织无偿赠送的物资。

（4）在海关放行前损失的货物。

（5）进出境运输工具装载的途中必需的燃料、物料和饮食用品。

（二）特定减免税

特定减免税也称政策性减免税，有如下项目：

（1）科教用品。

（2）残疾人专用品。

（3）慈善性捐赠物资。

（4）加工贸易产品。

（5）边境贸易进口物资。

（三）临时减免税

临时减免税是指以上法定和特定减免税以外的其他减免税，即由国务院根据《中华人民共和国海关法》（以下简称《海关法》）对某个单位、某类商品、某个项目或某批进出口货物的特殊情况，给予特别照顾，一案一批，专文下达的减免税。

知识拓展

关于进口货物在进口环节税负的全面计算

进口货物按相关规定应征收关税的，并按国家规定属于同时应计征消费税与增值税，进口货物关税的正确计算决定着其进口环节消费税、增值税的计算，其计算的步骤为：

（1）确定关税完税价格。

关税完税价格=直接支付价款+间接支付价款

=海关审定的 CIF 价

=FOB 价+到岸前的间接性支出

FOB 离岸价应加到境前的运费、保险费等间接支付价款，作为关税完税价格。保险费的计算一般以 FOB 离岸价加运费作为计算基础。

如果保险费不明确或没支付，则按下列公式计算：

保险费=（货价+运费）×0.3%

（2）确定关税税额。

关税税额=关税完税价格×关税税率

（3）确定组成计税价格。

组成计税价格=（关税完税价格+关税）÷（1–消费税税率）

=关税完税价格+关税+消费税

组成计税价格是计算消费税与增值税的基础，因消费税是价内税，即计算货物消费税的组成计税价格中应含有消费税；增值税是价外税，其组成计税价格中不含增值税，其计税基数中含关税与消费税。

（4）消费税税额=组成计税价格×消费税税率。

（5）增值税税额=组成计税价格×增值税税率。

引入案例分析

（1）确定关税完税价格为海关审定后的完税价格，完税价格一般为 CIF 到岸价，即货物离岸价（有时就是国外的成交价）加上到岸前的运输、保险费等相关间接性支出 100 000×6+26 000 =626 000（元）。

（2）确定关税税率为 30%。

（3）计算应纳税额。

应纳税额=（100 000×6+26 000）×30%= 187 800（元）

新增案例分析

重庆一鸣公司 2018 年 9 月从法国进口红酒 3 000 箱，经海关核定一箱红酒的关税完税价格为 90 元，红酒关税税率为 60%，消费税税率为 10%，增值税税率为 16%。

要求：计算该公司红酒在进口环节一共征收的税负。

案例分析：

关税=3 000×90×60%=162 000（元）

组成计税价格=（3 000×90+162 000）÷（1–10%）=480 000（元）

进口环节应纳消费税=480 000×10% =48 000（元）

进口环节应纳增值税=480 000×16% =76 800（元）

进口环节税负=162 000+48 000+76 800=286 800（元）

任务小结

在计算关税应纳税额时，先确定货物计征方式，从价、从量还是复合计征，然后确定完税价格，依据相应税率计算出该批货物应纳的关税。

任务四 关税的征收管理

任务描述

- 掌握关税的申报缴纳。
- 了解关税的强制执行。
- 了解关税的退还。
- 了解关税的补征和追征。

任务分析

通过任务三的学习，我们知道怎样计算关税。本任务是学习计算关税后怎样向海关缴纳以及其他相关的申报后事项。

案例引入

重庆一鸣公司于2017年8月1日进口机械设备一套，完税价格为人民币100万元，进口关税税率为15%，海关于8月1日填发税款缴纳证，公司于2017年8月28日才缴纳税款，该公司应缴纳多少滞纳金？

相关知识

一、关税的申报缴纳

进口货物的纳税人应当自运输工具申报进境之日起14日内，出口货物的纳税人除海关特准的外，应当在货物运抵海关监管区后、装货的24小时以前，向货物的进出境地海关申报。纳税人应在海关填发税款缴纳证之日起15日内，向指定银行缴纳税款。

二、关税的强制执行

1. 征收关税滞纳金

关税缴纳期限届满之日起，至纳税义务人缴纳关税之日止。按滞纳税款万分之五的比例按日征收，周末或法定节假日不予扣除，滞纳金的起征点为50元。

2. 强制征收

如纳税义务人应缴关税税额达3个月未缴纳，经海关关长批准，海关可以采取强制措施，如从纳税义务人在开户银行或者其他金融机构的存款中直接扣缴税款、变价抵缴等方式。

三、关税的退还

关税退还是关税纳税义务人按海关核定的税额缴纳关税后，因某种原因的出现，海关将实际征收多于应当征收的税额（称为溢征关税）退还给原纳税义务人的一种行政行为。

四、关税的补征和追征

由海关原因造成的少交关税叫补征；由纳税人造成的少交关税叫追征。

知识拓展

船舶吨税法

1. 征税范围

自中华人民共和国境外港口进入境内港口的船舶（以下简称“应税船舶”），应当缴纳船舶吨税（以下简称“吨税”）。

2. 税率

优惠税率：中华人民共和国籍的应税船舶，船籍国（地区）与中华人民共和国签订含相互给予船舶最惠国待遇条款的条约或者协定的应税船舶。

普通税率：其他的应税船舶。

表 4–3 为吨税税目税率表。

表 4–3 吨税税目税率表

<table>
<tr><td rowspan="3">税目
（按船舶净吨位划分）</td><td colspan="6">税率/（元·净吨）</td><td rowspan="3">备注</td></tr>
<tr><td colspan="3">普通税率（按执照期限划分）</td><td colspan="3">优惠税率（按执照期限划分）</td></tr>
<tr><td>1 年</td><td>90 日</td><td>30 日</td><td>1 年</td><td>90 日</td><td>30 日</td></tr>
<tr><td>不超过 2 000 净吨</td><td>12.6</td><td>4.2</td><td>2.1</td><td>9.0</td><td>3.0</td><td>1.5</td><td rowspan="4">拖船和非机动驳船分别按相同净吨位船舶税率的 50% 计征税款</td></tr>
<tr><td>超过 2 000 净吨，但不超过 10 000 净吨</td><td>24.0</td><td>8.0</td><td>4.0</td><td>17.4</td><td>5.8</td><td>2.9</td></tr>
<tr><td>超过 10 000 净吨，但不超过 50 000 净吨</td><td>27.6</td><td>9.2</td><td>4.6</td><td>19.8</td><td>6.6</td><td>3.3</td></tr>
<tr><td>超过 50 000 净吨</td><td>31.8</td><td>10.6</td><td>5.3</td><td>22.8</td><td>7.6</td><td>3.8</td></tr>
</table>

注：拖船是指专门用于拖动运输船舶的专业作业船舶，拖船按照发动机功率每 1 千瓦折合净吨位 0.67 吨；非机动驳船，是指在船舶管理部门登记为驳船的非机动船舶。

3. 应纳税额计算

应纳税额=船舶净吨位×定额税率

引入案例分析

（1）明确关税税款的缴纳期限：

应于海关填发税款缴纳证之日起 15 日内缴纳，8 月 1 日至 15 日为缴纳期限之内。

（2）8 月 16 日至 28 日，13 天应按 0.5‰缴纳滞纳金（假定不考虑节假日）。

（3）应缴纳滞纳金= 1 000 000×15%×0.5‰×13 =975（元）。

任务小结

（1）关税征收管理应明确纳税人向海关申报时间、缴款时间。

（2）滞纳金的计算方法。

学生演练

重庆一鸣公司为增值税一般纳税人，兼营商品加工、批发、零售和进出口业务，2018 年 9 月相关经营业务如下：

（1）进口化妆品一批，支付国外的买价 220 万元、国外的经纪费 4 万元。

（2）支付运抵我国海关地前的运输费用 20 万元、装卸费用和保险费用 11 万元。

（3）支付海关地再运往商贸公司的运输费用 8 万元、装卸费用和保险费用 3 万元。

假设：关税税率为 30%，消费税税率 15%。

要求：

（1）计算该公司进口环节应缴纳的关税。

（2）计算该公司进口环节应缴纳的消费税。

（3）计算该公司进口环节应缴纳的增值税。

项目五

企业所得税实务

项目介绍

在掌握企业所得税基本原理、基本要素的基础上，通过剖析《中华人民共和国企业所得税法实施条例》（以下简称《企业所得税法实施条例》）《税收征收管理法》及其相关规定，完成以下工作任务：

任务一——企业所得税的基本原理

任务二——企业所得税的基本要素

任务三——企业所得税应纳税额计算

任务四——企业所得税的税收优惠

任务五——企业所得税的征收管理、纳税申报

任务六——企业所得税涉税账务处理

学习导航

- 本项目系统学习的企业所得税法，是非常重要的一个项目。
- 以征收对象、纳税人、税率、应纳税额、纳税申报作为主线进行对比分析学习。
- 学习应纳税额计算时，应结合利润表的相关项目、企业所得税纳税申报表相关栏目进行学习。
- 本项目的法律依据：《中华人民共和国企业所得税法》（中华人民共和国主席令第 63 号，2008 年 1 月 1 日开始实施）；《中华人民共和国企业所得税法实施条例》（中华人民共和国国务院令 512 号，2008 年 1 月 1 日开始实施）；《关于扩大小型微利企业所得税优惠政策范围

的通知》（财税〔2017〕43 号）；《关于贯彻落实扩大小型微利企业所得税优惠政策范围有关征管问题的公告》（国家税务总局公告〔2017〕23 号）等。网络资源：中国税务网：http://www.ctax.org.cn/，国家税务总局：http://www.chinatax.gov.cn/。

学习目标

- 了解企业所得税的概念、征税对象及纳税人、税率。
- 熟悉资产的税务处理。
- 掌握应纳税额的计算。
- 熟悉税收优惠。
- 了解征收管理。
- 掌握纳税申报。
- 了解涉税账务处理。

教学准备

- 收集企业所得税纳税申报表，以备教学使用。
- 设计一个教学引入情景。
- 引导学生预习本项目内容。

关键词（中英文对照）

企业所得税（corporate income tax）、征税范围（scope of taxation）、纳税人（taxpayer）、应纳税额（taxable income）、税收优惠（preferential tax）、纳税申报（tax declaration）

任务一　企业所得税的基本原理

任务描述

- 了解企业所得税的概念和作用。

任务分析

企业所得税属于所得税类，在计算企业所得税前，企业所纳的所有税费（除企业所得税外）都需要计算准确。在与其他流转税进行比较学习的过程中，本次任务主要了解企业所得税的特点及作用。

案例引入

甲公司和乙公司都是同行业的生产经营型企业，甲公司在2017年的营业收入为1 000万元，会计净利润为10万元；而乙公司在2017年的营业收入为2 000万元，会计利润为50万元。甲公司中没有相应的调整事项，乙公司有100万元的国债利息收入。甲公司会计根据税法规定缴纳所得税，乙公司没有缴纳。

甲公司部分股东不明白，为什么该公司的收入比乙公司少，会计净利润也比乙公司少，还要多交企业所得税呢？

要求：如果你是甲公司的会计，该如何向股东解释？

相关知识

一、企业所得税的概念和特点

（一）企业所得税的概念

企业所得税是指对我国境内的企业和其他取得收入的组织就其生产经营所得和其他所得征收的一种税。

（二）企业所得税的特点

1. 征税范围广

从范围上看，企业所得税来源于中国境内和境外的所得；从内容上看，企业所得税来源于生产经营所得额和其他所得。因此，企业所得税具有征收上的广泛性。

2. 税负公平

企业所得税，不分企业所有制，不分企业所处的地区、行业和层次，实行统一的比例税率，“所得多的多征，所得少的少征，无所得的不征”。因此企业所得税是能够较好地体现公平税负和税收中性的一个良性税种。

3. 税基约束力强

企业所得税的税基是应纳税所得额，即以纳税人每一纳税年度的收入总额减去准予扣除项目金额后的余额。为了保护税基，企业所得税法明确了收入总额、扣除项目金额的确定以及资产的税务处理等内容，使得应税所得额的计算相对独立于企业的会计核算，体现了税法的强制性与统一性。

4. 纳税人与负税人一致

纳税人缴纳的企业所得税一般不易转嫁，而由纳税人自己负担。

二、企业所得税的作用

（一）促进改善经营管理，提升企业的盈利能力

由于只对企业应纳税所得额征税，且采用比例税率，因此对大多数企业来说承担的税负

水平相同。相对于累进税率，企业所得税采用比例税率更有利于促进企业改善经营管理，努力降低成本，提高盈利能力和水平。

（二）调整产业结构，促进经济发展

所得税的调节作用在于公平税负、量能负担。虽然世界各国的法人所得税往往采用比例税率的形式，在一定程度上削弱了所得税的调控功能，但在税制设计中，世界各国往往通过各项税收优惠的实施，发挥政府在对纳税人投资、产业结构调整，环境治理等方面的调控作用。

（三）增加财政收入

税收的首要职能就是筹集财政收入。随着我国收入向企业和居民分配的倾斜，企业所得税占全部税收收入的比重越来越高。

知识拓展

各国对企业所得税征税的一般性做法

（1）纳税人为法人。

（2）以应纳税所得额为计税依据。

（3）税率：累进及比例。

（4）税收优惠。

① 税收抵免：投资抵免、国外税收抵免。

② 税收豁免：豁免期、豁免项目。

③ 加速折旧。

税收优惠的各国共同特点：淡化区域，突出行业。

引入案例分析

企业所得税的税基是应纳税所得额，即以纳税人每一纳税年度的收入总额减去准予扣除项目金额后的余额，而不是企业的会计净利润。一般情况下是在会计利润总额的基础上进行相应的调整后得到应纳税所得额。因甲公司中没有相应的调整事项，乙公司有 100 万元的国债利息收入（属于企业所得税的免税收入），所以甲公司会计根据税法规定要缴纳所得税，乙公司没有缴纳。

任务小结

会计利润与企业应纳税所得额并不完全一致。

任务二 企业所得税的基本要素

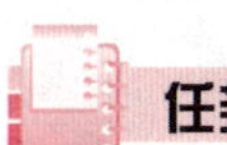

任务描述

- 了解企业所得税的纳税义务人和征税对象。
- 熟悉企业所得税的税率。

任务分析

通过任务一的学习，我们已知道我国企业所得税的概念。现在还需进一步明确该税的征税范围、纳税人、税率，才能为下一步正确计税做好准备。

案例引入

小王的表哥经营一家合伙的鲜花店，成立之初，表哥打电话问小王，这家合伙的鲜花店是否需要缴纳企业所得税？为什么？

要求：小王该如何回答？

相关知识

一、企业所得税的纳税义务人

企业所得税的纳税人，是指在中华人民共和国境内的企业和其他取得收入的组织，《中华人民共和国企业所得税法》（以下简称《企业所得税法》）规定，个人独资企业、合伙企业不适用企业所得税法。

企业所得税的纳税人分为居民企业和非居民企业。

（一）居民企业

居民企业，是指依法在中国境内成立，或者依照外国（地区）法律成立但实际管理机构在中国境内的企业。

这里的企业包括国有企业、集体企业、私营企业、联营企业、股份制企业、外商投资企业、外国企业以及有生产、经营所得和其他所得的其他组织。其中，有生产经营所得和其他所得的其他组织，是指经国家有关部门批准，依法注册登记的事业单位、社会团体等组织。实际管理机构，是指对企业的生产经营、人员、账务、财产等实施实质性全面管理和控制的机构。

（二）非居民企业

非居民企业，是指依照外国（地区）法律成立且实际管理机构不在中国境内，但在中国境内设立机构、场所的，或者在中国境内未设立机构、场所，但有来源于中国境内所得的企业。

所称机构、场所，是指在中国境内从事生产经营活动的机构、场所，包括：

（1）管理机构、营业机构、办事机构。

（2）工厂、农场、开采自然资源的场所。

（3）提供劳务的场所。

（4）从事建筑、安装、装配、修理、勘探等工程作业的场所。

（5）其他从事生产经营活动的场所。

二、企业所得税的征税对象

企业所得税的征税对象是纳税人每一纳税年度取得的生产、经营所得、清算所得以及其他所得。

（一）居民企业的征税对象

居民企业应就来源于中国境内、境外的所得作为征税对象。

所得包括：

（1）销售货物所得。

（2）提供劳务所得。

（3）转让财产所得。

（4）股息红利等权益性投资所得。

（5）利息所得。

（6）租金所得。

（7）特许权使用费所得。

（8）接受捐赠所得。

（9）其他所得。

（二）非居民企业的征税对象

非居民企业在中国境内设立机构、场所的，应当就其所设机构、场所取得的来源于中国境内的所得，以及发生在中国境外但与其所设机构、场所有实际联系的所得，缴纳企业所得税。

非居民企业在中国境内未设立机构、场所的，或者虽设立机构、场所但取得的所得与其所设机构、场所没有实际联系的，应当就其来源于中国境内的所得缴纳企业所得税。

（三）所得来源的确定

1. 销售货物所得

销售货物所得按照交易活动发生地确定。

2. 提供劳务所得

提供劳务所得按照劳务发生地确定。

3. 转让财产所得

（1）不动产转让所得按照不动产所在地确定。

（2）动产转让所得按照转让动产的企业或者机构、场所所在地确定。

（3）权益性投资资产转让所得按照被投资企业所在地确定。

4. 股息、红利等权益性投资所得

股息、红利等权益性投资所得按照分配所得的企业所在地确定。

5. 利息所得、租金所得、特许权使用费所得

利息所得、租金所得、特许权使用费所得按照负担、支付所得的企业或者机构、场所所在地确定，或者按照负担、支付所得的个人的住所地确定。

6. 其他所得

其他所得由国务院财政、税务主管部门确定。

三、企业所得税的税率

（一）基本税率 25%

基本税率适用于居民企业和在中国境内设有机构、场所且所得与机构、场所有关联的非居民企业。

（二）低税率 20%

低税率适用于在中国境内未设立机构、场所，或者虽设立机构、场所但取得的所得与其所设机构、场所没有实际联系的非居民企业来源于中国境内的所得。但实际征税时适用 10%的税率。

符合条件的小型微利企业，减按 20%的税率征收企业所得税。国家需要重点扶持的高新技术企业，减按 15%的税率征收企业所得税。

> 提示：
>
> 自 2017 年 1 月 1 日至 2019 年 12 月 31 日，将小型微利企业的年应纳税所得额上限由 30 万元提高至 50 万元，对年应纳税所得额低于 50 万元（含 50 万元）的小型微利企业，其所得减按 50%计入应纳税所得额，按 20%的税率缴纳企业所得税。

知识拓展

1. 世界上企业所得税情况介绍

我国现行企业所得税的基本税率设定为 25%，从世界各国比较而言还是偏低的。据有关资料介绍，世界上近 160 个实行企业所得税的国家（地区）平均税率为 28.6%，我国周边 18 个国家（地区）的平均税率为 26.7%。我国现行税率的确定，既考虑了我国财政承受能力，又考虑了企业的负担水平。

2. 小型微利企业的条件

《企业所得税法》第 28 条第一款所称符合条件的小型微利企业，是指从事国家非限制和禁止行业，并符合下列条件的企业：

（1）工业企业，年度应纳税所得额不超过 50 万元，从业人数不超过 100 人，资产总额不超过 3 000 万元。

（2）其他企业，年度应纳税所得额不超过 50 万元，从业人数不超过 80 人，资产总额不超过 1 000 万元。

引入案例分析

小王应这样回答：不交企业所得税。因为企业所得税的纳税人，是指在中华人民共和国境内的企业和其他取得收入的组织，《企业所得税法》规定，个人独资企业、合伙企业不适用企业所得税法。表哥的鲜花店是合伙企业，故不需缴纳企业所得税。

任务小结

（1）企业所得税的纳税人有居民企业和非居民企业之分。居民企业就来源于境内外的所得缴纳所得税，非居民企业应只对来源于中国境内的所得缴纳所得税。企业所得税纳税人不包括合伙企业、个人独资企业。

（2）企业所得税以纳税人每一纳税年度取得的生产、经营所得、清算所得以及其他所得为征税对象。

（3）企业所得税的基本税率为 25%。

任务三 企业所得税应纳税额计算

任务描述

- 了解企业所得税的计税依据及应纳税所得额计算公式，掌握收入总额的确定。
- 掌握税前扣除范围。
- 掌握亏损的弥补，熟悉资产的税务处理。
- 掌握居民企业应纳税额的计算和非居民企业的应纳税额的计算。

任务分析

通过任务一、任务二的学习，我们已掌握企业所得税的概念、作用、征税对象、纳税人、税率。本次任务是通过公式计算企业所得税应纳税所得额和应纳税额。

案例引入

重庆一鸣公司为生产通用机械的企业（居民企业），为增值税的一般纳税人，某年度发生经济业务如下（企业所得税税率为25%）：

（1）取得产品销售收入4 000万元。

（2）发生产品销售成本2 600万元。

（3）发生销售费用770万元（其中广告费650万元）。

（4）管理费用480万元（其中业务招待费25万元）。

（5）财务费用60万元。

（6）销售税金160万元（含增值税120万元）。

（7）营业外收入80万元。

（8）营业外支出50万元（含通过公益性社会团体向贫困山区捐款30万元，支付税收滞纳金6万元）。

（9）国债利息收入共计20万元。

（10）已预交所得税10万元。

要求：假设你是该公司涉税会计人员，计算该年度应缴纳的企业所得税。

相关知识

一、企业所得税的计税依据及应纳税所得额计算公式

企业所得税的计税依据是应纳税所得额。

应纳税所得额是企业每一纳税年度的收入总额，减除不征税收入、免税收入、各项扣除以及允许弥补的以前年度亏损后的余额。

基本公式为：

应纳税所得额=收入总额–不征税收入–免税收入–各项扣除–以前年度亏损

企业的应纳税所得额是根据税法规定计算出来的，它在数额上与依据财务会计制度计算的利润总额往往不一致。

企业应纳税所得额的计算，以权责发生制为原则。属于当期的收入和费用，不论款项是否收付，均作为当期的收入和费用；不属于当期的收入和费用，即使款项已经在当期收付，均不作为当期的收入和费用，但《企业所得税法实施条例》和国务院财政、税务主管部门另有规定的除外。

二、收入总额的确定

（一）一般收入的确定

企业以货币形式和非货币形式从各种来源取得的收入为收入总额。具体包括以下几种。

1. 销售货物收入

销售货物收入指企业销售商品、产品、原材料、包装物、低值易耗品以及其他存货取得的收入。

2. 提供劳务收入

提供劳务收入指企业从事建筑安装、修理修配、交通运输、仓储租赁、金融保险、邮电通信、咨询经纪、文化、体育、科学研究、技术服务、教育培训、餐饮住宿、中介代理、卫生保健、社区服务、旅游、娱乐、加工以及其他劳务服务活动取得的收入。

3. 转让财产收入

转让财产收入是指企业转让固定资产、生物资产、无形资产、股权、债权等财产取得的收入。

4. 股息、红利等权益性投资收益

权益性投资收益是指企业因权益性投资从被投资方取得的收入。按照被投资方作出利润分配决定的日期确认收入的实现。

5. 利息收入

利息收入是指企业将资金提供给他人使用但不构成权益性投资，或者因他人占用本企业资金取得的收入，包括存款利息、贷款利息、债券利息、欠款利息等收入。按照合同约定的债务人应付利息的日期确认收入的实现。

6. 租金收入

租金收入是指企业提供固定资产、包装物或者其他有形资产的使用权取得的收入。按照合同约定的承租人应付租金的日期确认收入的实现。

7. 特许权使用费收入

特许权使用费收入是指企业提供专利权、非专利技术、商标权、著作权以及其他特许权的使用权取得的收入。按照合同约定的特许权使用人应付特许权使用费的日期确认收入的实现。

8. 接受捐赠收入

接受捐赠收入是指企业接受的来自其他企业、组织或者个人无偿给予的货币性资产、非货币性资产。按照实际收到捐赠资产的日期确认收入的实现。

9. 其他收入

其他收入是指企业取得的除以上第 1 项至第 8 项规定的收入外的其他收入，包括企业资产溢余收入、逾期未退包装物押金收入、确实无法偿付的应付款项、已作坏账损失处理后又收回的应收款项、债务重组收入、补贴收入、违约金收入、汇兑收益等。

（二）特殊收入的确定

（1）以分期收款方式销售货物的，按照合同约定的收款日期确定收入的实现。

（2）企业受托加工制造大型机械设备、船舶、飞机，以及从事建筑、安装、装配工程业务或者提供其他劳务等，持续时间超过 12 个月的，按照纳税年度内完工进度或者完成的工作量确认收入的实现。

（3）采取产品分成方式取得收入的，按照企业分得产品的日期确认收入的实现，其收入额须按照产品的公允价值确定。

（4）企业发生非货币性资产交换，以及将货物、财产、劳务用于捐赠、偿债、赞助、集资、产品、样品、职工福利或者利润分配等用途的，应当视为销售货物、转让财产或者提供劳务，但国务院财政、税务主管部门另有规定的除外。

（三）不征税和免税收入

1. 不征税收入

（1）财政拨款。

财政拨款是指各级人民政府对纳入预算管理的事业单位、社会团体等组织拨付的财政资金，但国务院和国务院财政、税务主管部门另有规定的除外。

（2）依法收取并纳入财政管理的行政事业性收费、政府性基金。

行政事业性收费是指依照法律法规等有关规定，按照国务院规定程序批准，在实施社会公共管理，以及在向公民、法人或者其他组织提供特定公共服务的过程中，向特定对象收取并纳入财政管理的费用。政府性基金是指企业依照法律、行政法规等有关规定，代政府收取的具有专项用途的财政资金。

（3）国务院规定的其他不征税收入。

国务院规定的其他不征税收入是指企业取得的，由国务院财政、税务主管部门规定专项用途并经国务院批准的财政性资金。

2. 免税收入

（1）国债利息收入。

（2）符合条件的居民企业之间的股息、红利等权益性收益。指居民企业直接投资于其他居民企业取得的投资收益。

（3）在中国境内设立机构、场所的非居民企业从居民企业取得的与该机构、场所有实际联系的股息、红利等权益性投资收益。

该收益不包括连续持有居民企业公开发行并上市流通股票不足 12 个月取得的投资收益。

（4）符合条件的非营利组织的收入。

三、扣除项目的范围

（一）税前扣除项目的范围

1. 成本

成本指纳税人为生产、经营商品和提供劳务等所发生的各项直接耗费和各项间接费用。

2. 费用

费用指纳税人为生产经营商品和提供劳务等所发生的销售费用、管理费用和财务费用。

3. 损失

损失指企业在生产、经营活动中发生的固定资产和存货的盘亏、毁损、报废损失，转让财产损失，呆账损失，坏账损失，自然灾害等不可抗力因素造成的损失以及其他损失。

除此以外，在计算企业应纳税所得额时，对纳税人的财务会计处理和税收规定不一致的，应按照税收规定予以调整。

4. 税金

税金指企业发生的除企业所得税和允许抵扣的增值税以外的各项税金及附加，但已经计入管理费用的房产税、车船使用税、土地使用税、印花税等，不再作为税金单独扣除。

5. 除成本、费用、税金和损失外，企业在生产经营过程中发生的与生产经营活动有关的、合理的支出

这部分支出准予在计算应纳税所得额时扣除。

（二）扣除项目及标准需按税收规定进行纳税调整的扣除项目

1. 工资、薪金支出

企业发生的合理的工资、薪金支出准予据实扣除。工资、薪金支出是企业每一纳税年度支付给本企业任职或与其有雇佣关系的员工的所有现金或非现金形式的劳动报酬，包括基本工资、奖金、津贴、补贴、年终加薪、加班工资，以及与任职或者受雇有关的其他支出。

实际工作中应注意区分：工资已计入成本费用，不作纳税调整；工资未计入成本费用，可以作为调整事项。

2. 职工福利费、职工工会经费、职工教育经费

纳税人按照工资薪金总额计提的职工福利费、职工工会经费、职工教育经费（提取比例分别为 14%、2%、2.5%），可以在计算企业应纳税所得额时予以扣除，超过部分除职工教育经费外不得在当年税前扣除。除国务院财政、税务主管部门另有规定外，企业发生的职工教育经费支出，超过工资薪金总额 2.5%（高新技术企业发生的职工教育经费支出，不超过工资薪金总额 8%）的部分准予在以后纳税年度结转扣除。

提示：

职工教育经费超过扣除限额部分，准予在以后纳税年度结转扣除（前提是以后年度未超过标准）。计算三项经费的“工资薪金总额”，是指企业实际发放的工资薪金总和，不包括企业的职工福利费、职工教育经费、工会经费以及养老保险费、医疗保险费、失业保险费、工伤保险费、生育保险费等社会保险费和住房公积金。属于国有性质的企业，其工资薪金，不得超过政府有关部门给予的限定数额；超过部分，不得计入企业工资薪金总额，也不得在计算企业应纳税所得额时扣除。

【案例 5-1】

重庆一鸣公司某年全年实发工资薪金总额为 500 万元，其职工福利费、职工工会经费、职工教育经费分别列支为 30 万元、15 万元、20 万元。

要求：计算其该年计算所得税时可扣除的三项经费的金额以及不能扣除的金额。

案例分析：

（1）职工福利能扣除的金额=500×14%=60（万元）。60 万元＞30 万元，可全部扣除。

（2）职工工会经费能扣除的金额=500×2%=10（万元）。只能扣除 10 万元，15−10=5（万元），5 万元不能扣除。

（3）职工教育经费能扣除的金额=500×2.5%=12.5（万元）。只能扣除 12.5 万元，20−12.5=7.5（万元），7.5 万元待以后年度扣除。

3. 社会保险费和住房公积金

企业依照国务院有关主管部门或者省级人民政府规定的范围和标准为职工缴纳“五险一金”的基本养老保险费、基本医疗保险费、失业保险费、工伤保险费、生育保险费等基本社会保险费和住房公积金，准予扣除。

应该特别注意的是，企业为投资者或者职工支付的补充养老保险费、补充医疗保险费，应在国务院财政、税务主管部门有关部门给予的限定数额内；超过部分不得计入企业工资薪金总额，也不得在计算企业应纳税所得额时扣除。企业依照国家有关规定为特殊工种职工支付的人身安全保险费和符合国务院财政、税务主管部门规定可以扣除的商业保险费准予扣除；企业参加财产保险，按照规定缴纳的保险费，准予扣除；企业为投资者或者职工支付的商业保险费，不得扣除。

4. 借款费用、利息支出

企业在生产、经营活动中发生的合理的不需要资本化的借款费用，准予扣除。企业在生产经营活动中发生的下列利息支出，准予扣除：

（1）非金融企业向金融企业借款的利息支出、金融企业的各项存款利息支出和同业拆借利息支出、企业经批准发行债券的利息支出。

（2）非金融企业向非金融企业借款的利息支出，不超过按照金融企业同期同类贷款利率计算数额的部分。

【案例 5–2】

重庆一鸣公司某年向非金融机构融资 200 万元，支付利息 20 万元，该年同期银行贷款利率为 5%。

要求：计算其该年计算所得税时可扣除的利息的金额以及不得扣除的金额。

案例分析：

该公司向非金融机构融资 200 万元，可扣除的利息的金额是 200×5%=10（万元）。

不得扣除的金额为 20–10=10（万元）。

5. 汇兑损失

企业在货币交易中以及纳税年度终了时，将人民币以外的货币性资产、负债按照期末即期人民币汇率中间价折算为人民币时产生的汇兑损失，除已经计入有关资产成本以及已向所有者进行利润分配相关的部分外，准予扣除。

6. 业务招待费

业务招待费，是指纳税人为生产、经营业务的合理需要而发生的业务招待支出。按照发生额的 60%扣除，但最高不得超过当年销售（营业）收入的 0.5%。当年销售（营业）收入还包括《企业所得税法实施条例》第 25 条规定的视同销售（营业）收入额。

【案例 5–3】

重庆一鸣公司某年全年的营业收入为 4 000 万元，全年发生的业务招待费为 25 万元。

要求：重庆一鸣公司当年汇算所得税时能扣除的业务招待费的金额是多少？

案例分析：

（1）重庆一鸣公司全年的收入为 4 000 万元，扣除标准按收入的 0.5%计算为 20 万元。

（2）按实际发生 25 万元的 60%计算的扣除标准为 15 万元。

分析（1）和（2）的计算结果，小者为扣除标准，因此只能扣除 15 万元。25–15=10（万元）不能扣除。

7. 广告费和业务宣传费

企业发生的符合条件的广告费和业务宣传费支出，除国务院财政、税务主管部门另有规定外，不超过当年销售（营业）收入15%的部分准予扣除；化妆品制造或销售、医药制造和饮料制造（不含酒类制造）企业发生的广告费和业务宣传费支出，不超过当年销售（营业）收入30%，准予扣除。超过部分，准予在以后纳税年度结转扣除。

【案例5-4】

重庆一鸣公司2017年全年的营业收入为4 000万元，全年发生的广告费为1 000万元。要求：计算该公司当年汇算所得税时能扣除的广告费用的金额。

案例分析：

（1）若重庆一鸣公司为普通商品的生产或销售企业，则：

当年能扣除的广告费标准为4 000×15%=600（万元）。

当年支付的广告费用1 000万元–600万元=400万元不能当年扣除，只能留在该年度以后结转扣除。

（2）若重庆一鸣公司为化妆品制造或销售、医药制造和饮料制造（不含酒类制造）企业，则：

当年能扣除的广告费标准为4 000×30%=1 200（万元）。

当年支付的广告费用1 000万元<1 200万元，当年可以全额扣除。

8. 环境保护专项资金

企业依照法律、行政法规有关规定提取的用于环境保护、生态恢复等方面的专项资金，准予扣除。上述专项资金提取后改变用途的，不得扣除。

9. 保险费

企业参加财产保险，按照规定缴纳的保险费，准予扣除。

10. 租赁费

企业根据生产经营活动的需要租入固定资产支付的租赁费，按照以下方法扣除：

（1）以经营租赁方式租入固定资产发生的租赁费支出，按照租赁期限均匀扣除。

（2）以融资租赁方式租入固定资产发生的租赁费支出，按照规定构成融资租入固定资产价值的部分应当提取折旧费用，分期扣除。

11. 劳动保护费

企业发生的合理的劳动保护支出，准予扣除。

12. 公益性捐赠

企业发生的公益性捐赠支出，在年度利润总额12%以内的部分，准予扣除。公益性捐赠是指企业通过公益性社会团体或者县级以上人民政府及其部门，用于《中华人民共和国公益事业捐赠法》（以下简称《公益事业捐赠法》）规定的公益事业的捐赠。年度利润总额，是指企业依照国家统一会计制度的规定计算的年度会计利润总额。

【案例5-5】

重庆一鸣公司某年全年会计利润总额为100万元，通过公益性社会团体向贫困山区捐款30万元。

要求：计算该公司当年汇算所得税时能扣除的公益性捐赠的金额。

案例分析：

该公司全年利润总额为100万元，年度利润总额的12%为12万元，因此能扣除12万元。30万元–12万元=18万元不得扣除。

13. 有关资产的费用

企业转让各类固定资产发生的费用，准予扣除。企业按规定计算的固定资产折旧费、无形资产和递延资产的摊销费，准予扣除。

14. 总机构分摊的费用

非居民企业在中国境内设立的机构、场所，就其中国境外总机构发生的与该机构、场所生产经营有关的费用，能够提供总机构出具的费用汇集范围、定额、分配依据和方法等证明文件，并合理分摊的，准予扣除。

15. 资产损失

企业发生的固定资产和流动资产盘亏、毁损净损失，由其提供清查盘存资料经主管税务机关审核后，准予扣除；企业因存货盘亏、毁损、报废等原因不得从销项税额中抵扣的进项税额，应视为企业资产损失，准予与存货一起在所得税前按规定扣除。

16. 其他项目

依照有关法律、行政法规和国家有关税法规定准予扣除的其他项目，如会员费、合理的会议费、差旅费、违约金、诉讼费用等。

（三）不得扣除的项目

不得扣除的项目，是企业在计算应纳税所得额时不得扣除的项目。

企业在计算应纳税所得额时，不得从收入总额中扣除的项目有。

（1）向投资者支付的股息、红利等权益性投资收益款项。

（2）企业所得税税款。

（3）税收滞纳金：是指纳税人违反税收法规，被税务机关处以的滞纳金。

（4）罚金、罚款和被没收财物的损失。

（5）公益、救济性捐赠以外的捐赠支出。

（6）赞助支出：是指企业发生的与生产经营活动无关的各种非广告性质支出。

（7）未经核定的准备金支出：是指不符合国务院财政、税务主管部门规定的各项资产减值准备、风险准备等准备金支出。

（8）企业之间支付的管理费、企业内营业机构之间支付的租金和特许权使用费，以及非银行企业内营业机构之间支付的利息。

（9）与取得收入无关的其他支出。

企业对外投资期间，投资资产的成本在计算应纳税所得额时不得扣除。

（四）亏损弥补

亏损，是指企业依照《企业所得税法》及其实施条例的规定，将每一纳税年度的收入总额减除不征税收入、免税收入和各项扣除后小于零的数额。

> 提示：
>
> 税法规定，企业某一纳税年度发生的亏损可以用下一年度的所得弥补，下一年度的所得不足以弥补的，可以逐年延续弥补，但最长不得超过 5 年。而且，企业在汇总计算缴纳企业所得税时，其境外营业机构的亏损不得抵减境内营业机构的盈利。

四、资产的税务处理

资产是由于资本投资而形成的财产，对于资本性支出以及无形资产受让、开办、开发费用，不允许作为成本、费用从纳税人的收入总额中作一次性扣除，只能采取分次计提折旧或分次摊销的方式予以扣除。即纳税人经营活动中使用的固定资产折旧费用、无形资产和长期待摊费用的摊销费用可以扣除。

企业的各项资产，包括固定资产、生物资产、无形资产、长期待摊费用、投资资产、存货等，以历史成本为计税基础。

历史成本是指企业取得该项资产时实际发生的支出。

企业持有各项资产期间增值或减值，除国务院财政、税务主管部门规定可以确认损益外，不得调整该资产的计税基础。

（一）固定资产的税务处理

固定资产，是指企业为生产产品、提供劳务、出租或者经营管理而持有的、使用时间超过 12 个月的非货币性资产，包括房屋、建筑物、机器、机械、运输工具以及其他与生产经营活动有关的设备、器具、工具等。

1. 固定资产确定计税基础的方法

（1）外购的固定资产，以购买价款和支付的相关税费以及直接归属于使该资产达到预定用途发生的其他支出为计税基础。

（2）自行建造的固定资产，以竣工结算前发生的支出为计税基础。

（3）融资租入的固定资产，以租赁合同约定的付款总额和承租人在签订租赁合同过程中发生的相关费用为计税基础，租赁合同未约定付款总额的，以该资产的公允价值和承租人在签订租赁合同过程中发生的相关费用为计税基础。

（4）盘盈的固定资产，以同类固定资产的重置完全价值为计税基础。

（5）通过捐赠、投资、非货币性资产交换、债务重组等方式取得的固定资产，以该资产的公允价值和支付的相关税费为计税基础。

（6）改建的固定资产，以改建过程中发生的改建支出增加计税基础。

固定资产的改建支出，是指改变房屋或者建筑物结构、延长使用年限等发生的支出。

固定资产的大修理支出，是指同时符合下列条件的支出：

① 修理支出达到取得固定资产时的计税基础 50%以上。

② 修理后固定资产的使用年限延长 2 年以上。

2. 固定资产的折旧范围

在计算应纳税所得额时，企业按照规定计算的固定资产折旧，准予扣除，下列固定资产不得计算折旧扣除：

（1）房屋、建筑物以外未投入使用的固定资产。

（2）以经营租赁方式租入的固定资产。

（3）以融资租赁方式租出的固定资产。

（4）已足额提取折旧后继续使用的固定资产。

（5）与经营活动无关的固定资产。

（6）单独估价作为固定资产入账的土地。

（7）其他不得计算折旧扣除的固定资产。

3. 固定资产折旧的计提方法

（1）企业应当自固定资产投入使用月份的次月起计算折旧；停止使用的固定资产，应当自停止使用月份的次月起停止计算折旧。

（2）企业应当根据固定资产的性质和使用情况，合理确定固定资产的预计净残值。固定资产的预计净残值一经确定，不得变更。

（3）固定资产按照直线法计算的折旧，准予扣除。

4. 固定资产折旧的计提年限

除国务院财政、税务主管部门另有规定外，固定资产计算折旧的最低年限如下：

（1）房屋、建筑物，为20年。

（2）飞机、火车、轮船、机器、机械和其他生产设备，为10年。

（3）与生产经营活动有关的器具、工具、家具等，为5年。

（4）飞机、火车、轮船以外的运输工具，为4年。

（5）电子设备，为3年。

从事开采石油、天然气等矿产资源的企业，在开始商业性生产前发生的费用和有关固定资产的折耗、折旧方法，由国务院财政、税务主管部门另行规定。

（二）生物资产的税务处理

生物资产是指有生命的动物和植物。分为消耗性生物资产、生产性生物资产和公益性生物资产。

生产性生物资产，是指企业为生产农产品、提供劳务或者出租等而持有的生物资产，包括经济林、薪炭林、产畜和役畜等。

1. 生产性生物资产确定计税基础的方法

（1）外购的生产性生物资产，以购买价款和支付的相关税费为计税基础。

（2）通过捐赠、投资、非货币性资产交换、债务重组等方式取得的生产性生物资产，以该资产的公允价值和支付的相关税费为计税基础。

2. 生产性生物资产的折旧方法及年限

生产性生物资产按照直线法计算的折旧，准予扣除。

企业应当自生产性生物资产投入使用月份的次月起计算折旧；停止使用的生产性生物资产，应当自停止使用月份的次月起停止计算折旧。

企业应当根据生产性生物资产的性质和使用情况，合理确定生产性生物资产的预计净残值。生产性生物资产的预计净残值一经确定，不得变更。

生产性生物资产计算折旧的最低年限如下：

（1）林木类生产性生物资产，为10年。

（2）畜类生产性生物资产，为3年。

3. 公益性生物资产

公益性生物资产，是指以防护、环境保护为主要目的的生物资产，包括防风沙林、水土保持林和水涵养林等。

（三）无形资产的税务处理

无形资产，指企业长期使用，但没有实物形态的资产。包括专利权、商标权、著作权、土地使用权、非专利技术、商誉等。

1. 无形资产确定计税基础的方法

（1）外购的无形资产，以购买价款和支付的相关税费以及直接归属于使该资产达到预定用途发生的其他支出为计税基础。

（2）自行开发的无形资产，以开发过程中该资产符合资本化条件后至达到预定用途前发生的支出为计税基础。

（3）通过捐赠、投资、非货币性资产交换、债务重组等方式取得的无形资产，以该资产的公允价值和支付的相关税费为计税基础。

2. 无形资产的摊销范围

在计算应纳税所得额时，企业按照规定计算的无形资产摊销费用，准予扣除。下列的无形资产不得计算摊销费用扣除。

（1）自行开发的支出已在计算应纳税所得额时扣除的无形资产。

（2）自创商誉。

（3）与经营活动无关的无形资产。

（4）其他不得计算摊销费用扣除的无形资产。

3. 无形资产的摊销方法及年限

无形资产按照直线法计算的摊销费用，准予扣除。

无形资产的摊销年限不得低于 10 年。

作为投资或者受让的无形资产，有关法律规定或者合同约定了使用年限的，可以按照规定或者约定的使用年限分期摊销。

外购商誉的支出，在企业整体转让或者清算时，准予扣除。

（四）长期待摊费用的税务处理

长期待摊费用，是指企业发生的应在一个年度以上或几个年度进行摊销的费用。

企业发生的下列支出作为长期待摊费用，按照规定摊销的，准予扣除：

（1）已足额提取折旧的固定资产的改建支出。

（2）租入固定资产的改建支出。

（3）固定资产的大修理支出。

（4）其他应当作为长期待摊费用的支出。

长期待摊费用的支出，自支出发生月份的次月起，分期摊销，摊销年限不得低于 3 年。

（五）投资资产的税务处理

投资资产，是指企业对外进行权益性投资和债权性投资形成的资产。

企业在转让或者处置投资资产时，投资资产的成本准予扣除。

1. 投资资产的成本

投资资产按照以下方法确定成本：

（1）通过支付现金方式取得的投资资产，以购买价款为成本。

（2）通过支付现金以外的方式取得的投资资产，以该资产的公允价值和支付的相关税费为成本。

2. 投资资产成本的扣除方法

企业对外投资期间，投资资产的成本在计算应纳税所得额时不得扣除；企业转让或者处置投资资产时，投资资产的成本准予扣除。

（六）存货的税务处理

存货，是指企业持有以备出售的产品或者商品、处在生产过程中的在产品、在生产或者提供劳务过程中耗用的材料和物料等。

1. 存货的计税基础

存货按照以下方法确定成本：

（1）通过支付现金方式取得的存货，以购买价款和支付的相关税费为成本。

（2）通过支付现金以外的方式取得的存货，以该存货的公允价值和支付的相关税费为成本。

（3）生产性生物资产收获的农产品，以产出或者采收过程中发生的材料费、人工费和分摊的间接费用等必要支出为成本。

2. 存货的成本计算方法

企业使用或者销售的存货的成本计算方法，可以从先进先出法、加权平均法、个别计价法中选用一种。

计价方法一经选用，不得随意变更。

企业转让以上资产，在计算企业应纳税所得额时，资产的净值允许扣除。其中，资产的净值，是指有关资产、财产的计税基础减除已经按照规定扣除的折旧、折耗、摊销、准备金后的余额。

除国务院财政、税务主管部门另有规定外，企业在重组过程中，应当在交易发生时确认有关资产的转让所得或者损失，相关资产应当按照交易价格重新确定计税基础。

（七）税法规定与会计规定差异的处理

税法规定与会计规定差异的处理是指在计算应纳税所得额时，企业财务、会计处理办法与税收法律、行政法规的规定不一致的，应当依照税收法律、行政法规的规定计算。即企业在平时进行会计核算时，可以按会计制度的有关规定进行账务处理，但在计算应纳税所得额和申报纳税时，对税法规定和会计制度规定有差异的，要按照税法规定进行纳税调整。

（1）企业不能提供完整、准确的收入及成本、费用的凭证，不能正确计算应纳税所得额的，由税务机关核定其应纳税所得额。

（2）企业依法清算时，以其清算终了后的清算所得为应纳税所得额，按规定缴纳企业所得税。所谓清算所得，是指企业的全部资产可变现价值或交易价格减除资产净值、清算费用以及相关税费后的余额。

（3）企业应纳税所得额是根据税收法规计算出来的，它在数额上与依据财务会计制度计算的利润总额往往不一致。

提示：

税法规定，对企业按照有关财务会计规定计算的利润总额，要依照税法的规定进行必要调整后，才能作为应纳税所得额计算缴纳所得税。

五、居民企业应纳税额的计算

居民企业应缴纳所得税额等于应纳税所得额乘以适用税率，基本计算公式为：

应纳税额=应纳税所得额×适用税率–减免税额–抵免税额

根据计算公式可以看出，应纳税额的多少，取决于应纳税所得额和适用税率两个因素，在实际工作中，应纳税所得额的计算一般有两种方法。

（一）直接计算法

应纳税所得额=收入总额–不征税收入–免税收入–各项扣除金额–弥补亏损

（二）间接计算法

应纳税所得额=会计利润总额±纳税调整项目金额

税收调整项目金额包括以下两方面内容：

（1）企业的财务会计处理和税收规定不一致的应予以调整的金额。

（2）企业按照税法规定准予扣除的税收金额。

【案例 5–6】

重庆一鸣公司为居民企业，生产销售通用机械，2017 年经营业务如下：

（1）取得销售收入 4 000 万元。

（2）销售成本 2 000 万元。

（3）发生销售费用 800 万元（其中广告费 700 万元）。

（4）发生管理费用 300 万元（其中业务招待费 50 万元）。

（5）发生财务费用 100 万元（其中向其他企业拆借资金 200 万元使用 1 年，支付借款利息 20 万元，银行同期同类贷款年利率为 5%）。

（6）缴纳税金 300 万元（其中增值税 200 万元）。

（7）营业外支出 200 万元（其中公益性的捐赠 100 万元，税收滞纳金 10 万元）。

（8）计入成本、费用中的实发工资总额 500 万元。

（9）拨缴职工工会经费 20 万元，支付职工福利费 80 万元、职工教育经费 32.5 万元。

该企业适用企业所得税税率为 25%，广告费和业务宣传费支出不超过当年销售（营业）收入 15%的部分可税前扣除。

要求：计算该企业当年应纳企业所得税税额。

案例分析：

本案例可用间接计算法

（1）会计利润总额=4 000–2 000–800–300–100–100–200=500（万元）。

（2）列支的广告费有误，应调整：

广告费调增所得额=700–4 000×15%=100（万元）

因此，允许扣除的广告费为 600 万元，应调增所得额 100 万元。

（3）列支的业务招待费有误，应调整；

业务招待费调增所得额=50–4 000×5‰=30（万元）

4 000×5‰=20（万元）＜50×60%=30（万元）

因此，允许扣除的业务招待费为 20 万元，应调增所得额 30 万元。

（4）列支的借款利息有误，应按银行同期同类贷款利率调整：

借款利息调增所得额=20–200×5%=10（万元）

因此允许扣除 10 万元，应调增应纳税所得额 10 万元。

（5）列支的公益性捐赠有误，应调整：

公益性捐赠调增所得额=100–500×12%=100–60=40（万元）

（6）税收滞纳金不得在税前扣除；

税收滞纳金调增所得额为 10 万元。

（7）拨缴、支付的三项经费有误，应调整：

工会经费调增所得额=20–500×2%=10（万元）

职工福利费调增所得额=80–500×14%=10（万元）

职工教育经费调增所得额=32.5–500×2.5%=20（万元）

经调整计算如下：

应纳税所得额=500+100+30+10+40+10+10+10+20=730（万元）

应纳所得税税额=730×25%=182.5（万元）

【案例 5–7】

重庆一鸣公司是居民企业（从事化妆品的制造和销售），某年主要经营情况如下：

（1）产品销售收入 3 000 万元。

（2）销售成本 1 500 万元。

（3）销售税金及附加 10 万元。

（4）销售费用 200 万元（含广告费 100 万元）。

（5）管理费用 500 万元，含招待费 20 万元、办公室房租 36 万元（房屋当年 9 月起租，总价 36 万，租期 2 年）、存货跌价准备 2 万元、支付关联企业的管理费 10 万元、投资者家庭财产险 15 万元。

（6）财务费用为 20 万元。

（7）营业外支出 15 万元。

（8）营业外收入 80 万元是取得符合不征税条件的财政拨款。

要求：计算重庆一鸣公司该年度应纳的所得税额。（企业所得税税率为 25%）

案例分析：

本案例可以用直接计算法。

（1）该企业所得税前可扣除的销售费用。

销售费用为 200 万元。

广告费限额 = 3 000×30% = 900（万元）（按税法规定，化妆品的制造和销售税前扣除的广告费用不能超过销售收入 30%）

因此，广告费没有超支。

（2）该企业所得税前可扣除的管理费用。

可扣除的管理费用：500–（20–12）–（36–6）–2–10–15=435（万元）。

① 业务招待费限额计算。

3 000×5‰=15（万元）

20×60%=12（万元）

按税法规定，业务招待费按照发生额的 60%扣除，但最高不得超过销售收入 5‰，所以可扣除 12 万元。

② 当年应计入成本费用的房租=36÷24×4=6（万元）（按税法规定，经营性租入固定资产的费用应按受益时间均匀扣除），不得扣除 30 万元。

③ 存货跌价准备 2 万元属于在企业所得税税前不允许扣除的支出。

④ 支付关联企业的管理费 10 万元，税前不得扣除。

⑤ 投资者家庭财产险 15 万元，税前不得扣除。

（3）取得符合不征税条件的财政拨款 80 万元，计入营业外收入，可以作为免税收入，不计入应纳税所得额。

该公司的应纳税所得额=3 000−1 500−10−200−435−20−15=820（万元）

当期应纳的所得税=820×25%=205（万元）

（三）境外所得的扣除

纳税人来源于境外的所得，已在境外缴纳的所得税税额，可以从其当期应纳税额中抵免，但扣除抵免限额不得超过其境外所得依照企业所得税法规定计算的应纳税额；超过抵免限额的部分，可以在以后 5 个年度内，用每年度抵免限额抵免当年应抵税额后的余额进行抵补。

1. 可抵免的境外税收范围

企业取得的下列所得已在境外缴纳的所得税税额，可以从当期应纳税额中抵免：

（1）居民企业来源于中国境外的应税所得。

（2）非居民企业在中国境内设立机构、场所，取得发生在中国境外但与该机构、场所有实际联系的应税所得。

居民企业从其直接或者间接控制的外国企业分得的来源于中国境外的股息、红利等权益性投资收益，外国企业在境外实际缴纳的所得税税额中属于该项所得负担的部分，可以作为该居民企业的可抵免境外所得税税额，在企业所得税规定的抵免限额内抵免。

2. 税收抵免限额的计算

抵免限额，是指企业来源于中国境外的所得依照《企业所得税法》和《企业所得税实施条例》的规定计算的应纳税额。

除国务院财政、税务主管部门另有规定外，该抵免限额应当分国（地区）不分项计算，计算公式如下：

抵免限额=中国境内境外所得依照《企业所得税法》及实施条例的规定计算的应纳税总额×［来源于某国（地区）的应纳税所得额/中国境内境外应纳税所得总额］。

【案例 5–8】

重庆一鸣公司某年度境内取得应纳税所得额 2 300 万元，该公司在 A、B 两国设有分支机构。

（1）A 国分支机构该年应纳税所得额为 700 万元，其中生产经营所得为 500 万元，A 国规定税率为 30%；特许权使用费所得 200 万元，A 国规定的税率是 20%。

（2）B 国分支机构该年应纳税所得额为 500 万元，其中生产、经营所得为 400 万元，B 国规定税率为 20%；租金所得 100 万元，B 国规定税率为 10%。已知该企业适用企业所得税税率为 25%。

要求：计算该公司当年度境内外所得汇总缴纳的所得税税额。

案例分析：

（1）公司境内外所得汇总应纳所得税税额：

（2 300+700+500）×25%=3 500×25%=875（万元）

（2）A 国分支机构在境外已纳税额：

500×30%+200×20%=150+40=190（万元）

（3）B 国分支机构在境外已纳税额：

400×20%+100×10%=80+10=90（万元）

（4）A 国分支机构税额抵扣限额：

875×［700÷（2 300+700+500）］=875×（700÷3 500）=175（万元）

因此，在 A 国已缴纳的所得税税额 190 万元，超过计算出的 A 国境外所得税税款扣除限额 175 万元，应按计算出的扣除限额进行扣除，其超过部分当年不能扣除。

（5）B 国分支机构税额抵扣限额：

875×［500÷（2 300+700+500）］=875×（500÷3 500）=125（万元）

因此，在 B 国已缴纳的所得税税额 90 万元，低于计算出的 B 国境外所得税税款扣除限额 125 万元，应按实际缴纳的所得税税款扣除。

（6）该公司当年度境内外所得汇总后缴纳所得税税额：

875−175−90=610（万元）

【案例 5–9】

某企业 2017 年度境内应纳税所得额为 100 万元，适用 25%的企业所得税税率。另外，该企业分别在 A、B 两国设有分支机构（我国与 A、B 两国已经缔结避免双重征税协定），在 A 国分支机构的应纳税所得额为 50 万元，A 国税率为 20%；在 B 国的分支机构的应纳税所得额为 30 万元，B 国税率为 30%。

要求：假设该企业在 A、B 两国所得按我国税法计算的应纳税所得额和按 A、B 两国税法计算的应纳所得额一致，两个分支机构在 A、B 两国分别缴纳了 10 万元和 9 万元的企业所得税。计算该企业汇总时在我国应缴纳的企业所得税税额。

案例分析：

（1）该企业按我国税法计算的境内、境外所得的应纳税额。

应纳税额=（100+50+30）×25%=45（万元）

（2）A、B 两国的扣除限额。

A 国扣除限额=50×25%=12.5（万元）

B 国扣除限额=30×25%=7.5（万元）

在 A 国缴纳的所得税为 10 万元，低于扣除限额 12.5 万元，可全额扣除。

在 B 国缴纳的所得税为 9 万元，高于扣除限额 7.5 万元，其超过扣除限额的部分 1.5 万元当年不能扣除。

（3）汇总时在我国应缴纳的所得税=45–10–7.5=27.5（万元）。

> 提示：
> 企业依照《企业所得税法》的规定抵免企业所得税税额时，应当提供中国境外税务机关出具的税款所属年度的有关纳税凭证。

六、非居民企业应纳税额的计算

对于未在中国境内设立机构、场所的，或者虽设立机构、场所但取得的所得与其所设立机构、场所没有实际联系的非居民企业的所得，按照下列方法计算应纳税所得额：

（1）股息、红利等权益性投资收益和利息、租金、特许权使用费所得，以收入全额为应纳税所得额。

（2）转让财产所得，以收入全额减除财产净值后的余额为应纳税所得额。

（3）其他所得，参照前两项规定的方法计算应纳税所得额。

应纳税额=应纳税所得额×适用税率–减免税额–抵免税额

对非居民企业取得《企业所得税法》第 3 条第三款规定的所得应缴纳的所得税，实行源泉扣缴，以支付人为扣缴义务人。支付人，是指依照有关法律规定或者合同约定对非居民企业直接负有支付相关款项义务的单位或者个人。

对非居民企业在中国境内取得工程作业和劳务所得应缴纳的所得税，税务机关可以指定工程价款或者劳务费的支付人为扣缴义务人。

可以指定扣缴义务人的情形，包括以下几种：

① 预计工程作业或者提供劳务期限不足一个纳税年度，且有证据表明不履行纳税义务的。

② 没有办理税务登记或者临时税务登记，且未委托中国境内的代理人履行纳税义务的。

③ 未按照规定期限办理企业所得税纳税申报或者预缴申报的。

前款规定的扣缴义务人，由县级以上税务机关指定，并同时告知扣缴义务人所扣税款的计算依据、计算方法、扣缴期限和扣缴方式。

税款由扣缴义务人在每次支付或者到期应支付时，从支付或者到期应支付的款项中扣缴。支付，包括现金支付、汇拨支付、转账支付和权益兑价支付等货币支付和非货币支付。到期应支付的款项，是指支付人按照权责发生制原则应当计入相关成本、费用的应付款项。

知识拓展

采取核定征收方式征收企业所得税的情形及办法

（一）核定征收企业所得税的情形

居民企业纳税人具有下列情形之一的，核定征收企业所得税：

（1）依照税收法律法规规定可以不设账簿的或按照税收法律法规规定应设置但未设置账

簿的。

（2）只能准确核算收入总额，或收入总额能够查实，但其成本费用支出不能准确核算的。

（3）只能准确核算成本费用支出或成本费用支出能够查实，但其收入总额不能准确核算的。

（4）收入总额及成本费用支出均不能正确核算，不能向主管税务机关提供真实、准确、完整的纳税资料，难以查实的。

（5）账目设置和核算虽然符合规定，但并未按规定保存有关账簿、凭证及有关纳税资料的。

（6）发生纳税义务，未按照税收法律法规规定的期限办理纳税申报，经税务机关责令限期申报，逾期仍不申报的。

（二）核定征收的办法

（1）定额征收。定额征收是指税务机关按照一定的标准、程序和办法，直接核定纳税人年度应纳企业所得税税额，由纳税人按规定进行申报缴纳的办法。

（2）核定应税所得率征收。核定应税所得率征收是指税务机关按照一定的标准、程序和方法，预先核定纳税人的应税所得率，由纳税人根据纳税年度内的收入总额或成本费用等项目的实际发生额，按预先核定的应税所得率计算缴纳企业所得税的办法。实行核定应税所得率征收办法的，应纳所得税额的计算公式如下：

应纳所得税额=应纳税所得额×适用税率

应纳税所得额=收入总额×应税所得率或

=成本费用支出额÷（1−应税所得率）×应税所得率

税务部门会给出一份应税所得率表，比如工业、交通运输业、商业7%～20%；建筑业、房地产开发业10%～20%；饮食服务业10%～25%；娱乐业10%～25%；其他行业10%～30%。查账征收和核定征收是对征收所得税的两种方式，查账征收是依据财务账核算的利润计算税金的，要求账务上能正确核算收入、成本、费用等，一般的企业都是采用这种方式。相反不能准确核算收入、成本、费用等的企业多采用核定征收方式（当然现在规模较小的企业税务也简单化处理，采用这种方式征收），这种方式计算税金要简单，税务核定毛利率，以此计算出利润，然后套所得税税率计算最终应交的所得税。

引入案例分析

使用间接计算法进行计算。

（1）会计利润总额=4 000−2 600−770−480−60−40+80−50+20=100（万元）。

（2）列支的广告费有误，应调整：

广告费调增所得额=650−4 000×15%=650−600=50（万元）

因此，允许扣除的广告费为600万元，应调增所得额50万元。

（3）列支的业务招待费有误，应调整：

业务招待费调增所得额=25−25×60%=10（万元）

4 000×5‰=20（万元）＞25×60%=15（万元）

因此，允许扣除的业务招待费为 15 万元，应调增所得额 10 万元。

（4）列支的税收滞纳金不得税前扣除，应调整：

税收滞纳金应调增应纳税所得额为 6 万元。

（5）通过公益性社会团体向贫困山区捐款 30 万元，应调增应纳税所得额：

$$30-100\times12\%=18\text{（万元）}$$

（6）国债利息是免税收入，应调减应纳税所得额为 20 万元。

经调整计算如下：

$$\text{应纳税所得额}=100+50+10+6+18-20=164\text{（万元）}$$

$$\text{应纳所得税税额}=164\times25\%=41\text{（万元）}$$

$$\text{本期应补交税额}=41-10=31\text{（万元）}$$

任务小结

采用直接计算法计算企业所得税的步骤：

（1）根据已知条件计算企业当期的会计利润总额。

（2）根据所学的税法知识对当期的项目进行相应的分析，确定调整增加或减少的应纳税所得额。

（3）计算当期的应纳税所得额：当期的应纳税所得额=会计利润总额+调整增加的应纳税所得额–调整减少的应纳税所得额。

（4）当期的应纳所得税额=当期的应纳税所得额×税率。

任务四 企业所得税的税收优惠

任务描述

- 通过本次学习，熟悉税收的各种优惠方式。

任务分析

通过任务三的学习，我们知道怎样计算企业所得税。本任务将学习企业所得税的各种优惠政策，为进行纳税筹划打下理论基础。

相关知识

税收优惠政策是指税法对某些纳税人和征税对象给予鼓励和照顾的一种特殊规定。税收优惠政策是国家利用税收调节经济的具体手段，通过税收优惠政策扶持某些特殊地区、产业、企业和产品的发展，促进产业结构的调整和社会经济的协调发展。

企业同时从事适用不同企业所得税待遇的项目的，其优惠项目应当单独计算所得，并合理分摊企业的期间费用；没有单独计算的，不得享受企业所得税优惠。

一、免税收入

下列收入为免税收入：

（1）国债利息收入。

（2）符合条件的居民企业之间的股息、红利等权益性投资收益。

（3）在中国境内设立机构、场所的非居民企业从居民企业取得与该机构、场所有实际联系的股息、红利等权益性投资收益。

（4）符合条件的非营利组织的收入。

二、免征、减征企业所得税的所得

（一）农林牧渔所得

1. 免征企业所得税

下列情况免征企业所得税：

（1）根据《企业所得税法实施条例》的规定，企业从事蔬菜、谷物、薯类、油料、豆类、棉花、麻类、糖料、水果、坚果的种植。

（2）农作物新品种的选育。

（3）中药材的种植。

（4）林木的培育和种植。

（5）牲畜、家禽的饲养。

（6）林产品的采集。

（7）灌溉、农产品初加工、兽医、农技推广、农技作业和维修等农、林、牧、渔服务业项目。

（8）远洋捕捞的所得。

2. 减半征收企业所得税

下列情况减半征收企业所得税：

（1）企业从事花卉、茶以及其他饮料作物和香料作物的种植。

（2）海水养殖、内陆养殖的所得，减半征收企业所得税。

（二）重点扶持的公共基础设施

国家重点扶持的公共基础设施项目是指《公共基础设施项目企业所得税优惠目录》规定的港口码头、机场、铁路、公路、城市公共交通、电力、水利等项目。

根据《企业所得税法实施条例》的规定，企业从事上述规定的国家重点扶持的公共基础设施项目的投资经营的所得，自项目取得第一笔生产、经营收入所属纳税年度起，第一年至第三年免征企业所得税，第四年至第六年减半征收企业所得税。

但企业承包经营、承包建设和内部自建自用上述规定的项目，不得享受上述规定的企业所得税优惠。

（三）环保节能节水

企业从事符合条件的环境保护、节能节水项目的所得，自项目取得第一笔生产、经营收入所属纳税年度起，第一年至第三年免征企业所得税，第四年至第六年减半征收企业所得税。

（四）技术转让所得

符合条件的技术转让所得免征、减征企业所得税，是指一个纳税年度内，居民企业技术转让所得不超过 500 万元的部分，免征企业所得税，超过 500 万元的部分，减半征收企业所得税。

（五）非居民企业在中国境内未设立机构、场所的，或者虽设立机构、场所但取得的所得与其所设机构、场所没有实际联系的来源于中国境内的所得（减半）

下列所得可以免征企业所得税：

（1）外国政府向中国政府提供贷款取得的利息所得。

（2）国际金融组织向中国政府和居民企业提供优惠贷款取得的利息所得。

（3）经国务院批准的其他所得。

三、其他优惠政策

（一）对小型微利企业

对符合条件的小型微利企业，减按 20%的税率征收企业所得税。

小型微利企业是指从事国家非限制和禁止行业，并符合下列条件的企业：

（1）工业企业，年度应纳税所得额不超过 50 万元，从业人数不超过 100 人，资产总额不超过 3 000 万元。

（2）其他企业，年度应纳税所得额不超过 50 万元，从业人数不超过 80 人，资产总额不超过 1 000 万元。

（二）高新技术企业的税收优惠

对国家需要重点扶持的高新技术企业，减按 15%的税率征收企业所得税。

国家需要重点扶持的高新技术企业，是指拥有核心自主知识产权，并同时符合下列条件的企业：

（1）产品（服务）属于《国家重点支持的高新技术领域》规定的范围。

（2）研究开发费用占销售收入的比例不低于规定比例。

（3）高新技术产品（服务）收入占企业总收入的比例不低于规定比例。

（4）科技人员占企业职工总数的比例不低于规定比例。

（5）高新技术企业认定管理办法规定的其他条件。

（三）民族自治地方的优惠

民族自治地方的自治机关对本民族自治地方的企业应缴纳的企业所得税中属于地方分享

的部分，可以决定减征或免征。自治州、自治县决定减征或免征的，须报省、自治区、直辖市人民政府批准。

但是，对民族自治地方内国家限制和禁止行业的企业，不得减征或者免征企业所得税。

（四）加计扣除的支出项目

企业的下列支出，可以在计算应纳税所得额时加计扣除。

1. 开发新技术、新产品、新工艺发生的研究开发费用

根据《企业所得税实施条例》的规定，企业为开发新技术、新产品、新工艺发生的研究开发费用，未形成无形资产计入当期损益的，在按照规定据实扣除的基础上，按照研究开发费用的50%加计扣除；形成无形资产的，按照无形资产成本的150%摊销。

2. 安置残疾人员及国家鼓励安置的其他就业人员所支付的工资

根据《企业所得税实施条例》的规定，企业安置残疾人员的，在按照支付给残疾职工工资据实扣除的基础上，按照支付给残疾职工工资的100%加计扣除。

（五）对企业投资企业的税收优惠

创业投资企业采取股权投资方式投资于未上市的中小高新技术企业2年以上的，可按照其投资额的70%在股权持有满2年的当年抵扣该创业投资企业的应纳税所得额；当年的不足抵扣的，可以在以后纳税年度结转抵扣。

（六）鼓励企业技术进步的税收优惠

加速折旧可缩短折旧年限。

（七）鼓励企业综合利用资源的税收优惠

企业综合利用资源，生产符合国家产业政策规定的产品所取得的收入，可以在计算应纳税所得额时减计收入。

（八）鼓励企业保护环境、节能节水、安全生产的税收优惠

可以在计算应纳税所得额时减计收入。

（九）由于突发事件等原因对企业经营活动产生重大影响的税收优惠

国务院可以制定企业所得税专项优惠政策，报全国人民代表大会常务委员会备案。

知识拓展

企业所得税附表——税收优惠明细表将所有的税收优惠项目都列入其中，如表5–1所示。

表 5-1　企业所得税年度纳税申报表附表五

税收优惠明细表

填报时间：　　年　月　日　　　　　　　　　　　　　　　　金额单位：元（列至角分）

行次	项　目	金额
1	一、免税收入（2+3+4+5）	
2	1. 国债利息收入	
3	2. 符合条件的居民企业之间的股息、红利等权益性投资收益	
4	3. 符合条件的非营利组织的收入	
5	4. 其他	
6	二、减计收入（7+8）	
7	1. 企业综合利用资源，生产符合国家产业政策规定的产品所取得的收入	
8	2. 其他	
9	三、加计扣除额合计（10+11+12+13）	
10	1. 开发新技术、新产品、新工艺发生的研究开发费用	
11	2. 安置残疾人员所支付的工资	
12	3. 国家鼓励安置的其他就业人员支付的工资	
13	4. 其他	
14	四、减免所得额合计（15+25+29+30+31+32）	
15	（一）免税所得（16+17+⋯+24）	
16	1. 蔬菜、谷物、薯类、油料、豆类、棉花、麻类、糖料、水果、坚果的种植	
17	2. 农作物新品种的选育	
18	3. 中药材的种植	
19	4. 林木的培育和种植	
20	5. 牲畜、家禽的饲养	
21	6. 林产品的采集	
22	7. 灌溉、农产品初加工、兽医、农技推广、农机作业和维修等农、林、牧、渔服务业项目	
23	8. 远洋捕捞	
24	9. 其他	
25	（二）减税所得（26+27+28）	
26	1. 花卉、茶以及其他饮料作物和香料作物的种植	
27	2. 海水养殖、内陆养殖	
28	3. 其他	
29	（三）从事国家重点扶持的公共基础设施项目投资经营的所得	
30	（四）从事符合条件的环境保护、节能节水项目的所得	
31	（五）符合条件的技术转让所得	

续表

行次	项　　目	金额
32	（六）其他	
33	五、减免税合计（34+35+36+37+38）	
34	（一）符合条件的小型微利企业	
35	（二）国家需要重点扶持的高新技术企业	
36	（三）民族自治地方的企业应缴纳的企业所得税中属于地方分享的部分	
37	（四）过渡期税收优惠	
38	（五）其他	
39	六、创业投资企业抵扣的应纳税所得额	
40	七、抵免所得税额合计（41+42+43+44）	
41	（一）企业购置用于环境保护专用设备的投资额抵免的税额	
42	（二）企业购置用于节能节水专用设备的投资额抵免的税额	
43	（三）企业购置用于安全生产专用设备的投资额抵免的税额	
44	（四）其他	
45	企业从业人数（全年平均人数）	
46	资产总额（全年平均数）	
47	所属行业（工业企业　　其他企业　　）	

经办人（签章）：　　　　　　　　　　　　　　　　　　法定代表人（签章）：

任务小结

免税收入包含的内容、减征或免征企业所得税包含的内容、其他优惠政策包含的内容。

任务五　企业所得税的征收管理、纳税申报

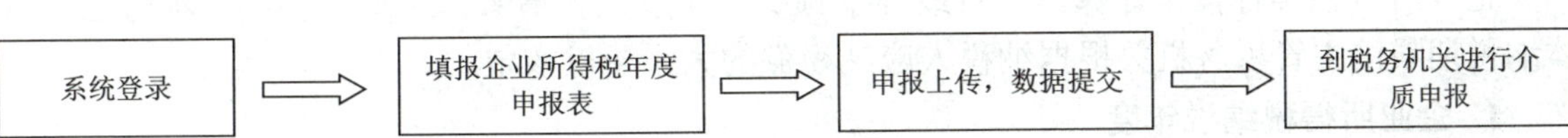

任务描述

- 了解企业所得税的征收管理。
- 掌握企业所得税的纳税申报。

任务分析

通过任务三、四的学习，我们知道怎样计算企业所得税，有哪些税收优惠。本任务计算企业应缴纳的所得税和纳税申报。

案例引入

重庆一鸣公司是生产通用机械的企业（居民企业），为增值税的一般纳税人，某年度发生经营业务如下（企业所得税税率为25%）：

（1）取得产品销售收入1 000万元。

（2）发生产品销售成本500万元。

（3）发生销售费用200万元（其中广告费160万元）。

（4）管理费用100万元（其中业务招待费20万元，符合税收优惠的新技术支出2万元）。

（5）财务费用50万元。

（6）销售税金150万元（含增值税120万元）。

（7）营业外收入80万元。

（8）营业外支出50万元（含通过公益性社会团体向贫困山区捐款10万元，支付税收滞纳金6万元）。

（9）已预交所得税5万元。

要求：如果你是该公司涉税会计人员，应如何填制该企业该年度应缴纳的企业所得税申报表？

相关知识

一、企业所得税的征收管理

（一）纳税期限

企业所得税实行按年计算，分月或分季预交，年度汇算清缴，多退少补的征纳方法。具体纳税期限由主管税务机关根据纳税人应纳税额的大小予以核定。

1. 企业所得税纳税年度

企业所得税的纳税年度，自公历1月1日起到12月31日止。纳税人在一个年度中间开业，或者由于合并、关闭等原因，使该纳税年度的实际经营期不足12个月的，应当以其实际经营期为一个纳税年度。纳税人清算时，应当以清算期间作为一个纳税年度。纳税人来源于境外的所得，不论是否汇回，均应按照《企业所得税法》及《企业所得税法实施条例》的规定，即每年1月1日至12月31日作为一个纳税年度。

2. 纳税申报的期限

（1）纳税人预缴所得税时，应当按纳税期限的实际数预缴。按实际数预缴有困难的，可以按上一年度应纳税所得额的1/2或1/4，或者经当地税务机关认可的其他方法分期预缴所得税。纳税人应当在月份或者季度终了后15日内，向其机构所在地主管税务机关报送会计报表和预缴所得税申报表，并在规定期限内预缴所得税。预缴方法一经确定，不得随意变更。

（2）企业所得税的年终汇算清缴在年终后5个月内进行。纳税人应在年度终了后45天内，向其机构所在地主管税务机关报送会计决算报表和所得税申报表，办理年终汇算，少交的所得税税款，应在下一个年度内补交，多预缴的所得税税款，可在下一个年度抵缴；抵缴后仍有余额，或下一年度发生亏损的，应及时办理退库。

（3）对于纳税人的境外投资所得，可以在年终汇算时清缴。纳税人在纳税年度内，无论是盈利或亏损，均应按规定的期限办理纳税申报。

（4）扣缴义务人每次代扣的税款，应当自代扣之日起7日内缴入国库，并向所在地的税务机关报送扣缴企业所得税报告表。

（5）纳税人进行清算时，应当在进行工商注销登记之前，向当地主管税务机关进行所得税申报。纳税人在年度中间合并、分立、终止时，应当在停止生产、经营之日起60日内，向当地主管税务机关办理当期所得税汇算清缴。

（二）纳税地点

（1）除税收法律、行政法规另有规定外，居民企业以企业登记注册地为纳税地点；但登记注册地在境外的，以实际管理机构所在地为纳税地点。居民企业在中国境内设立不具有法人资格的营业机构的，应当汇总计算并缴纳企业所得税。

（2）非居民企业在中国境内设立机构、场所的，应当就其所设机构、场所取得的来源于中国境内的所得，以及发生在中国境外但与其所设机构、场所有实际联系的所得，以机构、场所所在地为纳税地点。非居民企业在中国境内设立两个或者两个以上机构、场所的，经税务机关审核批准，可以选择由其主要机构、场所汇总缴纳企业所得税。

（3）非居民企业在中国境内未设立机构、场所的，或者虽设立机构、场所但取得的所得与其所设机构、场所没有实际联系的，以扣缴义务人所在地为纳税地点。

（4）除国务院另有规定外，企业之间不得合并缴纳企业所得税。

二、企业所得税的纳税申报

修订后的《企业所得税法》于2008年1月1日实施，国家税务总局印发了新的企业所得税季（月）度预缴纳税申报表和企业所得税年度纳税申报表（2014 年版）。

（一）企业所得税预缴纳税申报表

查账征收企业所得税的居民纳税人及在中国境内设立机构的非居民纳税人在月（季）度

预缴企业所得税时应填制“中华人民共和国企业所得税月（季）度预缴纳税申报表（A 类）”（见表 5–2）；实行核定征收管理办法（包括核定应税所得率和核定税额征收方式）缴纳企业所得税的纳税人在月（季）度申报缴纳企业所得税时应填制“中华人民共和国企业所得税月（季）度缴纳税申报表（B 类）”。

表 5–2　中华人民共和国

企业所得税月（季）度预缴纳税申报表（A 类，2014 年版）

税款所属期间：　　年　月　日至　　年　　月　日

纳税人识别号：□□□□□□□□□□□□□□□□□□□□

纳税人名称：　　　　　　　　　　　　　　　　　　　金额单位：人民币元（列至角分）

行次	项　目	本期金额	累计金额
1	一、按照实际利润额预缴		
2	营业收入		
3	营业成本		
4	利润总额		
5	加：特定业务计算的应纳税所得额		
6	减：不征税收入		
7	免税收入		
8	减征、免征应纳税所得额		
9	弥补以前年度亏损		
10	实际利润额（4 行+5 行–6 行–7 行–8 行–9 行）		
11	税率（25%）		
12	应纳所得税额		
13	减：减免所得税额		
14	其中：符合条件的小型微利企业减免所得税额		
15	减：实际已预缴所得税额		
16	减：特定业务预缴（征）所得税额		
17	应补（退）所得税额（12 行–13 行–15 行–16 行）		
18	减：以前年度多缴在本期抵缴所得税额		
19	本月（季）实际应补（退）所得税额	—	
20	二、按照上一纳税年度应纳税所得额平均额预缴		
21	上一纳税年度应纳税所得额	—	
22	本月（季）应纳税所得额（21 行×1/4 或 1/12）		
23	税率（25%）		
24	本月（季）应纳所得税额（22 行×23 行）		
25	减：符合条件的小型微利企业减免所得税额		
26	本月（季）实际应纳所得税额（24 行–25 行）		

续表

行次	项　　目		本期金额	累计金额
27	三、按照税务机关确定的其他方法预缴			
28	本月（季）税务机关确定的预缴所得税额			
29	总分机构纳税人			
30	总机构	总机构分摊所得税额（19 行或 26 行或 28 行×总机构分摊预缴比例）		
31		财政集中分配所得税额		
32		分支机构分摊所得税额（19 行或 26 行或 28 行×分支机构分摊比例）		
33		其中：总机构独立生产经营部门应分摊所得税额		
34	分支机构	分配比例		
35		分配所得税额		
谨声明：此纳税申报表是根据《中华人民共和国企业所得税法》《中华人民共和国企业所得税法实施条例》和国家有关税收规定填报的，是真实的、可靠的、完整的。 法定代表人（签字）：　　年　　月　　日				
纳税人公章： 会计主管： 填表日期：　　年　　月　　日	代理申报中介机构公章 经办人： 经办人执业证件号码： 代理申报日期：　　年　　月　　日		主管税务机关受理专用章： 受理人： 受理日期：　　年　　月　　日	

国家税务总局监制

提示：

实行季度预征企业所得税的企业，季度预缴时，按其会计利润总额乘以所得税税率进行预征，年终按全年的应纳税所得额进行年度所得税的汇算清缴。

【案例 5–10】

某企业经税务同意，每个季度按实际利润数预缴所得税。2017 年第一季度实现利润 150 万元，第二季度实现利润 180 万元，第三季度实现利润 200 万元，第四季度实现利润 100 万元，2017 年全年应纳税所得额为 800 万元。

要求：计算该企业 2017 年应纳的企业所得税税额。

案例分析：

（1）第一季度预缴的企业所得税税额=150×25%=37.5（万元）。

（2）第二季度预缴的企业所得税税额=180×25%=45（万元）。

（3）第三季度预缴的企业所得税税额=200×25%=50（万元）。

（4）第四季度预缴的企业所得税税额=100×25%=25（万元）。

（5）年终汇算清缴：

全年应纳税=800×25%=200（万元）

全年已预缴的企业所得税=37.5+45+50+25=157.5（万元）

应补缴的所得税额=200−157.5=42.5（万元）

（二）企业所得年度纳税申报表

查账征收企业所得税的纳税人在年度汇算清缴时，无论是赢利还是亏损，必须在规定期限进行年度纳税申报，填写企业所得税纳税申报表。纳税申报表如表 5–3 所示。

（三）企业所得税的纳税申报表填写案例

【案例 5–11】

1. 企业概况

企业名称：重庆一鸣公司，生产销售通用机械

企业性质：民营企业（一般纳税人）

企业地址：重庆市海容路 1 号

经办电话：88998899

企业所属行业：工业企业

法定代表人：海容

办税人：莫二

开户银行：××银行海容路分理处

账号：01091078121222050021012

纳税人识别号：1101108104789529

纳税人编码：000015036

2. 基本资料

重庆一鸣公司 2017 年发生以下经济业务（企业所得税率为 25%）：

（1）产品销售收入为 6 600 万元。

（2）产品销售成本 6 340 万元。

（3）税金及附加 60 万元。

（4）当期发生的管理费用 60 万元，其中招待费 50 万元。

（5）当期发生的销售费用 40 万元，其中广告费 10 万元。

（6）财务费用 20 万元（假设全部为向非金融机构的借款利息，按同期银行计算利息应为 10 万元）。

（7）营业外收入 50 万元。

（8）营业外支出 30 万元（其中含公益捐赠 17 万元，税收滞纳金 5 万元）。

（9）本期已预交所得税 10 万元。

要求：

（1）根据上述资料计算重庆一鸣公司该年应缴纳的企业所得税。

（2）填制企业所得税年度纳税申报表。

案例分析：

计算该年应缴纳的企业所得税。

（1）会计利润总额=6 600−6 340−60−60−40−20+50−30=100（万元）。

（2）列支的业务招待费有误，应调整：

业务招待费调增所得额=50−50×60%=20（万元）

6 600×5‰=33（万元）＞50×60%=30（万元）

因此，允许扣除的业务招待费为 30 万元，应调增所得额 20 万元。

（3）财务费用调增应纳税所得额为 10 万元。

（4）列支的公益性捐赠有误，应调整：

公益性捐赠调增所得额=17−100×12%=5（万元）

（5）税收滞纳金不得在税前扣除。

税收滞纳金调增所得额为 5 万元。

经调整计算如下：

应纳税所得额=100+20+5+5+10=140（万元）

应纳所得税税额=140×25%=35（万元）

已预缴所得税额=10（万元）

本期应补缴的所得税额=25（万元）

纳税申报表的填制如表 5−3 所示。

表 5−3　中华人民共和国企业所得税年度纳税申报表（A 类）

税款所属期间：2017 年 1 月 1 日至 2017 年 12 月 31 日

纳税人名称：重庆一鸣公司

纳税人识别号：1101108104789529　　金额单位：元（列至角分）

类别	行次	项　目	金额
利润总额计算	1	一、营业收入（填附表一）	66 000 000
	2	减：营业成本（填附表二）	63 400 000
	3	税金及附加	600 000
	4	销售费用（填附表二）	400 000
	5	管理费用（填附表二）	600 000
	6	财务费用（填附表二）	200 000
	7	资产减值损失	
	8	加：公允价值变动收益	
	9	投资收益	
	10	二、营业利润	800 000
	11	加：营业外收入（填附表一）	500 000
	12	减：营业外支出（填附表二）	300 000
	13	三、利润总额（10+11−12）	1 000 000
应纳税所得额计算	14	加：纳税调整增加额（填附表三）	400 000
	15	减：纳税调整减少额（填附表三）	
	16	其中：不征税收入	
	17	免税收入	
	18	减计收入	

续表

类别	行次	项目	金额
应纳税所得额计算	19	减、免税项目所得	
	20	加计扣除	
	21	抵扣应纳税所得额	
	22	加：境外应税所得弥补境内亏损	
	23	纳税调整后所得（13+14−15+22）	1 400 000
	24	减：弥补以前年度亏损（填附表四）	
	25	应纳税所得额（23−24）	1 400 000
应纳税额计算	26	税率（25%）	
	27	应纳所得税额（25×26）	350 000
	28	减：减免所得税额（填附表五）	
	29	减：抵免所得税额（填附表五）	
	30	应纳税额（27−28−29）	350 000
	31	加：境外所得应纳所得税额（填附表六）	
	32	减：境外所得抵免所得税额（填附表六）	
	33	实际应纳所得税额（30+31−32）	350 000
	34	减：本年累计实际已预缴的所得税额	100 000
	35	其中：汇总纳税的总机构分摊预缴的税额	
	36	汇总纳税的总机构财政调库预缴的税额	
	37	汇总纳税的总机构所属分支机构分摊的预缴税额	
	38	合并纳税（母子体制）成员企业就地预缴比例	
	39	合并纳税企业就地预缴的所得税额	
	40	本年应补（退）的所得税额（33−34）	250 000
附列资料	41	以前年度多缴的所得税额在本年抵减额	
	42	以前年度应缴未缴在本年入库所得税额	

纳税人公章：	代理申报中介机构公章：	主管税务机关受理专用章：
经办人： 申报日期：　年　月　日	经办人及执业证件号码： 代理申报日期：　年　月　日	受理人： 受理日期：　年　月　日

知识拓展

企业所得税纳税申报表主表及附表明细

企业所得税年度纳税申报表（主表）

附表一（1）：收入明细表

附表一（2）：金融企业收入明细表

附表一（3）：事业单位、社会团体、民办非企业单位收入明细表

附表二（1）：成本费用明细表
附表二（2）：金融企业成本费用明细表
附表二（3）：事业单位、社会团体、民办非企业单位支出项目明细表
附表三：纳税调整项目明细表
附表四：企业所得税弥补亏损明细表
附表五：税收优惠明细表
附表六：境外所得税抵免计算明细表
附表七：以公允价值计量资产纳税调整表
附表八：广告费和业务宣传费跨年度纳税调整表
附表九：资产折旧、摊销纳税调整表
附表十：资产减值准备项目调整明细表
附表十一：长期股权投资所得（损失）明细表

引入案例分析

该公司的利润总额=1 000–500–200–100–50–30+80–50=150（万元）

该公司纳税调整增加额=31 万元，具体如下：

广告费调增 10 万元（160–1 000×15%=10 万元）

业务招待费调增 15 万元（1 000×0.5%=5 万元＜20×60%=12 万元），因此应调增 20–5=15（万元）。

支付的税收滞纳金调增 6 万元。

符合条件的新技术支出加计 50%扣除，调减应纳税所得额 1 万元。

调整后的应纳税所得额=150+31–1=180（万元）

应纳所得税额=180×25%=45（万元）

该公司企业所得税纳税申报表如表 5–4 所示。

表 5–4　中华人民共和国企业所得税年度纳税申报表（A 类，简表）

税款所属期间：20××年 1 月 1 日至 20××年 12 月 31 日

纳税人名称：重庆一鸣公司

纳税人识别号：1101108104789529　　　　金额单位：元（列至角分）

类别	行次	项　目	金额
利润总额计算	1	一、营业收入（填附表一）	10 000 000
	2	减：营业成本（填附表二）	5 000 000
	3	税金及附加	300 000
	4	销售费用（填附表二）	2 000 000
	5	管理费用（填附表二）	1 000 000
	6	财务费用（填附表二）	500 000
	7	资产减值损失	

续表

类别	行次	项　目	金额
利润总额计算	8	加：公允价值变动收益	
	9	投资收益	
	10	二、营业利润	1 200 000
	11	加：营业外收入（填附表一）	800 000
	12	减：营业外支出（填附表二）	500 000
	13	三、利润总额（10+11–12）	1 500 000
应纳税所得额计算	14	加：纳税调整增加额（填附表三）	310 000
	15	减：纳税调整减少额（填附表三）	10 000
	16	其中：不征税收入	
	17	免税收入	
	18	减计收入	
	19	减、免税项目所得	
	20	加计扣除	10 000
	21	抵扣应纳税所得额	
	22	加：境外应税所得弥补境内亏损	
	23	纳税调整后所得（13+14–15+22）	1 800 000
	24	减：弥补以前年度亏损（填附表四）	
	25	应纳税所得额（23–24）	1 800 000
应纳税额计算	26	税率（25%）	
	27	应纳所得税额（25×26）	450 000
	28	减：减免所得税额（填附表五）	
	29	减：抵免所得税额（填附表五）	
	30	应纳税额（27–28–29）	450 000
	31	加：境外所得应纳所得税额（填附表六）	
	32	减：境外所得抵免所得税额（填附表六）	
	33	实际应纳所得税额（30+31–32）	450 000
	34	减：本年累计实际已预缴的所得税额	50 000
	35	其中：汇总纳税的总机构分摊预缴的税额	
	36	汇总纳税的总机构财政调库预缴的税额	
	37	汇总纳税的总机构所属分支机构分摊的预缴税额	
	38	合并纳税（母子体制）成员企业就地预缴比例	
	39	合并纳税企业就地预缴的所得税额	
	40	本年应补（退）的所得税额（33–34）	400 000
附列资料	41	以前年度多缴的所得税额在本年抵减额	
	42	以前年度应缴未缴在本年入库所得税额	

纳税人公章： 经办人： 申报日期：年　月　日	代理申报中介机构公章： 经办人及执业证件号码： 代理申报日期：　　年　　月　　日	主管税务机关受理专用章： 受理人： 受理日期：　　年　　月　　日

任务小结

填写企业所得税纳税申报表的步骤：

（1）根据已知条件，填写和计算企业所得税纳税申报主表的 1～13 行。

（2）计算分析调整增加额，并填写企业所得税纳税申报表的 14 行。

（3）计算分析调整减少额，并填写纳税申报表的 15～21 行。

（4）根据已知条件计算分析填写余下的行次。

学生演练

某企业的资料如下。

1. 企业概况

企业名称：重庆 A 公司

企业性质：民营企业（一般纳税人）

企业地址：重庆市光大路 1 号

经办电话：66886688

企业所属行业：工业企业

法定代表人：明明

办税人：小明

开户银行：××银行光大分理处

账号：11091056131222050021059

纳税人识别号：5101100454789528

纳税人编码：000011128

2. 会计资料

2017 年度某企业会计报表上的利润总额为 100 万元，其中：

营业收入 1 500 万元；

营业成本 1 200 万元；

税金及附加 50 万元；

管理费用 150 万元；

营业费用 50 万元；

营业外支出 50 万元；

已累计预缴企业所得税 25 万元。

该企业 2017 年度其他有关情况如下：

（1）发生公益性捐赠支出 18 万元。

（2）开发新技术的研究开发费用 20 万元（已计入管理费用），假定税法规定研发费用可实行 150%加计扣除政策。

（3）支付在建办公楼工程款 20 万元，已列入当期费用。

（4）直接向某足球队捐款 15 万元，已列入当期费用。
（5）支付诉讼费 2.3 万元，已列入当期费用。
（6）支付违反交通法规罚款 0.8 万元，已列入当期费用。
假设该公司除以上调整事项外无其他调整事项。
已知：该企业适用所得税税率为 25%。
要求：
（1）计算该企业公益性捐赠支出所得税前纳税调整额。
（2）计算该企业研究开发费用所得税前扣除数额。
（3）计算该企业 2017 年度应纳税所得额。
（4）计算该企业 2017 年度应纳所得税税额。
（5）计算该企业 2017 年度应汇算清缴的所得税税额。
（6）填制企业所得税纳税申报表（2014 年版）。

任务六　企业所得税涉税账务处理

任务描述

- 掌握企业所得税涉税账务处理。

任务分析

通过前面的学习，我们知道怎样计算企业所得税。本任务将学习企业所得税相关的账务处理，为学生在以后的职业生涯中的企业所得税账务处理打下基础。

相关知识

（1）“所得税费用”科目：企业应在损益类科目中设置“所得税费用”科目，核算企业按规定从当期损益中扣除的所得税。该科目借方反映从当期损益中扣除的所得税，贷方反映期末转入“本年利润”科目的所得税额。

（2）“递延所得税资产”和“递延所得税负债”科目核算企业由于时间性差异造成的税前会计利润与纳税所得之间的差异所产生的影响纳税的金额以及以后各期转销的数额。

递延所得税资产=可抵扣暂时性差异×所得税税率

递延所得税负债=应纳税暂时性差异×所得税税率

（3）“应交税费——应交所得税”科目：企业应设置“应交税费——应交所得税”科目，用来专门核算企业缴纳的企业所得税。“应交税费——应交所得税”科目贷方发生额表示企业应纳税所得额按规定税率计算出的应当缴纳的企业所得税税额；贷方发生额表示企业实际缴纳的企业所得税税额。该科目贷方余额表示企业应交而未交的企业所得税税额；借方余额表示企业多缴应退还的企业所得税税额。

一、按月（季）预缴、年终汇算清缴所得税的会计处理

根据《企业所得税暂行条例》的规定，企业所得税按年计算，分月或分季预缴。

（1）按月或按季计算应预缴所得税额和缴纳所得税时，编制会计分录：

借：所得税费用

　　贷：应交税费——应交企业所得税

借：应交税费——应交企业所得税

　　贷：银行存款

（2）年终按自报应纳税所得额进行年度汇算清缴，计算出全年应纳所得税额，减去已预缴税额后为应补税额，编制会计分录：

借：所得税费用

　　贷：应交税费——应交企业所得税

（3）缴纳年终汇算应缴税款时，编制会计分录：

借：应交税费——应交企业所得税

　　贷：银行存款

（4）年度汇算清缴，计算出全年应纳所得税额少于已预缴税额，其差额为多缴所得税额，在未退还多缴税款时，编制会计分录：

借：其他应收款——应收多缴所得税款

　　贷：所得税费用

经税务机关审核批准退还多缴税款时，编制会计分录：

借：银行存款

　　贷：其他应收款——应收多缴所得税款

对多缴所得税额不办理退税，用以抵缴下年度预缴所得税时，在下年度编制会计分录：

借：所得税费用

　　贷：其他应收款——应收多缴所得税款

二、企业对外投资收益和从联营企业分回税后利润计算补缴所得税的会计处理

按照税法规定，企业对外投资收益和从联营企业分回税后利润，如投资方企业所得税税率高于被投资企业或联营企业的，投资方企业分回的税后利润应按规定补缴所得税。

根据企业所得税有关政策规定，在确认投资收益或应分得联营企业税后利润后，计算出投资收益或联营企业分回的税后利润应补缴的企业所得税税额并缴纳时，编制会计分录：

借：所得税费用

　　贷：应交税费——应交企业所得税

借：应交税费——应交企业所得税

　　贷：银行存款

上述会计处理完成后，将“所得税费用”借方余额结转“本年利润”时，编制会计分录：

借：本年利润

　　贷：所得税费用

“所得税费用”科目年终无余额。

三、所得税减免的会计处理

企业所得税的减免分为法定减免和政策性减免。法定减免是根据税法规定公布的减免政策，不需办理审批手续，纳税人就可以直接享受政策优惠，其免税所得不需要计算应纳税款，直接结转本年利润，不作税务会计处理；政策性减免是根据税法规定，由符合减免所得税条件的纳税人提出申请，经税务机关按规定的程序审批后才可以享受减免税的优惠政策。政策性减免的税款实行先征后退的原则。在计缴所得税时，按上述有关会计处理编制会计分录，接到税务机关减免税的批复后，申请办理退税。按规定与收益相关的政府补助，用于补偿企业以后期间的相关费用或损失的，取得时确认为递延收益，在确认相关费用的期间计入当期损益（营业外收入）；用于补偿企业已发生的相关费用或损失的，取得时直接计入当期损益（营业外收入），即借记“银行存款”等，贷记“营业外收入”。编制会计分录：

借：银行存款

　　贷：应交税费——应交企业所得税

将退还的所得税款转入营业外收入。

借：应交税费——应交企业所得税

　　贷：营业外收入

四、对以前年度损益调整事项的会计处理

如果上年度年终结账后，于本年度发现上年度所得税计算有误，应通过损益科目“以前年度损益调整”进行会计处理。

“以前年度损益调整”科目的借方发生额，反映企业以前年度多计收益、少计费用而调整的本年度损益数额；贷方发生额反映企业以前年度少计收益、多计费用而需调整的本年度损益数额。根据税法规定，纳税人在纳税年度内应计未计、应提未提的扣除项目，在规定的纳税申报期后发现的，不得转移以后年度补扣。但多计多提费用和支出，应予以调整。

（1）企业发现上年度多计多提费用、少计收益时，编制会计分录：

借：利润分配——未分配利润

　　贷：以前年度损益调整

（2）本年未进行结账时，编制会计分录：

借：以前年度损益调整

　　贷：本年利润

五、采用“应付税款法”进行纳税调整的会计处理

应付税款法是将本期税前会计利润与纳税所得之间的差异造成的影响纳税的金额直接计入当期损益，而不递延到以后各期。在应付税款法下，当期计入损益的所得税费用等于当期应缴的所得税。

在应付税款法下，企业应按照税法规定对税前会计利润进行调整，得出应纳税所得额即

纳税所得，再按税法规定的税率计算出当期应缴的所得税，作为费用直接计入当期损益。

（1）对永久性差异的纳税调整的会计处理：

永久性差异是指，按照税法规定的不能计入损益的项目在会计上计入损益，从而导致了会计利润与按税法计算的应纳税所得额不一致而产生的差异。

按照调增的永久性差异的所得额计算出应缴所得税时，编制会计分录：

借：所得税费用

　　贷：应交税费——应交企业所得税

期末结转企业所得税时：

借：本年利润

　　贷：所得税费用

（2）对时间性差异的纳税调整的会计处理：

时间性差异是指，由于收入项目或支出项目在会计上计入损益的时间和税法规定不一致所形成的差异。

按当期应调整的时间性差异的所得额，计算出应缴所得税时，编制会计分录：

借：所得税费用

　　贷：应交税费——应交企业所得税

期末结转企业所得税时，编制会计分录：

借：本年利润

　　贷：所得税费用

六、采用“资产负债表债务法”进行纳税调整的会计处理

资产负债表债务法是从暂时性差异产生的本质出发，分析暂时性差异产生的原因及其对期末资产负债表的影响。其特点是：当税率变动或税基变动时，必须按预期税率对“递延所得税负债”和“递延所得税资产”账户余额进行调整。也就是说，首先确定资产负债表上期末递延所得税资产（负债），然后，倒挤出利润表项目当期所得税费用。计算公式表示如下：

本期所得税费用=本期应交所得税+（期末递延所得税负债–期初递延所得税负债）–（期末递延所得税资产–期初递延所得税资产）

在资产负债表债务法下，按照会计准则规定，对某项资产或负债，获得收益或发生的费用，计入所有者权益时，则该项资产或负债账面价值与其计税基础不同产生的暂时性差异，由此确认的递延所得税资产或递延所得税负债，不记入“所得税费用”，而是计入所有者权益。

【案例 5–12】

重庆一鸣公司 2016 年利润表中的利润总额为 1 000 万元，预计该企业能持续经营，能够获得足够的应纳税所得额。适用的税率为 25%，且三年内所得税率不变，有关资料如下：

（1）收到被投资单位分来的现金股利 30 万元，被投资单位通用的所得税率与甲企业相同。

（2）企业因违法经营已支付罚款 50 万元。

（3）2016 年 11 月 30 日取得的交易性资产，成本为 240 万元，2016 年 12 月 31 日的公允价值为 300 万元。

（4）2013 年 12 月购入一项设备，成本为 800 万元，会计上规定的使用年限是 8 年，净

残值为零，采用直线法计提折旧。税法规定按照 10 年计提折旧。

（5）企业因计提售后服务费用确认的预计负债期初余额为 40 万元，本年计提售后服务费用 20 万元，本期实际发生售后服务费用 40 万元。税法规定售后服务费用实际发生时准许税前扣除。

（6）期末对存货计提了 20 万元的存货跌价准备。未计提减值前存货的余额为 100 万元。假设该企业期初递延所得税资产和递延所得税负债无余额。

要求：根据以上资料，用资产负债表债务法进行核算。

案例分析：

资产负债表债务法账务处理：

（1）2016 年应交所得税。

应纳税所得额=1 000–30+50–（300–240）+（100–80）+（20–40）+20=980（万元）

应交所得税=980×25%=245（万元）

（2）2016 年递延所得税。

确认递延所得税资产和负债：期末递延所得税资产 10 万元（40×25%）；递延所得税负债 20 万元（80×25%）。

（3）所得税费用。

所得税费用=245–10+20=255（万元）

借：所得税费用　　2 550 000

　　递延所得税资产　　100 000

　　贷：应交税费——应交所得税　　2 450 000

　　　　递延所得税负债　　200 000

项目六

个人所得税实务

项目介绍

在掌握个人所得税基本原理、基本要素的基础上，通过剖析《中华人民共和国个人所得税法实施条例》（以下简称《个人所得税法实施条例》）、《税收征收管理办法》及其相关规定，完成以下工作任务：

任务一——个人所得税的基本原理

任务二——个人所得税的基本要素

任务三——个人所得税应纳税额计算

任务四——个人所得税的税收优惠

任务五——个人所得税的征收管理、纳税申报

学习导航

1950 年，政务院发布了新中国税制建设的纲领性文件《全国税政实施要则》，其中主要涉及个人薪酬所得税和存款利息所得税，但由于种种原因，一直没有开征。1980 年 9 月 10 日，我国正式颁布了《中华人民共和国个人所得税法》（以下简称《个人所得税法》），该法的征税对象包括中国公民和中国境内的外籍人员，但由于规定的免征额较高（每月或每次 800 元），而国内居民工资收入普遍很低，因此绝大多数国内居民不在征税范围之内，之后，《个人所得税法》先后修正了六次，从 2011 年 9 月 1 日开始，依据 2011 年 6 月 30 日第十一届全国人民代表大会常务委员会第二十一次会议修正的《中华人民共和国个人所得税法》实施个人所得税征收。2011 年 7 月 19 日，国务院公布了《国务院关于修改〈中华人民共和国个人所得税法实施条例〉的决定》，自 2011 年 9 月 1 日起施行。

学习目标

- 了解个人所得税的概念、征税范围、纳税人、税率等。
- 掌握个人所得税应纳税额的计算。
- 了解个人所得税的税收优惠政策。
- 掌握个人所得税的纳税申报。

教学准备

- 收集个人所得税的纳税申报表（本章纳税申报部分）；
- 登录中国税务总局网，在政策文件栏目搜索《个人所得税法》、《个人所得税法实施条例》；
- 学生预习本项目内容。

关键词（中英文对照）

个人所得税（personal/individual income tax）、工资薪金（wages and salaries）、劳务报酬（labor remuneration）、自行申报（self declaration）

任务一　个人所得税的基本原理

任务描述

- 通过学习，了解个人所得税的概念和特点。

任务分析

现行税法所得税分为企业所得税和个人所得税，而个人所得税可与其他流转税、企业所得税进行比较学习。

案例引入

演艺界某明星涉税案与富人纳税：

2001—2004 年，演艺界某明星个人所得税涉税案成为媒体的热门话题，百度网及其他相关网站报道，为支付其个人偷逃的税款及其罚款，分散在北京、深圳等地的 19 套房产已被拍卖，并受刑法处罚。据来自北京税务部门的消息，在该税案曝光之后的 2002 年 7 月份一个月，就收到各类补缴税款 1.38 亿元。

要求：

（1）思考一下，该税案说明那些收入来源渠道较多、收入较高的人在纳税方式上应注意什么？

（2）以次取得收入的人，在签订劳务合同时应注意什么问题才会避免漏税给自己带来麻烦？

（3）演出收入、广告收入所属的个人所得税征税范围有哪些？劳务报酬个人所得税适用什么样的税率？

相关知识

一、个人所得税的概念

个人所得税是以自然人取得的各类应税所得为征税对象而征收的一种所得税，是政府利用税收对个人收入进行调节的一种手段。个人所得税的纳税主体不仅包括个人，还包括具有自然人性质的企业。我国个人所得税是指对在中国境内有住所，或者无住所而在境内居住满一年的个人（即居民纳税人），从中国境内和境外取得的所得；在中国境内无住所又不居住或者无住所而在境内居住不满一年的个人（非居民纳税人），从中国境内取得的所得征收的一种税。

二、个人所得税的特点

1. 在征收制度上实行分类征收制

我国个人所得税将征税对象划分为：工资、薪金所得，个体工商户的生产、经营所得，对企事业单位的承包经营、承租经营所得，劳务报酬所得，稿酬所得，特许权使用费所得，利息、股息、红利所得，财产租赁所得，财产转让所得，偶然所得，其他所得 11 大类。

2. 在费用扣除上定额、定率扣除并用

费用定额扣除也称为税收免征额。免予征收部分是指“为取得收入所必需的费用“和“为了维持生计所必需的费用”。我国个人工资、薪金所得的扣除标准由最初的每月 800 元上升到目前每月扣除 3 500 元。个人工资、薪金所得，个体工商户生产、经营所得实行费用定额扣除，也就是个人所得税税额按征税对象（收入总额）扣除一定费用后的差额计税，征税对象不足扣除的，不征税。定额、定率并用是指个人劳务报酬、稿酬、财产租赁所得收入每次在一定收入水平之下的，实行定额扣除后，按扣除后的差额征税；收入超过规定标准时，按收入总额的一定比例扣除的余额征税。

【案例 6–1】

2017 年 8 月，李倩获取稿酬收入 3 000 元；林书一获取稿酬收入 5 000 元。

要求：计算李倩和林书一分别缴纳个人所得税时准予扣除多少金额。

案例分析：

根据税法规定，每次稿酬收入在 4 000 元以下，准予扣除费用 800 元；每次稿酬收入超过 4 000 元，扣除总收入的 20%费用。李倩获取稿酬收入 3 000 元，低于 4 000 元，准予扣除 800 元；林书一稿酬收入 5 000 元，超过 4 000 元，准予扣除 5 000×20%=1 000 元。

3. 在税率上累进税率、比例税率并用

我国个人所得税实行累进税率、比例税率并用体制，其中累进税率采用“超额累进税率”。“超额累进税率”是指对不同等级征税对象的数额每超过一个级距的部分，按照与之相适应的税率分别计算税额。其特点是同一个征税对象适用几个等级的税率，每超过一个等级，超过部分就按高一级的税率征收，各级税额相加之和为纳税人应纳税总额。例如，我国个人所得工资薪金，个体工商户生产、经营所得实行“超额累进税率”，其他的个人所得税项目实行比例税率。

“全额累进税率”是把征税对象划分为若干等级，每一个等级规定一个税率，征税对象超过某个级距时，征税对象的全部数额按提高级距后对应的税率征税。

4. 在申报缴纳上自行申报和代扣代缴方法并用

知识拓展

个人所得税法最早起源于英国。18 世纪末，英国由于与法国交战导致财政吃紧，为解决财政问题，有人提出对高收入者征税。战争一结束，有人认为个人所得税侵犯了个人隐私，因此个人所得税被迫停征。1982 年，英国财政部又一次提出了个人所得税征收的必要性，英国个人所得税才得以重征。此时个人所得税的作用除解决财政收入外，还增加了调节个人收入差距的功能。

引入案例分析

（1）依法纳税是每个公民应尽的义务，取得应税所得没有扣缴义务人的应自行申报纳税。

（2）以次取得收入的纳税人，应按次纳税，应在取得所得的次月 15 日内向主管税务机关申报纳税。

（3）在签订劳务合同时应注意收入是税后收入还是税前收入，避免漏税给自己带来麻烦。

（4）演出收入、广告收入属于劳务报酬性质，适用 20%的基本税率，收入畸高的加成征收。

任务小结

（1）个人所得税实行分类征收。

（2）个人税得税征税对象共分为工资、薪金所得，个体工商户的生产、经营所得，对企事业单位的承包经营、承租经营所得，劳务报酬所得，稿酬所得，特许权使用费所得，利息、股息、红利所得，财产租赁所得，财产转让所得，偶然所得，经国务院财政部门确定征税的其他所得 11 大类。

（3）在征税上有固定比率征收和超额累进征收两种税率形式。

（4）个人所得收入有税前扣除标准规定。

任务二　个人所得税的基本要素

任务描述

- 了解个人所得税的居民纳税义务人和非居民纳税义务人规定。
- 熟悉个人所得税的征税范围。
- 熟悉超额累进税率和比例税率。

任务分析

通过任务一的学习，我们已知道我国个人所得税的概念。现在还需进一步明确该税的征税范围、纳税人、税率，才能为下一步正确计税做好准备。

案例引入

重庆一鸣公司新任总经理安尼尔为英国公民，任期二年，2017 年 3 月来华与赵某交接工作，当月在企业工作 22 天，企业按月工资（含节假日）3 000 元计算其在华工资。

要求：

（1）说明安尼尔是居民纳税人还是非居民纳税人？

（2）有人认为安尼尔本次收入 3 000 元未能达到工资、薪金征税起点，可以不进行纳税申报。你认为这种说法对吗？

相关知识

一、个人所得税的纳税义务人

个人所得税的纳税义务人，包括中国大陆居民，个体工商业户，个人独资企业、合伙企业投资者以及在中国有所得的外籍人员（包括无国籍人员，下同）和我国香港、澳门、台湾地区同胞。上述纳税义务人依据住所和居住时间两个标准区分为居民和非居民，分别承担不同的纳税义务。

（一）居民纳税义务人

居民纳税义务人是指在中国境内有住所或者无住所而在境内居住满一年的个人。居民纳税义务人承担无限纳税义务，即就其来源于中国境内和境外取得的所得依法缴纳个人所得税。

所谓在中国境内有住所的个人，是指因户籍、家庭、经济利益关系而在中国境内习惯性居住的个人。如因学习、工作、探亲、旅游等在中国境外居住，其原因消除以后，必须回到中国境内居住的个人，中国即为该纳税人的习惯性居住地。

所谓在中国境内居住满一年的人，是指在一个纳税年度内在中国境内居住满 365 天。在居住期间临时离境的，即在一个纳税年度中一次离境不超过 30 天或者多次离境累计不超过 90 日的，应视为在华居住，在计算居住天数时，不得扣减其在华居住的天数。

（二）非居民纳税义务人

非居民纳税义务人是指在中国境内无住所又不居住，或者无住所而在境内居住不满一年的个人。非居民纳税义务人承担有限纳税义务，即仅就其来源于中国境内的所得，依法向中国缴纳个人所得税。

【案例 6–2】

李双 2015 年 9 月 1 日出国留学至 2017 年 8 月 5 日返回国内。

要求：说明李双在此期间是否为居民纳税人，为什么？

案例分析：

根据税法规定："所谓在中国境内有住所的个人，是指因户籍、家庭、经济利益关系而在中国境内习惯性居住的个人。"所以尽管李双 2015 年 9 月 1 日出国留学至 2017 年 8 月 5 日期间不在国内，但由于他留学完毕以后得返回国内，李双个人所得税的纳税人身份仍然属于居民纳税人，应就从国内国外取得的收入向中国申报缴纳个人所得税。

【案例 6–3】

一个外籍人员史密斯从 2016 年 9 月起到中国境内任职，在 2017 年度内，曾于 4 月 8—20 日，11 月 3—15 日离境述职，10 月 1—7 日离境度假。

要求：说明史密斯是否为居民纳税人，为什么？

案例分析：

由于 10 月 1—7 日史密斯享受的是在职期间的国家公休假，视同在境内，另两次离境日期相加之和少于 90 天，因此判定史密斯为居民纳税人。

提示：

《个人所得税法实施条例》第 6 条规定，"在中国境内无住所，但居住 1 年以上 5 年以下的个人，其来源于中国境外的所得，经主管税务机关批准，可以只就由中国境内公司、企业以及经济组织或者个人支付的部分缴纳个人所得税；居住超过 5 年的个人，从第 6 年起，应当就其来源于中国境内外的全部缴纳个人所得税。"第 7 条规定："在中国境内无住所，但是在一个纳税年度中在中国境内连续或者累计居住不超过 90 日的个人，其来源于中国境内的所得，由境外雇主支付并且不由该雇主在中国境内的机构、场所负担的部分，免予缴纳个人所得税"。

二、个人所得税的征税范围

我国《个人所得税法》将个人所得税征税范围划分为：工资、薪金所得，个体工商户的生产、经营所得，对企事业单位的承包经营、承租经营得所得，劳务报酬所得，稿酬所得，特许权使用费所得，利息、股息、红利所得，财产租赁所得，财产转让所得，偶然所得，其他所得 11 大类。

（一）工资、薪金所得

工资、薪金所得，是指个人因任职或者受雇而取得的工资、薪金、奖金、年终加薪、劳动分红、津贴、补贴以及任职或受雇有关的其他所得。

不属于工资、薪金性质的补贴、津贴或者不属于纳税人本人工资、薪金所得项目的收入不征税。这些项目包括：

（1）独生子女补贴。

（2）执行公务员工资制度未纳入基本工资总额的补贴、津贴差额和家属成员的副食品补贴。

（3）托儿补助费。

（4）差旅费津贴、误餐补助。其中，误餐补助是指按财政部门规定，个人因公在城区、郊区工作，不能在工作单位或返回就餐，根据实际误餐顿数，按规定的标准领取的误餐费。单位以误餐补助名义发给职工的补贴、津贴不包括在内，应当征税。

讨论：

（1）李某退休之时，根据国家规定，一次性给予独生子女补助 4 500 元，请问李某应不应针对这部分收入缴纳个人所得税？

（2）单位给职工每人补助 10 元的餐费给食堂，请问这部分支出，支付单位应不应该记入职工工资收入代扣代缴个人所得税？请书写讨论结果。

（二）个体工商户的生产、经营所得

个体工商户的生产、经营所得包括以下方面：

（1）个体工商户从事工业、手工业、建筑业、交通运输业、商业、饮食业、服务业、修理业以及其他行业生产、经营取得的所得。

（2）个人经政府有关部门批准，取得执照，从事办学、医疗、咨询以及其他有偿服务活动取得的所得。

（3）其他个人从事个体工商业生产、经营取得的所得。

（4）上述个体工商户和个人取得的与生产、经营有关的各项应税所得。

提示：

个人独资企业和合伙企业按个体工商户的生产、经营所得征收个人所得税。

（三）对企事业单位的承包经营、承租经营所得

对企事业单位的承包、承租经营所得，是指个人承包经营或承租经营以及转包、转租取得的所得，还包括个人按月或者按次取得的工资、薪金性质的所得。

（四）劳务报酬所得，是指个人独立从事各种非雇佣的劳务所取得的所得

劳务报酬所得包括：设计、装潢、安装、制图、化验、测试、医疗、法律、会计、咨询、

讲学、新闻、广播、翻译、审稿、书画、雕刻、影视、录音、录像、演出、表演、广告、展览、技术服务、介绍服务、经纪服务、代办服务以及其他劳务。

提示：

（1）国税发〔1994〕089 号文件第 8 条规定：个人由于担任董事职务所取得的董事费收入，属于劳务报酬所得性质，按照劳务报酬所得项目征收个人所得税。

（2）保险企业营销员（非雇员）取得的收入应按劳务报酬所得项目计征个人所得税。

（3）区分劳务报酬所得与工资、薪金所得主要看是否存在雇佣与被雇佣的关系。劳务报酬所得一般属于个人独立从事自由职业取得的所得或属于个人劳动所得，一般不存在雇佣关系；工资、薪金所得是个人从事非独立劳动，从所在单位（雇主）领取的报酬，存在雇佣和被雇佣关系。

（五）稿酬所得

稿酬所得，是指个人因其作品以图书、报刊形式出版、发表而取得的所得。这里所说的作品，包括文学作品、书画作品、摄影作品以及其他作品。作者去世后，对取得其遗作稿酬的个人，也应按稿酬所得征收个人所得税。从事与职务相关而取得的收入，并入工资、薪金计算个人所得税。

国税函〔2002〕146 号补充规定：① 任职、受雇于报纸、杂志等单位的记者、编辑等专业人员，因在本单位的报刊、杂志上发表作品取得的所得，属于因任职、受雇而取得的所得，应与其当月工资收入合并，按“工资、薪金所得”项目征收个人所得税。除上述专业人员以外，其他人员在本单位的报刊、杂志上发表作品取得的所得，应按“稿酬所得”项目征收个人所得税。② 出版社的专业作者撰写、编写或翻译的作品，由本社以图书形式出版而取得的稿费收入，应按“稿酬所得”项目计算缴纳个人所得税。③ 关于在校学生参与勤工俭学活动取得的收入征收个人所得税的问题，在校学生因参与勤工俭学活动（包括参与学校组织的勤工俭学活动）而取得属于《个人所得税法》规定的应税所得项目的所得，应依法缴纳个人所得税。

（六）特许权使用费所得

特许权使用费所得，是指个人提供专利权、商标权、著作权、非专利技术以及其他特许权的使用权取得的所得。根据税法规定，提供著作权的使用权取得的所得不包括稿酬所得。但是，对于作者将自己的文字作品手稿原件或复印件公开拍卖（竞价）取得的所得，应按特许权使用费所得项目征收个人所得税。

（七）利息、股息、红利所得

利息、股息、红利所得，是指个人拥有债权、股权而取得的利息、股息、红利所得。利息是指个人拥有债权而取得的利息，包括存款利息、贷款利息和各种债券的利息。股息、红利是指个人拥有股权取得的股息、红利。按照一定的比例派发的每股息金，称为股息；根据公司、企业应分配的、超过股息部分的利润，按股派发的分红，称为红利。个人取得的上述所得，除另有规定外，均应缴纳个人所得税。

提示：

除个人独资企业、合伙企业外的其他企业的个人投资者，以企业资金为个人、家庭成员及其相关人员支付与企业生产经营无关的消费性支出及购买汽车、住房等财产性支出，视为企业对个人投资者的红利分配，按照“利息、股息、红利所得”项目计征个人所得税。个人独资企业、合伙企业从事以上的经济活动，应按照“个体工商户的生产、经营所得”项目计征个人所得税。

（八）财产租赁所得

财产租赁所得，是指个人出租建筑物、土地使用权、机器设备、车船以及其他财产取得的所得，包括个人取得的财产转租收入。确认财产租赁所得的纳税人，应以产权凭证为依据；无产权凭证的，由主管税务机关根据实际情况确定。产权所有人死亡，在未办理产权继承手续期间，该财产出租而有租金收入的，以领取租金的个人为纳税人。

（九）财产转让所得

财产转让所得，是指个人转让有价证券、股权、建筑物、土地使用权、机器设备、车船以及其他财产取得的所得。

国税函〔2005〕655 号《国家税务总局关于个人因购买和处置债权取得所得征收个人所得税问题的批复》规定：根据《中华人民共和国个人所得税法》及有关规定，个人通过招标、竞拍或其他方式购置债权以后，通过相关司法或行政程序主张债权而取得的所得，应按照“财产转让所得”项目缴纳个人所得税。

（十）偶然所得

偶然所得，是指个人得奖、中奖、中彩以及其他偶然性质的所得。得奖是指参加各种有奖竞赛活动，取得名次得到奖金；中奖、中彩是指参加各种有奖活动，如有奖销售、有奖储蓄或者购买彩票，经过规定程序，抽中、摇中号码而取得的奖金。偶然所得应缴纳的个人所得税税款，一律由发奖单位或机构代扣代缴。

（十一）其他所得

除上述 10 项应税项目外，其他所得应确定征税的，由国务院财政部门确定。个人取得的所得，难以界定应税所得项目的，由主管税务机关确定。

提示：

财税〔2007〕34 号规定：个人取得单张有奖发票奖金所得不超过 800 元（含 800 元）的，暂免征收个人所得税；个人取得单张有奖发票奖金所得超过 800 元的，应全额按照个人所得税法规定的“偶然所得”项目征收个人所得税。

三、个人所得税税率

（一）超额累进税率

超额累进税率适用于工资、薪金所得，个体工商户的生产、经营所得。

（1）工资、薪金所得，从 2011 年 9 月 1 日起适用七级超额累进税率，如表 6–1 所示。

表 6–1 工资、薪金所得适用税率表

级数	全月应纳税所得额	税率/%	速算扣除数
1	不超过 1 500 元的	3	0
2	超过 1 500～4 500 元的部分	10	105
3	超过 4 500～9 000 元的部分	20	555
4	超过 9 000～35 000 元的部分	25	1 005
5	超过 35 000～55 000 元的部分	30	2 775
6	超过 55 000～80 000 元的部分	35	5 505
7	超过 80 000 元	45	13 505

（2）个体工商户的生产、经营所得和对企事业单位的承包经营、承租经营所得，适用五级超额累进税率，如表 6–2 所示。

表 6–2 个体工商户生产、经营所得适用税率表

级数	全年应纳税所得额	税率/%	速算扣除数
1	不超过 15 000 元的	5	0
2	超过 15 000～30 000 元的部分	10	750
3	超过 30 000～60 000 元的部分	20	3 750
4	超过 60 000～100 000 元的部分	30	9 750
5	超过 100 000 元的部分	35	14 750

注：个人独资企业和合伙企业的生产、经营所得，也适用 5%～35%的五级超额累进税率。

提示：

国税发〔1994〕第 179 号规定：承包、承租人对企业经营成果不拥有所有权，仅是按合同（协议）规定取得一定所得的，其所得按工资、薪金所得项目征税；承包、承租人按合同（协议）的规定只向发包、出租方缴纳一定费用后，企业经营成果归其所有的，承包、承租人取得的所得，按对企事业单位的承包经营、承租经营所得项目征税。

（二）定率比例税率

适用于以次征收的劳务报酬所得，稿酬所得，特许权使用费所得，利息、股息、红利所得，财产租赁所得，财产转让所得，偶然所得，其他所得，适用税率为20%。

（1）劳务报酬。劳务报酬的适用税率为 20%，劳务报酬所得一次收入畸高的，可以实行加成征收。其应纳税所得额超过 20 000 元，对应纳税所得额超过 20 000～50 000 元的部分，依照税法规定计算应纳税额后再按照应纳税额加征五成；超过 50 000 元的部分，加征十成。因此，劳务报酬所得实际上适用 20%～40%的三级超额累进税率，如表 6–3 所示。

表 6–3 劳务报酬所得适用税率

级数	含税级距/次	税率/%	速算扣除数
1	不超过 20 000 元的	20	0
2	超过 20 000～50 000 元的部分	30	2 000
3	超过 50 000 元的部分	40	7 000

注：① 表中的含税级距是指扣除税法规定的有关费用后的所得额。

② 劳务报酬的扣除标准为 800 元（每次收入额不超过 4 000 元时）或者减除收入的 20%的费用（每次收入额超过 4 000 元时）。

（2）稿酬所得，适用比例税率，税率为 20%，并按应纳税额减征 30%。因此实际税率为 14%。

（3）特许权使用费所得，利息、股息、红利所得，财产租赁所得，财产转让所得，偶然所得和其他所得适用比例税率，税率为 20%。

提示：

（1）自 2001 年起，个人出租房取得的所得暂减按 10%的税率征收个人所得税。

（2）利息税要分段计算征免，居民储蓄存款利息，在 1999 年 10 月 31 日前不征个人所得税；1999 年 11 月 1 日至 2007 年 8 月 14 日按照 20%的税率征税；2007 年 8 月 15 日至 2008 年 10 月 8 日按照 5%的税率征税；2008 年 10 月 9 日起暂免征收个人所得税。

（3）财税〔2010〕70 号规定 2010 年对个人转让上市公司限售股取得的所得征收个人所得税。

（4）对个人投资者从上市公司取得的股息红利所得，自 2005 年 6 月 13 日起暂减按 50% 计入个人应纳税所得额，依照现行税法规定计征个人所得税。

（5）对证券投资基金从上市公司分配取得的股息红利所得，扣缴义务人在代扣代缴个人所得税时，减按 50%计算应纳税所得额。

（6）劳务报酬、稿酬、特许权使用费、财产租赁所得、财产转让所得在计算个人所得税时，应按规定从所得中扣除规定的费用后的差额计算个人所得税；利息、股息、红利所得，偶然所得的应税收入不扣除相关费用。

【案例 6–4】

秦森在 2017 年连续公开发表连载小说，稿酬收入每集 700 元，按集支付，小说共 50 集，共收入 35 000 元人民币；之后他又整理出书，出书稿酬收入 20 000 元。有人认为，秦森连载小说收入应按次征税，因每次收入低于扣除标准（每次收入低于 4 000 元的，扣除 800 元，收入高于 4 000 元时，扣除收入总额的 20%），所以小说连载收入不应纳税，只应针对出书收入征税。

要求：请分析判断以上说法是否正确，为什么？

案例分析：

劳务报酬和稿酬都是按次征税，连载小说，以小说连载完毕为一次，小说再版、整理出书另算一次，所以秦森 2017 年的连载小说收入总额 35 000 元已超过费用扣除标准，应缴纳个人所得税，整理出书也应缴个人所得税。

知识拓展

1. 纳税人身份的纳税筹划

个人所得税的纳税义务人，包括居民纳税义务人和非居民纳税义务人两种。居民纳税义务人就其来源于中国境内或境外的全部所得缴纳个人所得税；而非居民纳税义务人仅就其来源于中国境内的所得，向中国缴纳个人所得税。很明显，非居民纳税义务人将会承担较轻的税负。

居住在中国境内的外国人、海外侨胞和我国香港、澳门、台湾同胞，如果在一个纳税年度内，一次离境超过 30 日或多次离境累计超过 90 日的，简称“90 天规则”，将不视为全年在中国境内居住。把握这一尺度就会避免成为个人所得税的居民纳税义务人，而仅就其来源于中国境内的所得缴纳个人所得税。

2. 个人所得税来源的确定

所得来源地，是确定该项所得是否应该征收个人所得税的重要依据。下列所得不论支付地点是否在中国境内，均为来源于中国境内的所得：

（1）在中国境内的公司、企业、事业单位、机关、社会团体、部队、学校等单位或经济组织中任职、受雇而取得的工资、薪金所得。

（2）在中国境内提供的各种劳务而取得的劳务报酬所得。

（3）在中国境内从事生产、经营活动而取得的所得。

（4）个人出租的财产，被承租人在中国境内使用而取得的财产租赁所得。

（5）转让中国境内的房屋、建筑物、土地使用权，以及在中国境内转让其他财产而取得的财产转让所得。

（6）提供在中国境内使用的专利权、专有技术、商标权、著作权，以及其他特许权而取得的特许权使用费所得。

（7）因持有中国的各种债券、股票、股权而从中国境内的公司、企业或其他经济组织以及个人取得的利息、股息、红利所得。

（8）在中国境内参加各种竞赛活动取得名次的奖金所得；参加中国境内有关部门和单位组织的有奖活动而取得的中奖所得；购买中国境内有关部门和单位发行的彩票取得的中彩所得。

（9）在中国境内以图书、报刊方式出版、发行作品，取得的稿酬所得。

引入案例分析

（1）安尼尔在中国境内任职，且当年在中国居住时间超过 90 天，所以他是居民纳税人。

（2）根据税收征管条例规定，纳税人无论收入高低，有无收入，都应按规定时间向当地税务机关申报纳税。所以认为安尼尔当月收入低于个人所得税起征点就可以不进行纳税申报是不正确的。

任务小结

（1）“30”天、“90”天是个人所得税纳税人身份判断的关键。

（2）个人所得税纳税人包括个体工商户、合伙企业、个人独资企业。

（3）劳务报酬、稿酬、财产租赁收入以“次”征收，“次”在税法中有专门的规定，具体情况见任务三。

（4）个人所得税税率有累进税率和定率比例税率两种。工资、薪金收入，个体工商户生产、经营所得实行累进税率；其他实行 20%的定率税率（劳务报酬的实质还是累进税率）。

（5）个人所得税来源地是正确计算个人所得税的重要依据。

任务三 个人所得税应纳税额计算

任务描述

- 了解个人所得税的计税依据。
- 掌握应纳税额的计算。

任务分析

通过任务一、任务二的学习，我们已掌握个人所得税的概念、作用、征税对象、纳税人、税率。本次任务主要掌握各项个人所得税前扣除项目和标准。

案例引入

中国公民孙某 2017 年年收入情况如下：

（1）出版中篇小说一部，取得稿酬 50 000 元，后因小说加印和报刊连载，分别取得出版社稿酬 10 000 元和报社稿酬 3 800 元。

（2）2017 年 9 月，因职务需要翻译文件，从单位取得收入 1 000 元的报酬。

（3）孙某每月工资收入 5 500 元。

（4）外出境外讲学收入 4 000 元，在国外已纳个人所得税 800 元。

相关知识

个人所得税的计税依据为纳税人取得的应纳税所得额，即纳税人取得的收入总额扣除税法规定的费用扣除项目后的余额。

一、工资、薪金个人所得税计算

工资、薪金个人所得税计算公式：

应纳税额=应纳税所得额×适用税率–速算扣除数

=（月工资、薪金收入–3 500 或 4 800）×适用税率–速算扣除数

【案例 6–5】

某居民纳税人李清 2017 年 8 月工资为 5 500 元。

要求：计算其应纳个人所得税税额。

案例分析：

应纳税所得额=5 500–3 500=2 000（元）

应纳税额=2 000×10%–105=95（元）

若李清为一外籍人士，则应纳税额=（5 500–4 800）×3%–0=21（元）

二、个体工商户生产、经营所得应纳税额的计算

个体工商户的生产、经营所得应纳税额的计算公式为：

应纳税额=应纳税所得额×适用税率–速算扣除数

=〔全年收入–（成本+费用+损失+准予扣除的税金）〕×适用税率–速算扣除数

提示：

允许个体工商户生产、经营所得税前扣除的成本、费用、损失、准予扣除的税金是指其在从事生产、经营的过程中发生的各项直接支出和分配计入成本的间接费用以及期间费用，损失是指其在生产、经营的过程发生的各项营业外支出，包括固定资产盘亏、报废和损毁的净损失、公益和救济性捐赠、赔偿金和违约金；税金是指由企业负担的税金。个体工商业主允许扣除的个人费用从 2011 年 9 月 1 日起为 3 500 元。

不允许扣除的部分包括：（1）资本性支出；（2）被没收的财产、支付的罚款；（3）缴纳的个人所得税、税收滞纳金、罚款和罚金；（4）分配给投资者的股利；（5）各种赞助性支出，不符合规定的捐赠支出；（6）自然灾害或意外事故损失有赔偿的部分；（7）用于个人和家庭的支出；（8）个体工商业户业主的工资性支出；（9）与生产经营无关的支出；（10）税收法规规定的不允许扣除的其他支出。

参考文献：国税发〔1997〕43 号、财税〔2008〕65 号

【案例 6–6】

某个体工商户经营印刷加工厂，账证齐全，假定 2017 年 12 月营业额共计 28 000 元，购进小纸张等材料费共计 5 000 元，共缴纳水电费等 1 500 元，员工福利支出 500 元，其他税费合计 1 000 元，支付给雇工工资共计 6 500 元。1—11 月累计应纳税所得额为 32 000 元。

要求：计算该个体工商户 2017 年应纳税额。

案例分析：

员工的福利支出按工资支出 14%以内的实际支出扣除，500 元＜6 500×14%=910 元，可允许全额扣除。允许扣除的个人费用每月 3 500 元。

12 月份的应纳税所得额=28 000–5 000–1 500–500–1 000–65 00–3 500=10 000（元）

全年应纳税所得额=32 000+10 000=42 000（元）

全年应纳所得税额=42 000×20%–3 750=4 650（元）

三、对企事业单位的承包、承租经营所得应纳税额的计算

企事业单位的承包、承租经营所得是以每一纳税年度的收入总额，减除必要的费用后的余额作为应纳税所得额。

如果企业实行个人承包经营、承租经营后，承租人按合同的规定只向发包方缴纳一定的费用后，企业的经营成果归其所有的，企事业单位的承包、承租经营所得应纳税额比照“个体工商户生产、经营所得”的确认方法，扣除必要费用，按照五级累进税率计算承包、承租经营所得应纳税额。

如果企业实行个人承包经营、承租经营后，承租人对企业的经营成果不拥有所有权，仅仅是按合同规定取得一定的所得，“必要费用”扣除标准为每月 3 500 元，按照“工资、薪金”个人所得税计算办法计税。

【案例 6–7】

2017 年，李某与某事业单位签订承包合同经营招待所，承包期 3 年。按合同，2017 年分得承包经营利润 65 000 元，本年的经营时期是 3 月 5 日—12 月 31 日。

要求：计算李某 2017 年度应纳个人所得税税额。

案例分析：

按合同，李某对企业的经营成果拥有所有权，所以李某按年计算应纳税额。

应纳税所得额=65 000–3 500×10=30 000（元）

适用税率 10%，速算扣除数 750 元。

应纳税额=30 000×10%–750=2 250（元）

假设上例中，合同约定，李某对企业经营成果没有所有权，按固定工资加奖金方式获取报酬，则李某按月以“工资、薪金”方式计算个人所得税。

【案例 6–8】

2017 年，李某与某事业单位签订承包合同经营招待所，承包期 3 年。按合同，每月固定工资 4 300 元，另按经营情况取得奖金收入。

要求：假设该年的 3 月取得奖金 200 元，则 3 月份李某应纳税额为多少？

案例分析：

应纳税所得额=4 300+200–3 500=1 000（元）

应纳税额=1 000×3%=300（元）

四、劳务报酬个人所得税的计算

劳务报酬以每次取得的收入，定额或定率减除规定的费用后的余额为应纳税所得额，每次收入在 4 000 元以下的，定额减除费用 800 元，每次收入在 4 000 元以上时，全部收入的 20%作为定率减除费用。

一个项目发生连续性收入的，以一个月内取得的收入为一次，据以确定应纳税所得额（当月跨地区的劳务报酬所得应分别计算）。

提示：

劳务报酬所得，稿酬所得，特许权使用费所得，利息、股息、红利所得，财产租赁所得，财产转让所得，偶然所得和其他所得，采用 20%的比例税率，均实行按次计征办法。（劳务报酬实行加成征收，实质上是一种累进税率）。

【案例 6–9】

王某在一家歌舞厅兼职，2017 年 8 月份每星期到歌舞厅演奏钢琴三次，每次取得报酬 500 元，8 月份共演唱 12 次，共收入 6 000 元。

要求：计算王某应纳的个人所得税税额。

案例分析：

由于王某的兼职行为是一种连续提供劳务的行为，按规定，王某应按月计算该项劳务报酬所得税。王某 8 月份的收入为 6 000 元，在 4 000 元以上，应定率扣除费用。

应纳税所得额=500×12×（1–20%）=4 800（元）＜20 000 元，税率 20%；

应纳税所得额=4 800×20%=960（元）

提示：

如果单位和个人为纳税人负担税款的，应当将纳税人取得的不含税收入换算成应纳税所得额，再计算税款。计算公式如下：

（1）不含税收入在 3 360 元（即含税收入额为 4 000 元）以下的：

应纳税所得额=（不含税收入–800）÷（1–税率）

（2）不含税收入在 3 360 元以上的：

应纳税所得额=（不含税收入–速算扣除数）×（1–20%）÷［1–税率×（1–20%）］公式中的“税率”指不含税收入按不含税级距对应的税率。

五、稿酬所得应纳税额的计算

稿酬所得以个人每次取得的收入，定额或定率减除规定的费用后的余额为应纳税所得额，费用扣除标准与劳务报酬的规定相同。稿酬所得适用 20%的税率，并按规定减征 30%，即实际税率 14%。

每次收入在 4 000 元以下的，计算公式为：

应纳税额=（每次收入额–800）×20%×（1–30%）

每次收入在 4 000 元以上的，计算公式为：

应纳税额=每次收入额×（1–20%）×20%×（1–30%）

“稿酬每次取得的收入”是指以每次出版、发表作品取得的收入为一次，具体规定如下：

（1）个人出版图书、报刊方式出版同一作品，不论出版单位是预付还是分次支付稿酬，或加印该作品后再付稿酬，均应合并为一次征税。

（2）在两处以上出版、发表同一作品而取得的稿酬，可分别以各处取得的所得或再版所得分次征税。

（3）个人的同一作品在报刊连载，应合并其连载所得为一次。连载后又出书取得稿酬的，或先出书后连载取得稿酬的，应视同再版稿酬分别纳税。

【案例 6–10】

某作家的一篇小说在某晚报上连载半年，每月取得稿酬 4 000 元，然后送交出版社出版，一次取得稿费 20 000 元。

要求：计算该作家应纳个人所得税税额。

案例分析：

小说连载所得应纳税所得额=4 000×6×（1–20%）=19 200（元）

小说连载所得应纳税额=19 200×20%×（1–30%）=2 688（元）

小说出版所得应纳税所得额=20 000×（1–20%）=16 000（元）

小说出版所得应纳税额=16 000×20%×（1–30%）=2 240（元）

两次稿酬应纳税额=2 240+2 688=4 928（元）

六、特许权使用费所得应纳税额的计算

特许权使用费所得以个人每次取得的收入，定额或定率减除规定的费用后的余额为应纳税所得额，费用扣除标准与劳务报酬的规定相同。同时税法规定，对个人从事技术转让所支付的中介费，若能提供有效合法凭证，允许从其所得中扣除。特许权使用费所得适用 20%的比例税率。

应纳税额=应纳税所得额×20%

【案例 6–11】

吴某为一大学教授，为境内某企业提供一项专利技术的使用权，一次取得特许权使用费 50 500 元，有合法凭证证明发生中介费用 500 元。

要求：计算吴某应纳个人所得税税额。

案例分析：

应纳税额=（50 500–500）×（1–20%）×20%=8 000（元）

七、财产租赁所得应纳税额的计算

财产租赁所得以纳税人一个月取得的收入为一次。适用 20%的所得税税率。应纳税额计算公式如下：

（1）每次收入在 4 000 元以下的：

应纳税额=［每次（月）收入–财产租赁相关费用–修缮费用–800］×20%

（2）每次收入在 4 000 元以上的：

应纳税额=［每次（月）收入–财产租赁相关费用–修缮费用］（1–20%）×20%

上述公式中相关费用是：

（1）纳税人在出租财产的过程中缴纳的税金和教育费附加。

（2）能够提供有效凭据，证明该纳税人负担的该出租财产实际开支的修缮费（以每次 800 元为限，一次扣不完的，准予在下一次连续扣除，直至扣完为止）。

（3）税法规定的费用扣除的定额和定率标准与劳务报酬相同。

【案例 6–12】

李某于 2017 年 8 月将其自有的商业用房屋出租给某公司作为经营用房，租期五年，全年租金 42 000 元。李某每月缴纳税金合计 192.5 元。并于 9 月份支付修缮费用 1 500 元（有发票收据）。

要求：计算李某每月应交个人所得税税额。

案例分析：

每次收入额=42 000÷12=3 500（元），扣除税费 192.5 元，扣除定额费用 800 元，修缮费用 9 月扣除 800 元，10 月扣除 700 元，则：

9 月份应纳税额=（3 500–192.5–800–800）×20%=341.5（元）

10 月份应纳税额=（3 500–192.5–800–700）×20%=361.5（元）

其他月份应纳税额=（3 500–192.5–800）×20%=501.5（元）

全年应纳税额=501.5×10+361.5+341.5=5 718（元）

注意：对于个人出租的居民住房取得的所得，暂减按 10%的税率征税。

【案例 6–13】

刘某于 2017 年 8 月份将其自有的房屋出租给他人居住，租期两年，全年租金 14 400 元。

要求：计算刘某每月应交个人所得税税额。

案例分析：

每次（月）收入额=14 400÷12=1 200（元）

每月应纳税额=（1 200–800）×10%=40（元）

全年应纳税额=40×12=480（元）

本例在计算个人所得税时未考虑其他税费。如果对租金收入计征城建税、教育费附加和房产税等，还应从其税前收入中扣除才可计算应纳的个人所得税。

八、财产转让所得应纳税额的计算

财产转让所得以纳税人每次转让财产取得的收入额减除财产原值和转让财产所发生的相

关费用后的余额为应纳税所得额。适用 20%的所得税税率。其中，“每次”是指财产所有权转让一次。

应纳税额计算公式如下：

应纳税额=应纳税所得额×适用的税率

=（每次收入–财产原值–合理税费）×20%

【案例 6–14】

某人建房一幢，造价 36 000 元，支付费用 2 000 元。该人转让房屋，售价 60 000 元，在买房过程中按规定支付交易费等有关费用 2 500 元。

要求：计算某人应纳个人所得税税额。

案例分析：

应纳税所得额=60 000–（36 000+2 000）–2 500=19 500（元）

应纳税额=19 500×20%=3 900（元）

九、利息、股息、红利所得，偶然所得和其他所得应纳税额的计算

应纳税额=应纳税所得额×适用的税率

【案例 6–15】

陈伍在商场参加有奖销售过程中，中奖 20 000 元。

要求：请按照规定计算商场代扣代缴个人所得税后，陈伍实际可得中奖金额。

案例分析：

（1）应纳税额=20 000×20%=4 000（元）

（2）陈伍实际可得金额=20 000–4 000=16 000（元）

十、几种情况的个人所得税计算

（一）纳税人取得全年一次性奖金等计算方法

纳税人取得全年一次性奖金、年终加薪或劳动分红，单独作为一个月工资、薪金所得计算纳税，并按以下方法计算，由扣缴义务人发放时代扣代缴。

1. 将当月取得的全年一次性奖金除以 12 个月，按其商数确定税率和速算扣除数

如果在发放年终一次性奖金的当月，雇员当月工资、薪金所得低于税法规定的费用扣除额，应将全年一次性奖金减除“雇员当月工资、薪金所得与费用扣除数的差额”后的余额，按上述办法确定全年一次性奖金的适用税率和速算扣除数。

2. 对雇员当月内取得的全年一次性奖金，按确定的适用税率和速算扣除数计算征税

计算公式如下：

（1）雇员当月工资、薪金所得高于或等于税法规定的费用扣除额的，适用公式为：

应纳税额=雇员当月取得全年–次性奖金×适用税率–速算扣除数

（2）雇员当月工资、薪金所得低于税法规定的费用扣除额的，适用公式为：

应纳税额=［雇员当月取得全年–次性奖金–（3 500–工资）］×适用税率–速算扣除数

【案例 6–16】

公司员工李清在 2017 年 1 月份取得公司发放的全年一次性奖金 14 400 元，当月工

资 5 500 元。

要求：计算李清 2017 年 1 月份应纳个人所得税税额。

案例分析：

1 月份工资应纳税额=（5 500–3 500）×10%–105=95（元）

奖金商数=14 400÷12=1 200，适用工资、薪金 3%的税率

全年一次性奖金应纳税额=14 400×3%–0=432（元）

李清 1 月份应纳税额=95+432=527（元）

（二）雇主为其雇员负担个人所得税应纳税额计算

在实际工作中，有的雇主常常为纳税人负担税款，即支付给纳税人的报酬为税后净所得，此时雇主应将纳税人的收入先换算成含税的应纳税所得额，再据以计算纳税人应纳税额。

应纳税所得额=（不含税收入–扣除费用标准–速算扣除数×雇主负担税额比例）÷（1–适用税率）

提示：

这里的适用税率为不含税收入级距对应的适用税率，速算扣除数为不含税收入级距对应的速算扣除数。

（三）公益救济性的捐赠

个人将其所得通过中国境内的社会团体、国家机关向教育和其他社会公益事业以及遭受严重自然灾害地区、贫困地区的捐赠，捐赠额未超过纳税义务人申报的应纳税所得额的 30%的部分，可以从其应纳税所得额中扣除。其计算公式为：

捐赠扣除限额=应纳税所得额×30%

应纳税额=（应纳税所得额–允许扣除的捐赠额）×适用税率–速算扣除数

【案例 6–17】

某歌星参加一次演唱会，取得出场收入 80 000 元，将其中 40 000 元通过民政局捐给了福利院。

要求：计算该歌星应纳个人所得税税额。

案例分析：

（1）未扣除捐赠的应纳税所得额=80 000×（1–20%）=64 000（元）。

（2）捐赠扣除限额=64 000×30%=19 200（元）（实际捐赠额大于捐赠的扣除限额）。

（3）应纳个人所得税=（64 000–19 200）×30%–2 000=11 440（元）。

（四）境外所得的税款扣除

税法规定，纳税义务人从中国境外取得的所得，准予其在应纳税额中扣除已在境外缴纳的个人所得税税额。但扣除额不得超过该纳税义务人境外所得依照我国税法规定计算的应纳税额。

纳税义务人在中国境外一个国家或地区实际缴纳的个人所得税税额，低于依照我国税法

计算的应纳税额时，应当在中国缴纳差额部分；若境外已纳税额超过依照我国税法计算的应纳税额时，其超过部分当年不得扣除，但可以在以后纳税年度的该国家或地区扣除限额的余额中补扣。补扣期限最长不得超过 5 年。

纳税义务人依照税法规定申请扣除已在境外缴纳的个人所得税税额时，应当提供境外机关填发的完税凭证原件。

【案例 6-18】

某中国居民纳税人 2017 年分别从 A、B 两国取得应税收入，其中在 A 国一公司任职，工资收入 72 000 元（平均每月工资 6 000 元），提供一项专利技术，收入 30 000 元，两项收入已在 A 国纳税 5 200 元；B 国出版著作获得稿费收入 15 000 元，在 B 国纳税 1 720 元。

要求：计算该居民在 A 国、B 国已纳税额的扣减。

案例分析：

（1）A 国已纳税额的扣减：

工资全年应纳税额=［（6 000–3 500）×10%–105］×12=1 740（元）

特许权应纳税额=30 000×（1–20%）×20%=4 800（元）

因此，抵免限额为 6 540 元（1 740+4 800），已纳税额 5 200 元，应补 6 540–5 200=1 340（元）。

（2）B 国已纳税额的扣减：

15 000×（1–20%）×20%×（1–30%）=1 680（元）

即其抵免限额为 1 680 元，已纳税额 1 720 元，超出抵减限额 40 元，不能在本年扣除，但可以在以后 5 个纳税年度的该国家扣除限额的余额中补减。

（五）两个或两个以上纳税人共同取得一项所得

两个或两个以上纳税人共同取得一项所得的，可以对每个人分得的收入分别减除费用，并计算各自的应纳税款。

【案例 6-19】

A 和 B 两人合著一本书，共取得稿费所得 10 000 元，其中，A 分得 4 500 元，B 分得 5 500 元。

要求：分别计算两人的个人所得税税款。

案例分析：

A 应纳税款=4 500×（1–20%）×20%×（1–30%）=504（元）

B 应纳税额=5 500×（1–20%）×20%×（1–30%）=616（元）

（六）不满一个月的工资、薪金所得

在中国境内无住所的个人，凡是在中国居住未满一个月并仅就一个月期间的工资、薪金所得申报纳税的，均应以全月工资、薪金所得为依据计算实际应纳税额。其计算公式为：

应纳税额=（当月工资、薪金应纳税所得额×适用税率–速算扣除数）×当月实际在中国境内的天数÷当月的天数

如果属于上述情况的个人取得的是日工资、薪金，应以日工资、薪金以当月天数换算成

当月工资、薪金后，再按上述公式计算应纳税额。

【案例 6–20】

某外国公民 2017 年 9 月 1 日受公司委派到中国境内某企业安装一种设备，9 月 20 日回国，期间从中国境内企业领取工资 6 000 元。

要求：计算该人的个人所得税税额。

案例分析：

应纳税额=〔（6 000÷20×30–4 800）×10%–105〕×20÷30=210（元）

【案例 6–21】

高级工程师叶凡 2017 年 12 月取得工资、薪金所得 4 000 元，同时取得全年一次性奖金 6 000 元；为某装饰公司装饰设计，取得设计费 10 000 元；取得股利收入 2 000 元；取得特许权使用费 2 500 元。

要求：计算叶凡 12 月份应纳的个人所得税税额。

案例分析：

（1）叶凡 2017 年 12 月个人工资应纳个人所得税税额 4 000–3 500=500（元）。

工资应纳个人所得税=500×3%=15（元）

奖金：6 000÷12=500（元），适用税率 3%，则奖金应纳个人所得税：

6 000×3%=180（元）

（2）设计费收入为劳务报酬，应纳税所得额=10 000×（1–20%）=8 000（元）。

设计费收入应纳个人所得税=8 000×20%=1 600（元）

（3）对个人投资者从上市公司取得股息、红利所得，自 2005 年 6 月 13 日起暂减按 50% 计入个人应纳税所得额，依照现行税法规定计征个人所得税。则叶凡取得的股利收入应纳个人所得税：

2 000×20%×50%=200（元）

（4）特许权使用费取得过程中未发生其他费用，所以应纳税所得额=2 500–800=1 700（元）。

特许权使用费收入应纳个人所得税=1 700×20%=340（元）

叶凡 2017 年 12 月共应纳个人所得税=15+180+1 600+200+340=2 335（元）

引入案例分析

中国公民孙某 2017 年年收入情况如下：

（1）出版中篇小说一部，取得稿酬 50 000 元，后因小说加印和报刊连载，分别取得出版社稿酬 10 000 元和报社稿酬 3 800 元。

分析：税法规定，个人的同一作品在报刊连载，应合并其连载所得为一次。连载后又出书取得稿酬的，或先出书后连载取得稿酬的，应视同再版稿酬分别纳税。所以孙某应分三次计算稿酬应纳税额。

第一次和第二次，取得的稿酬收入都在 4 000 元以上，定率扣除 20%，减征 30%。

第一次：应纳税额=50 000×（1–20%）×20%×（1–30%）=5 600（元）

第二次：应纳税额=10 000×（1–20%）×20%×（1–30%）=1 120（元）

第三次取得的稿酬收入在 4 000 元以下，定额扣除费用 800 元，减征 30%。

第三次：应纳税额=（3 800–800）×20%×（1–30%）=420（元）

（2）2017 年 9 月，孙某因职务需要翻译文件，从单位取得收入 1 000 元的报酬。

分析：税法规定，个人因职务发生的从单位取得的稿酬应并入当月工资、薪金计算，所以放在小题 3 一并计算。

（3）孙某每月工资收入 5 500 元。

1—8 月应纳税额=［（5 500–3 500）×10%–105］×8=760（元）

9 月应纳税额=（5 500+1 000–3 500）×10%–105=195（元）

10—12 月应纳税额=［（5 500–3 500）×10%–105］×3=285（元）

孙某 2017 年工资、薪金共应缴纳个人所得税=760+195+285=1 240（元）

（4）孙某 2017 年 10 月外出境外讲学收入 4 000 元，在国外已纳个人所得税 800 元。

分析：外出讲学属于劳务报酬，劳务报酬按次征收，若提供的劳务具有连续性，应按月征收，所以，孙某 10 月外出讲学，以本月收入为一次。税法规定，劳务报酬每次收入在 4 000 元以下的，费用定额扣除 800 元。纳税义务人在中国境外已纳税额超过依照我国税法计算的应纳税额时，其超过部分当年不得扣除，但可以在以后纳税年度该国家或地区扣除限额的余额中补扣。补扣期限最长不得超过 5 年。

应纳税所得额=4 000–800=3 200（元）（适用税率 20%）

应纳税额=3 200×20%=640（元），低于国外已纳税款 800 元，所以本年度不缴。

任务小结

个人所得税计算一般按以下步骤进行：

（1）判断纳税人的纳税身份，确定纳税人收入来源渠道。

（2）判断收入所属纳税项目，确定该项目是累进税率还是固定比例税率。

（3）确定税前费用扣除项目、标准，计算出应纳税所得额。

（4）确定适用的税率，速算扣除数，计算应纳税额。

（5）分析境外已纳税款，确定可抵扣的已纳税额。

（6）计算纳税人应缴（或补缴）的税款。

任务四　个人所得税的税收优惠

任务描述

- 通过本次学习，熟悉免征个人所得税的优惠、减征个人所得税的优惠以及其他优惠。

任务分析

通过任务三的学习，我们知道怎样计算个人所得税。本任务学习个人所得税的各种优惠政策。

案例引入

（1）张一其去世后，留下遗嘱将自有房屋遗赠给其直接赡养人王某，房屋公允价值200 000元。王某应该缴个人所得税吗？

（2）2017年8月，吴某获当地县政府颁奖的特殊贡献奖20 000元，吴某认为他所得收入属于政府奖金，不应纳税。他的看法是否正确？

相关知识

一、免征个人所得税的优惠

下列各项个人所得免征个人所得税：

（1）省级人民政府、国务院部委和中国人民解放军军以上单位，以及外国组织、国际组织颁发的科学、教育、技术、文化，卫生、体育、环境保护等方面的奖金。

（2）国债和国家发行的金融债券利息。

其中，国债利息是指个人持有中华人民共和国财政部发行的债券的利息；国家发行的金融债券利息，是指个人持有经国务院批准发行的金融债券而取得的利息。

（3）按照国家统一规定发给的补贴、津贴。

这里指按照国务院规定发给的政府特殊津贴（指国家对为社会各项事业的发展做出突出贡献的人员颁发的一项特定津贴，并非泛指国务院批准发放的其他各项补贴、津贴）和国务院规定免税的补贴、津贴（目前仅限于中国科学院和工程院院士津贴、资深院士津贴），免征个人所得税。

（4）福利费、抚恤金、救济金。

（5）保险赔款。

（6）军人的转业费、复员费。

（7）按照国家统一规定发给干部、职工的安家费、退职费、退休费、离休工资、离休生活补助费。

（8）按照有关法律规定应予免征的各国驻华使馆、领事馆的外交代表、领事官员和其他人员所得。

（9）中国政府参加的国际公约、签订的协议中规定免税所得。

（10）企业和个人按规定比例提取并缴付的住房公积金、医疗保险金、基本养老保险金、失业保险基金（简称“三险一金”），免予征收个人所得税。

个人领取原提存的住房公积金、医疗保险金、基本养老保险金、失业保险基金时，免予征收个人所得税。

（11）对乡、镇（含）以上人民政府或经县（含）以上人民政府主管部门批准成立的有机构、有章程的见义勇为基金或者类似性质组织，奖励见义勇为者的奖金或奖品，经主管税务机关核准，免征个人所得税。

（12）个人取得的教育储蓄利息所得以及财政部门确定的其他专项储蓄存款或者储蓄性专项基金存款的利息所得。

（13）储蓄机构内从事代扣代缴工作的办税人员取得的扣缴利息税手续费所得，免征个人所得税。

（14）生育妇女按照县级以上人民政府根据国家规定制定的生育保险办法，提取的生育津贴、生育医疗费或者其他属于生育保险性质的津贴、补贴，免征个人所得税。

（15）对工伤职工及其近亲属按照《工伤保险条例》规定取得的工伤保险待遇，免征个人所得税。

（16）外籍个人以非现金形式或者实报实销形式取得的合理的住房补贴、伙食补贴、搬迁费、洗衣费。外籍个人按照合理标准取得的境内、外出差补贴。外籍个人取得的探亲费、语言训练费、子女教育费等，经当地税务机关审核批准为合理的部分。可以享受免征个人所得税优惠的探亲费，限于外籍个人在我国的受雇地与其家庭所在地（包括配偶或父母居住地）之间搭乘交通工具，且每年不超过两次的费用。

（17）个人举报、协查各种违法、犯罪行为而得到的奖金。

（18）个人办理代扣代缴税款手续，按规定取得的扣缴手续费。

（19）个人转让自用达5年以上、并且是唯一家庭生活用房取得的所得。

（20）达到离休、退休年龄，但确因工作需要，适当延长离休期间的工资、薪金所得，视同退休工资、离休工资免征个人所得税。

（21）外籍个人从外商投资企业取得的股息、红利所得。

（22）凡符合下列条件之一的外籍专家的工资、薪金所得，暂免征收个人所得税：

① 根据世界银行专项贷款协议由世界银行直接派往我国工作的外国专家。

② 联合国组织直接派往我国工作的专家。

③ 为联合国援助项目来华工作的专家。

④ 援助国派往我国专为该国无偿援助项目工作的专家。

⑤ 根据两国政府签订的文化交流项目来华两年以内的文教专家，其工资、薪金所得由该国负担的。

⑥ 根据我国大专院校国际交流项目来华工作的专家，其工资、薪金所得由该国负担的，对其工资、薪金所得，免征个人所得税。

⑦ 通过民间科研协定来华工作的专家，其工资、薪金所得由该国政府负担的，对其工资、薪金所得，免征个人所得税。

（23）股权分置改革中非流通股东通过对价方式向流通股东支付的股份、现金等收入，暂免征收流通股股东应缴纳的个人所得税。

（24）按照国家有关城镇房屋搬迁管理办法规定的标准，被拆迁人取得的拆迁补偿款。

（25）自2006年6月1日起，对保险营销员佣金中的展业成本，免征个人所得税。根据目前保险营销员展业的实际情况，佣金中展业成本的比例暂定为40%。

（26）证券经纪人从证券公司取得的佣金收入中，展业成本不征个人所得税。展业成本的比例暂定为每次收入的 40%。

（27）从 2015 年 9 月 8 日开始，对个人转让上市公司股票（限售股除外）取得的所得，持股期限超过 1 年的，暂免征收个人所得税；持股在 1 个月内的，全额征税；持股在 1 个月以上，1 年以下的，按 50%征税。

（28）其他经国务院财政部门批准免税的所得。

二、减征项目

（1）残疾、孤老人员和烈属的所得。

（2）因严重自然灾害造成重大损失的。

（3）其他经国务院财政部门批准减免的项目。

以上减免项目的减征幅度和期限由各省、自治区、直辖市人民政府决定。

【案例 6–22】李珏 2017 年 8 月工资总收入 6 000 元，缴纳三险一金共计扣除 1 380 元，另缴商业险 100 元。

要求：计算李珏 8 月应缴的个人所得税税额。

案例分析：

根据税法规定，社会保险不计入个人所得税应纳税所得额，但商业保险不能从工薪收入作税前扣除，所以李珏 8 月应缴个人所得税税额：

$$6\ 000-1\ 380-3\ 500=1\ 120\text{（元）}$$

$$1\ 120\times 3\%=33.6\text{（元）}$$

引入案例分析

（1）税法规定：房屋产权所有人将房屋产权无偿赠与对其承担直接扶养或者赡养义务的扶养人或者赡养人，对当事双方不征收个人所得税。王某是对张一其直接承担赡养义务的人，所以无偿受赠的房屋不缴个人所得税。

（2）《中华人民共和国个人所得税法》第 4 条第一款规定：省级人民政府、国务院部委和中国人民解放军军以上单位，以及外国组织、国际组织颁发的科学、教育、技术、文化、卫生、体育、环境保护等方面的奖金，免征个人所得税。吴某所得奖金 20 000 元由县政府颁发，应按偶然所得征收个人所得税，应纳个人所得税为 20 000×20%=4 000 元。

任务小结

（1）个税优惠政策并不是一成不变的。

（2）各地方在优惠政策方面也有一些补充规定。

任务五 个人所得税的征收管理、纳税申报

任务描述

- 了解个人所得税的申报方式和纳税期限、申报地点。
- 掌握个人所得税的纳税申报。

任务分析

通过任务三、四的学习，我们知道怎样计算个人所得税，有哪些税收优惠。本任务学习个人所得税的征收管理和纳税申报。

案例引入

任务三引入案例中的孙某认为个人的工资收入年总额未超过 12 万元，不应单独申报纳税；同时他认为自己的工资、薪金个人所得支付单位已代扣代缴税款，其他收入在年底前已缴税也可不申报纳税，税收征管部门针对他的说法给予了解释，你想知道税务征管部门是怎样解释的吗？

相关知识

一、个人所得税的申报方式

我国个人所得税的纳税办法有自行申报纳税和代扣代缴（支付源泉扣缴）两种。

（一）自行申报纳税

自行申报纳税，是指在税法规定的纳税期限内，由纳税人自行向税务机关申报取得的应税所得项目和数额，如实填写个人所得税纳税申报表，并按税法规定计算应纳税额的一种纳税方法。

1. 自行申报纳税项目

凡有下列情形之一的，纳税人必须自行向税务机关申报所得并缴纳税款：

（1）年所得 12 万元以上的。

（2）从中国境内两处或两处以上取得工资、薪金所得的。

（3）从中国境外取得所得的。

（4）取得应纳税所得，没有扣缴义务人的。

（5）国务院规定的其他情形。

上述第（1）项称“年所得12万元以上的”，无论取得的各项所得是否已经足额缴纳了个人所得税，均应在纳税年度终了后向主管税务机关办理纳税申报；其他情形的纳税人，均应按照自行申报管理办法规定，向主管税务机关办理纳税申报。

“年所得12万元以上”的纳税人，不包括在中国境内无住所，且在一个纳税年度中在中国境内居住不满1年的个人；在中国境外取得所得的纳税人，是指在中国境内有住所，或无住所而在一个纳税年度中在中国境内居住满1年的纳税人。

2. 自行申报纳税的申报期限

（1）年所得12万元以上的纳税人，在纳税年度终了后3个月向主管税务机关办理纳税申报。

（2）个体工商户和个人独资、合伙企业投资者取得的生产、经营所得缴纳税款的期限按年计算，分月预缴的，由纳税义务人在次月15日办理纳税申报；分季预缴的，由纳税义务人在每个季度终了后15日内预缴。纳税年度终了后，纳税人在3个月内汇算清缴。

（3）对企事业单位的承包经营、承租经营者在年终一次性取得承包经营、承租经营所得的纳税义务人，自取得收入之日起30日内将应纳的税款缴入国库。纳税义务人在1年内分次取得承包经营、承租经营所得的，应当在取得每次所得后的15日内预缴，年度终了后三个月内汇算清缴，多退少补。

（4）从中国境外取得所得的纳税义务人，应当在年度终了后30日内向中国主管税务机关办理纳税申报。

（5）除以上规定的情形外，纳税人取得其他各项须申报纳税的，在取得所得的次月15日内向主管税务机关办理纳税申报。

各项所得的计算以人民币为单位。所得为外国货币的，按照国家外汇管理机关规定的外汇牌价折合成人民币缴纳税款。

3. 自行申报纳税的纳税地点

（1）申报地点一般为收入来源地的主管税务机关。

（2）纳税人从两处或两处以上取得工资、薪金所得的，可选择并固定其中一地税务机关申报纳税。

（3）从境外取得所得的，应向境内户籍所在地或经常居住地税务机关申报纳税。

（4）在中国境内无任职、受雇单位，年所得中有个体工商户的生产、经营所得或对企事业单位的承包经营所得的，向其中一处实际经营所在地主管税务机关申报。

（5）个人独资、合伙企业投资者兴办两个或两个以上企业的，区分不同情形确定纳税申报地点。

① 举办企业全部是个人独资的，分别向各企业的实际经营管理所在地主管税务机关申报。

② 兴办的企业中有合伙性质的，向经常居住地税务机关申报。

③ 兴办的企业中有合伙性质，个人居住地与其兴办企业的经营管理地不一致的，选择固定向其参与兴办的某一合伙企业的经营管理地主管税务机关申报。

（6）纳税人要求变更申报地点的，须经原主管税务机关批准。

（二）代扣代缴纳税方式

代扣代缴，是指按税法规定负有扣缴税款义务的单位或个人，在向个人支付应纳税所得时，应计算应纳税额，从其所得中扣减并缴入国库，同时向税务机关报送扣缴个人所得税报告表的一种纳税方法。这种方法有利于控制税源、防止漏税和逃税。

1. 扣缴义务人

凡是支付个人应纳税所得的企业（公司）、事业单位、机关单位、社团组织、军队、驻华机构、个体户等单位或者个人，均为个人所得税的扣缴义务人。

税务机关应根据扣缴义务人所扣缴的税款，支付2%的手续费，用于开支和奖励代扣代缴工作做得较好的办税人员。

2. 扣缴义务人的义务及应承担的责任

扣缴义务人在向个人支付应纳税所得（包括现金、实物和有价证券）时，不论纳税人是否属于本单位人员，均应代扣代缴其应纳的个人所得税税款。扣缴义务人依法履行代扣代缴义务时，纳税人不得拒绝。纳税人拒绝的，扣缴义务人应及时报告税务机关处理，并暂时停止支付其应税所得。否则，纳税人应缴纳的税款由扣缴义务人负担。

3. 代扣代缴期限

扣缴义务人每月所扣的税款，应当在次月15日以内缴入国库，并向主管税务机关报送扣缴个人所得税报告表、代扣代收税款凭证和包括每一纳税人姓名、单位、职务、收入、税款等内容的支付收入明细表以及税务机关要求报送的其他有关资料。

4. 代扣代缴的纳税地点

代扣代缴的纳税地点为支付个人应纳税所得额的企业、事业单位、机关、社会组织、军队、驻华机构、个体户等单位或个人的主管税务机关所在地。

二、个人所得税的纳税申报实务

个人所得税申报表主要设置了七类九种，其中常用的有：个人所得税纳税申报表、个人所得税纳税申报表（适用于年所得12万元以上的纳税申报）、扣缴个人所得税报告表、个人独资企业和合伙企业投资者个人所得税申报表、特定行业个人所得税月份申报表、特定行业个人所得税年度申报表、个体工商户所得税年度申报表等。

（一）个人所得税代扣代缴所得税申报

【案例6–23】重庆一鸣公司2017年8月的工资计算表如表6–4所示。

要求：请做扣缴个人所得税报告表。

表6–4 重庆一鸣公司2017年8月工资表 元

姓名	基本工资	岗位工资	奖金	应发工资	公积金	医疗保险	养老保险	个人所得税	实发工资
李珏	2 500	3 000	1 000	6 500	1 105	520	520	25.65	4 329.35
张强	2 300	2 800	1 000	6 100	1 037	488	488	17.61	4 069.39
吴其	1 800	1 500	500	3 800	646	304	304	0	2 546
刘析	1 200	1 000	500	2 700	189	216	216	0	2 079
顾琳	1 200	1 000	500	2 700	189	216	216	0	2 079
张敏	1 200	1 000	500	2 700	189	216	216	0	2 079

扣缴个人所得税报告表如表 6–5 所示。

表 6–5　扣缴个人所得税报告表

扣缴义务人税务登记证件号码：□□□□　　　　管理代码：□□□□□□□□□□□

扣缴义务人名称：重庆一鸣公司　　　　所属时期：　2017 年 8 月 1 日至 2017　年 8 月 31 日

金额单位：元（列至角分）

序号	纳税人姓名	身份证照类型	身份证照号码	国籍	所得项目	所得期间	收入额	免税收入额	允许扣除税费	费用扣除标准	准予扣除的捐赠额	应纳税所得额	税率/%	速算扣除数	应扣税额	已扣税额	备注
1	2	3	4	5	6	7	8	9	10	11	12	13=8–9–10–11–12	14	15	16=13*14–15	17	18
合　计																	
1	李珏		×××	中国	工资	2017.08	6 500		2 145	3 500		855	3%	0	25.65	0	
2	张强		×××	中国	工资	2017.08	6 100		2013	3 500		587	3%	0	17.61	0	
3	吴其		×××	中国	工资	2017.08	3 800		1 254	3 500		0					
4	刘析		×××	中国	工资	2017.08	2 700		621	3 500		0					
5	顾琳		×××	中国	工资	2017.08	2 700		621	3 500		0					
6	张敏		×××	中国	工资	2017.08	2 700		621	3 500		0					
合　计							24 500		7 275			1 442			43.26		

<table>
<tr><td rowspan="4">扣缴义务人或代理人声明：
此纳税申报表是根据国家税收法律的规定填报的，我确定它是真实的、可靠的、完整的。</td><td colspan="5">如扣缴义务人填报，由扣缴义务人填写以下各栏：</td><td></td></tr>
<tr><td>办税人员（签章）</td><td>财务负责人（签章）</td><td>法定代表人（签章）</td><td>联系电话</td><td></td><td rowspan="2">受理机关（签章）
受理日期：
年　月　日</td></tr>
<tr><td colspan="5">如委托代理人填报，由代理人填写以下各栏：</td></tr>
<tr><td>代理人名称</td><td>经办人（签章）</td><td>联系电话</td><td></td><td>代理人（公章）</td><td></td></tr>
</table>

国家税务总局监制

本表一式二份，一份扣缴义务人留存，一份报主管税务机关

（二）个人所得税自行申报纳税

适用于年所得 12 万元以上的纳税申报，如表 6–6 所示。

【案例 6–24】

中国公民孙某 2017 年年收入情况如下：

（1）出版中篇小说一部，取得稿酬 50 000 元，后因小说加印和报刊连载，分别取得出版社稿酬 10 000 元和报社稿酬 3 800 元。

（2）2017 年 9 月，因职务需要翻译文件，从单位取得收入 1 000 元的报酬。

（3）孙某每月工资收入 5 500 元。

（4）外出境外讲学收入 4 000 元，在国外已纳个人所得税 800 元。

要求：孙某自行申报个人所得税，填写个人所得税纳税申报表。

注：计算过程在本项目任务三的引入案例分析中。

表 6–6 个人所得税纳税申报表

（适用于年所得 12 万元以上的纳税人申报）

INDIVIDUAL INCOME TAX RETURN

(For individuals with an annual income of over 120,000 RMB Yuan)

纳税人识别号：　　　　　　　　　　　　纳税人名称（签字或盖章）：

Taxpayer's ID number　　　　　　　　　　Taxpayer's name (signature/stamp)

税款所属期：2017 年　　填表日期：2018 年 2 月 10 日　　金额单位：元（列至角分）

Income year　　Date of filing: date month year　　Monetary unit：RMB Yuan

纳税人姓名 Taxpayer's name	孙某	国籍 Nationality	中国	身份证照类型 ID Type	居民身份证	身份证照号码 ID number	××××××××××
抵华日期 Date of arrival in China		职业 Profession	教师	任职、受雇单位 Employer		经常居住地 Place of residence	
中国境内有效联系地址 Address in China				邮编 Post code		联系电话 Tel. number	
所得项目 Categories of income	年所得额 Annual Income			应纳税额 Tax payable	已缴（扣）税额 Tax pre–paid and withheld	抵扣税额 Foreign tax credit	应补（退）税额 Tax owed or overpaid
	境内 Income from within China	境外 Income from outside China	合计 Total				
1. 工资、薪金所得 Wages and salaries	67 000			1 240			1 240
2. 个体工商户的生产、经营所得 Income from production or business operation conducted by self-employed industrial and commercial households							
3. 对企事业单位的承包经营、承租经营所得 Income from contracted or leased operation of enterprises or social service providers partly or wholly funded by state assets							
4. 劳务报酬所得 Remuneration for providing services		4 000		640	800	640	0
5. 稿酬所得 Author's remuneration	63 800			7 140			7 140
6. 特许权使用费所得 Royalties							
7. 利息、股息、红利所得 Interest，dividends and bonuses							
8. 财产租赁所得 Income from lease of property							
9. 财产转让所得 Income from transfer of property							
10. 偶然所得 Incidental income							
11. 其他所得 other income							
合计 Total	130 800	4 000		9 020	800	640	8 380

我声明，此纳税申报表是根据《中华人民共和国个人所得税法》的规定填报的，我确信它是真实的、可靠的、完整的。

Under penalties of perjury，I declare that this return has been filed according to the provisions of *THE INDIVIDUAL INCOME TAX LAW OF THE PEOPLE'S REPUBLIC OF CHINA*，and to the best of my knowledge and belief，the information provided is true，correct and complete.

纳税人（签字）Taxpayer's signature

代理人名称：(Firm's name)　　　　　　经办人（签章）(Preparer's signature)：

代理人（公章）(Firm's stamp)：　　　　联系电话（Phone number）：

受理人：　　　　受理时间：　年　月　日　　受理申报机关：

（Responsible tax officer）　（Time: Date/Month/Year）　（Responsible tax office）

【案例 6-25】

A 公司认为职工个人所得税是个人应该缴纳的事情，于是该公司自 2017 年 3 月成立之日起从未履行过对职工工资、薪金代扣代缴的义务，2017 年年底税务部门进行税务检查时发现了此问题，通知公司更正，并要求其补缴 2017 年 3—12 月的职工个人所得税。

要求：分析 A 公司应该怎样做才符合法律的要求。

案例分析：

税法规定：凡是支付个人应纳税所得的企业（公司）、事业单位、机关单位、社团组织、军队、驻华机构、个体户等单位或者个人，均为个人所得税的扣缴义务人。A 公司有义务代扣代缴该公司的职工个人所得税，所以 A 公司应扣回该公司 2017 年 3—12 月的职工个人所得税税款，若由公司补缴，应按雇主为其雇员负担个人所得税应纳税额计算方法计算应补缴的税款，公式为：应纳税所得额=（不含税收入–扣除费用标准–速算扣除数×雇主负担税额比例）÷（1–适用税率）。（这里的适用税率为不含税收入级距对应的适用税率，速算扣除数为不含税收入级距对应的速算扣除数。）

引入案例分析

税法规定，“年所得 12 万元以上的”纳税人是指年内各项总收入之和的居民纳税人，无论取得的各项所得是否已经足额缴纳了个人所得税，均应在纳税年度终了向主管税务机关办理纳税申报。孙某 2017 年的总收入大于 12 万元，应在 2018 年 3 月底前申报纳税。

任务总结

（1）个人所得税是以自然人取得的各类应税所得为征税对象而征收的一种所得税，是政府利用税收对个人收入进行调节的一种手段。

（2）个人所得税的纳税义务人包括个人及具有自然人性质的企业。依据住所和居住时间两个标准，纳税人分为居民纳税人和非居民纳税人，分别承担不同的纳税义务。

（3）个人所得税的征税对象是个人取得的各项应税所得。我国现行税法中列举的应纳税所得共有 11 项，具体包括工资、薪金所得，个体工商户生产、经营所得，对企事业单位的承包、承租经营所得，劳务报酬所得，稿酬所得，财产租赁所得，特许权使用费所得，财产转让所得，利息、股息、红利所得，偶然所得和其他所得。

（4）我国现行个人所得税税率主要有超额累进税率和比例税率两种形式。

（5）个人所得税以应纳税所得额为计税依据，应纳税所得额为个人所得税取得的各项收入减去税法规定的扣除项目或者扣除金额后的余额。由于个人所得税的应税项目不同，扣除费用标准也不同，需要按不同应税项目分项计算。

（6）我国个人所得税的纳税办法有自行申报纳税和代扣代缴两种。

学生演练

2017年8月，某企业当月发生下列与个人收入有关的事项：

（1）对总经理李某（中国公民）采用年薪制，年薪600 000元，平时每月支付其工资10 000元，每年视其履职状况支付其余薪金。8月，李总经理任期到期，董事会决定不再聘用，当月支付其薪金10 000元，并根据考核状况支付其其余年薪450 000元。

（2）新任总经理安查克为法国公民，任期三年，于8月来华与李某交接工作，当月在企业工作22天，企业按日工资（含节假日）1 000元/天计算其在华工资。

（3）支付退休人员吴某再任职收入 5 000 元，当期吴某从有关方面领取退休金1 500元。

（4）支付兼职设计人员孙某不含税兼职收入5 000元。

（5）承诺给新员工张某（中国公民）股票期权，2年后将以每股1元的价格给张某本企业（境内上市）股票20 000股，张某本月工资6 000元。

（6）已在公司工作两年的员工周某（港澳同胞）的股票期权到期，行权按每股1元取得市价每股3元的本公司股票30 000股，周某本月工资 8 000元。

要求：

（1）计算李某当月应纳的个人所得税合计数。

（2）计算安查克当月应纳的个人所得税合计数。

（3）计算吴某当月应纳的个人所得税。

（4）计算孙某当月应纳的个人所得税。

（5）计算张某当月应纳的个人所得税。

（6）计算周某当月应纳的个人所得税。

项目七

土地增值税实务

项目介绍

在掌握土地增值税基本原理、基本要素的基础上，通过剖析《中华人民共和国土地增值税暂行条例》《税收征收管理办法》及其相关规定，完成以下工作任务：

任务一——土地增值税的基本原理

任务二——土地增值税的基本要素

任务三——土地增值税应纳税额计算

任务四——土地增值税的征收管理、纳税申报

学习导航

新中国成立以来，虽然先后开征过契税、城市房地产税、房产税、城镇土地使用税等税种，但这些税种大多属于传统的土地税，有的还带有行为税的特点，调节房地产市场的力度很有限。国务院于 1993 年 12 月 13 日发布了《中华人民共和国土地增值税暂行条例》（以下简称《土地增值税暂行条例》），财政部于 1995 年 1 月 27 日颁布了《中华人民共和国土地增值税暂行条例实施细则》（以下简称《土地增值税暂行条例实施细则》），决定自 1994 年 1 月 1 日起在全国开征土地增值税，这是我国（除台湾地区外）第一个专门对土地增值额或土地收益额征税的税种。

学习目标

- 了解土地增值税的概念、征税范围、纳税人、税率等。
- 掌握土地增值税应纳税额的计算。
- 了解土地增值税的税收优惠政策。
- 掌握土地增值税的纳税申报。

教学准备

- 收集土地增值税的纳税申报表（本章纳税申报部分）。
- 登录中国税务总局网，在政策文件栏目搜索《土地增值税法》《土地增值税暂行条例》。
- 学生预习本项目内容。

关键词（中英文对照）

土地增值税（land value increment tax）、房地产（realty）、继承（inherit）、抵押（mortgage）

任务一 土地增值税的基本原理

任务描述

- 通过学习，了解土地增值税的概念和特点。

任务分析

土地增值税是对有偿转让国有土地使用权及地上建筑物和其他附着物产权，取得增值收入的单位和个人征收的一种税。与有偿转让国有土地使用权及地上建筑物和其他附着物产权相关的税种有增值税、契税、企业所得税。本次我们从有偿转让国有土地使用权及地上建筑物和其他附着物产权所得增值额计算、增值率确定、土地增值税征税管理入手，来完成土地增值税的计算和申报工作。

案例引入

2013 年 8 月，钱某支付 80 万元购置一套 50 平方米住房；2018 年 8 月，钱某将该住房作价 130 万元，与孙某价值 150 万元的住房进行交换，钱某支付孙某差价 20 万元。请问钱某是否需要缴纳土地增值税？

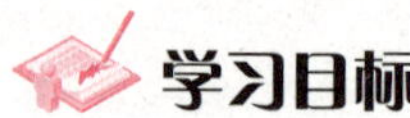
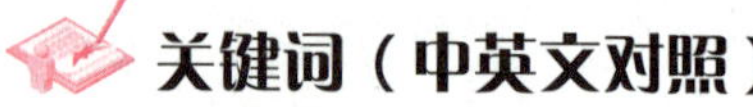

相关知识

一、土地增值税的基本原理

土地增值税是对有偿转让国有土地使用权及地上建筑物和其他附着物产权，取得增值收入的单位和个人征收的一种税。

对土地征税，依据征税的税基不同，大致可以分为两大类：一类是财产性质的土地税，它以土地的数量或价值为税基，或实行从量计税，或采取从价计税，前者如我国历史上曾开征的田赋和地亩税，后者如地价税等。这类土地税的历史十分悠久，属于原始的直接税或财产税。另一类是收益性质的土地税，其实质是对土地收益或地租的征税。

二、土地增值税的特点

1. 以转让房地产取得的增值额为征税对象

我国的土地增值税属于“土地转移增值税”的类型，将土地、房屋的转让收入合并征收。作为征收对象的增值额，是纳税人转让房地产的收入减除税法规定准予扣除项目金额后的余额。

2. 征税面比较广

凡在我国境内转让房地产并取得增值收入的单位和个人，除税法规定免税外，均应依照税法规定缴纳土地增值税。换言之，凡发生应税行为的单位和个人，不论其经济性质，也不分内、外资企业或中、外籍人员，无论专营或兼营房地产业务，均有缴纳土地增值税的义务。

3. 采用扣除法和评估法计算增值额

考虑我国实际情况，土地增值税在计算方法上以纳税人转让房地产取得的收入，减除法定扣除项金额后的余额作为计税依据。对旧房及建筑物的转让，以及对纳税人转让房地产申报不实、成交价格偏低的，采用评估价格法确定增值额，计征土地增值税。

4. 实行超率累进税率

土地增值税的税率是以转让房地产的增值率高低为依据，按照累进原则设计的，实行分级计税。增值率高的，适用的税率高，多纳税；增值率低的，适用的税率低，少纳税。

5. 实行按次征收，纳税时间、缴纳方法根据房地产转让的情况而定

土地增值税发生在房地产转让环节，实行按次征收，每发生一次转让行为，就应根据每次取得的增值额征一次税。其纳税时间和缴纳方法根据房地产转让情况而定。

三、土地增值税的立法原则

开征土地增值税，是国家运用税收手段规范房地产市场秩序，合理调节土地增值收益分配，维护国家权益，促进房地产市场健康发展的重要举措。其基本立法原则主要体现在以下三个方面。

1. 适度加强国家对房地产开发、交易行为的宏观调控

改革开放前，我国土地使用制度一直采取行政划拨的方式，土地实行无偿、无限期使用，不允许土地进行买卖，既没有土地交易行为，更不存在土地交易市场。实践证明，这种土地制度不利于提高土地资源的使用效益。改革开放后，我国对土地使用制度逐步进行改革，1987年，深圳第一块土地买卖成交，改变了土地无偿使用、不准买卖的传统规定，确立了房地产有偿使用、允许转让土地使用权的政策和制度。这对于合理配置土地资源、提高土地使用效益、增加政府财政收入、改善城市基础设施和人民生活居住条件以及带动国民经济相关产业的发展都产生了积极作用。

2. 抑制土地炒买炒卖，保障国家的土地权益

土地收益，主要来源于土地的增值，而土地增值主要基于两个方面的原因：一是自然增值，即土地资源是有限的，随着经济建设的发展，生产和生活建设用地扩大，土地资源相对发生紧缺，导致土地价格上升。这是土地增值的主要因素。二是投资增值，即投入资金开发建造，把“生地”变为“熟地”，建成各种生产、生活、商业设施，改善了生产和生活环境而形成土地增值。在我国，土地资源属于国家所有，国家为整治和开发土地投入巨额资金，应参与土地增值收益分配，并取得较大的份额。同时，对房地产开发者投资、开发房地产，也应保证其获得合理收益，即能够得到合理的投资回报，以促进房地产产业的正常发展。

3. 规范国际参与土地增值收益的分配方式，增加财政收入

目前，我国涉及房地产交易市场的税收，主要有增值税、企业所得税、个人所得税、契税等。这些税种对转让房地产收益只具有一般的调节作用，对房地产转让增值所获得的过高收入起不到特殊的调节作用。对土地增值收益征税，可以为增加国家财政收入开辟新的财源。

分税制财政体制规定，土地增值税属于地方财政收入。在土地增值税开征前，有些地区已通过征收土地增值费的办法，对土地增值收益进行分配，但办法不统一，收费标准也不规范。因此，有必要由国家以法律、法规的形式，用强制性的税收方式，规范土地增值性收益的分配制度。

引入案例分析

自 1999 年 8 月 1 日起，面对居民个人拥有的普通住宅，在其转让时暂免征土地增值税。个人因工作调动或改善居住条件而转让原自用住房（非普通住宅），经向税务机关申报核准，凡居住满 5 年或 5 年以上的，免予征收土地增值税；居住满 3 年未满 5 年的，减半征收土地增值税；居住未满 3 年的，按规定计征土地增值税。案例中孙某的房产已满 5 年，按税法规定免予缴纳土地增值税。

任务小结

（1）土地增值税以增值额为征税对象。

（2）凡在我国境内转让房地产并取得增值收入的单位和个人，除税法规定免税外，均应依照税法规定缴纳土地增值税。

（3）在征税上实行超率累进税率，土地增值税的税率是以转让房地产的增值率高低为依据，按照累进原则设计的，实行分级计税。

（4）土地增值税发生在房地产转让环节，实行按次征收。

任务二　土地增值税的基本要素

任务描述

- 了解土地增值税的纳税义务人的规定。
- 熟悉土地增值税的征税范围。
- 熟悉超率累进税率表。

任务分析

通过任务一的学习，我们已知道我国土地增值税的概念。现在我们还需进一步明确该税的征税范围、纳税人、税率、增值额，才能为下一步正确计税做好准备。

案例引入

某企业利用一块闲置的土地使用权换取某房地产公司的新建商品房，作为本企业职工的居住用房。由于没有取得货币收入，所以该企业不需要缴纳土地增值税。这种说法是否正确？

相关知识

一、土地增值税的纳税义务人

按照《土地增值税暂行条例》的规定，土地增值税的纳税义务人为转让国有土地使用权、地上的建筑及其附着物（以下简称“转让房地产”）并取得收入的单位和个人。单位包括各类企业、事业单位、国家机关和社会团体及其他组织。个人包括个体经营者。

概括起来，《土地增值税暂行条例》对纳税人的规定主要有以下四个方面：

（1）不论法人与自然人。即不论是企业、事业单位、国家机关、社会团体及其他组织，还是个人，只要有偿转让房地产，都是土地增值税的纳税人。

（2）不论经济性质。即不论是全民所有制企业、集体企业、私营企业、个体经营者，还是联营企业、合资企业、合作企业、外商独资企业等，只要有偿转让房地产，都是土地增值税的纳税人。

（3）不论内资与外资企业、中国公民与外籍个人。即不论是内资企业还是外商投资企业、外国驻华机构，也不论是中国公民、港澳台同胞、海外华侨，还是外国公民，只要有偿转让房地产，都是土地增值税的纳税人。

（4）不论行业与部门。即不论是工业、农业、商业单位还是学校、医院、机关等，只要有偿转让房地产，都是土地增值税的纳税人。

二、土地增值税的征税范围

（一）征税范围的一般规定

1. 土地增值税只对转让国有土地使用权的行为课税，转让非国有土地和出让国有土地的行为均不征税

所谓国有土地使用权，是指土地使用人根据国家法律、合同等的规定，对国家所有的土地享有的使用权利。土地增值税只对企业、单位和个人等经济主体转让国家土地使用权的行为课税。对属于集体所有的土地，按现行规定必须先由国家征用后才能转让。根据《中华人民共和国土地管理法》（以下简称《土地管理法》），国家为了公共利益，可以按照法律规定征用集体土地，依法被征用后的土地属于国家所有。未经国家征用的集体土地不得转让。自行转让集体土地是一种违法行为，应由有关部门依照相关法律来处理，而不应纳入土地增值税的征税范围。

国有土地出让是指国家以土地所有者的身份将土地使用权在一定年限内让与土地使用者，并由土地使用者向国家支付土地出让金的行为。由于土地使用权的出让方是国家，出让收入在性质上属于政府凭借所有权在土地一级市场上收取的租金，所以，政府出让土地的行为及取得的收入也不在土地增值税的征税之列。

2. 土地增值税既对转让土地使用权课税，也对转让地上建筑物和其他附着物的产权征税

所谓地上建筑物，是指建于土地上的一切建筑物，包括地上地下的各种附属设施，如厂房、仓库、商店、医院、住宅、地下室、围墙、烟囱、电梯、中央空调、管道等。所谓附着物是指附着于土地上、不能移动，一经移动即遭损坏的种植物、养殖物及其他物品。上述建筑物和附着物的所有者对自己的财产依法享有占有、使用、收益和处置的权利，即拥有排他性的全部产权。

税法规定，纳税人转让地上建筑物和其他附着物的产权取得的增值性收入，也应计算缴纳土地增值税。换言之，纳入土地增值税课征范围的增值额，是纳税人转让房地产所取得的全部增值额，而非仅仅是土地使用权转让的收入。

3. 土地增值税只对有偿转让的房地产征税，对以继承和赠与等方式无偿转让的房地产不予征税

（1）房地产的继承。

房地产的继承是指房产的原产权所有人、依照法律规定取得土地使用权的土地使用人死亡后，由其继承人依法承受死者房产产权和土地使用权的民事法律行为。这种行为虽然发生了房地产的权属变更，但作为房产产权、土地使用权的原所有人（即被继承人）并没有因为权属变更而取得任何收入。因此，这种房地产的继承不属于土地增值税的征税范围。

（2）房地产的赠与。

房地产的赠与是指房产所有人、土地使用权所有人将自己拥有的房地产无偿地交给其他单位与个人的行为。房地产的赠与虽发生了房地产的权属变更，但作为房产所有人、土地使用权的所有人并没有因为权属的转让而取得任何收入。因此，房地产的赠与不属于土地增值税的征税范围。但是，不征收土地增值税的房地产赠与行为只包括以下两种情况：

① 房产所有人、土地使用权所有人将房屋产权、土地使用权赠与直系亲属或承担直接赡养义务人的行为。

② 房产所有人、土地使用权所有人通过中国境内非营利的社会团体、国家机关将房屋产权、土地使用权赠与教育、民政和其他社会福利、公益事业的行为。

（二）征税范围的若干具体规定

1. 合作建房

对于一方出地，一方出资金，双方合作建房，建成后分房自用的，暂免征土地增值税。但是，建成后转让的，属于征收土地增值税的范围。

2. 交换房产

交换房地产行为既发生了房产产权、土地使用权的转移，交换双方又取得实物形态的收入，按照规定属于征收土地增值税的范围。但对个人之间互换自有居住用房地产的，经当地税务机关核实，可以免征土地增值税。

3. 房产抵押

在抵押期间不征收土地增值税。待抵押期满后，视该房产是否转移产权来确定是否征收土地增值税。以房地产抵债而发生房地产产权转让的，属于征收土地增值税的范围。

4. 房地产出租

房地产出租，出租人取得了收入，但是没有发生房地产产权的转让，不属于征收土地增值税的范围。

5. 房地产评估增值

房地产评估增值，没有发生房地产权属的转让，不属于征收土地增值税的范围。

6. 国家收回土地使用权、征用地上建筑物及附着物

国家收回或征用，虽然发生了权属的变更，原房地产所有人也取得了收入，但按照《土地增值税暂行条例》的有关规定，可以免征土地增值税。

7. 房地产的代建房行为

对于房地产开发公司而言，虽然取得了收入，但没有发生房地产权属的转移，其收入属于劳务收入性质，故不属于土地增值税的征税范围。

8. 土地使用者转让、抵押或置换土地

无论其是否取得了该土地的使用权属证书，无论其在转让、抵押或置换土地过程中是否与对方当事人办理了土地使用权属证书变更登记手续，只要土地使用者享有占有、使用、收益或者处分该土地的权利，且有合同等证据表明其实质转让、抵押或者置换了土地并取得了相应的经济利益，土地使用者及其对方当事人就应当依照税法规定缴纳土地增值税等相关税收。

三、土地增值税的税率

由于土地增值税的主要目的在于抑制房地产的投机、炒卖活动，限制滥占耕地的行为，并适当调节纳税人的收入分配，保障国家利益，因此，税率设计的基本原则是：增值多的多征，增值少的少征，无增值的不征。

按照这个原则，土地增值税采用四级超率累进税率，如表 7–1 所示。其中，最低税率为 30%，最高为 60%，税收负担高于企业所得税。实行这样的税率结构和负担水平，一方面，可以对正常的房地产开发经营通过较低的税率体现优惠政策；另一方面，对取得过高收入，尤其是对炒卖房地产获取暴利的单位和个人能发挥一定的调节作用。

表 7–1　土地增值税四级超率累进税率表

级数	增值额与扣除项目金额的比率	税率/%	速算扣除系数/%
1	增值额未超过扣除项目金额 50%的部分	30	0
2	增值额超过扣除项目金额 50%～100%的部分	40	5
3	增值额超过扣除项目金额 100%～200%的部分	50	15
4	增值额超过扣除项目金额 200%的部分	60	35

引入案例分析

不正确，该企业以地换房，虽然没有取得货币收入，但是取得了实质收入并且发生了土地使用权转移，所以，该企业应该缴纳土地增值税。

任务小结

（1）土地增值税纳税人为转让国有土地使用权、地上的建筑及其附着物并取得收入的单位和个人。

（2）土地增值税只对转让国有土地使用权的行为课税。

（3）土地增值税采用四级超率累进税率。

任务三　土地增值税应纳税额计算

任务描述

- 了解土地增值税的计税依据。
- 掌握应纳税额的计算。
- 了解土地增值税减免税优惠政策。

任务分析

通过任务一、任务二的学习，我们已掌握土地增值税的概念、纳税人、征税范围、税率。本次任务主要掌握土地增值税增值额的确定，并据以计算应纳税额。

案例引入

某房地产公司建造一住宅出售，取得销售收入 2 000 万元（不含增值税，城建税税率 7%，教育费附加 3%）。建此住宅支付地价款和相关过户手续费 200 万元，开发成本 400 万元，其利息支出无法准确计算分摊，该房地产所在地的政府规定的费用扣除比例为 10%。请计算其应纳的土地增值税。

相关知识

土地增值税的计税依据是转让房地产所取得的增值额。转让房地产的增值额，是转让房地产的收入减除税法规定的扣除项目金额后的余额。土地增值额的大小取决于转让房地产的收入额和扣除项目金额两个因素。对这两个因素的内涵、范围和确定方法等，税法作了较为明确的规定。

一、收入额的确定

纳税人转让房地产所取得的收入，是指转让房地产所取得的各种收入，包括货币收入、实物收入和其他收入在内的全部价款及有关经济利益。“营改增”后，纳税人转让房地产的土地增值税应税收入不含增值税。

（1）对取得的实物收入，要按收入时的市场价格折算成货币收入。

（2）对取得的无形资产收入，要进行专门的评估，在确定其价值后折算成货币收入。

（3）取得的收入为外国货币的，应当以取得收入当天或当月 1 日国家公布的市场汇价折合成人民币，据以计算土地增值税税额。

（4）对于县级及县级以上人民政府要求房地产开发企业在收房时代收的各项费用，如果代收费用是计入房价中向购买方一并收取的，可作为转让房地产所取得的收入计税；如果代收费用未计入房价中，而是在房价之外单独收取的，可以不作为转让房地产的收入。

对于代收费用作为转让收入计税的，在计算扣除项目金额时，可予以扣除，但不允许作为加计 20%扣除的基数。对于代收费用未作为转让房地产的收入计税的，在计算增值额时不允许扣除代收费用。

二、扣除项目及其金额

税法准予纳税人从转让房地产收入额中减除的扣除项目包括如下几项。

1. 取得土地使用权所支付的金额

取得土地使用权所支付的金额包括两个方面的内容：

（1）纳税人为取得土地使用权所支付的地价款。如果是以协议、招标、拍卖等出让方式取得土地使用权的，地价款为纳税人所支付的土地出让金；如果是以行政划拨方式取得土地使用权的，地价款为按照国家有关规定补交的土地出让金；如果是以转让方式取得土地使用权的，地价款为向原土地使用权人实际支付的地价款。

（2）纳税人在取得土地使用权时按国家统一规定缴纳的有关费用。它是纳税人在取得土地使用权过程中为办理有关手续，按国家统一规定缴纳的有关登记、过户手续费。

2. 房地产开发成本

房地产开发成本是指纳税人房地产开发项目实际发生的成本，包括土地的征用及拆迁补偿费、前期工程费、建筑安装工程费、基础设施费、公共配套设施费、开发间接费用等。

（1）土地征用及拆迁补偿费，包括土地征用费、耕地占用税、劳动力安置费及有关地上、地下附着物拆迁补偿的净支出、安置动迁用房支出等。

（2）前期工程费，包括规划、设计、项目可行性研究和水文、地质、勘察、测绘、“三通一平”等支出。

（3）建筑安装工程费，是指以出包方式支付给承包单位的建筑安装工程费，以自营方式发生的建筑安装工程费。

（4）基础设施费，包括开发小区内道路、供水、供电、供气、排污、排洪、通信、照明、环卫、绿化等工程发生的支出。

（5）公共配套设施费，包括不能有偿转让的开发小区内公共配套设施发生的支出。

（6）开发间接费用，是指直接组织、管理开发项目发生的费用，包括工资、职工福利费、折旧费、修理费、办公费、水电费、劳动保护费、周转房摊销等。

3. 房地产开发费用

房地产开发费用是指与房地产开发项目有关的销售费用、管理费用、财务费用。根据现行财务会计制度的规定，这三项费用作为期间费用，直接计入当期损益，不按成本核算对象进行分摊。故作为土地增值税扣除项目的房地产开发费用，不按纳税人房地产开发项目实际发生的费用进行扣除，而按《中华人民共和国土地增值税暂行条例实施细则》（以下简称《土地增值税暂行条例实施细则》）的标准进行扣除。

《土地增值税暂行条例实施细则》规定，财务费用中的利息支出，凡能够按转让房地产项目计算分摊并提供金融机构证明的，允许据实扣除，但最高不能超过按商业银行同类同期贷款利率计算的金额。其他房地产开发费用，按第 1 和第 2 扣除项目规定计算的金额之和的 5%以内计算扣除。

凡不能按转让房地产项目计算分摊利息支出或不能提供金融机构证明的，房地产开发费用按第 1 和第 2 扣除项目规定计算的金额之和的 10%以内计算扣除。

上述计算扣除的具体比例，由各省、自治区、直辖市人民政府规定。

4. 旧房及建筑物的评估价格

它是指在转让已使用的房屋及建筑物时，由政府批准设立的房地产评估机构评定的重置成本价乘以成新度折扣率后的价格。

5. 与转让房地产有关的税金

这是指在转让房地产时缴纳的城市维护建设税、印花税。因转让房地产缴纳的教育费附加，也可视同税金予以扣除。

需要明确的是，房地产开发企业按照《施工、房地产开发企业财务制度》的有关规定，在转让时缴纳的印花税因列入管理费用中，故在此不允许单独再扣除。其他纳税人缴纳的印花税（按产权转移书据所载金额的0.5‰贴花）允许在此扣除。

> 提示：
> 增值税：销售收入×10%；城建税：应交增值税×（7%或5%或1%）；教育费附加：应交增值税×3%；印花税：销售收入×0.5‰（房地产开发企业不扣，其他企业扣除0.5‰）。

6. 其他扣除项目

对从事房地产开发的纳税人可按第1和第2扣除项目规定计算的金额之和，加计20%的扣除。（仅限于房地产开发企业并开发房地产的情形）

加扣费用=（第1项+第2项）×20%

三、应纳税额的计算

土地增值税以转让房地产的增值额为税基，依据超率累进税率，计算应纳税额。

计算的基本原理和方法是：

首先以出售房地产的总收入减除扣除项目金额，求得增值额；

再以增值额同扣除项目相比，其比值为土地增值率；

然后，根据土地增值率的高低确定适用的税率，用增值额和适用税率相乘，求得应纳税额。

（一）转让土地使用权和出售新建房及配套设施应纳税额的计算方法

基本计算公式如下：

应纳税额=增值额×适用税率–扣除项目金额×速算扣除系数

增值额=收入额–扣除项目金额

增值率=增值额÷扣除项目金额×100%

根据增值率不同，土地增值税计算公式如下：

（1）增值额未超过扣除项目金额50%。

土地增值税税额=增值额×30%

（2）增值额超过扣除项目金额50%未超过100%。

土地增值税税额=增值额×40%–扣除项目金额×5%

（3）增值额超过扣除项目金额100%未超过200%。

土地增值税税额=增值额×50%–扣除项目金额×15%

（4）增值额超过扣除项目金额200%。

土地增值税税额=增值额×60%–扣除项目金额×35%

公式中的5%、15%、35%为速算扣除系数。

【案例7–1】

某房地产开发公司出售一幢写字楼，收入总额为10 000万元。开发该写字楼有关支出为：支付地价款及各种费用1 000万元；房地产开发成本3 000万元；财务费用中的利息支出为

500 万元，（已知贷款利率未超过按商业银行同类同期贷款利率，可按转让项目计算分摊并提供金融机构证明），但其中有 50 万元属加罚的利息；转让环节缴纳的有关税费共计 555 万元；该单位所在地政府的其他房地产开发费用计算扣除比例为 5%。

要求：计算该房地产开发公司应纳的土地增值税。

案例分析：

（1）取得土地使用权支付的地价款及有关费用为 1 000 万元。

（2）房地产开发成本为 3 000 万元。

（3）房地产开发费用=500–50+（1 000+3 000）×5%=650（万元）。

（4）允许扣除的税费为 555 万元。

（5）从事房地产开发的纳税人加计扣除 20%。

加计扣除额=（1 000+3 000）×20%=800（万元）

（6）允许扣除的项目金额合计=1 000+3 000+650+555+800=6 005（万元）。

（7）增值额=10 000–6 005=3 995（万元）。

（8）增值率=3 995÷6 005×100%=66.53%。

（9）应纳税额=3 995×40%–6 005×5%=1 297.75（万元）。

（二）出售旧房应纳税额的计算方法

出售旧房及建筑物，首先按评估价格及有关因素计算、确定扣除项目金额，再根据上述方法计算应纳税额。具体计算步骤是：

（1）计算评估价格。其公式为：

评估价格=重置成本价×成新度折扣率

（2）汇集扣除项目金额。

（3）计算增值率。

（4）依据增值率确定适用税率。

（5）依据适用税率计算应纳税额。

应纳税额=增值额×适用税率–扣除项目金额×速算扣除系数

【案例 7–2】

重庆一鸣公司转让一幢 1998 年建造的厂房，当时造价 100 万元，无偿取得土地使用权。如果按现行市场价的材料、人工费计算，建造同样的房子需 600 万元，该房子七成新，按 500 万元出售，支付有关税费共计 27.5 万元。

要求：计算该企业转让旧房应缴纳的土地增值税税额。

案例分析：

（1）评估价格=600×70%=420（万元）。

（2）允许扣除的税费为 27.5 万元。

（3）扣除项目金额合计=420+27.5=447.5（万元）。

（4）增值额=500–447.5=52.5（万元）。

（5）增值率=52.5÷447.5=11.73%。

（6）应纳土地增值税税额=52.5×30%–447.5×0=15.75（万元）。

四、土地增值税的减免税优惠

对房地产转让征收土地增值税，涉及面广，政策性强。为了促进房地产开发结构的调整，改善城镇居民的居住条件，并有利于城市改造规划的实施，《土地增值税暂行条例》及其他有关法规规定了相应的减免税项目。

（1）建造普通标准住宅出售，其增值额未超过扣除项目金额之和 20%的，予以免税。超过 20%的，应就其全部增值额按规定计税。

对纳税人既建普通标准住宅、又搞其他房地产开发的，应分别核算增值额；不分别核算增值额或不能准确核算增值额的，其建造的普通标准住宅不适用该免税规定。

（2）因国家建设需要而被政府征收、收回的房地产，免税。

税法之所以对建造普通标准住宅和政府征收、收回的房地产给予免税优惠，主要是因为经营这类房地产一般属于政策要求必建的微利项目，投资大，收益小。因此，国家应当从政策上给予支持和鼓励，同时可以避免征收土地增值税后又征所得税，导致负担过重的问题。

（3）自 1999 年 8 月 1 日起，面对居民个人拥有的普通住宅，在其转让时暂免征土地增值税。个人因工作调动或改善居住条件而转让原自用住房（非普通住宅），经向税务机关申报核准，凡居住满 5 年或 5 年以上的，免予征收土地增值税；居住满 3 年未满 5 年的，减半征收土地增值税；居住未满 3 年的，按规定计征土地增值税。

（4）对企事业单位、社会团体以及其他组织转让旧房作为公共租赁住房房源，且增值额未超过扣除项目金额 20%的，免征土地增值税。

（5）对个人之间互换自有居住用房地产的，经当地税务机关核实，可以免征土地增值税。

引入案例分析

（1）确定收入总额：收入总额为 2 000 万元。

（2）确定扣除项目金额：支付地价款 200 万元，房地产开发成本 400 万元，开发费用=（200+400）×10%=60（万元），与转让房地产有关的税金中：增值税 2 000×10%=200（万元），城建税和教育费附加 200×（7%+3%）=20（万元），加扣费用（200+400）×20%=120（万元），扣除费用总计 200+400+60+200+20+120=1 000（万元）。

（3）确定增值额：2 000−1 000=1 000（万元）。

（4）确定增值率：1 000÷1 000=100%，适用 40%税率，速算扣除系数 5%。

（5）计算应纳税额：1 000×40%−1 000×5%=350（万元）。

任务小结

土地增值税计算，一般按以下步骤进行分析：

（1）确认取得土地使用权支付的地价款及有关费用、房地产开发成本、房地产开发费用、允许扣除的税费、加计扣除项目金额。

（2）计算允许扣除的项目金额合计数。

（3）增值额计算。

（4）确认对应的增值率。

（5）计算应纳税额。

任务四 土地增值税的征收管理、纳税申报

任务描述

- 了解土地增值税的申报方式和纳税期限、申报地点。
- 掌握土地增值税的纳税申报。

任务分析

通过任务三的学习，我们知道怎样计算土地增值税，有哪些税收优惠。本任务学习土地增值税的纳税申报。

相关知识

一、申报纳税程序

根据《土地增值税暂行条例》的规定，纳税人应自转让房地产合同签订之日起 7 日内，向房地产所在地的主管税务机关办理纳税申报，同时向税务机关提交房屋及建筑物产权、土地使用权证书、土地转让合同、房产买卖合同、房地产评估报告及其他与转让房地产有关的资料，然后在税务机关核定的期限内缴纳土地增值税。纳税人因经常发生转让房地产行为而难以在每次转让后申报的，可按月或按各省、自治区、直辖市和计划单列市地方税务局规定的期限缴纳。纳税人选择定期申报方式的，应向纳税所在地的地方税务机关备案，定期申报方式确定后，一年之内不得变更。纳税人按规定办理纳税手续后，持纳税凭证到房产、土地管理部门办理产权变更手续。

二、纳税时间和缴纳方法

土地增值税按照转让房地产所取得的实际收益计算征收，由于计税时要涉及房地产开发的成本和费用，有时还要进行房地产评估等，因此，其纳税时间就不可能像其他税种那样作出统一规定，而是要根据房地产转让的不同情况，由主管税务机关具体确定。主要有三种情况。

（一）以一次交割、付清价款方式转让房地产的

对于这种情况，主管税务机关可在纳税人办理纳税申报后，根据其应纳税额的大小及向有关部门办理过户、登记手续的期限等，规定其在办理过户、登记手续前数日内一次性缴纳全部土地增值税。

（二）以分期收款方式转让房地产的

对于这种情况，主管税务机关可以根据合同的收款日期来确定具体的纳税期限。即先计算出应缴纳的全部土地增值税税额，再按总税额除以转让房地产的总收入，求得应纳税额占总收入的比例。然后，在每次收到价款时，按收到的价款数额乘以这个比例来确定每次应纳的税额，并规定其应在每次收款后数日内缴纳土地增值税。

（三）项目全部竣工结算前转让房地产的

纳税人在项目竣工结算前转让房地产取得的收入，由于涉及成本确定或其他原因，无法据实计算土地增值税，可以预征土地增值税，待该项目全部竣工、办理结算后再进行清算，多退少补。

三、纳税地点

土地增值税由房地产所在地的税务机关负责征收。所谓“房地产所在地”，是指房地产的坐落地。不论纳税人的机构所在地、经营所在地、居住所在地设在何处，均应在转让的房地产所在地申报纳税。具体有以下两种情况。

（一）纳税人是法人的

当纳税人转让的房地产的坐落地与其机构所在地或经营所在地同在一地时，可在办理税务登记的原管辖税务机关申报纳税；如果转让的房地产坐落地与其机构所在地或经营所在地不在一地时，则应在房地产坐落地的主管税务机关申报纳税；纳税人转让的房地产坐落地在两个或两个以上地区的，应按房地产所在地分别申报纳税。

（二）纳税人是自然人的

当纳税人转让的房地产的坐落地与其居住所在地同在一地时，可在其住所所在地税务机关申报纳税；如果转让的房地产的坐落地与其居住所在地不在一地时，则应在房地产坐落地的主管税务机关申报纳税。

四、土地增值税的申报缴纳

【案例 7–3】

2018 年 9 月，某房地产开发公司（纳税人识别号为 140108703351378，注册地为重庆 A 区，注册类型为房地产开发企业）建一住宅出售，取得销售收入 1 600 万元（城建税率 7%，教育费附加征收率 3%）。建此住宅支付的地价款 100 万元（其中含有关手续费 0.8 万元），开发成本 300 万元，贷款利息支出无法准确分摊。该省政府规定的费用计提比例为 10%。

要求：计算上述业务应缴纳的土地增值税并填制该公司土地增值税纳税申报表。

案例分析：

1. 计算应纳税额

（1）实现收入总额：1 600 万元。

（2）扣除项目金额：① 支付地价款：100 万元；② 支付开发成本：300 万元；③ 计提的三项费用：（100+300）×10%=40（万元）；④ 扣除的税金：1 600×10%×（1+7%+3%）=176（万元）；⑤ 加计扣除费用：（100+300）×20%=80（万元）；⑥ 扣除费用的总额：100+300+40+176+80=696（万元）。

（3）确定增值额：1 600−696=904（万元）。

（4）确定增值比率：904÷696=129.89%，所以适用第三档税率：50%，扣除系数：15%。

（5）计算应纳税额：904×50%−696×15%=347.6（万元）。

2. 填制土地增值税纳税申报表

土地增值税纳税申报表如表 7–2 所示。

表 7–2　土地增值税纳税申报表

填报日期：2018 年 9 月 6 日　　　　单位：元（列至角分）

纳税人识别号：140108703351378　　　　税款所属期：2018 年 9 月 1 日至 2018 年 9 月 30 日

纳税人名称（盖章）	某房地产开发公司		注册地址	重庆 A 区		注册类型	房地产开发企业
开户银行	省略	账号	省略	联系电话	省略	邮政编码	省略
项目名称	省略	项目　代码	省略	项目地址	省略		
本栏由从事房地产开发的纳税人填写				本栏由非从事房地产开发的纳税人填写			
土地使用证号	省略			土地使用证号		房地产证号	

行号	项　　目		金　额	项　　目		金　额
1	一、转让房地产收入总额 1=2+3		16 000 000	一、转让房地产收入总额 1=2+3		
2	其中	货币收入	16 000 000	其中	货币收入	
3		实物收入及其他收入	0		实物收入及其他收入	
4	二、扣除项目金额合计 4=5+6+13+16+20		6 960 000	二、扣除项目金额合计 4=5+6+9		
5	1. 取得土地使用权所支付的金额		1 000 000	1. 取得土地使用权所支付的金额		
6	2. 房地产开发成本 6=7+8+9+10+11+12		3 000 000	2. 旧房及建筑物的评估价格 6=7×8		
7	其中	土地征用及拆迁补偿费		其中	旧房及建筑物的重置成本价	
8		前期工程费			成新度折扣率	
9		建筑安装工程费		3. 与转让房地产有关的税金等 9=10+11+12+13		
10		基础设施费		其中	增值税	
11		公共配套设施费			城市维护税	
12		开发间接费用			印花税	
13	3. 房地产开发费用 13=14+15		400 000		教育费附加	

续表

行号	项　　目		金　额	项　　目	金　额
14	其中	利息支出		三、增值额 14=1–4	
15		其他房地产开发费用		四、增值额与扣除项目金额之比/% 15=14÷4	
16	4. 与转让房地产有关的税金等 16=17+18+19		1 760 000	五、适用税率或预征率/%	
17	其中	增值税	1 600 000	六、速算扣除系数/%	
18		城市维护税	112 000	七、应缴土地增值税税额 18=14×16–4×14	
19		教育费附加	48 000	八、已缴土地增值税税额	
20	5. 财政部规定的其他扣除项目		800 000	九、批准抵缴税额	
21	三、增值额 21=1–4		9 040 000	十、应补（退）土地增值税税额 21=18–19–20	
22	四、增值额与扣除项目金额之比/% 22=21÷4		128.89		
23	五、适用税率或预征率/%		50		
24	六、速算扣除系数/%		15		
25	七、应缴土地增值税税额 25=21×23–4×24		3 476 000		
26	八、已缴土地增值税税额				
27	九、批准抵缴税额				
28	十、应补（退）土地增值税税额 28=25–26–27		3 476 000		
如纳税人填报，由纳税人填列以下各栏				如委托代理人填报，由代理人填写以下各栏	
纳税人声明：此纳税申报表是根据国家税收法律的规定填报的，我确定它是真实的、可靠的、完整的。 声明人签名：				代理人声明：此纳税申报表是根据国家税收法律的规定填报的，我确定它是真实的、可靠的、完整的。 声明人签名：	
主管会计		经办人		税务代理机构名称	
				税务代理机构地址	
				经办人	
由税务机关填写	受理人签名：　年　月　日		审核人签名：　年　月　日	录入人签名：　年　月　日	

任务小结

（1）土地增值税按照转让房地产所取得的实际收益计算征收。

（2）土地增值税由房地产所在地的税务机关负责征收。

项目八

资源税实务

项目介绍

本项目主要介绍的是资源税的税额计算及纳税申报。

任务一——资源税的基本原理

任务二——资源税的基本要素

任务三——资源税应纳税额的计算

任务四——资源税的申报缴纳

学习导航

本项目学习的主要依据有：2011 年 9 月 30 日国务院发布的《中华人民共和国资源税暂行条例》（以下简称《资源税暂行条例》）、2011 年 10 月 28 日财政部、国家税务总局发布的《中华人民共和国资源税暂行条例实施细则》（以下简称《资源税暂行条例实施细则》）、2015 年 7 月 1 日国家税务总局发布的《煤炭资源税征收管理办法（试行）》以及 2016 年 5 月 9 日财政部、国家税务总局发布的《关于全面推进资源税改革的通知》《关于资源税改革具体政策问题的通知》。

网络政策学习请关注：中国税务网 http://www.ctax.org.cn/。

学习目标

掌握资源税的计税方法，了解资源税的纳税申报要求，掌握相关的税收政策。

教学准备

- 指导学生搜索学习相关政策。
- 设计一个教学引入情景（或案例）。

关键词

资源税（resource tax）、纳税人（taxpayer）、税目（tax item）、税率（tax rate）、纳税申报（tax declaration）

任务一 资源税的基本原理

任务描述

了解资源税的征税原则、特点、作用。

相关知识

资源税是以各种应税自然资源为课税对象，为了调节资源级差收入并体现国有资源有偿使用而征收的一种税。2011 年 9 月 30 日，国务院发布《关于修改〈中华人民共和国资源税暂行条例〉的决定》，自 2011 年 11 月 1 日起施行新的暂行条例。2015 年 7 月 1 日，国家税务总局发布了《煤炭资源税征收管理办法（试行）》，2016 年 5 月 9 日，财政部、国家税务总局发布了《关于全面推进资源税改革的通知》《关于资源税改革具体政策问题的通知》。自 2016 年 7 月 1 日起全面推进资源税改革，计税方法以从价计征为主，但对于经营分散、多为现金交易且难以管控的黏土、砂石，按照便利征管原则，仍实行从量定额计征。同时在河北省开征水资源税试点工作，采取水资源费改税方式，将地表水和地下水纳入征税范围，实行从量定额计征；并探索逐步将其他自然资源纳入征收范围。

一、资源税的征收原则

资源税是对在我国境内从事应税矿产品开采和生产盐的单位和个人课征的一种税，属于对自然资源占用课税的范畴。1984 年我国开征资源税时，普遍认为征收资源税主要依据的是受益原则、公平原则和效率原则三个方面。

从受益方面考虑，资源属国家所有，开采者因开采国有资源而得益，有责任向所有者支付地租。从公平角度来看，条件公平是有效竞争的前提，资源级差收入的存在影响资源开采者利润的真实性，故级差收入以归政府支配为好。从效率角度分析，稀缺资源应由社会净效率高的企业来开采，对资源开采中出现的掠夺和浪费行为，国家有权采取经济手段促其改变。

二、资源税的特点

（一）征税范围较窄

自然资源是生产资料或生活资料的天然来源，它包括的范围很广，如矿产资源、土地资源、水资源、动植物资源等。目前我国的资源税征税范围较窄，仅选择了部分级差收入差异较大、资源税较为普遍、易于征收管理的矿产品和盐为征税对象。

（二）实行以从价定率征收为主、从量定额征收为辅的计税方法

2010 年 6 月 1 日，国家在新疆对原油、天然气进行了资源税从价计征改革试点工作；2014 年 12 月又对煤炭的资源税由从量计征改为从价计征。自 2016 年 7 月 1 日起全面推进资源税改革，计税方法以从价计征为主，但对于经营分散、多为现金交易且难以管控的黏土、砂石，按照便利征管原则，仍实行从量定额计征。同时在河北省开征水资源税试点工作，采取水资源费改税方式，将地表水和地下水纳入征税范围，实行从量定额计征；并探索逐步将其他自然资源纳入征收范围。

（三）实行源泉课征

不论采掘或生产单位是否属于独立核算，资源税均规定在采掘或生产地源泉控制征收，这样既照顾了采掘地的利益，又避免了税款的流失。这与其他税种由独立核算的单位统一缴纳不同。

三、资源税的作用

（一）促进企业之间开展平等竞争

我国的资源税属于比较典型的级差资源税。它根据应税产品的品种、质量、存在形式、开采方式以及企业所处地理位置和交通运输条件等客观因素的差异确定差别税率，从而使条件优越者税负较高，反之则税负较低。这种税率设计使资源税能够比较有效地调节由于自然资源条件差异等客观因素给企业带来的级差收入，减少或排除资源条件差异对企业盈利水平的影响，为企业之间开展平等竞争创造有利的外部条件。

（二）加强资源管理，有利于促进企业合理开发、利用自然资源

通过对开发、利用应税资源的行为课征资源税，体现了国有自然资源有偿占用的原则，从而可以促使纳税人节约、合理地开发和利用自然资源，有利于我国经济可持续发展。

（三）发挥税收杠杆的整体功能，促进分税制财政体制的建立与完善

对资源课税，拓宽了税收的调节领域，通过资源税与其他税种的相互配合，有利于充分发挥整体税制的经济杠杆作用，并为国家筹集一定的财政资金，提高财政收入的稳定性。同

时，资源税的收入绝大部分归地方，有利于增加地方财政收入，有利于解决收入向资源优势地区转移等问题，把资源优势转变为经济和财政优势，从而促进分税制的实施。

（四）正确处理国家与企业、个人之间的分配关系

通过征收资源税，对由于资源客观因素形成的级差收入进行合理的调节，有利于正确处理国家与企业及个人之间的利益分配关系，有利于贯彻按劳分配、多劳多得的分配原则，从而调动广大企业和广大职工的生产积极性，为社会主义建设创造更大的价值。

任务小结

（1）资源税是对在我国境内从事应税矿产品开采和生产盐的单位和个人课征的一种税，属于对自然资源占用课税。

（2）了解资源税的征收原则、特点和征收作用。

任务二　资源税的基本要素

任务描述

- 明确资源税的纳税义务人与扣缴义务人。
- 明确资源税的税目、税率。

任务分析

通过项目一的学习，我们已经了解资源税的征税原则、特点、作用，本次任务是上一次任务的延续，是理解资源税应纳税额的计算过程、正确填制资源税纳税申报表的基础。

案例引入

小李在一家大型煤矿开采企业财务部上班，该企业主要是开采原煤以及加工洗选煤。一天，单位领导问小李，我们单位要缴纳资源税吗？如果把原煤加工成洗选煤再对外销售，要缴纳资源税吗？

相关知识

一、资源税的纳税义务人与扣缴义务人

（一）纳税义务人

在中华人民共和国领域及管辖海域开采应税资源的矿产品或者生产盐（以下称“开采或者生产应税产品”）的单位和个人，为资源税的纳税人。

单位是指国有企业、集体企业、私营企业、股份制企业、其他企业和行政单位、事业单位、军事单位、社会团体及其他单位（包括外商投资企业、外国企业）；个人是指个体经营者和其他个人（包括中国公民和外籍人员）。

（二）扣缴义务人

收购未税矿产品的单位或中外合作开采油气田作业者为资源税的扣缴义务人。规定资源税的扣缴义务人，主要是针对零星、分散、不定期开采的情况，为了加强管理，避免漏税，由扣缴义务人在收购矿产品时代扣代缴资源税。

收购未税矿产品的单位是指独立矿山、联合企业和其他单位。它们的扣缴义务具体包括：

（1）独立矿山、联合企业收购未税矿产品的单位，按照本单位应税产品税额、税率标准，依据收购的数量代扣代缴资源税。

（2）其他收购单位收购的未税矿产品，按税务机关核定的应税产品税额、税率标准，依据收购的数量代扣代缴资源税。

二、税目、税率

（一）税目

资源税税目包括 5 大类，在 5 个税目下面又设有若干个子目。现行资源税的税目及子目主要是根据资源税应税产品和纳税人开采资源的行业特点设置的。

（1）原油，指专门开采的天然原油，不包括人造石油。

（2）天然气，指专门开采或与原油同时开采的天然气。

（3）煤炭，包括原煤和以未税原煤（即：自采原煤）加工的洗选煤。

（4）金属矿，包含铁矿、金矿、铜矿、铝土矿、铅锌矿、镍矿、锡矿、钨、钼、未列举名称的其他金属矿产品原矿或精矿。

（5）其他非金属矿，包括石墨、硅藻土、高岭土、萤石、石灰石、硫铁矿、磷矿、氯化钾、硫酸钾、煤层（成）气、井矿盐、湖盐、提取地下卤水晒制的盐、海盐，未列举名称的其他非金属矿产品。

纳税人在开采主矿产品的过程中伴采的其他应税矿产品，凡未单独规定适用税额的，一律按主矿产品或视同主矿产品税目征收资源税。

（二）税率

资源税采取从价定率和从量定额的办法征收，分别以应税产品的销售额乘以纳税人具体适用的比例税率或者以应税产品的销售数量乘以纳税人具体适用的定额税率计算，实施“级差调节”的原则，如表 8–1 所示。

表 8–1　资源税税目税率幅度表

序号	税目		征税对象	税率幅度
1	金属矿	铁矿	精矿	1%～6%
2		金矿	金锭	1%～4%
3		铜矿	精矿	2%～8%
4		铝土矿	原矿	3%～9%
5		铅锌矿	精矿	2%～6%
6		镍矿	精矿	2%～6%
7		锡矿	精矿	2%～6%
8		未列举名称的其他金属矿产品	原矿或精矿	税率不超过 20%
9	非金属矿	石墨	精矿	3%～10%
10		硅藻土	精矿	1%～6%
11		高岭土	原矿	1%～6%
12		萤石	精矿	1%～6%
13		石灰石	原矿	1%～6%
14		硫铁矿	精矿	1%～6%
15		磷矿	原矿	3%～8%
16		氯化钾	精矿	3%～8%
17		硫酸钾	精矿	6%～12%
18		井矿盐	氯化钠初级产品	1%～6%
19		湖盐	氯化钠初级产品	1%～6%
20		提取地下卤水晒制的盐	氯化钠初级产品	3%～15%
21		煤层（成）气	原矿	1%～2%
22		黏土、砂石	原矿	每吨或立方米 0.1～5 元
23		未列举名称的其他非金属矿产品	原矿或精矿	从量税率每吨或立方米不超过 30 元，从价税率不超过 20%
24		海盐	氯化钠初级产品	1%～5%
25	原油			6%～10%
26	天然气			6%～10%
27	煤炭			2%～10%

注：（1）铝土矿包括耐火级矾土、研磨级矾土等高铝黏土。

（2）氯化钠初级产品是指井矿盐、湖盐原盐、提取地下卤水晒制的盐和海盐原盐，包括固体和液体形态的初级产品。

（3）海盐是指海水晒制的盐，不包括提取地下卤水晒制的盐。

（4）轻稀土按地区执行不同的适用税率，其中，内蒙古为 11.5%、四川为 9.5%、山东为 7.5%。

对表 8–1 中列举名称的资源品目，由省级人民政府在规定的税率幅度内提出具体适用税率建议，报财政部、国家税务总局确定核准。

对未列举名称的其他金属和非金属矿产品，按照从价计征为主、从量计征为辅的原则，由省级人民政府根据实际情况确定具体税目和适用税率，报财政部、国家税务总局备案。

各省级人民政府在测算具体适用税率时，要充分考虑本地区资源禀赋、企业承受能力和清理收费基金等因素，按照改革前后税费平移原则，以近几年企业缴纳资源税、矿产资源补偿费金额和矿产品市场价格水平为依据。一个矿种原则上设定一档税率，少数资源条件差异较大的矿种可按不同资源条件、不同地区设定两档税率。

纳税人开采或者生产不同税目应税产品的，应当分别核算不同税目应税产品的销售额或者销售数量；未分别核算或者不能准确地提供不同税目应税产品的销售额或者销售数量的，从高适用税率。

煤炭资源税税率幅度为 2%～10%，具体适用税率由省级财税部门在此幅度内，根据本地区清理收费基金、企业承受能力、煤炭资源条件等因素提出建议，报省级人民政府拟定。省级人民政府需将拟定的适用税率在公布前报财政部、国家税务总局审批。跨省煤田的适用税率由财政部、国家税务总局确定。

引入案例分析

对于第一个问题，小李的回答是：要计算缴纳资源税。在中华人民共和国领域及管辖海域开采应税矿产品或者生产盐的单位和个人，为资源税的纳税人。本企业开采的原煤是应税矿产品，所以，单位是资源税的纳税义务人。

对于第二个问题，小李的回答是：要缴纳资源税。煤炭税目资源税征税对象不仅包括原煤，还包括以未税原煤（即自采原煤）加工的洗选煤。因此，本企业以原煤加工成洗选煤再对外销售，也要计算缴纳资源税。

任务小结

（1）资源税纳税义务人、扣缴义务人。

（2）资源税税目、税率。

任务三　资源税应纳税额的计算

任务描述

- 正确确定资源税的销售额或销售量。

● 正确计算应税矿产品资源税的应纳税额。

任务分析

通过任务一、任务二的学习，我们已掌握资源税的征税对象、纳税人、税率等知识点。本次任务通过对资源税销售额和销售量的分析，掌握资源税的计税依据和资源税应纳税额的计算。

案例引入

重庆一鸣矿业公司 2018 年 9 月份开采铁矿石 10 000 吨，销售铁矿石原矿 800 吨，每吨售价 3 000 元（不含税价），销售精矿取得收入 2 000 万元（不含税价）。已知：该铁矿精矿换算比为 1.3，适用的资源税税率为 6%。则该矿业公司 9 月应纳资源税是多少？应纳增值税是多少？

相关知识

一、资源税计税依据

资源税的计税依据为应税产品的销售额和销售量，各税目的征税对象包括原矿、精矿（或原矿加工品，下同）、金锭、氯化钠初级产品。对未列举名称的其他矿产品，省级人民政府可对本地区主要矿产品按矿种设定税目，对其余矿产品按类别设定税目，并按其销售的主要形态（如原矿、精矿）确定征税对象。

（一）从价定率征收的计税依据

从价定率征收的计税依据为销售额，它是指纳税人销售应税产品向购买方收取的全部价款和价外费用，不包括增值税销项税额和运杂费用。

运杂费用是指应税产品从坑口或洗选（加工）地到车站、码头或购买方指定地点的运输费用、建设基金以及随运销产生的装卸、仓储、港杂费用。运杂费用应与销售额分别核算，凡未取得相应凭据或不能与销售额分别核算的，应当一并计征资源税。

价外费用，包括价外向购买方收取的手续费、补贴、基金、集资费、返还利润、奖励费、违约金、滞纳金、延期付款利息、赔偿金、代收款项、代垫款项、包装费、包装物租金、储备费、优质费以及其他各种性质的价外费用。但下列项目不包括在内：

（1）同时符合以下条件的代垫运输费。

① 承运部门的运费发票开具给购货方。

② 纳税人将该发票转交给购货方。

（2）同时符合相关条件的代为收取的政府性基金或者行政事业性收费。

（二）从量定额征收的计税依据

实行从量定额征收的以销售数量为计税依据。销售数量的具体规定为：

（1）销售数量，包括纳税人开采或者生产应税产品的实际销售数量和视同销售的自用数量。

（2）纳税人不能准确提供应税产品销售数量的，以应税产品的产量或者主管税务机关确定的折算比换算成的数量为计征资源税的销售数量。

二、资源税应纳税额的计算

资源税的应纳税额，按照从价定率或者从量定额的办法，分别以应税产品的销售额乘以纳税人具体适用的比例税率或者以应税产品的销售数量乘以纳税人具体适用的定额税率计算。

（一）从价定率应纳税额的计算

实行从价定率征收的，根据应税产品的销售额和规定的适用税率计算应纳税额，具体计算公式为：

应纳税额=销售额×适用税率

【案例 8–1】

重庆一鸣油气开采公司 2018 年 9 月份销售原油 50 000 元（不含增值税），销售油田伴生天然气 30 000 元（不含增值税）。原油适用的资源税率为 10%，天然气为 6%。

要求：计算重庆一鸣公司当月应纳资源税税额。

案例分析：

按现行税法规定，原油和天然气适用的是比例税率。

应纳税额=销售额×比例税率

当月应纳资源税=50 000×10%+30 000×6%=5 000+1 800=6 800（元）

（二）从量定额应纳税额的计算

实行从量定额征收的，根据应税产品的课税数量和规定的单位税额计算应纳税额，具体计算公式为：

应纳税额=课税数量×单位税额

【案例 8–2】

重庆一鸣砂石开采公司 2017 年 8 月份销售砂石 4 000 立方米，资源税税率为 2 元/立方米。

要求：计算重庆一鸣公司 8 月份应纳资源税税额。

案例分析：

按现行税法规定，砂石适用的是定额税率，

应纳税额=课税数量×单位税额

当月应纳资源税=4 000×2=8 000（元）

（三）关于原矿销售额与精矿销售额的换算或折算

为公平原矿与精矿之间的税负，对同一种应税产品，征税对象为精矿的，纳税人销售原矿时，应将原矿销售额换算为精矿销售额缴纳资源税；征税对象为原矿的，纳税人销售自采原矿加工的精矿时，应将精矿销售额折算为原矿销售额缴纳资源税。换算比或折算率原则上应通过原矿售价、精矿售价和选矿比计算，也可通过原矿销售额、加工环节平均成本和利润计算，如表 8–2 所示。

表 8–2　原矿与精矿的换算与折算

征税对象	销售对象	换算	计税依据
精矿	原矿	原矿→精矿	精矿销售额
原矿	自采原矿加工的精矿	精矿→原矿	原矿销售额
换算比或折算率：原矿售价、精矿售价和选矿比；原矿销售额、加工环节平均成本和利润			

换算比或折算率应按简便可行、公平合理的原则，由省级财税部门确定，并报财政部、国家税务总局备案。

纳税人销售其自采原矿的，可采用成本法或市场法将原矿销售额换算为精矿销售额计算缴纳资源税。

其中：

成本法公式为：

精矿销售额=原矿销售额+原矿加工为精矿的成本×（1+成本利润率）

市场法公式为：

精矿销售额=原矿销售额×换算比

换算比=同类精矿单位价格÷（原矿单位价格×选矿比）

选矿比=加工精矿耗用的原矿数量÷精矿数量

【案例 8–3】

开采稀土矿的重庆一鸣企业 2018 年 9 月销售自产的稀土矿原矿 1 000 吨，每吨单价 900 元（不含增值税，下同）；销售自采的稀土矿连续加工的精矿 800 吨，每吨单价 1 700 元。已知该企业稀土矿选矿比为 1.54，按照市场法计算资源税，稀土矿精矿资源税税率为 7%。

要求：计算该企业当月应纳资源税税额。

案例分析：

换算比=同类精矿单位价格÷（原矿单位价格×选矿比）

=1 700÷（900×1.54）=1.226 6

精矿销售额=1 700×800+900×1 000×1.226 6=2 463 940（元）

应纳资源税=2 463 940×7%=172 475.8（元）

【案例 8–4】

重庆一鸣铜矿 2018 年 9 月销售当月产铜矿石原矿取得销售收入 600 万元，销售精矿取得收入 1 200 万元。已知：该矿山铜矿精矿换算比为 1.2，适用的资源税税率为 6%。

要求：计算该铜矿 9 月份应纳资源税税额。

案例分析：

铜矿计税依据为精矿，因此应将原矿销售额换算为精矿销售额。

该铜矿当月应税产品销售额=600×1.2+1 200=1 920（万元）

该铜矿当月应纳资源税税额=1 920×6%=115.2（万元）

（四）已税产品的税务处理

1. 纳税人用已纳资源税的应税产品进一步加工应税产品销售的

这种情况下，不再缴纳资源税。

2. 纳税人以未税产品和已税产品混合销售或者混合加工为应税产品销售

这种情况下，在计算加工后的应税产品销售额时：

（1）准确核算已税产品的购进金额，准予扣减已税产品的购进金额。

（2）未分别核算的，一并计算缴纳资源税。

（五）煤炭资源税计算方法

1. 纳税人开采原煤

（1）直接对外销售的：

原煤应纳税额=原煤销售额×适用税率

原煤计税销售额是指纳税人销售原煤向购买方收取的全部价款和价外费用，不包括收取的增值税销项税额以及从坑口到车站、码头或者购买方指定地点的运输费用。

（2）将开采的原煤自用于连续生产洗选煤的，在原煤移送使用环节不缴纳资源税；自用于其他方面的，视同销售原煤，移送环节缴纳资源税。

2. 纳税人将其开采的原煤加工为洗选煤对外销售的

洗选煤应纳税额=洗选煤销售额×折算率×适用税率

洗选煤计税销售额按洗选煤销售额乘以折算率计算。洗选煤销售额是指纳税人销售洗选煤向购买方收取的全部价款和价外费用，包括洗选副产品的销售额，不包括收取的增值税销项税额以及从洗选煤厂到车站、码头或者购买方指定地点的运输费用。

在计算煤炭计税销售额时，原煤及洗选煤销售额中包含的运输费用、建设基金以及随运销产生的装卸、仓储、港杂费用应与煤价分别核算，凡取得相应凭据的，允许在计算煤炭计税销售额时予以扣减。扣减的凭据包括有关发票或者经主管税务机关审核的其他凭据。运输费用明显高于当地市场价格导致应税煤炭产品价格偏低，且无正当理由的，主管税务机关有权合理调整计税价格。未取得相应凭据或不能与销售额分别核算的，应当一并计征资源税。

3. 洗选煤折算率计算公式

洗选煤折算率由省、自治区、直辖市财税部门或其授权地市级财税部门根据煤炭资源区域分布、煤质煤种等情况确定，体现有利于提高煤炭洗选率，促进煤炭清洁利用和环境保护的原则。

洗选煤折算率计算公式如下：

公式一：洗选煤折算率=（洗选煤平均销售额–洗选环节平均成本–洗选环节平均利润）÷洗选煤平均销售额×100%

洗选煤平均销售额、洗选环节平均成本、洗选环节平均利润可按照上年当地行业平均水平测算确定。

公式二：洗选煤折算率=原煤平均销售额÷（洗选煤平均销售额×综合回收率）×100%

原煤平均销售额、洗选煤平均销售额可按照上年当地行业平均水平测算确定。

综合回收率=洗选煤数量÷入洗前原煤数量×100%

【案例 8–5】

某煤炭开采企业 2018 年 9 月销售洗煤 5 万吨，开具增值税专用发票注明金额 5 000 万元，另取得从洗煤厂到码头不含增值税的运费收入 50 万元。假设洗煤的折算率为 80%，资源税税率为 10%。

要求：计算该企业销售洗煤应缴纳的资源税税额。

案例分析：

洗选煤应纳税额=洗选煤销售额×折算率×适用税率

洗选煤销售额包括洗选副产品的销售额，不包括洗选煤从洗选煤厂到车站、码头等的运输费用。

该企业销售洗煤应缴纳的资源税=5 000×80%×10%=400（万元）

4. 特殊情况下销售额的确定

纳税人销售应税煤炭的，在销售环节缴纳资源税。纳税人以自采原煤直接或者经洗选加工后连续生产焦炭、煤气、煤化工、电力及其他煤炭深加工产品的，视同销售，在原煤或者洗选煤移送环节缴纳资源税。

纳税人煤炭开采地与洗选、核算地不在同一行政区域（县级以上）的，煤炭资源税在煤炭开采地缴纳。纳税人在本省、自治区、直辖市范围开采应税煤炭，其纳税地点需要调整的，由省、自治区、直辖市税务机关决定。

纳税人申报的原煤或洗选煤销售价格明显偏低且无正当理由的，或者有视同销售应税煤炭行为而无销售价格的，主管税务机关应按下列顺序确定计税价格：

（1）按纳税人最近时期同类原煤或洗选煤的平均销售价格确定。

（2）按其他纳税人最近时期同类原煤或洗选煤的平均销售价格确定。

（3）按组成计税价格确定。

组成计税价格=成本×（1+成本利润率）÷（1–资源税税率）

（4）按其他合理方法确定。

纳税人与其关联企业之间的业务往来，应当按照独立企业之间的业务往来收取或支付价款、费用。

5. 扣减额计算

纳税人将自采原煤与外购原煤（包括煤矸石）进行混合后销售的，应当准确核算外购原煤的数量、单价及运费，在确认计税依据时可以扣减外购相应原煤的购进金额。

计税依据=当期混合原煤销售额–当期用于混售的外购原煤的购进金额

外购原煤的购进金额=外购原煤的购进数量×单价

纳税人将自采原煤连续加工的洗选煤与外购洗选煤进行混合后销售的，比照上述有关规定计算缴纳资源税。

纳税人将自采原煤与外购原煤混合加工洗选煤的，应当准确核算外购原煤的数量、单价及运费，在确认计税依据时可以扣减外购相应原煤的购进金额。

计税依据=当期洗选煤销售额×折算率–当期用于混售的外购原煤的购进金额

外购原煤的购进金额=外购原煤的购进数量×单价

纳税人扣减当期外购原煤或者洗选煤购进金额的，应当以增值税专用发票、普通发票或者海关报关单作为扣减凭证。

【案例 8–6】

重庆一鸣煤矿 2018 年 9 月开采原煤 20 万吨，当月将其中 4 万吨对外销售，取得不含增值税销售额 400 万元；将其中 3 万吨原煤用于职工宿舍；将其中的 5 万吨原煤自用于连续生产洗选煤，生产出来的洗选煤当月全部销售，取得不含增值税销售额 900 万元（含矿区至车站的运费 100 万元，取得运输方开具的凭证）。已知煤炭资源税税率为 6%，当地省财税部门确定的洗选煤折算率为 70%。

要求：计算该煤矿当月应缴纳的资源税税额。

案例分析：

（1）纳税人开采原煤直接对外销售的，以原煤销售额作为应税煤炭销售额计算缴纳资源税，应纳资源税=400×6%=24（万元）。

（2）纳税人将其开采的原煤，自用于连续生产洗选煤的，在原煤移送使用环节不缴纳资源税。

（3）纳税人将其开采的原煤，自用于其他方面（如职工宿舍）的，视同销售原煤，按同期对外销售价格计算应纳资源税 400÷4×3×6%=18（万元）。

（4）纳税人将其开采的原煤加工为洗选煤销售的，以洗选煤销售额乘以折算率作为应税煤炭销售额计算缴纳资源税，且洗选煤销售额中包含的运输费用以及随运销产生的装卸、仓储、港杂等费用应与煤价分别核算，凡取得相应凭据的，允许在计算煤炭计税销售额时予以扣减，应纳资源税=（900–100）×70%×6%=33.6（万元）。

（5）该煤矿当月应缴纳资源税=24+18+33.6=75.6（万元）。

知识拓展

税 收 优 惠

（1）开采原油过程中用于加热、修井的原油，免税。

（2）纳税人开采或者生产应税产品过程中，因意外事故或者自然灾害等原因遭受重大损失的，由省、自治区、直辖市人民政府酌情决定减税或者免税。

（3）铁矿石资源税减按 40%征收资源税。

（4）为鼓励利用低品位矿、废石、尾矿、废渣、废水、废气等提取的矿产品，由省级人民政府根据实际情况确定是否减税或免税，并制定具体办法。

（5）从 2007 年 1 月 1 日起，对地面抽采煤层气暂不征收资源税。煤层气是指赋存于煤层及其围岩中与煤炭资源伴生的非常规天然气，也称煤矿瓦斯。

（6）国务院规定的其他减税、免税项目。

涉税账务处理

企业按规定应交的资源税，在“应交税费”科目下设置“应交资源税”明细科目核算。企业按规定计算出销售应税产品应缴纳的资源税，借记“税金及附加”科目，贷记“应交税费——应交资源税”科目。实际缴纳时，借记“应交税费——应交资源税”科目，贷记“银行存款”科目。

引入案例分析

（1）该矿业公司 9 月应纳资源税=（800×3 000×1.3÷100 00+2 000）×6%=138.72（万元）。

（2）该矿业公司 9 月应纳增值税=（800×3 000÷100 00+2 000）×16%=358.4（万元）。

任务小结

（1）资源税计税依据为应税产品的销售额或销售量。

（2）应纳税额的计算有两种计税方法，要特别注意煤炭资源税计算方法。

任务四　资源税的申报缴纳

任务描述

- 掌握资源税纳税义务发生时间、纳税地点、纳税期限。
- 理解资源税纳税申报规定。
- 能理解资源税纳税申报表结构。
- 能正确填写资源税纳税申报表。

相关知识

一、资源税的纳税义务发生时间

（1）纳税人销售应税产品，其纳税义务发生时间为：

① 纳税人采取分期收款结算方式的，其纳税义务发生时间为销售合同规定的收款日期的当天。

② 纳税人采取预收货款结算方式的，其纳税义务发生时间为发出应税产品的当天；

③ 纳税人采取其他结算方式的，其纳税义务发生时间为收讫销售款或者取得索取销售款凭据的当天。

（2）纳税人自产自用应税产品的纳税义务发生时间为移送使用应税产品的当天。

（3）扣缴义务人代扣代缴税款的纳税义务发生时间为支付首笔货款或者首次开具支付货款凭据的当天。

二、纳税期限

资源税的纳税期限为 1 日、3 日、5 日、10 日、15 日或者 1 个月，纳税人的纳税期限由主管税务机关根据实际情况具体核定。不能按固定期限计算纳税的，可以按次计算纳税。

纳税人以 1 个月为一期纳税的，自期满之日起 10 日内申报纳税；以 1 日、3 日、5 日、10 日或者 15 日为一期纳税的，自期满之日起 5 日内预缴税款，于次月 1 日起 10 日内申报纳税并结清上月税款。

三、纳税环节和纳税地点

（1）资源税在应税产品的销售或自用环节计算缴纳。以自采原矿加工精矿产品的，在原矿移送使用时不缴纳资源税，在精矿销售或自用时缴纳资源税。

（2）纳税人以自采原矿加工金锭的，在金锭销售或自用时缴纳资源税。纳税人销售自采原矿或者自采原矿加工的金精矿、粗金，在原矿或者金精矿、粗金销售时缴纳资源税，在移送使用时不缴纳资源税。

（3）以应税产品投资、分配、抵债、赠与、以物易物等，视同销售，应缴纳资源税。

（4）纳税人应当向矿产品的开采地或者盐的生产地缴纳税款。纳税人在本省、自治区、直辖市范围内开采或者生产应税产品，其纳税地点需要调整的，由省级地方税务机关决定。

（5）如果纳税人应纳的资源税属于跨省开采，其下属生产单位与核算单位不在同一省、自治区、直辖市的，对其开采的矿产品一律在开采地或生产地纳税。实行从量计征的应税产品，其应纳税款一律由独立核算的单位按照每个开采地或者生产地的销售数量及适用税率计算划拨；实行从价计征的应税产品，其应纳税款一律由独立核算的单位按照每个开采地或者生产地的销售数量、销售单价及适用税率计算划拨。

（6）扣缴义务人代扣代缴的资源税，应当向收购地主管税务机关缴纳。

四、资源税的申报缴纳

1. 资源税纳税申报表

资源税纳税申报表如表 8–3 所示。

表 8–3　资源税纳税申报表（一）

（按从价定率办法计算应纳税额的纳税人适用）

税款所属期限：自 2017 年 7 月 1 日至 2017 年 7 月 31 日

填表日期：2017 年 8 月 5 日　　　　金额单位：元至角分

纳税人识别号 | | | | | | | | | | | | | | | | | | | |

栏次	征收品目	征收子目	销售量	销售额	折算率	适用税率或实际征收率	本期应纳税额	减征比例	本期减免税额	减免性质代码	本期已缴税额	本期应补（退）税额
	1	2	3	4	5	6	7	8	9=7×8	10	11	12=7–9–11
	金属矿	铜矿原矿	3 000	9 000 000	1.2	6%	648 000					648 000
	金属矿	铜矿精矿	4 000	60 000 000		6%	3 600 000					3 600 000
合计												4 248 000

续表

<table>
<tr><td colspan="7">以下由纳税人填写：</td></tr>
<tr><td>纳税人声明</td><td colspan="6">此纳税申报表是根据《中华人民共和国资源税暂行条例》及其实施细则的规定填报的，是真实的、可靠的、完整的。</td></tr>
<tr><td>纳税人签章</td><td colspan="2"></td><td>代理人签章</td><td></td><td>代理人身份证号</td><td></td></tr>
<tr><td colspan="7">以下由税务机关填写：</td></tr>
<tr><td>受理人</td><td></td><td colspan="2">受理日期</td><td>年　月　日</td><td>受理税务机关签章</td><td></td></tr>
</table>

本表一式两份，一份纳税人留存，一份税务机关留存。

表单说明：

（1）本表适用于资源税纳税人填报（国家税务总局另有规定者除外）。

（2）“纳税人识别号”是纳税人在办理税务登记时由主管税务机关确定的税务编码。

（3）煤炭的征收品目是指财税〔2014〕72 号通知规定的原煤和洗选煤，征收子目按适用不同的折算率和不同的减免性质代码，将原煤和洗选煤这两个税目细化，分行填列。其他从价计征的征收品目是指资源税实施细则规定的税目，征收子目是同一税目下属的子目。

（4）“销售量”包括视同销售应税产品的自用数量。煤炭、原油的销售量，按吨填报；天然气的销售量，按千立方米填报。原油、天然气应纳税额=油气总销售额×实际征收率。

（5）原煤应纳税额=原煤销售额×适用税率；洗选煤应纳税额=洗选煤销售额×折算率×适用税率。2014 年 12 月 1 日后销售的洗选煤，其所用原煤如果此前已按从量定额办法缴纳了资源税，这部分已缴税款可在其应纳税额中抵扣。

（6）“减免性质代码”，按照国家税务总局制定下发的最新《减免性质及分类表》中的最细项减免性质代码填报。如有免税项目，“减征比例”按 100%填报。

2. 资源税纳税申报案例

【案例 8–7】

重庆一鸣铜矿（纳税人识别号 390105930859486000000）2017 年 7 月销售铜矿石原矿 3 000 吨，每吨不含税售价 3 000 元；销售精矿 4 000 吨，每吨不含税售价 15 000 元。已知：该铜矿精矿换算比为 1.2，适用的资源税税率为 6%。

要求：计算该矿本月应纳的资源税并填制纳税申报表。（该企业申报日期为 2017 年 8 月 5 日）

案例分析：

（1）铜矿的计税依据为精矿，因此应将原矿销售额换算为精矿销售额。

外销的铜矿石原矿换算为精矿销售额=3 000×3 000×1.2=10 800 000（元）

（2）精矿的销售额=4 000×15 000=60 000 000（元）。

（3）当月该铜矿应税产品（精矿）销售额=10 800 000+60 000 000=70 800 000（元）。

（4）该铜矿 7 月份应纳资源税=70 800 000×6%=4 248 000（元）。

该企业纳税申报表见表 8–3。

任务小结

（1）我国资源税的纳税义务人是指在中华人民共和国境内开采应税资源的矿产品或者生产盐的单位和个人。

（2）我国资源税的征税环节是应税产品的销售或自用环节。

（3）我国资源税实行从价定率计征与从量定额计征两种计税方法，采取级差税率制。

项目九

其他税种实务

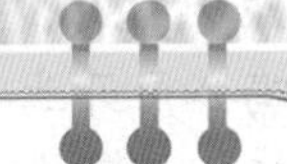

项目介绍

本项目涉及的税种与企业的经营收入（或销售数量）有直接或间接的关系，但不属于流转税类；有些小税种在发生时直接计入期间费用管理费用中，会直接影响企业损益；有些小税种在发生时直接计入成本。包括以下内容：

任务一——城市维护建设税及教育费附加

任务二——印花税

任务三——车船税

任务四——房产税

任务五——契税

任务六——城镇土地使用税

任务七——耕地占用税

任务八——车辆购置税

学习导航

本项目内容的主要依据有：《中华人民共和国城市维护建设税暂行条例》《国务院关于统一内外资企业和个人城市维护建设税和教育费附加制度的通知》（国发〔2010〕35 号）、《财政部　国家税务总局关于对外资企业征收城市维护建设税和教育费附加有关问题的通知》（财税〔2010〕103 号）。

网络政策学习：中国税务网 http://www.ctax.org.cn/、国家税务总局 http://www.chinatax.gov.cn/。

学习目标

- 掌握城市维护建设税、教育费附加与流转税之间的关系和计税方法。
- 掌握印花税、房产税、城镇土地使用税、车船税、契税、耕地占用税、车辆购置税应纳税（费）额的计算及其申报。
- 了解印花税、房产税、城镇土地使用税、车船税、契税、耕地占用税、车辆购置税的基本原理及要素，掌握相关的税收政策。

教学准备

- 教学案例引入。

重庆一鸣公司开业之初发生以下事项：启用 1 本资金账簿，4 本营业账簿；拥有轿车两辆和货车一辆；拥有办公楼房产，试问以上情况要交哪些税？交多少税？怎样交税？

- 指导学生预习本项目的内容。

关键词

城市维护建设税（increment tax on land value）教育费附加（education surcharge）、印花税（stamp tax）、房产税（property tax）、城镇土地使用税（urban land use tax）、车船税（travel tax）、纳税人（taxpayers）、税率（tax rates）、应纳税额（tax amount payable）、申报（declare）

任务一　城市维护建设税及教育费附加

任务描述

城市维护建设税（以下简称“城建税”）是 1984 年工商税制全面改革中设置的一个新税种，是对从事工商经营，缴纳消费税、增值税的单位和个人征收的一种税。

任务分析

城建税以“增值税、消费税”的一定比例缴纳，所以要正确计算城市维护建设税，必先确定“两税”的正确性，在此基础上，了解该税的优惠政策和纳税管理。本任务主要依据《中华人民共和国城市维护建设税暂行条例》（以下简称《城市维护建设税暂行条例》）进行。

案例引入

某企业设在市区，2018 年 9 月缴纳增值税 100 万元，消费税 15 万元，补缴上月应纳消费税5万元。另外，因违反税法规定被加收滞纳金和被处以罚款合计10万元。该企业本月应缴纳的城建税为多少？

一、城市维护建设税的特点

城市维护建设税是国家对缴纳“两税”（即增值税、消费税，下同）的单位就其实际缴纳的“两税”税额为依据而征收的一种税种，具有以下特点。

1. 税款专款专用，具有特定目的

城市维护建设税专款专用，用来保证城市的公共事业和公共设施的维护和建设，是一种具有受益性质的税种。

2. 属于一种附加税

城市维护建设税与其他税种不同，没有独立的征税对象或税基，而是以增值税、消费税“两税”实际缴纳的税额之和为计税依据，随“两税”同时附征，本质上属于一种附加税。

3. 根据城建规模设计税率

城建税根据纳税人所在地城镇规模大小，设立了三级税率。纳税人所在地为城市市区的，税率为7%；纳税人所在地为县城、建制镇的，税率为5%；纳税人所在地不在城市市区、县城或建制镇的，税率为1%。这种根据城镇规模不同差别设置税率的办法，较好地照顾了城市建设的不同需要。

4. 征收范围较广

增值税、消费税在我国现行税制中属于主体税种，而城建税又是其附加税，除了减免税等特殊情况以外，任何从事生产经营活动的企业单位和个人都要缴纳城市维护建设税。

二、城市维护建设税的征税范围、纳税人

1. 城市维护建设税的征税范围

城市维护建设税的征税范围包括城市、县城、建制镇以及税法规定征税的其他地区。城市、县城、建制镇的范围应根据行政区划作为划分标准，不得随意扩大或缩小各行政区域的管辖范围。

2. 城市维护建设税的纳税人

按照现行税法的规定，城市维护建设税的纳税人是在征税范围内从事工商经营，缴纳“两税”的单位和个人。任何单位或个人，只要缴纳“两税”中的一种，就必须同时缴纳城市维护建设税。

代扣代缴“两税”的，也应代扣代缴城建税。

自2010年12月1日起，对外商投资企业和外国企业和外国人员开始征收城建税。

三、城市维护建设税的税率

城建税采用地区差别比例税率，纳税人所在地区不同，适用税率的档次也不同。具体规

定是：

（1）纳税人所在地在城市市区的，税率为 7%。

（2）纳税人所在地在县城、建制镇的，税率为 5%。

（3）纳税人所在地不在城市市区、县城、建制镇的，税率为 1%。

提示：

（1）由受托方代扣代缴、代收代缴“两税”的单位和个人，其代扣代缴、代收代缴的城建税按受托方所在地适用税率执行。

（2）流动经营等无固定纳税地点的单位和个人，在经营地缴纳“两税”的，其城建税的缴纳按经营地适用税率执行。

四、城市维护建设税应纳税额的计算

（一）税收优惠

（1）城建税按减免后实际缴纳的“两税”税额计征，即随“两税”的减免而减。

（2）对于因减免税而需进行“两税”退库的，城建税也可同时退库。

（3）海关对进口产品代征的增值税、消费税，不征收城建税。

（4）“两税”实行先征后返、先征后退、即征即退，除另有规定外，对随“两税”附征的城市维护建设税和教育费附加，一律不予退（返）还。

（二）城市维护建设税的计税依据

（1）城建税的计税依据，是指纳税人实际缴纳的“两税”税额。不包括“两税”违反税法规定而加收的滞纳金和罚款。

（2）纳税人被查补“两税”的同时就应该对其偷漏的城建税进行补税和缴纳滞纳金、罚款。

（3）如果免征或者减征“两税”，同时也免征或者减征城建税。

（4）对出口产品退还增值税、消费税的，不退还已缴纳的城建税。

（5）自 2005 年 1 月 1 日起，经国家税务局正式审核批准的当期免、抵的增值税税额应纳入城市维护建设税和教育费附加的计征范围，分别按规定的税（费）率征收城市维护建设税和教育费附加。2005 年 1 月 1 日前，已按免、抵的增值税税额征收的城市维护建设税和教育费附加不再退还，未征的不再补征。

【案例 9–1】

2018 年，重庆一鸣公司（市区）在接受税务部门检查时，发现因计算错误而漏缴 50 000 元增值税，滞纳天数 200 天（不含节假日）。

要求：计算重庆一鸣公司该补缴多少城建税及滞纳金。

案例分析：

应以 50 000 元的增值税为基础，计算出应补缴 50 000×7%=3 500（元）的城建税，城建税应纳滞纳金 3 500×0.5‰×200=350（元）。

（三）应纳税额的计算

城建税纳税人的应纳税额大小是由纳税人实际缴纳的“两税”税额决定的，其计算公式是：应纳税额=（实纳增值税税额+实纳消费税税额）×适用税率。

五、城市维护建设税的征收管理及纳税申报

（一）纳税环节

纳税人只要发生“两税”的纳税义务，就要在同样的环节分别计算缴纳城建税。

（二）纳税地点

（1）代扣代缴、代收代缴“两税”的单位和个人，同时也是城市维护建设税的代扣代缴、代收代缴义务人，其城建税的纳税地点在代扣代收地。

（2）跨省开采的油田，下属生产单位与核算单位不在一个省内的，其生产的原油在油井所在地缴纳增值税，其应纳税款由核算单位按照各油井的产量和规定税率计算汇拨各油井缴纳。所以，各油井应纳的城建税应由核算单位计算，随同增值税一并汇拨油井所在地，由油井在缴纳增值税的同时一并缴纳城建税。

（3）对管道局输油部分的收入，由取得收入的各管道局于所在地缴纳增值税。所以，其应纳的城建税也应由取得收入的各管道局于所在地缴纳增值税时一并缴纳。

（4）对流动经营等无固定纳税地点的单位和个人，应随同“两税”在经营地按适用税率缴纳。

（三）纳税申报表

纳税申报表如表 9–1 所示。

表 9–1　城市维护建设税申报表

（适用于增值税、消费税纳税人）

填表日期：　　年　月　日

纳税人识别号：　　　　　　　　纳税人名称：

申报所属期起：　　　　　　　　申报所属期止：

单位：元（列至角分）

税（费种）	计税（费）依据			税（费）率	应纳税（费）额	减免（费）额	应缴纳税（费）额
	增值税税额	消费税税额					
1	2	3	4	5	6=（2+3）×5	7	8=6–7
城市维护建设税							
教育费附加							

续表

<table>
<tr><td colspan="2">如纳税人填报，由纳税人填写以下各栏</td><td colspan="3">如委托税务代理机构填报，由税务代理机构填写以下各栏</td></tr>
<tr><td rowspan="3">会计主管（签章）</td><td rowspan="3">经办人（签章）</td><td>税务代理机构名称</td><td></td><td rowspan="3">税务代理机构（公章）</td></tr>
<tr><td>税务代理机构地址</td><td></td></tr>
<tr><td>代理人（签章）</td><td></td></tr>
<tr><td rowspan="4">申报声明</td><td rowspan="4">此纳税申报表是根据国家税收法律的规定填报的，我确信它是真实的、可靠的、完整的。
申明人：
法定代表人（负责人）签字或盖章
（公章）</td><td colspan="3">以下由税务机关填写</td></tr>
<tr><td>受理日期</td><td></td><td>受理人</td></tr>
<tr><td>审核日期</td><td></td><td>审核人</td></tr>
<tr><td>审核记录</td><td colspan="2"></td></tr>
</table>

六、教育费附加

（1）性质：属于行政规费，专款专用。

（2）纳费人：缴纳增值税、消费税的单位和个人，均为教育费附加的纳费义务人（与城建税相同）。农业、乡镇企业，由乡镇人民政府征收农村教育事业附加，不再征收教育费附加费。

（3）税率：目前为3%。各地方税务局在此基础上根据地方情况，有的还征收地方教育费附加，税率一般为1%～2%。

（4）优惠政策：与城建税相同。

（5）纳税时间：缴“两税”时同时缴纳。

引入案例分析

城建税的计税依据是纳税人实际缴纳的增值税、消费税，包括补交税款。但不包括加收的滞纳金和罚款。所以该企业本月应缴纳的城建税=（100+15+5）×7%=8.4（万元）。

任务小结

城建税和教育费附加都以“两税”为基础，两者在纳税人、计税（费）基础、优惠政策、缴纳期限方面基本相同。

任务二　印花税

任务描述

- 了解印花税的概念、纳税人、征税范围、税率。
- 掌握印花税应纳税额的计算。
- 掌握印花税的纳税申报表填写。

任务分析

现行的生产经营企业都离不开印花税。印花税的缴纳影响企业的利润，进而影响企业所得税。

案例引入

重庆一鸣公司 2017 年 8 月签订产品购销合同一份，金额为 530 000 元，签订借款合同一份，金额为 200 000 元。

要求：计算公司该月应纳印花税税额。

相关知识

一、印花税的基本原理及要素

（一）印花税的概念

印花税是对经济活动和经济交往中书立、使用、领受各种应税凭证而征收的一种税。因纳税人通过在应税凭证上粘贴印花税票的方式完成纳税义务，故称为“印花税”。

印花税是一种古老的税种，历史悠久，最早开始于 1624 年的荷兰，长期以来被西方经济学家誉为税负轻微、税源畅旺、手续简便、成本低廉的良税。我国北洋军阀政府曾颁布过《印花税法》，并于 1913 年正式开征印花税。新中国成立后，中央人民政府政务院于 1950 年 1 月发布《全国税政实施要则》，规定印花税为全国统一开征的 14 个税种之一。1958 年简化税制时，将印花税并入工商统一税，印花税不再单独征收。

党的十一届三中全会以来，随着改革开放政策的贯彻实施，我国国民经济得到迅速发展，经济活动中依法书立各种凭证已成为普遍现象。为了在税法上适应多变的客观经济情况，广泛筹集财政资金，维护经济凭证书立、领受人的合法权益，1988 年 8 月，国务院发布了《中华人民共和国印花税暂行条例》，于同年10月1日起恢复征收印花税。

（二）印花税的征税范围及纳税人、税率

1. 征税范围、计税依据和税率

印花税纳税人是按税法规定，在我国境内书立、使用、领受应税凭证的单位和个人。印花税共有13个税目，施行五档比率税率和定额税率，如表9–2所示。

表9–2　印花税税目税率表（2017年）

税目	范围	税率	纳税人
购销合同	包括供应、预购、采购、购销、结合及协作、调剂、补偿、易货等合同	按购销金额0.3‰贴花	立合同人
加工承揽合同	包括加工、定作、修缮、修理、印刷广告、测绘、测试等合同	按加工或承揽收入0.5‰贴花	立合同人
建设工程勘察设计合同	包括勘察、设计合同	按收取费用0.5‰贴花	立合同人
建筑安装工程承包合同	包括建筑、安装工程承包合同	按承包金额0.3‰贴花	立合同人
财产租赁合同	包括租赁房屋、船舶、飞机、机动车辆、机械、器具、设备等合同	按租赁金额1‰贴花。税额不足1元，按1元贴花	立合同人
货物运输合同	包括民用航空运输、铁路运输、海上运输、内河运输、公路运输和联运合同	按运输费用0.5‰贴花	立合同人
仓储保管合同	包括仓储、保管合同	按仓储保管费用1‰贴花	立合同人
借款合同	银行及其他金融组织和借款人（不包括银行同业拆借）所签订的借款合同	按借款金额0.05‰贴花	立合同人
财产保险合同	包括财产、责任、保证、信用等保险合同	按保险费收入1‰贴花	立合同人
技术合同	包括技术开发、转让、咨询、服务等合同	按所载金额0.3‰贴花	立合同人
产权转移书据	包括财产所有权和版权、商标专用权、专利权、专有技术使用权等转移书据、土地使用权出让合同、土地使用权转让合同、商品房销售合同	按所载金额0.5‰贴花	立据人
营业账簿	生产、经营用账册	记载资金的账簿，按实收资本和资本公积的合计金额0.5‰贴花。其他账簿按件贴花5元	立账簿人
权利、许可证照	包括政府部门发给的房屋产权证、工商营业执照、商标注册证、专利证、土地使用证	按件贴花5元	领受人
股票交易	单向收取，卖出股票才收取	卖出成交金额的1‰贴花	卖出方

2. 纳税人

印花税的纳税人，是指在我国境内书立、领受、使用印花税征税范围所列举的凭证，并依法履行纳税义务的单位和个人。

所谓“单位和个人”，是指国内各类企业、事业、机关、团体、部队，以及中外合资企业、中外合作企业、外资企业、外国公司企业和其他经济组织及其在华机构等单位和个人，可分别确定立合同人、立据人、立账簿人、领受人、使用人和各类电子应税凭证的签订人6种纳税人。

（1）立合同人。

各类经济合同的纳税人为立合同人。立合同人是指合同的当事人，即对合同有直接权利义务关系的单位和个人，但不包括合同的担保人、证人、鉴定人。当事人有两方或两方以上的，各方均为纳税人。当事人的代理人有代理纳税的义务，他与纳税人负有同等的税收法律义务和责任。

（2）立据人。

各种产权转移书据的纳税人为立据人。所立书据以合同方式签订的，应由持有书据的各方分别按金额贴花。立据人是指土地、房屋权属转移过程中买卖双方的当事人。

（3）立账簿人。

营业账簿的纳税人是立账簿人。立账簿人，是指设立并使用营业账簿的单位和个人。

（4）领受人。

权利、许可证照的领受人是指领取或接受并持有该凭证的单位和个人。

（5）使用人。

在国外书立、领受，但在国内使用的应税凭证，其纳税人是使用人。

（6）各类电子应税凭证的签订人。

以电子形式签订的各类应税凭证的签订人为纳税人。

二、印花税应纳税额的计算

（一）税收优惠

下列凭证免纳印花税：

（1）已纳印花税的凭证的副本或抄本。但副本或抄本作为正本使用的，另贴印花。

（2）财产所有人将财产赠给政府、社会福利单位、学校所立的书据。

（3）国家指定的收购部门与村民委员会、农民个人书立的农业产品收购合同。

（4）无息、贴息贷款合同。

（5）外国政府或者国际金融组织向我国政府及国家金融机构提供优惠贷款所书立的合同。

（6）房地产管理部门与个人订立的租房合同，凡房屋用于生活居住的，暂免贴花。

（7）军事物资运输、抢险救灾物资运输，以及新建铁路临管线运输等的特殊货运凭证。

（8）对国家邮政局及所属各级邮政企业，从 1999 年 1 月 1 日起独立运营新设立的资金账簿凡属在邮电管理局分营前已贴花的资金免征印花税，1999 年 1 月 1 日以后增加的资金按规定贴花。

（9）对经国务院和省级人民政府决定或批准进行的国有（含国有控股）企业改组改制而发生上市公司国有股权无偿转让行为，暂不征收证券（股票）交易印花税。对不属于上述情况的上市公司国有股权无偿转让行为，仍应收证券（股票）交易印花税。

（10）经县级以上人民政府及企业主管部门批准改制的企业改制前签订但尚未履行完的各类应税合同，改制后需要变更执行主体的，对仅改变执行主体，其余条款未作变动且改制前已贴花的，不再贴花。

（11）经县级以上人民政府及企业主管部门批准改制的企业因改制签订的产权转移书据

免予贴花。

（12）对投资者买卖封闭式证券投资基金免征印花税。

（13）对国家石油储备第一期项目建设过程中涉及的印花税予以免征。

（14）证券投资者保护基金有限责任公司发生的凭证和产权转移书享受印花税的优惠政策。与保护基金有限责任公司签订的这些合同或产权转移书据，只是对保护基金有限责任公司免征印花税，而对其他的当事人应该照章征收印花税。

（15）对廉租住房、经济适用住房经营管理单位与廉租住房、经济适用住房相关的印花税，以及廉租住房承租人、经济适用住房购买人涉及的印花税予以免征。

（16）对公租房经营管理单位建造公租房涉及的印花税予以免征。在其他住房项目中配套建设公租房，依据政府部门出具的相关材料，可按公租房建筑面积占总建筑面积的比例免征建造、管理公租房涉及的印花税。

对公租房经营管理单位购买住房作为公租房，免征契税、印花税；对公租房租赁双方签订租赁协议涉及的印花税予以免征。

（二）应纳税额的计算

1. 合同和具有合同性质的凭证所载金额

应纳税额=计税金额×适用税率

【案例 9–2】

重庆一鸣公司与重庆南华有限公司签订一份购销合同，购销金额为 800 万元，印花税适用税率为 0.3‰。

要求：计算两家公司分别应纳印花税税额。

案例分析：

应纳税额=800×0.3‰=0.24（万元）

【案例 9–3】

重庆一鸣公司与某水运公司签订了两份运输保管合同：第一份合同载明的金额合计 50 万元（运费和保管费并未分别记载）；第二份合同中注明运费 30 万元、保管费 10 万元。

要求：分别计算永兴电厂第一份、第二份合同应缴纳的印花税税额。

案例分析：

（1）第一份合同应缴纳印花税税额=500 000×1‰=500（元）。

（2）第二份合同应缴纳印花税税额=300 000×0.5‰+100 000×1‰=250（元）。

2. 资金账簿

应纳税额=（实收资本+资本公积）×适用税率

【案例 9–4】

重庆一鸣公司 2017 年启用记载资金的账簿 1 本，记载实收资本 300 万元，资本公积 200 万元。

要求：计算公司应纳印花税税额。

案例分析：

应纳税额=（300+200）×0.5‰=0.25（万元）

3. 权利、许可证照和其他账簿

应纳税额=应税凭证件数×单位税额

【案例 9–5】

重庆一鸣公司 2017 年启用除资金账簿以外的其他生产、经营账簿 12 件，领取权利、许可证照共 26 件。

要求：计算应纳的印花税税额。

案例分析：

应纳税额=（12+26）×5=190（元）

三、印花税的征收管理及纳税申报

（一）纳税环节

印花税应当在书立或领受凭证时贴花，具体在合同签订时、账簿启用时和证照领受时贴花。如果合同是在国外签订，且不便在国外贴花的，应在将合同带入境时办理贴花纳税手续。

（二）纳税地点

印花税一般实行就地纳税。对于全国性商品物资订货会、展销会、交易会上所签订合同应纳的印花税，由纳税人回其所在地后及时办理贴花完税手续；对地方主办、不涉及省级关系的订货会、展销会上所签订合同的印花税，其纳税地点由各省、自治区、直辖市人民政府自行确定。

（三）纳税办法

印花税属于中央与地方共享税，证券交易印花税收入的 94%归中央政府，其余 6%和其他印花税收入归地方政府。证券交易印花税由国家税务局征收管理，其他印花税由地方税务局征收管理。

印花税的纳税办法根据税额大小、贴花次数以及税收征收管理的需要，分别采用以下三种纳税方法。

（1）自行贴花。纳税人在书立、领受应税凭证时，自行计算应纳印花税税额，向当地纳税机关或印花税票代售点购买印花税票，自行在应税凭证上一次贴足印花并自行注销。这是缴纳印花税的基本方法。

已贴用的印花税票不得重用；已贴花的凭证，修改后所载金额有增加的，其增加部分应当补贴足印花。

（2）汇贴汇缴。为简化手续，应纳税额较大或者贴花次数频繁的，纳税人可向税务机关提出申请，采取以缴款书代替贴花或者按期汇总缴纳的办法。

一份凭证应纳税额超过 500 元的，纳税人应当向当地税务机关申请填写缴款书或完税证；同一类应纳税凭证，需频繁贴花的，纳税人应向当地税务机关申请按期汇总缴纳印花税，但最长期限不得超过 1 个月。

（3）委托代征。税务机关可以委托发放或者办理应纳税凭证的单位代为征收印花税税款。税务机关应与代征单位签订委托书。发放或者办理应纳税凭证的单位是指发放权利、许可证照的单位和办理凭证的签证、公证及其他有关事项的单位。

发放或者办理应纳税凭证的单位，负有监督纳税人依法纳税的义务，应对以下纳税事项进行监督：

① 应纳税凭证是否已经粘贴印花。

② 粘贴的印花是否足额。

③ 粘贴的印花是否按规定注销。

对未完成以上纳税手续的，应监督纳税人当场贴花。纳税人对纳税凭证应妥善保存。凭证的保存期限，凡国家已有明确规定的，按规定定办；其余凭证均在履行完毕后保存 1 年。

（四）纳税申报案例

【案例 9–6】

重庆某公司于 2017 年 2 月开业，纳税人识别号为 440105178375902。单位地址为重庆市南岸区茶园工业园区 18#，该公司 2 月份发生如下交易和事项：领受工商营业执照正副本各 1 件，税务登记证国税、地税各 1 件，房屋产权证 1 件，商标注册证 2 件；记载资金的账簿 1 本，记载实收资本 200 万元，资本公积 100 万元；除记载资金的账簿外，还建有 4 本营业账簿；签订财产保险合同一份，投保金额 120 万元，缴纳保险费 2 万元；签订货物买卖合同一份，所载金额为 100 万元。

要求：计算公司 2017 年 2 月印花税税额并填列纳税申报表。

案例分析：

（1）计算应纳印花税。

领受权利许可证照应纳印花税税额=（1+2+1+2）×5=30（元）

资金账簿应纳印花税税额=（2 000 000+1 000 000）×0.5‰=1 500（元）

其他账簿应纳印花税税额=4×5=20（元）

财产保险合同应纳印花税税额=1 200 000×1‰=1 200（元）

购销合同应纳印花税税额=1 000 000×0.3‰=300（元）

共计应纳印花税税额=30+1 500+20+1 200+300=3 050（元）

（2）填制印花税纳税申报表。

印花税纳税申报表如表 9–3 所示。

表 9–3　印花税纳税申报表

纳税人识别号																				

填表日期：2017 年 12 月 31 日　　　　金额单位：元（列至角分）

（表头：已省略）

税目（1）	应税凭证名称（2）	件数（3）	计税金额（4）	税率（5）	应纳税额（6）	已纳税额（7）	应补（退）税额（8）	备注
合同	财产保险合同		1 200 000	1‰	1 200		1 200	
	购销合同		1 000 000	0.3‰	300		300	
账簿	资金类		3 000 000	0.5‰	1 500		1 500	
	其他类		4	5	20		20	
权利许可	执照等		6	5	30		30	

续表

<table>
<tr><td colspan="7">合计</td><td colspan="3">3 050</td><td></td></tr>
<tr><td colspan="11">印花税票购买贴花情况</td></tr>
<tr><td colspan="2">上期库存</td><td colspan="2">本期购买</td><td colspan="4">本期贴花</td><td colspan="3">本期库存</td></tr>
<tr><td colspan="2">0</td><td colspan="2">3 050</td><td colspan="4">3 050</td><td colspan="3">0</td></tr>
<tr><td colspan="4">纳税人声明本表所填写数据真实、完整、愿意承担法律责任</td><td colspan="7">如委托代理填报，由代理人填写以下各栏</td></tr>
<tr><td rowspan="3">会计主管
（签章）</td><td rowspan="3">办税人员
（签章）</td><td colspan="2" rowspan="3">纳税单位（人）
签章
年　月　日</td><td colspan="2">代理人名称</td><td colspan="3"></td><td colspan="2" rowspan="3">代理人
（签章）
年　月　日</td></tr>
<tr><td colspan="2">代理人地址</td><td colspan="3"></td></tr>
<tr><td>经办人</td><td></td><td>电话</td><td colspan="2"></td></tr>
<tr><td colspan="11">以下由税务机关填写</td></tr>
<tr><td colspan="3">收到申请表日期</td><td colspan="2"></td><td colspan="2">接收人</td><td colspan="4"></td></tr>
<tr><td colspan="11">说明：本表按月申请，一式三份，一联纳税人保存，二联上报税务机关</td></tr>
</table>

知识拓展

印花税纳税范围拓展理解

（1）具有合同性质的凭证应视同合同征税。

对于企业集团内具有平等法律地位的主体之间自愿订立、明确双方购销关系、据以供货和结算、具有合同性质的凭证，应按规定征收印花税；对于企业集团内部执行计划使用的、不具有合同性质的凭证，不征收印花税。

（2）未按期兑现合同亦应贴花。

（3）同时书立合同和开立单据的不重复贴花。

引入案例分析

（1）确定购销合同的适用税率为3‰。

（2）确定借款合同的适用税率为0.5‰。

（3）计算应纳税额。

$$\begin{aligned}应纳税额&=计税金额\times适用税率\\&=530\ 000\times3‰+200\ 000\times0.5‰\\&=1\ 690（元）\end{aligned}$$

新增案例分析

重庆一鸣公司与机械进出口公司签订购买价值为 2 000 万元的测试设备合同，为购买此设备与工商银行签订借款 2 000 万元的借款合同。后因故购销合同作废，改签融资租赁合同，租赁费为 1 000 万元。

要求：根据上述情况，计算该公司一共应缴纳印花税多少万元。

案例分析：

购销合同应缴纳印花税=2 000×0.3‰=0.6（万元）

借款合同应缴纳印花税=2 000×0.05‰=0.1（万元）

融资租赁合同应缴纳印花税=1 000×0.05‰=0.05（万元）

应缴纳印花税合计=0.6+0.1+0.05=0.75（万元）

任务小结

在计算企业应纳印花税时，先确定印花税的税目，而后确定税率，将所有印花税目应纳的印花税进行汇总，即是企业当期应纳的印花税。

任务三　车船税

任务描述

- 了解车船税的概念、纳税人、征税范围、税率。
- 掌握车船税应纳税额的计算。
- 掌握车船税的纳税申报表填写。

任务分析

公司的生产经营过程中所使用的自有的交通、运输工具，则需缴纳车船税，此税影响企业利润，进而影响企业所得税。

案例引入

甲企业为广州市交通运输企业，2017 年拥有载货汽车（载重量 40 吨）40 辆、大客车 10 辆，其中载货汽车有 5 辆为厂内行驶车辆，不领取行驶执照，也不上路行驶。广州市规定载货汽车年纳税额每吨 50 元，乘人汽车年纳税额每辆 180 元。

要求：计算该企业 2017 年应缴纳的车船税税额。

相关知识

一、车船税的基本原理及要素

（一）概念

车船税，是指对在中国境内车船管理部门登记的车辆、船舶（以下简称“车船”）依法征收的一种税。车船税的特点有以下几个方面。

（1）具有财产税的性质。对车船征收的税通常属于财产税。现行车船税的纳税人是车船的所有人或者管理人，从这个意义上讲，该税种属于财产税。

（2）具有单项财产税的特点。从财产税的角度看，车船税属于单项财产税。车船税的征税对象仅限于车船类运输工具，而且对不同的车、不同的船还规定了不同的征税标准。

（3）实行分类、分级（项）定额税率。车船税首先划分车辆与船舶，规定它们各自的定额税率。车辆税采用分类、分项幅度税率，即对不同类别和不同项目的车辆规定了最高年税额和最低年税额，以适应我国各地经济发展不平衡、车辆种类繁多的实际情况。船舶实行分类、分级固定税额，即对不同类别、不同吨位的船舶规定全国统一的固定的税额，以适应船舶航程长、流动性大的特点，保持全国税负的大体均衡。

（二）车船税的征税范围

车船税的征税范围是依法在公安、交通、农业等车船管理部门登记的车船。

（1）车辆。包括机动车辆和非机动车辆。应税车辆包括载客汽车、载货汽车（包括半挂牵引车、挂车）、三轮汽车、低速货车、摩托车、专业作业车和轮式专用机械车等。

（2）船舶。船舶包括机动船舶、拖船和非机动驳船，如客轮、货船、气垫船、木船、帆船、舢板等。

（三）车船税的纳税人

车船税的纳税人，是指在中国境内“拥有或者管理”车辆、船舶的单位和个人。

（1）外商投资企业、外国企业、华侨和我国香港、澳门、台湾同胞投资兴办的企业以及外籍人员和港澳台同胞等使用的车船也需要缴纳车船税。

（2）车船的所有人或者管理人未缴纳车船税的，“使用人”应当代为缴纳车船税。

（3）从事机动车交通事故责任强制保险业务的保险机构为机动车车船税的扣缴义务人。

（4）有租赁关系，拥有人与使用人不一致时，如车辆拥有人未缴纳车船税的，使用人应当代为缴纳车船税。

（四）车船税计税依据和税率

1. 车船税的计税依据

车船税的计税依据是辆、自重吨位、净吨位。

（1）载客汽车、电车、摩托车，以“辆”为计税依据。

（2）载货汽车、三轮汽车、低速货车，按自重每吨为计税依据。

（3）船舶，按净吨位每吨为计税依据。

2. 车船税的税率

车船税采用定额税率，又称固定税额。

二、车船税应纳税额的计算

（一）税收优惠

以下车船不征收车船使用税：

（1）非机动车船（不包括非机动驳船）。

（2）拖拉机。

（3）捕捞、养殖渔船。

（4）军队、武警专用的车船。

（5）警用车船，是指公安机关、国家安全机关、监狱、劳动教养管理机关和人民法院、人民检察院领取警用牌照的车辆和执行警务的专用船舶。

（6）按照有关规定已经缴纳船舶吨税的船舶。

（7）依照我国有关法律和我国缔结或者参加的国际条约的规定应当予以免税的外国驻华使馆、领事馆和国际组织驻华机构及其有关人员的车船。

（二）车船税应纳税额的计算：从量定额

车船税计税情况如表 9–4 所示。

表 9–4　车船税计税情况表

税目	计税单位	每年税额/元	应纳税额
载客汽车	每辆	60～660	应纳税额=辆数×适用年税额
载货汽车	按自重每吨	16～120	应纳税额=自重吨位数×适用年税额
三轮汽车、低速货车	按自重每吨	24～120	应纳税额=自重吨位数×适用年税额
摩托车	每辆	36～180	应纳税额=辆数×适用年税额
船舶	净吨位	3～6	应纳税额=净吨位数×适用年税额
拖船和非机动驳船	净吨位	按船舶税额 50%计算	应纳税额=净吨位数×适用年税额×50%（减半征收）

提示：

车船自重吨位尾数在半吨（含半吨）以下者，按半吨计算；超过半吨者，按 1 吨计算。船舶载重吨位在半吨以下者免税，超过半吨者按 1 吨计算；1 吨以下的小型车船，一律按 1 吨计算。

【案例 9–7】

某小型运输公司拥有并使用以下车辆：

（1）载客汽车 10 辆。

（2）自重 20 吨的载货卡车 5 辆。

（3）摩托车 2 辆。

当地政府规定，车船税单位税额为载货汽车 80 元/吨，载客汽车 300 元/辆，摩托车 60 元/辆。

要求：计算该公司当年应纳车船税税额。

案例分析：

该公司当年应纳车船税=10×300+5×20×80+2×60=11 120（元）

三、车船税的征收管理及纳税申报

（一）纳税义务发生时间

车船税纳税义务发生时间为车船管理部门核发的车船登记证书或者行驶证中记载日期的当月。已向交通航运机关上报报废的车船，当年不发生车船税的纳税义务。

（二）车船税纳税期限

车船税按年申报缴纳。纳税年度自公历 1 月 1 日起至 12 月 31 日止。具体申报纳税期限由省、自治区、直辖市人民政府确定。

（三）车船税纳税地点

车船税由地方税务机关负责征收。具体纳税地点由省、自治区、直辖市人民政府根据当地实际情况确定。跨省、自治区、直辖市使用的车船，纳税地点为车船的登记地。

（四）纳税申报

【案例 9–8】

企业名称：重庆东方运输集团公司；纳税人类型：股份有限公司；企业地址和电话：重庆市朝天门陕西路 10#（023）86236699；法定代表人：周奇；纳税人识别号：510601000000078；开户银行及账号：中国银行重庆市朝天门支行 5–12347878；主管地方税务机关：重庆市地方税务局直属分局。

重庆东方运输集团公司主要从事陆路、水路客货运输及货物托运代理等业务，2017 年共有机动船 20 艘、非机动驳船 2 艘、机动车 70 辆，如表 9–5、表 9–6 所示。

表 9–5 机动船明细表

机动船型号	净吨位	数量/艘	年单位税额/（元・吨$^{-1}$）	备注
JX–111	2 011.8	10	5	
JX–112	3 000	5	5	
JX–122	600	5	4	

表 9–6 机动车明细表

机动船型号	净吨位	数量/辆	年单位税额/（元·吨$^{-1}$）	备注
KC–1 客车	小轿车	10	420 元/辆	
KC–2 客车	15 座	5	480 元/辆	
KC–3 客车	30 座	5	600 元/辆	
KH–1 载货汽车	25.4 吨	40	60 元/吨	
KH–2 载货汽车	34.6 吨	10	60 元/吨	

要求：计算各项业务应纳车船税，填制纳税申报表。

案例分析：

（1）应纳税额的计算。

机动船应纳车船税税额=10×2 012×5+3 000×5×5+600×5×4=187 600（元）

机动车应纳车船税税额=10×420+5×480+5×600+25.5×40×60+35×10×60=91 800（元）

（2）车船税纳税申报表的填制。

车船税纳税申报表如表 9–7 所示。

表 9–7 车船税纳税申报表

纳税人识别号：510601000000078

纳税人名称：（公章）重庆东方运输集团公司

税款所属期限：自 2017 年 1 月 1 日至 2017 年 12 月 31 日

填表日期：2017 年 12 月 31 日

金额单位：元

车船类别	计税单位	税额标准	数量	吨位	本期应纳税额	本期已缴税额	本期应补（退）税额
乘坐人数大于或等于 20 人	每辆	600	5		3 000	0	3 000
乘坐人数大于 9 人小于 20 人	每辆	480	5		2 400	0	2 400
乘坐人数小于或等于 9 人	每辆	420	10		4 200	0	4 200
发动机气缸总排量小于等于 1 升	每辆	40					
载货汽车（包括半挂牵引车、挂车）	按自重每吨	60		1 370	82 200	0	82 200
三轮汽车	按自重每吨						
低速货车	按自重每吨						
摩托车	每辆						
轮式专用机械车	按自重每吨						
小计							91 800
净吨位小于或等于 200 吨	每吨						
净吨位 201 吨至 2 000 吨	每吨	4		3 000	12 000		12 000
净吨位 2 001 吨至 10 000 吨	每吨	5		35 120	175 600		175 600
净吨位 10 001 吨及其以上	每吨						
小计							187 600
合计							279 400

续表

<table>
<tr><td rowspan="6">纳税人或代理人声明此纳税申报表是根据国家税收法律的规定填报的，我确信它是真实的、可靠的、完整的。</td><td colspan="6">如纳税人填报，由纳税人填写以下各栏</td></tr>
<tr><td>经办人（签章）</td><td>齐思</td><td>会计主管（签章）</td><td>胡军</td><td>法定代表人（签章）</td><td>周齐</td></tr>
<tr><td colspan="6">如委托代理人填报，由代理人填写以下各栏</td></tr>
<tr><td>代理人名称</td><td colspan="3"></td><td colspan="2" rowspan="3">代理人（公章）</td></tr>
<tr><td>经办人（签章）</td><td colspan="3"></td></tr>
<tr><td>联系电话</td><td colspan="3"></td></tr>
<tr><td colspan="7">以下由税务机关填写</td></tr>
<tr><td>受理人</td><td></td><td>受理日期</td><td></td><td colspan="2">受理税务机关（签章）</td><td></td></tr>
</table>

知识拓展

车船税特定减免项目

（1）经批准临时入境的外国车船和我国香港特别行政区、澳门特别行政区、台湾地区的车船，不征收车船税。

（2）按照规定缴纳船舶吨税的机动船舶，自《中华人民共和国车船税法》（以下简称《车船税法》）实施之日起5年内免征车船税。

（3）依法不需要在车船登记管理部门登记的机场、港口内部行驶或者作业的车船，自《车船税法》实施之日起5年内免征车船税。

引入案例分析

（1）甲企业40辆载货汽车中，有5辆为厂内行驶车辆，不领取行驶执照，也不上路行驶，这5辆货车不缴纳车船税，其他35辆要缴纳车船税。

（2）大客车10辆要缴纳车船税。

（3）应缴纳税额=35×40×50+10×180=71 800（元）。

新增案例分析

重庆长江渔业公司2017年拥有捕捞船5艘，每艘净吨位20吨；非机动驳船2艘，每艘净吨位10吨；机动补给船1艘，净吨位15吨；机动运输船10艘，每艘净吨位7吨。当地船舶适用年税额为每吨3元。

要求：计算该公司当年应缴纳的车船税税额。

案例分析：

（1）确定纳税范围。

① 捕捞、养殖渔船免征车船税。

② 非机动舶船按船舶税额的50%计算。

③ 机动补给船和运输船应纳车船税。

（2）计算。

该公司应缴纳车船税=（2×10×50%+15+7×10）×3=285（元）

任务小结

计算车船使用税按以下步骤进行：

（1）确定应税范围和免税范围。

（2）确定应税项目的相应税率。

（3）计算应税项目的应纳税额。

学生演练

某企业为增值税一般纳税人，2017 年公司增资成功，其注册资金由原来的 3 000 万元增加到 4 000 万元，当年公司涉及期间费用类的税种如下：

（1）拥有小轿车 4 辆、自重吨位 5 吨的载重汽车 8 辆，自重吨位 5 吨的挂车 5 辆。

（2）启用新账册 8 本，包括日记账、明细账及总账。

（3）该公司 12 月应纳的增值税为 100 000 元。

（4）该公司 12 月应纳的消费税为 100 000 元。

注：小轿车年税额为 180 元，载货汽车每吨年税额为 40 元，该公司城市维护建设税税率为 7%，教育附加费率为 3%。

要求：

（1）计算该企业全年应纳的车船税税额。

（2）计算该企业全年应纳的印花税税额。

（3）计算该企业 12 月应纳的城市维护建设税税额和教育附加费。

任务四　房产税

任务描述

- 了解房产税的概念、纳税人、征税范围、税率。
- 掌握房产税应纳税额的计算。
- 掌握房产税的纳税申报表填写。

任务分析

房产税是以房产原值或租金作为基础征收的一种税。缴纳房产税时，影响企业利润，进而影响企业所得税。

案例引入

重庆一鸣公司拥有 A、B 两栋房产，A 栋自用，B 栋出租。A、B 两栋房产在 2017 年 1 月 1 日时的原值分别为 1 200 万元和 1 000 万元，2017 年 4 月底 B 栋房产租赁到期。自 2017 年 5 月 1 日起，该企业由 A 栋搬至 B 栋办公，同时对 A 栋房产开始进行大修至年底完工。企业出租 B 栋房产的月租金为 10 万元，重庆市政府该年度确定按房产原值减除 20%的余值计税。

要求：计算该企业 2017 年应纳房产税税额。

相关知识

一、房产税的基本原理及要素

（一）房产税的概念

房产税，是以房产为征税对象，按照房产的计税价值或房产租金收入向房产所有人或经营管理人等征收的一种税，有以下特点：

（1）房产税属于财产税中的个别财产税。

（2）房产税征收范围限于城镇的经营性房屋。

（3）根据房屋的经营使用方式规定征税办法。

（二）房产税的征税范围

（1）从地理位置上，房产税的征税范围是城市、县城、建制镇和工矿区内的房屋，不包括农村。其中城市是指经国务院批准设立的市，征税范围为市区、郊区和市辖县城，不包括农村。县城是指未设立建制镇的县人民政府所在地。建制镇是指经省、自治区、直辖市人民政府批准设立的建制镇，征税范围为镇人民政府所在地，不包括所辖的行政村。

（2）从征税对象上，房产税的征税范围是房屋。独立于房屋之外的建筑物，如围墙、烟囱、水塔、菜窖、室外游泳池等不属于房产税的征税对象。

（三）房产税的纳税人

房产税的纳税人是指在我国城市、县城、建制镇和工矿区（不包括农村）内拥有房屋产权的单位和个人。

（1）产权属于国家的，其经营管理的单位为纳税人；产权属于集体和个人的，集体单位和个人为纳税人。

（2）产权出典的，承典人为纳税人；房产出租的，房产产权所有人（出租人）为纳税人。

（3）产权所有人、承典人均不在房产所在地的，房产代管人或者使用人为纳税人。

（4）产权未确定或者租典纠纷未解决的，房产代管人或者使用人为纳税人。

（5）纳税单位和个人无租使用房产管理部门、免税单位及纳税单位的房产，由使用人按房产余值代为缴纳房产税。

（四）税率

房产税采用比例税率，根据房产税的计税依据分为两种：依据房产税计税余值计税的，税率为1.2%；依据房产租金收入计税的，税率为12%。2001年1月1日起，对个人按市场价格出租的居民住房，可暂按4%的税率征收房产税。

二、房产税应纳税额的计算

（一）税收优惠

（1）国家机关、人民团体、军队自用的房产免征房产税。

（2）由国家财政部门拨付事业经费（全额或差额）的单位（学校、医疗卫生单位、托儿所、幼儿园、敬老院以及文化、体育、艺术类单位）所有的、本身业务范围内使用的房产免征房产税。

（3）宗教寺庙、公园、名胜古迹自用的房产免征房产税。

（4）个人所有非营业用的房产免征房产税。

（5）对行使国家行政管理职能的中国人民银行总行（含国家外汇管理局）所属分支机构自用的房产免征房产税。

（6）经财政部批准免税的其他房产：

① 毁损不堪居住的房屋和危险房屋，经有关部门鉴定，在停止使用后，可免征房产税。

② 纳税人因房屋大修导致连续停用半年以上的，在房屋大修期间免征房产税。

③ 在基建工地为基建工地服务的各种工棚、材料棚、休息棚和办公室、食堂、茶炉房、汽车房等临时性房屋，施工期间一律免征房产税。

（二）计税依据

房产税的计税依据为房产的计税余值或房产的租金收入。按照房产计税余值征税的，称为从价计征；按照房产的租金收入征税的，称为从租计征。

（1）从价计征指对纳税人经营自用的房屋，以房产的计税余值作为计税依据。

（2）从租计征指对纳税人出租的房屋，以租金收入作为计税依据。

（三）应纳税额的计算

1. 以房产的计税余值作为计税依据

应纳税额的计算公式为：

全年应纳税额=应税房产原值×（1–扣除比例）×1.2%

【案例 9–9】

重庆一鸣公司 2017 年度自有生产用房原值 5 000 万元，账面已提折旧 1 000 万元。已知房产税税率为 1.2%，当地政府规定计算房产余值的扣除比例为 30%。

要求：计算该公司 2017 年度应缴纳的房产税税额。

案例分析：

2017 年应缴纳的房产税=5 000×（1–30%）×1.2%=42（万元）

2. 以房产的租金收入作为计税依据

应纳税额的计算公式为：

全年应纳税额=租金收入×12%（个人出租为 4%）

【案例 9–10】

赵某拥有三套房产，一套供自己和家人居住；另一套于 2017 年 7 月 1 日出租给李某居住，每月租金收入 1 200 元：还有一套于 9 月 1 日出租给李某用于生产经营，每月租金 5 000 元。

要求：计算 2017 年赵某应缴纳的房产税税额。

案例分析：

应缴纳房产税=1 200×6×4%+5 000×4×4%=1 088（元）

三、房产税的征收管理及纳税申报

（一）纳税义务发生时间

（1）纳税人将原有房产用于生产经营，从生产经营之月起，缴纳房产税。

（2）纳税人自行新建房屋用于生产经营，从建成之次月起，缴纳房产税。

（3）纳税人委托施工企业建设的房屋，从办理验收手续之次月起，缴纳房产税。

（4）纳税人购置新建商品房，自房屋交付使用之次月起，缴纳房产税。

（5）纳税人购置存量房，自办理房屋权属转移、变更登记手续，房地产权属登记机关签发房屋权属证书之次月起，缴纳房产税。

（6）纳税人出租、出借房产，自交付出租、出借房产之次月起，缴纳房产税。

（7）房地产开发企业自用、出租、出借本企业建造的商品房，自房屋使用或交付之次月起，缴纳房产税。

（8）自 2009 年 1 月 1 日起，纳税人因房产的实物或权利状态发生变化而依法终止房产税纳税义务的，其应纳税款的计算应截至房产的实物或权利状态发生变化的当月末。

（二）纳税地点

房产税在房产所在地缴纳。房产不在同一地方的纳税人，应按房产的坐落地点分别向房产所在地的税务机关申报纳税。

（三）纳税期限

房产税实行按年计算、分期缴纳的征收方法，具体纳税期限由省、自治区、直辖市人民政府确定。

（四）纳税申报

【案例 9–11】

重庆某公司为企业法人，坐落于重庆市南岸区茶园工业园区 18#，其纳税识别号为 440105178375902，2017 年年初共有房产原值 40 000 000 元，1 月 1 日起企业将原值 20 000 000 元的一栋仓库出租给某商场存放货物，租期 1 年，每月取得租金收入 15 000 元。2 月 1 日对委托施工单位建设的生产车间办理验收手续，由在建工程转入固定资产原值 5 000 000 元。重庆市规定计算房产余值时的扣除比例为 30%。房产建筑面积 10 000 平方米，房产为砖混结构。

要求：计算该企业 2017 年 1 月 1 日至 6 月 30 日的房产税，并填列纳税申报表。

案例分析：

（1）计算应纳房产税税额。

该企业经营自用的房产从价计征，在建工程转入的房产从次月开始从价计征；出租的房屋不再从价计征，改为从租计征。

从价计征房产税=从价计税的房产原值×（1–扣除比例）×1.2%
=20 000 000×（1–30%）×1.2%÷2+
5 000 000×（1–30%）×1.2%÷12×4
=98 000（元）

从租计征房产税=租金收入×12%=15 000×6×12%=10 800（元）

应纳房产税=98 000+10 800=108 800（元）

（2）填列房产税纳税申请表。

纳税申报表如表 9–8 所示。

表 9-8　房产税纳税申报表

纳税识别号：440105178375902　　填表日期：2017 年 7 月 13 日　　金额单位：元（列至角分）

纳税人名称			重庆某公司						税款所属时间			2017 年 1 月 1 日至 2017 年 6 月 30 日					
房产坐落地			重庆市南岸区茶园工业园区 18#						建筑面积/m²			10 000		房产结构		砖混	
上期申报房产原值	本期增减	本期实际房产原值	其中			扣除率	以房产原值计征房产税			以租金收入计征房产税			全年应纳税额	缴纳次数	本期		
			从价计价的房产原值	从租计价的房产原值	免税房产原值		房产原值	适用税率	应纳税额	租金收入	适用税率	应纳税额			应纳税额	已纳税额	应补（退）税额
1	2	3=1+2	4=3−5−6	5=3−4−6	6	7	8=4−4×7	9	10=8×9	11	12	13=11×12	14=10+13	15	16=14/15	17	18=16−17
40 000 000	0	40 000 000	20 000 000	20 000 000	0	30%	14 000 000	0.6%	84 000	90 000	12%	10 800	94 800	1	94 800		94 800
0	5 000 000	5 000 000	5 000 000	0	0	30%	3 500 000	0.4%	14 000	0	0	0	14 000	1	14 000	0	14 000
合计	5 000 000	45 000 000	25 000 000	20 000 000	0	—	17 500 000	—	98 000	90 000	—	10 800	108 800	—	108 800	0	108 800
如纳税人填报，由纳税人填写以下各栏									如委托人代理人填报，由代理人填写以下各栏								
会计主管（签章）				纳税人（公章）					代理人名称					备注			
									代理人地址								
									经办人			电话					
以下由税务机关填写																	
收到申报日期									接收人								

知识拓展

关于地下建筑物征税范围

房产税地下建筑物纳税情况如表 9–9 所示。

表 9–9　房产税地下建筑物纳税情况

房产用途	应税原值	税额计算公式
1. 工业用房产	房屋原价的 50%～60%作为应税房产原值	应纳房产税的税额=应税房产原值×（1–原值减除比例）×1.2%
2. 商业和其他用房产	房屋原价的 70%～80%作为应税房产原值	应纳房产税的税额=应税房产原值×（1–原值减除比例）×1.2%
3. 出租的地下建筑，按照出租地上房屋建筑的有关规定计算征收房产税。 4. 地下建筑物的原价折算为房产原值的具体比例，由各省、自治区、直辖市和计划单列市财政和地方税务部门在上述幅度内自行确定。		

引入案例分析

（1）确定自用 A 栋房产应纳税额=1 200×（1–20%）×1.2%÷12×4=3.84（万元）。

（2）确定出租 B 栋房产应纳税额=4×10×12%=4.8（万元）。

（3）确定自用 B 栋房产应纳税额=1 000×（1–20%）×1.2%÷12×8=6.4（万元）。

（4）2017 年该企业应纳房产税税额=3.84+4.8+6.4=15.04（万元）。

新增案例分析

李某自有一处平房，共 16 间，其中用于个人开餐馆的 7 间（房屋原值总计为 20 万元）。2017 年 1 月 1 日，李某将 4 间出典给张某，取得出典价款收入 12 万元，将剩余的 5 间出租给某公司，每月收取租金 1 万元。已知该地区规定按照房产原值一次扣除 20%后的余值计税。

要求：计算李某 2017 年应纳房产税税额。

案例分析：

（1）开餐馆的房产应纳房产税=20×（1–20%）×1.2%=0.192（万元）。

（2）房屋产权出典的，承典人为纳税人，李某作为出典人无须缴纳房产税。

（3）出租房屋应纳房产税=1×12×12%=1.44（万元）。

（4）应纳房产税合计=0.192+1.44=1.632（万元）。

任务小结

关于房产税的计算分析过程如下：

（1）分别计算从价计征和从租计征的房产应纳的房产税（特别要注意月数的计算及年中租赁的情况）。

（2）当期应纳房产税=从价计征和从租计征的房产税的合计数。

任务五　契税

任务描述

- 了解契税的概念、纳税人、征税范围、税率。
- 掌握契税应纳税额的计算。
- 掌握契税的纳税申报表填写。

任务分析

契税可以与土地使用税和房产税对比分析学习。

案例引入

某运动员 2017 年 9 月受赠一栋房屋，市场价值 20 万元，该省契税税率为 5%。同年，重庆一鸣公司奖励其住宅一套，市场价值 50 万元，该市契税税率为 4%。试问该运动员如何缴纳契税？

相关知识

一、契税的基本原理及要素

（一）契税的概念

契税是对在我国境内发生转移土地、房屋权属的行为，由承受单位和个人缴纳的一种财产税。

（二）契税的征税范围

1. 国有土地使用权出让

国有土地使用权出让是指土地使用者向国家交付土地使用权出让费用，国家将土地使用权在一定的年限内让与土地使用者的行为。

2. 土地使用权转让

土地使用权转让是土地使用者将土地使用权再转移的行为。转让是土地使用者依法对其享有的土地使用权进行处分的权利。转让的内容包括出售、交换和参与。土地使用权转让必须签订合同，受让方还必须到土地行政主管部门申请登记。

3. 房屋买卖

房屋买卖是指产权人将自己名下的房产进行买卖。自己名下的房产必须具备房屋产权所有证。

4. 房屋赠与

房屋赠与是指一方（赠与人）自愿把自己所有的房屋无偿赠与他人（受赠人），他人愿意接受的民事法律行为。房屋赠与的双方当事人应订立书面合同。

5. 房屋交换

房屋交换是指房屋所有者之间相互交换房屋的行为。房屋交换的一般概念是指房屋住户、用户、所有人在双方之间或多方自愿的基础上，通过交换或多角交换，相互交换房屋的使用权和所有权。其行为的主体有公民、房地产管理部门以及企事业单位、机关。交换的标的性质有公房（包括直管房和自管房）、私房，标的种类有住宅、店面及办公用房等。

交换行为的内容是：

（1）房屋使用权交换。经房屋所有人协商，通过变更租赁合同，办理过户手续交换房屋使用权。但交换使用权的房屋，其所有权没有发生变化，房屋使用权交换不属于房屋所有权转移范畴，不征收契税。

（2）房屋所有权交换。包括房屋的使用权、空闲房屋的分配权和房屋的处分权，交换双方都是房屋所有人，应按照规定征收契税。

（三）契税的纳税人

契税的纳税人是在我国境内转移土地、房屋权属时承受权属的单位和个人。

（四）契税的税率

契税的税率为 3%～5%，在这个范围中，具体的适用税率由省、自治区、直辖市人民政府在规定的幅度内按照本地区的实际情况确定，并报财政部和国家税务总局备案。

二、契税应纳税额的计算

（一）契税的税收优惠

有以下情况之一的，可以免征契税：

（1）国家机关、事业单位、社会团体、军事单位承受土地、房屋用于办公、教学、医疗、科研和军事设施的，免征契税。

（2）城镇职工按规定第一次购买公有住房的，免征契税。从 2008 年 11 月 1 日起对个人首次购买 90 平方米以下普通住房的，契税税率暂时统一下调到 1%。

（3）因不可抗力灭失住房而重新购买住房的，酌情准予减征或者免征契税。

（4）财政部规定的其他减征、免征契税的项目。

（二）契税的计税依据

（1）国有土地使用权出让、土地使用权出售、房屋买卖，契税的计税依据为成交价格。

（2）土地使用权赠与、房屋赠与，由征收机关参照土地使用权出售、房屋买卖的市场价格核定契税的计税依据。

（3）土地使用权交换、房屋交换，契税的计税依据为所交换的土地使用权、房屋的价格的差额。

（4）以划拨方式取得土地使用权，经批准转让房地产时，由房地产转让者补交契税。

（5）房屋附属设施征收契税的依据：

采取分期付款方式购买房屋附属设施土地使用权、房屋所有权的，应按合同规定的总价款计征契税。

承受的房屋附属设施如为单独计价，按照当地确定的适用税率征收契税；如与房屋统一计价的，适用与房屋相同的契税税率。

（6）个人无偿赠与不动产行为（法定继承人除外），应对受赠人全额征收契税。

（三）契税的应纳税额的计算

契税应纳税额的计算公式：

应纳税额=计税依据×税率

应纳税额以人民币计算。转移土地、房屋权属以外汇结算的，按照纳税义务发生之日中国人民银行公布的人民币市场汇率中间价折合成人民币计算。

【案例 9–12】

居民甲将一套住房出售给居民乙，成交价格为 100 000 元。

要求：计算甲、乙应缴纳的契税税额。（假定契税税率为 4%）

案例分析：

本案例中，乙为承受房屋权属的个人，因此乙应缴纳契税而甲不需缴纳契税，因此，乙应缴纳契税=100 000×4%=4 000（元），而甲不用缴纳契税。

三、契税的征收管理及纳税申报

契税的纳税义务发生时间为纳税人签订土地、房屋权属转移合同的当天，或者纳税人取得其他具有土地、房屋权属转移合同性质凭证的当天。纳税人应当自纳税义务发生之日起 10 日内，向土地及房屋所在地的契税征收机关办理纳税申报，并在契税征收机关核定的期限内缴纳税款。契税征收机关为土地、房屋所在地的财政机关或者地方税务机关，具体征收机关由省、自治区、直辖市人民政府确定。

纳税人办理纳税事宜后，契税征收机关应向纳税人开具契税完税凭证。纳税人应持有契税完税凭证和其他规定的资料，依法到土地管理部门、房产管理部门办理有关土地、房屋的权属变更登记手续。

契税纳税申报表如表 9–10 所示。

表 9–10　契税纳税申报表

申报单位：　　　　　　　　　　　　　　　　　　　　　　申报日期：　　年　月　日

承受方	名称		识 别 号	
	地址		联系电话	
转让方	名称		识 别 号	
	地址		联系电话	
土地、房屋权属转移	合同签订时间			
	土地、房屋地址			
	权属转移类别			
	权属转移面积	平方米		
	成交价格	元		
适用税率				
计征税额	元			
减免税额	元			
应纳税额	元			
纳税人员签　章			经办人员签　章	
（以下部分由征收机关负责填写）				
征收机关收到日期		接收人		审核日期
审　核记　录				
审核人员签　章			征收机关	
			签　章	

（本表 A4 竖式，一式两份：第一联为纳税人保存；第二联由主管征收机关留存。）

填 表 说 明

1. 本表依据《中华人民共和国税收征收管理法》《中华人民共和国契税暂行条例》设计制定。

2. 本表适用于在中国境内承受土地、房屋权属的单位和个人。纳税人应当在签订土地、房屋权属转移合同或者取得其他具有土地、房屋权属转移合同性质凭证后 10 日内，向土地、房屋所在地契税征收机关填报契税纳税申报表，申报纳税。

3. 本表各栏的填写说明如下：

（1）承受方及转让方名称：承受方、转让方是单位的，应按照人事部门批准或者工商部门注册登记的全称填写；承受方、转让方是个人的，则填写本人姓名。

（2）承受方、转让方识别号：承受方、转让方是单位的，填写税务登记号；没有税务登记号的，填写组织机构代码。承受方、转让方是个人的，填写个人身份证号或护照号。

（3）合同签订时间：指承受方签订土地、房屋转移合同的当日，或其取得其他具有土地、房屋转移合同性质凭证的当日。

（4）权属转移类别：（土地）出让、买卖、赠与、交换、作价入股等行为。

（5）成交价格：土地、房屋权属转移合同确定的价格（包括承受者应交付的货币、实物、无形资产或者其他经济利益，折算成人民币金额填写）。计税价格，是指由征收机关按照《中华人民共和国契税暂行条例》

第 4 条确定的成交价格、差价或者核定价格。

（6）计征税额=计税价格×税率，应纳税额=计征税额–减免税额。

知识拓展

契税的会计处理

企业和事业单位取得土地使用权、房屋按规定缴纳的契税，应计入所取得土地使用权和房屋的成本。

企业取得土地使用权、房屋按规定缴纳的契税，借记“固定资产”“无形资产”等科目，贷记“银行存款”科目。

事业单位取得土地使用权按规定缴纳的契税，借记“无形资产”科目，贷记“银行存款”科目。取得房屋按规定缴纳的契税，借记“固定资产”科目，贷记“固定基金”科目；同时，应按资金来源分别借记“专用基金——修购基金”“事业支出”等科目，贷记“银行存款”科目。

对于企业取得的土地使用权，若是有偿取得的，一般应作为无形资产入账，相应地，为取得该项土地使用权而缴纳的契税，也应当计入无形资产价值。

引入案例分析

（1）该运动员受赠房屋应当缴纳契税，应纳契税=20×5%=1（万元）。

（2）该运动员接受重庆一鸣公司奖励房屋也应当缴纳契税，应纳契税=50×4%=2（万元）。

新增案例分析

某外商投资企业 2017 年接受重庆一鸣公司以房产投资入股，房产市场价值为 100 万元；该企业还于 2017 年以自有房产与重庆一鸣公司交换一处房产，支付差价款 300 万元；同年政府有关部门批准向该企业出让土地一块，该企业缴纳全部费用 150 万元。

要求：下列处理方法中正确的有哪些？（该地规定契税税率为 2%）

A. 外商投资企业接受房产投资应缴纳的契税为 0 万元

B. 外商投资企业接受房产投资应缴纳的契税为 2 万元

C. 企业交换房产和承受土地应缴纳的契税为 3 万元

D. 企业交换房产和承受土地应缴纳的契税为 9 万元

答案：B、D

案例分析：

以房产作投资，视同房屋买卖，外商投资企业应纳契税 100×2%=2（万元）；与重庆一鸣公司交换房产和补交土地出让金应纳契税=300×2%+150×2%=9（万元）。

任务六 城镇土地使用税

任务描述

- 了解城镇土地使用税的概念、纳税人、征税范围、税率。
- 掌握城镇土地使用税应纳税额的计算。
- 掌握城镇土地使用税的纳税申报表填写。

任务分析

公司生产经营场地的产权属于公司的，需缴纳城镇土地使用税，此税影响企业利润，进而影响企业所得税。

案例引入

某市一商场坐落于该市繁华地段，企业土地使用证书记载占用土地的面积为 6 000 平方米，经确定属一等地段；该商场另设两个统一核算的分店，均坐落于市区三等地段，共占地 4 000 平方米；一座仓库位于市郊，属五等地段，占地面积为 1 000 平方米；另外，该商场自办托儿所，占地面积 2 500 平方米，属三等地段（一等地段年税额 4 元/平方米；三等地段年税额 2 元/平方米；五等地段年税额 1 元/平方米。当地规定托儿所占地面积免税）。

要求：计算该商场全年应纳城填土地使用税税额。

相关知识

一、城镇土地使用税的基本原理及要素

（一）城镇土地使用税的概念

城镇土地使用税是国家在城市、县城、建制镇和工矿区范围内，对使用土地的单位和个人，以其实际占用的土地面积为计税依据，按照规定的税额计算征收的一种税。

开征城镇土地使用税，可以加强对国有土地的管理和有偿使用，还可以有效地提高土地的使用效率，调节不同地区、不同地段之间的土地级差收入，理顺国家与土地使用者之间的分配关系。

城镇土地使用税具有以下特点：

（1）对占用土地的行为征税。根据我国宪法的规定，城镇土地的所有权归国家所有，单位和个人对占用的土地只有使用权而无所有权。因此，现行的城镇土地使用税在实质上是对占用土地资源或行为的课税。

（2）征税对象是土地。开征城镇土地使用税实质上是国家运用政治权利，将纳税人获取的本应属于国家的土地收益集中到国家手中。

（3）征税范围广泛。现行城镇土地使用税征税范围限定在城市、县城、建制镇、工矿区，坐落在农村地区的房地产不属于城镇土地使用税的征收范围。

（4）实行差别幅度税额。开征城镇土地使用税的主要目的之一，是调节土地的级差收入，而级差收入的产生主要取决于土地的位置。占有土地位置优势的纳税人可以节约运输和流通费用，扩大销售和经营规模，取得更多的经济收益。为了有利于体现国家政策，城镇土地使用税实行差别幅度税额。对不同城镇适用不同税额，对同一城镇的不同地段，根据市政建设状况和经济繁荣程度也确定不等的负担水平。

（二）城镇土地使用税的征税范围

凡是城市、县城、建制镇和工矿区范围内的土地，不论是国家所有的土地，还是集体所有的土地，都是城镇土地使用税的征税范围。

（1）建制镇的征税范围为镇人民政府所在地的地区，但不包括镇政府所在地所辖行政村，即征税范围不包括农村土地。

（2）建立在城市、县城、建制镇和工矿区以外的工矿企业则不需缴纳城镇土地使用税。

（3）自 2009 年 1 月 1 日起，公园、名胜古迹内的索道公司经营用地，应按规定缴纳城镇土地使用税。

（三）城镇土地使用税的纳税人

凡是在城市、县城、建制镇和工矿区范围内使用土地的单位和个人为城镇土地使用税的纳税义务人。单位包括国有企业、集体企业、私营企业、股份制企业、外商投资企业、外国企业以及其他企业和事业单位、社会团体、国家机关、军队以及其他单位。个人包括个体工商户及其他个人。由于现实经济生活中使用土地的情况十分复杂，为确保将城镇土地使用税及时、足额地征税入库，城镇土地使用税对纳税人作了如下具体规定：

（1）城镇土地使用税由拥有土地使用权的单位或者个人缴纳。

（2）拥有土地使用权的纳税人不在土地所在地的，由代管人或者实际使用人缴纳。

（3）土地使用权未确定或者权属纠纷未解决的，由实际使用人纳税。

（4）土地使用权共有的，由共有各方分别缴纳。

（四）城镇土地使用税的税率

城镇土地使用税采用有幅度的差别定额税率，按大、中、小城市和县城、建制镇、工矿区分别规定每平方米土地使用税年应纳税额。具体标准如下：

（1）大城市 1.5～30 元。

（2）中等城市 1.2～24 元。

（3）小城市 0.9～18 元。

（4）县城、建制镇、工矿区 0.6～12 元。

此外，各省、自治区、直辖市人民政府可根据市政建设情况和经济繁荣程度在规定税率幅度内，确定所辖地区的使用税额幅度。经济落后地区，城镇土地使用税的适用税额标准可适当降低，但降低幅度不得超过上述规定最低税额的 30%。经济发达地区的适用税额标准可以适当提高，但须报财政部批准。

二、城镇土地使用税应纳税额的计算

（一）城镇土地使用税税收优惠

1. 一般规定

下列土地免缴土地使用税：

（1）国家机关、人民团体、军队自用的土地。

（2）由国家财政部门拨付事业经费的单位自用的土地。

（3）宗教寺庙、公园、名胜古迹自用的土地。

（4）市政街道、广场、绿化地带等公共用地。

（5）直接用于农、林、牧、渔业的生产用地。

（6）经批准开山填海整治的土地和改造的废弃土地，从使用的月份起免缴土地使用税 5～10 年。

（7）由财政部另行规定免税的能源、交通、水利设施用地和其他用地。

2. 特殊规定

主要注意的项目如下：

（1）城镇土地使用税与耕地占用税的征税范围衔接。

凡是缴纳了耕地占用税的，从批准征用之日起满 1 年后征收城镇土地使用税；征用非耕地因不需要缴纳耕地占用税，应从批准征用之次月起征收城镇土地使用税。

（2）免税单位与纳税单位之间无偿使用的土地。

对免税单位无偿使用纳税单位的土地（如公安、海关等单位使用铁路、民航等单位的土地），免征城镇土地使用税；对纳税单位无偿使用免税单位的土地，纳税单位应照章缴纳城镇土地使用税。

（3）房地产开发公司开发建造商品房的用地。

房地产开发公司开发建造商品房的用地，除经批准开发建设经济适用房的用地外，对各类房地产开发用地一律不得减免城镇土地使用税。

（4）企业范围内的荒山、林地、湖泊等占地。

对企业范围内的荒山、林地、湖泊等占地，尚未利用的，经各省、自治区、直辖市税务局审批，可暂免征收城镇土地使用税。

（5）企业厂区（包括生产、办公及生活区）以内的绿化用地，应照章征收城镇土地使用税，厂区以外的公共绿化用地和向社会开放的公园用地，暂免征收城镇土地使用税。

（二）计税依据

城镇土地使用税以纳税人实际占用的土地面积为计税依据，具体规定如下：

（1）凡由省级人民政府确定的单位组织测定土地面积的，以测定的土地面积为准。

（2）尚未组织测定，但纳税人持有政府部门核发的土地使用权证书的，以证书确定的土地面积为准。

（3）尚未核发土地使用权证书的，应当由纳税人据实申报土地面积，待核发土地使用权证书后再作调整。

（三）应纳税额的计算

城镇土地使用税的应纳税额可以通过纳税人实际占用的土地面积乘以该土地所在地段的适用税额来求得。其计算公式为：

年应纳税额=实际占用应税土地面积（平方米）×适用税额

土地使用权由几方共有的，由共有各方按照各自实际使用的土地面积占总面积的比例，分别计算缴纳城镇土地使用税。

【案例 9–13】

重庆一鸣公司与政府机构共同使用一栋共有土地使用权的建筑物，该建筑物占用土地面积 2 000 平方米，建筑物面积 10 000 平方米（公司与机关的占用比例为 4:1），该公司所在重庆市城镇土地使用税单位税额为 5 元/平方米。

要求：计算重庆一鸣公司应纳城镇土地使用税税额。

案例分析：

该公司应纳城镇土地使用税=2 000×80%×5=8 000（元）

三、城镇土地使用税的征收管理及纳税申报

（一）城镇土地使用税纳税义务发生时间

（1）纳税人购置新建商品房，自房屋交付使用之次月起，缴纳城镇土地使用税。

（2）纳税人购置存量房，自办理房屋权属转移、变更登记手续，房地产权属登记机关签发房屋权属证书之次月起，缴纳城镇土地使用税。

（3）纳税人出租、出借房产，自交付出租、出借房产之次月起，缴纳城镇土地使用税。

（4）以出让或转让方式有偿取得土地使用权的，应由受让方从合同约定交付土地时间的次月起缴纳城镇土地使用税；合同未约定交付土地时间的，由受让方从合同签订的次月起缴纳城镇土地使用税。

（5）纳税人新征用的耕地，自批准征用之日起满 1 年时开始缴纳土地使用税。

（6）纳税人新征用的非耕地，自批准征用次月起缴纳城镇土地使用税。

（二）城镇土地使用税的纳税地点和征收机构

城镇土地使用税在土地所在地缴纳。

纳税人使用的土地不属于同一省、自治区、直辖市管辖的，由纳税人分别向土地所在地的税务机关缴纳土地使用税；在同一省、自治区、直辖市管理范围内，纳税人跨地区使用的土地，其纳税地点由各省、自治区、直辖市地方税务局确定。

（三）城镇土地使用税纳税期限

城镇土地使用税实行按年计算、分期缴纳的征收方法，具体纳税期限由省、自治区、直

辖市人民政府确定。

（四）纳税申报

【案例 9–14】

重庆某公司为企业法人，坐落于重庆市南岸区茶园工业园区 18#，其纳税识别号为 440105178375902，生产经营用地面积 10 000 平方米，其中幼儿园占地 1 000 平方米，厂区绿化占地 2 000 平方米，该土地为一级土地，城镇土地使用税的单位税额为 7 元/平方米。2017 年 1 月 1 日又受让面积 5 000 平方米的土地使用权，该土地为二级土地，城镇土地使用税的单位税额为 5 元/平方米。企业按年计算、按半年预缴城镇土地使用税。

要求：计算填列 2017 年 7—12 月的城镇土地使用税纳税申报表。

案例分析：

（1）计算应纳税额。

该企业所使用的土地 10 000 平方米中，幼儿园占地 1 000 平方米可免税，但厂区绿化占地不免税。

应纳城镇土地使用税税额 =实际占用的土地面积×适用税率

=（10 000–1 000）×7÷2+5 000×5÷2

=44 000（元）

（2）填列城镇土地使用税纳税申报表。

城镇土地使用税纳税申报表如表 9–11 所示。

表 9–11　城镇土地使用税纳税申报表

纳税人识别号 | | | | | | | | | | | | | | | | | | | | |

纳税人名称		重庆某公司			税款所属期					自 2017 年 7 月 1 日至 2017 年 12 月 31 日				
房产坐落地点		重庆市南岸区茶园工业园区 18#												
坐落地点	上期占地面积	本期增减	本期实际占地面积	法定免税面积	应税面积	土地等级		适用税率		今年应缴税额	缴纳次数	本期		
						Ⅰ	Ⅱ	Ⅰ	Ⅱ			应纳税额	已缴税额	应补（退）税额
1	2	3	4=2+3	5	6=4–5	7	8	9	10	11=6×9（10）	12	13=11÷12	14	15=13–14
南岸区	10 000		10 000	1 000	9 000					63 000		31 500	0.00	31 500
南岸区		5 000	5 000		5 000					25 000		12 500	0.00	12 500
合计	10 000	5 000	15 000	1 000	14 000					88 000		44 000	0.00	44 000
如纳税人填报，由纳税人填写以下各栏							如委托代理人填报，由代理人填写以下各栏						备注	
会计主管（签章）		纳税人（公章）					代理人名称			代理人（公章）				
							代理人地址							
							经办人姓名							
以下由税务机关填写														
收到申报日期									接收人					

【案例 9–15】

某供热企业房产原值 8 000 万元，占用土地 10 000 平方米。2017 年全年经营收入 9 000 万元，其中向居民供热收入 300 万元，无法准确划分向居民供热的生产用房。该企业所在地计算房产余值的减除比例为 20%，城镇土地使用税年税额为 3 元/平方米。

要求：计算 2017 年该企业应缴纳城镇土地使用税和房产税各多少。

案例分析：

应纳城镇土地使用税=10 000×3×（9 000–300）÷9 000=29 000（元）= 2.9（万元）

应纳房产税=8 000×（1–20%）×1.2%×（9 000–300）÷9 000 = 74.24（万元）

引入案例分析

（1）商场占地应纳税额=6 000×4=24 000（元）。

（2）分店占地应纳税额=4 000×2=8 000（元）。

（3）仓库占地应纳税额=1 000×1=1 000（元）。

（4）商场自办托儿所按税法规定免税。

（5）全年应纳土地使用税额=24 000+8 000+1 000=33 000（元）。

新增案例分析

重庆一鸣公司有 A、B、C 三块生产经营用地，A 土地使用权属于甲企业，面积 10 000 平方米，其中幼儿园占地 1 000 平方米，厂区内绿化占地 2 000 平方米；B 土地使用权属甲企业与乙企业共同拥有，面积 5 000 平方米，实际使用面积各半；C 土地面积 3 000 平方米，甲企业一直使用但土地使用权未确定。假设 A、B、C 的城镇土地使用税的单位税额为 5 元/平方米。

要求：计算甲企业全年应纳城镇土地使用税税额。

案例分析：

（1）确定应纳税面积：

① 幼儿园占地不纳税，厂区绿化要纳税。

② 与乙企业共用的，按实际使用面积纳税。

③ 土地使用权未确定但在使用的要纳税。

（2）应纳城镇土地使用税=（10 000–1 000+5 000÷2+3 000）×5=72 500（元）。

任务小结

土地使用税可按以下步骤计算：

（1）确定不同级次的土地面积（扣除免税面积）。

（2）根据不同级的税率计算应纳的土地使用税。

任务七 耕地占用税

任务描述

- 了解耕地占用税的概念、纳税人、征税范围、税率。
- 掌握耕地占用税应纳税额的计算。
- 掌握耕地占用税的纳税申报表填写。

任务分析

与土地使用税进行对比分析学习。

案例引入

重庆一鸣公司占用林地 40 万平方米建造生态高尔夫球场，还占用林地 100 万平方米开发经济林木，所占耕地适用的定额税率为 20 元/平方米。若你是该企业的会计，该如何计算该企业应缴纳的耕地占用税？

相关知识

一、耕地占用税的基本原理及要素

（一）耕地占用税的概念

耕地占用税是指国家对占用耕地建房或者从事其他非农业建设的单位和个人，依其占用耕地的面积征收的一种税。

耕地占用税的特点包括以下几个方面：

（1）具有资源税与特定行为税的特点。

（2）具有税收用途补偿性的特点；实行一次性征收。

（3）耕地占用税以县为单位，以人均耕地面积为标准，分别规定单位税额。

（4）耕地占用税征收标准的确定具有较大的灵活性。

（二）耕地占用税的征税范围

耕地占用税以纳税人实际占用的耕地面积计税，按照规定税额一次性征收。征收范围包括国家所有和集体所有的耕地。

（三）耕地占用税的纳税人

占用耕地建房或者从事其他非农业建设的单位和个人，都是耕地占用税的纳税义务人。

（四）耕地占用税的单位税额

耕地占用税以县为单位，根据人均耕地面积确定单位税额。

（1）人均耕地在 1 亩以下（含 1 亩）的地区，每平方米为 10～50 元。

（2）人均耕地在 1～2 亩（含 2 亩）的地区，每平方米为 8～40 元。

（3）人均耕地在 2～3 亩（含 3 亩）的地区，每平方米为 6～30 元。

（4）人均耕地在 3 亩以上的地区，每平方米为 5～25 元。

经济特区、经济技术开发区和经济发达、人均耕地特别少的地区，适用税额可以适当提高，但最多不得超过上述规定税额的 50%。

二、耕地占用税应纳税额的计算

（一）耕地占用税的税收优惠

有以下情况之一可以享受耕地占用税收免征或减征优惠：

（1）部队军事设施用地（免征）。

（2）铁路线路、飞机场跑道和停机坪用地（减按 2 元/平方米征收）。

（3）学校、幼儿园、敬老院、医院用地（免征）。

（4）农村居民在规定标准范围内占用耕地建造住宅，按规定税额减半征收。

（二）耕地占用税的计税方法

耕地占用税以纳税人实际占用的耕地面积和规定的适用税率标准计征，实行一次性征收，计税公式为：

应纳税额=实际占用的耕地面积×适用税额标准

【案例 9–16】

重庆某公司占用耕地 50 000 平方米，其中有 10 000 平方米作为医院用地。该地区的耕地占用税的税率为 30 元/平方米。

要求：计算该公司应缴纳的耕地占用税税额。

案例分析：

根据耕地占用税收免征或减征优惠政策，该公司有 10 000 平方米医院用地可免征耕地占用税。因此应缴纳的耕地占用税=（50 000–10 000）×30=120（万元）。

三、耕地占用税的征收管理

耕地占用税的纳税环节，是在各级人民政府批准需用地的单位和个人征（占）用土地之后，土地管理部门发放土地使用（占用）通知书之前，经土地管理部门批准占用耕地之日起 30 日内在土地所在地的主管财政机关缴纳耕地占用税。

四、耕地占用税纳税申报及填表说明

耕地占用税纳税申报表如表 9–12 所示。

表 9–12　耕地占用税纳税申报表

填表日期：

单位：元、平方米

<table>
<tr><td>纳税人全称</td><td colspan="3"></td><td>纳税人识别号</td><td></td></tr>
<tr><td>经 济 类 型</td><td colspan="3"></td><td>纳税人地址</td><td></td></tr>
<tr><td>经办人姓名</td><td colspan="3"></td><td>联 系 电 话</td><td></td></tr>
<tr><td>开 户 银 行</td><td colspan="3"></td><td>银 行 账 号</td><td></td></tr>
<tr><td>占 地 位 置</td><td colspan="5"></td></tr>
<tr><td>批准占地文号</td><td colspan="3"></td><td>占 地 用 途</td><td></td></tr>
<tr><td>批准占地面积</td><td colspan="3"></td><td>批准占地日期</td><td></td></tr>
<tr><td>实际占地面积</td><td colspan="3"></td><td>实际占地日期</td><td></td></tr>
<tr><td>占 地 类 型</td><td>计税面积</td><td>单位税额</td><td>计征税额</td><td>减免税额</td><td>应纳税额</td></tr>
<tr><td></td><td></td><td></td><td></td><td></td><td></td></tr>
<tr><td></td><td></td><td></td><td></td><td></td><td></td></tr>
<tr><td>合　计</td><td></td><td></td><td></td><td></td><td></td></tr>
</table>

<table>
<tr><td colspan="2">如纳税人填报，由纳税人填写以下各栏</td><td colspan="5">如委托税务代理机构填报，由税务代理机构填写以下各栏</td></tr>
<tr><td rowspan="2">会计主管（签章）</td><td rowspan="2">经办人（签章）</td><td colspan="2">税务代理机构名称</td><td colspan="2"></td><td rowspan="3">税务代理机构（公章）</td></tr>
<tr><td colspan="2">税务代理机构地址</td><td colspan="2"></td></tr>
<tr><td rowspan="3">声明</td><td rowspan="3">此申报表是根据国家税收法律规定填报的，我确信它是真实的、可靠的、完整的。
声明人：
（法定代表人签字或盖章）（公章）</td><td>代理人（签章）</td><td></td><td>联系电话</td><td></td></tr>
<tr><td colspan="5">以下由税务机关填写</td></tr>
<tr><td colspan="5">受理人：　　　受理章：　　　受理日期：</td></tr>
</table>

××省耕地占用税申报表填表说明

一、本表依据《中华人民共和国税收征收管理法》《中华人民共和国耕地占用税暂行条例》设计制定。

二、本表适用于在××省占用农用地建房或者从事非农业建设的单位和个人。

三、本表填写说明如下：

（1）纳税人全称：填列纳税人法定名称，如纳税人为自然人的，填写身份证或护照上的姓名。

（2）纳税人识别号：纳税人是单位的，填写税务登记号；没有税务登记号的，填写组织机构代码，纳税人是个人的，填写身份证、护照等有效身份证件号。

（3）经济类型：填列国家机关、事业单位、军事单位、社会团体、企业、个人等；企业应按照《税务登记证》上的登记注册类型填列。

（4）纳税人地址：填列纳税人机构所在地的详细地址，个人填写常住详细地址。

（5）占地位置：填列纳税人从国土资源管理部门取得的占用土地文件上注明的土地位置，“非法占地”的纳税人填列实际占用土地的具体地点。

（6）批准占地文号：填列经国土资源管理部门批准征用、占用土地的文件号。未经批准占用的注明“非法占地”。

（7）占地用途：填列纳税人占用土地实际建设项目的具体用途。

（8）批准占地面积：填列国土资源管理部门批准征用、占用的土地面积。

（9）实际占地面积：填列纳税人实际占用的土地面积，包括批准占地面积、非法占地面积。

（10）批准占地日期：填列国土资源管理部门批准占地人征用、占用土地的文件日期。

（11）实际占地日期：填列未经批准实际占用土地的日期。

（12）占地类型：按照耕地占用税的征税范围填列。

（13）计税面积：填列征收机关核定的耕地占用税计税面积。

知识拓展

耕地占用税的会计处理

耕地占用税由于是按照实际占用耕地面积计算，并一次性缴纳，因此可以不通过“应交税费”科目进行核算，而直接计入有关项目的成本费用之中。

引入案例分析

占用林地、牧草地、农田水利用地、养殖水面以及渔业水域滩涂等其他农用地建房或者从事非农业建设的，按规定征收耕地占用税。该企业建造生态高尔夫球场占地属于从事非农业建设，应缴纳耕地占用税=40×20=800（万元）。开发经济林木占地属于耕地，不缴耕地占用税。

任务八　车辆购置税

任务描述

- 了解车辆购置税的概念、纳税人、征税范围、税率。
- 掌握车辆购置税应纳税额的计算。
- 掌握车辆购置税的纳税申报表填写。

任务分析

公司生产经营过程中购买交通和运输工具时，须缴纳车辆购置税，此税影响购进车辆的成本，进而通过折旧等间接影响企业所得税。

案例引入

小明的表哥张某 2018 年购买一辆排气量为 1.6 升轿车自用，支付含增值税的价款 175 500

元，另支付购置工具和配件价款 2 340 元，车辆改装费 4 000 元，支付销售公司代收的保险费 5 000 元，支付的各项价款均由销售公司开具统一发票，表哥知道小明是学会计专业的，因此，让小明帮忙计算一下他应缴纳多少车辆购置税，小明应如何计算？

一、车辆购置税的基本原理及要素

（一）车辆购置税的概念

车辆购置税是对有取得并自用应税车辆行为的单位和个人征收的一种税。

车辆购置税的特点：

（1）兼有财产税和行为税的性质。

（2）车辆购置税是价外税。

（3）车辆购置税属于费改税。

（4）征收范围和环节、税率、征收方法单一。

（二）车辆购置税的征税范围

车辆购置税的征税范围是汽车、摩托车、电车、挂车、农用运输车。

（三）车辆购置税的纳税人

在我国境内购买、进口、自产、受赠、获奖或者以其他方式取得并自用应税车辆的单位和个人，为车辆购置税的纳税人。

（四）车辆购置税的税率

车辆购置税的税率为 10%。

二、车辆购置税应纳税额的计算

（一）车辆购置税的税收优惠

（1）外国驻华使馆、领事馆和国际组织驻华机构及其外交人员自用的车辆，免税。

（2）中国人民解放军和中国人民武装警察部队列入军队武器装备订货计划的车辆，免税。

（3）设有固定装置的非运输车辆，免税。

（4）有国务院规定予以减税或者免税的其他情形的，按照规定减税或者免税。

（二）车辆购置税的计税方法

1. 车辆购置税实行从价定率的办法计算应纳税额

应纳税额的计算公式为：

应纳税额=计税价格×税率

2. 车辆购置税的计税价格根据不同情况，按照下列规定确定

（1）纳税人购买自用的应税车辆的计税价格，为纳税人购买应税车辆而支付给销售者的全部价款和价外费用，不包括增值税税款。

【案例 9–17】

小王 2018 年 9 月从某公司购入一辆小汽车自用，支付了包含增值税在内的款项 116 000 元，并开具了机动车销售统一发票。

要求：计算小王应纳的车辆购置税税额。

案例分析：

计税依据=116 000÷1.16=100 000（元）

应纳税额=100 000×10%=10 000（元）

（2）纳税人进口自用的应税车辆的计税价格的计算公式为：

计税价格=关税完税价格+关税+消费税

【案例 9–18】

重庆某公司于 2018 年 9 月从德国进口一辆小汽车自用，该公司报关进口小轿车时，关税完税价为 100 000 元人民币，假设关税税率为 80%，消费税税率为 40%。

要求：计算该公司应缴纳多少车辆购置税。

案例分析：

关税=100 000×80%=80 000（元）

消费税=（100 000+80 000）×40%÷（1–40%）=120 000（元）

组成计税价格=100 000+80 000+120 000=300 000（元）

应缴纳的车辆购置税=300 000×10%=30 000（元）

（3）纳税人自产、受赠、获奖或者以其他方式取得并自用的应税车辆的计税价格，由主管税务机关参照最低计税价格核定。国家税务总局参照应税车辆市场平均交易价格，规定不同类型应税车辆的最低计税价格。

（4）纳税人购买自用或者进口自用应税车辆，申报的计税价格低于同类型应税车辆的最低计税价格，又无正当理由的，按照最低计税价格征收车辆购置税。

三、车辆购置税的征收管理及纳税申报

（一）车辆购置税的纳税申报

（1）购买自用应税车辆的，应当自购买之日起 60 日内申报纳税。

（2）进口自用应税车辆的，应当自进口之日起 60 日内申报纳税。

（3）自产、受赠、获奖或者以其他方式取得并自用应税车辆的，应当自取得之日起 60 日内申报纳税。

（4）免税、减税车辆因转让、改变用途等原因不再属于免税、减税范围的，应当在办理车辆过户手续前或者办理变更车辆登记注册手续前缴纳车辆购置税。

（二）车辆购置税的纳税地点

（1）需要办理车辆登记注册手续的纳税人，向车辆登记注册地的主管税务机关办理纳税

申报。

（2）不需要办理车辆登记注册手续的纳税人，向所在地征收车辆购置税的主管税务机关办理纳税申报。

车辆购置税实行一车一申报制度。

（三）车辆购置税纳税申报表

车辆购置税纳税申报表如表 9-13 所示。

表 9-13　车辆购置税纳税申报表

填表日期：　　年　月　日

纳税人名称：

金额单位：元

<table>
<tr><td>纳税人证件名称</td><td colspan="2"></td><td>证件号码</td><td colspan="2"></td></tr>
<tr><td>联系电话</td><td></td><td>邮政编码</td><td></td><td>地址</td><td></td></tr>
<tr><td colspan="6">车辆基本情况</td></tr>
<tr><td>车辆类别</td><td colspan="3">1. 汽车；2. 摩托车；3. 电车；4. 挂车；5. 农用运输车</td><td>发动机号码</td><td></td></tr>
<tr><td>生产企业名称</td><td colspan="3"></td><td>车架（底盘）号码</td><td></td></tr>
<tr><td>厂牌型号</td><td colspan="3"></td><td>排气量</td><td></td></tr>
<tr><td>购置日期</td><td colspan="3"></td><td>关税完税价格</td><td></td></tr>
<tr><td>机动车销售发票（或有效凭证）号码</td><td colspan="3"></td><td>关税</td><td></td></tr>
<tr><td>机动车销售发票（或有效凭证）价格</td><td colspan="3"></td><td>消费税</td><td></td></tr>
<tr><td>减税、免税条件</td><td colspan="5"></td></tr>
<tr><td>申报计税价格</td><td>特殊计税价格</td><td>税率</td><td>免（减）税额</td><td colspan="2">应纳税额</td></tr>
<tr><td>1</td><td>2</td><td>3</td><td>4=1×3</td><td colspan="2">5=1×3 或 2×3</td></tr>
<tr><td></td><td></td><td>10%</td><td></td><td colspan="2"></td></tr>
<tr><td colspan="3">此纳税申报表是根据《中华人民共和国车辆购置税暂行条例》的规定填报的，我相信它是真实的、可靠的、完整的。
声明人签字：</td><td colspan="3">如果你已委托代理人申报，请填写以下资料：
为代理一切税务事宜，现授权（　　），地址（　　）为本纳税人的代理申报人，任何与本申报表有关的往来文件，都可寄予此人。
授权人签字：</td></tr>
<tr><td rowspan="5">纳税人签名或盖章</td><td colspan="5">如委托代理人的，代理人应填写以下各栏</td></tr>
<tr><td colspan="2">代理人名称</td><td></td><td colspan="2" rowspan="4">代理人（公章）</td></tr>
<tr><td colspan="2">地址</td><td></td></tr>
<tr><td colspan="2">经办人</td><td></td></tr>
<tr><td colspan="2">电话</td><td></td></tr>
<tr><td colspan="3">接收人：
接收日期：</td><td colspan="3">车购办（印章）：</td></tr>
</table>

《车辆购置税纳税申报表》填表说明

1. 本表由车辆购置税纳税人（或代理人）在办理纳税申报时填写。

2.“纳税人名称”栏，填写车主名称。

3.“纳税人证件名称”栏，单位车辆填写“组织机构代码证书”；个人车辆填写“居民身份证”或其他身份证明名称。

4.“证件号码”栏，填写组织机构代码证书、居民身份证及其他身份证件的号码。

5.“车辆类别”栏，在表中所列项目中划√。

6.“生产企业名称”栏，国产车辆填写国内生产企业名称，进口车辆填写国外生产企业名称。

7.“厂牌型号”“发动机号码”“车架（底盘）号码”栏，分别填写车辆整车出厂合格证或“中华人民共和国出入境检验检疫进口机动车辆随车检验单”中注明的产品型号、发动机号码、车架（底盘）号码。

8.“购置日期”栏，填写机动车统一销售发票（或有效凭证）或“中华人民共和国出入境检验检疫进口机动车辆随车检验单”上注明的日期。

9.“机动车销售发票（或有效凭证）号码”栏，填写机动车统一销售发票（或有效凭证）上注明的号码。

10.“机动车销售发票（或有效凭证）价格”栏，填写机动车统一销售发票（或有效凭证）上注明的价格（含价外费用）。

11.“减税、免税条件”栏，按下列项目选择字母填写。

A. 外国驻华使馆、领事馆和国际组织驻华机构及其外交人员自用的车辆。

B. 中国人民解放军和中国人民武装警察部队列入军队武器装备订货计划的车辆。

C. 设有固定装置的非运输车辆。

D. 回国服务的在外留学人员购买的国产小汽车。

E. 长期来华定居专家进口自用的车辆。

F. 其他免税、减税车辆。

12. 下列栏次由进口自用车辆的纳税人填写。非进口自用车辆的纳税人，不用填写。

（1）“关税完税价格”栏，填写海关关税专用缴款书中注明的关税计税价格。“关税”栏，填写海关关税专用缴款书中注明的关税税额。

（2）“消费税”栏，填写海关代征消费税专用缴款书中注明的消费税税额。

13.“申报计税价格”栏，分别按下列要求填写：

（1）境内购置的车辆，按机动车销售发票（或有效凭证）注明的价格（含价外费用）除以（1+16%）填写，或按车购办提供的由国家税务总局核定的最低计税价格填写。

（2）进口自用的车辆，填写计税价格。计税价格=关税完税价格+关税+消费税。

（3）自产、受赠、获奖或者以其他方式取得并自用车辆，填写车购办参照国家税务总局核定的应税车辆最低计税价格核定的计税价格。

14.“特殊计税价格“栏，分别按下列要求填写：

（1）底盘（车架）发生更换的车辆，按最新核发的同类型车辆最低计税价格的70%填写。

（2）免税条件消失的车辆，自初次办理纳税申报之日起，使用年限未满 10 年的，按最新核发的同类型车辆最低计税价格按每满 1 年扣减 10%计算的计税价格填写。

15. 本表一式三份（一车一表），一份由纳税人留存，一份由车购办留存，一份由税务机关作会计原始凭证。

知识拓展

车辆购置税的会计处理

企业购置应税车辆，按规定缴纳的车辆购置税，或企业购置的减税、免税车辆后改变用途，按规定应补交的车辆购置税，借记“固定资产”等账户，贷记“银行存款”。

财政部 国家税务总局《关于减征 1.6 升及以下排量乘用车车辆购置税的通知》(财税〔2016〕136 号)规定：自 2017 年 1 月 1 日起至 12 月 31 日止，对购置 1.6 升及以下排量的乘用车减按 7.5%的税率征收车辆购置税。自 2018 年 1 月 1 日起，恢复按 10%的法定税率征收车辆购置税。乘用车指在设计和技术特性上主要用于载运乘客及其随身行李和（或）临时物品、含驾驶员座位在内最多不超过 9 个座位的汽车。

引入案例分析

经国务院批准，对 2017 年 1 月 1 日至 12 月 31 日购置 1.6 升及以下排量乘用车，暂减按 7.5%的税率征收车辆购置税；公交汽车不免税；设有固定装置的必须是非运输车辆才免税，运输车辆不免税。因此：张某应缴纳的车辆购置税=（175 500+2 340+4 000+5 000）÷1.16×0.075=12 080.17（元）。

学生演练

某企业从拍卖公司通过拍卖购进两辆轿车，其中一辆是未上牌照的新车，不含税成交价 60 000 元，国家税务总局核定同类型车辆的最低计税价格为 120 000 元；另一辆是使用 6 年的轿车，不含税成交价为 50 000 元。该企业应纳车辆购置税多少元？

参考文献

[1] 中国注册会计师协会组织. 税法［M］. 北京：中国财政经济出版社，2017.

[2] 全国注册税务师执业资格考试教材编写组. 税法（Ⅰ）[M]. 北京：中国税务出版社，2017.

[3] 全国注册税务师执业资格考试教材编写组. 税法（Ⅱ）[M]. 北京：中国税务出版社，2017.

[4] 财政部会计资格评价中心. 经济法基础［M］. 北京：经济科学出版社，2017.

[5] 梁伟样. 税务会计［M］. 4 版. 北京：高等教育出版社，2017.

[6] 财政部会计资格评价中心. 经济法［M］. 北京：中国财政经济出版社，2017.

[7] 吴晓薇. 税法实务［M］. 2 版. 北京：北京理工大学出版社，2017.

[8] 喻竹. 纳税实务［M］. 北京：北京高等教育出版社，2017.

[9] 中华会计网校. 税法［M］. 北京：人民出版社，2017.

[10] 黄敏. 纳税实务［M］. 北京：北京理工大学出版社，2016.

[11] 财政部. 税务总局关于简并增值税税率有关政策的通知（财税〔2017〕37 号）.

[12] 财政部. 税务总局关于扩大小型微利企业所得税优惠政策范围的通知（财税〔2017〕43 号）.

[13] 关于印发《增值税会计处理规定》的通知（财会〔2016〕22 号）.

[14] 中华人民共和国税收征收管理法（2001 年 4 月 28 日第九届全国人民代表大会常务委员会第二十一次会议修订）.

[15] 中华人民共和国税收征收管理法实施细则（2002 年 9 月 7 日国务院第 362 号令）.

[16] 国家税务总局网站（http://www.chinatax.gov.cn/）.

[17] 中华人民共和国企业所得税法（2017 年 2 月 24 日第十二届全国人民代表大会常务委员会第二十六次会议修订）.

[18] 中华人民共和国企业所得税法（中华人民共和国主席令第 63 号）.

[19] 财政部. 税务总局关于调整增值税税率的通知（财税〔2018〕32 号）.

[20] 财政部. 税务总局关于统一增值税小规模纳税人标准的通知（财税〔2018〕33 号）.

参考文献